Kurt Hofer ● Ueli Stalder

Regionale Produktorganisationen als Transformatoren des Bedürfnisfeldes Ernährung in Richtung Nachhaltigkeit?

Potenziale – Effekte – Strategien

GEOGRAPHICA BERNENSIA

Herausgeber:
Dozentinnen und Dozenten des Geographischen Institutes der Universität Bern

Reihen:

Reihe A	African Studies
Reihe B	Berichte über Exkursionen, Studienlager und Seminarveranstaltungen
Reihe C	Berichte zu Entwicklung und Umwelt
Reihe G	Grundlagenforschung
Reihe P	**Geographie für die Praxis**
Reihe S	Geographie für die Schule
Reihe U	Skripten für den Unterricht

P 37

Arbeitsgemeinschaft GEOGRAPHICA BERNENSIA
in Zusammenarbeit mit der Geographischen Gesellschaft Bern
Hallerstrasse 12, CH-3012 Bern

Verlag des Geographischen Institutes der Universität Bern

GEOGRAPHICA
BERNENSIA   **P 37**

Kurt Hofer • Ueli Stalder

Regionale Produktorganisationen als Transformatoren des Bedürfnisfeldes Ernährung in Richtung Nachhaltigkeit?

Potenziale – Effekte – Strategien

Geographisches Institut der Universität Bern 2000

Diese Arbeit wurde vom Schweizerischen Nationalfonds im Rahmen des Schwerpunkt-programmes Umwelt, integriertes Projekt Gesellschaft I (1996 – 1999) finanziert (Adressen siehe Anhang).

Der Druck der vorliegenden Arbeit wurde freundlicherweise unterstützt durch:
- Die Stiftung Francesco Medici del Vascello
- Die Arbeitsgemeinschaft GEOGRAPHICA BERNENSIA

Titelseite: Unter Verwendung einer Werbeaufnahme der Organisation für den Käse aus dem Berner Oberland "CasAlp", Thun.

© by GEOGRAPHICA BERNENSIA Universität Bern, ISBN 3-906151-39-5.

Druck: Lang Druck AG, Liebefeld BE

Zusammenfassung

Mit dem gesellschaftlichen Wandel während der letzten Jahrzehnte verändern sich viele räumliche und zeitliche Grenzen. In der Ernährung zeigt sich diese Entwicklung in einer raum-zeitlichen Entkopplung von Produktion, Verarbeitung und Konsum. Steigender Energieverbrauch, eine wachsende Anonymisierung, Lebensmittelskandale und ein rascher Strukturwandel im ländlichen Raum sind Beispiele für die problematische Seite dieses Wandels. Wie kann das Bedürfnisfeld Ernährung in Zukunft ökologisch, sozial, wirtschaftlich und gesundheitlich nachhaltiger werden?

Viele Konsumenten, Umweltverbände und die Politik, aber auch Landwirtschaft, Kleingewerbe und Handel knüpfen seit einigen Jahren grosse Hoffnungen an Regionale Produktorganisationen, welche die Produktionsketten wieder stärker koppeln und kleine, regionalisierte Produktionskreisläufe schaffen wollen.

* *Welche Potenziale haben Regionale Produktorganisationen (RPO) im Hinblick auf eine nachhaltigere Ernährung?*
* *Konnten die hohen Erwartungen bislang erfüllt werden?*
* *Wie können Regionale Produktorganisationen ihre Nachhaltigkeitspotenziale besser ausschöpfen und gleichzeitig auf dem gesättigten Lebensmittelmarkt überlebensfähiger werden?*

Dies sind einige der wichtigsten Fragen, mit denen wir uns in unserem transdisziplinären Forschungsprojekt "Regionale Produktorganisationen und nachhaltige Ernährung" am Geografischen Institut der Universität Bern in den letzten knapp vier Jahren beschäftigt haben. Wir waren dabei als Teilprojekt Nr. 5 eingebettet in das integrierte Projekt Gesellschaft I („IP Ernährung") des Schwerpunktprogrammes Umwelt (SPPU) des Schweizerischen Nationalfonds. Das Oberziel des IP Ernährung mit insgesamt neun Teilprojekten aus verschiedenen wissenschaftlichen Disziplinen ist es, Visionen, Strategien und Instrumente für eine nachhaltige Entwicklung des Bedürfnisfeldes Ernährung[1] aufzuzeigen.

Das vorliegende Buch bildet den offiziellen Abschluss unseres Projektes zuhanden der Programmleitung des SPPU. Es ist die Synthese unserer verschiedenen theoretischen, methodischen und empirischen Arbeiten. Zielpublikum sind nebst Wissenschftlern, die sich mit Ernährung, Nachhaltigkeit oder Regionalentwicklung beschäftigen, vor allem RPO selber sowie Akteure aus deren Umfeld wie (Agrar- und Regional-)Politik, Konsumenten- und Umweltschutzorganisationen und Fachjournalisten.

---

[1] Der Ausdruck "Bedürfnisfeld Ernährung" steht in der Folge für das System von Handlungen und durch Handlungen geschaffenen Strukturen, welche auf das menschliche Grundbedürfnis des sich Ernährens ausgerichtet sind.

Von Anfang an sahen wir uns mit unserem Forschungsprojekt mit verschiedenen und teilweise divergierenden Interessen aus Praxis, Politik und Wissenschaft konfrontiert. Um diese einigermassen unter einen Hut zu bringen, bedurfte es immer wieder unkonventioneller Vorgehensweisen. Ein solche spiegelt sich in der folgenden Zusammenfassung: Um der Verständlichkeit Willen, haben wir hierfür die eher unübliche Form eines fiktiven Interviews gewählt, das wir mit uns selber führen[2]:

Frage (1): Seit mehr als drei Jahren beschäftigt sich Ihr Team vom Geografischen Institut der Uni Bern mit Regionalmarketinginitiativen in der Lebensmittelbranche und mit dem Thema der nachhaltigen Entwicklung. Was war eigentlich seinerzeit der Anlass für dieses Forschungsprojekt?

U. STALDER / K. HOFER: Unser Forschungsprojekt "Regionale Produktorganisationen und nachhaltige Ernährung" hat eine Vorgeschichte, die auf eine langjährige Tradition des Geografischen Institutes der Uni Bern zurückgeht: die Beschäftigung mit dem ländlichen Raum und der Landwirtschaft der Schweiz. Man denke da zum Beispiel an die langjährigen Forschungsarbeiten in vier Testgebieten in den Alpen im Rahmen des UNESCO-Forschungsprojektes Man & Biosphere MaB. Im Rahmen des Schwerpunktprogrammes Umwelt I (1992 - 1996) wurden sodann ökologische Innovationen von regionalen Akteurnetzen RAN näher untersucht, wobei unter anderem die Lebensmittelbranche im Zentrum des Interesses stand.

Als Mitte der 90er Jahre in der Schweiz ein eigentlicher "Regionalmarketing-Boom" zu beobachten war, lag es für die Forschungsgruppe um Prof. Paul Messerli nahe, diese Initiativen, in die von verschiedenster Seite grosse Hoffnungen gesteckt wurde und wird, etwas genauer unter die Lupe zu nehmen. Das Schwerpunktprogramm Umwelt II des Schweizerischen Nationalfonds machte es dann möglich, dass wir 1996 mit einem vierjährigen Forschungsprojekt zu Regionalmarketing und generell zu Regionalisierungstendenzen in der Lebensmittelbranche starten konnten.

(2) Ihr Projekt beschäftigte sich also nicht "nur" mit Regionalmarketing?

KH / US: Regionalmarketing ist unserer Ansicht nach Ausdruck für einen tiefer greifenden gesellschaftlichen Wandels, welcher nicht nur die Lebensmittelproduktion (d.h. die Kette von der Landwirtschaft über die Verarbeitung, den Handel bis hin zu den Konsumenten), sondern alle Bereiche der Gesellschaft betrifft. Dieser Wandel hat verschiedene Namen, wobei der geläufigste wohl "Globalisierung" ist. Globalisierung als räumliche, zeitliche aber auch emotional-kognitive Entkopplung von Landwirtschaft, Verarbeitung, Handel und Konsum von Lebensmitteln, hat nach unserer Meinung drei verschiedene

---

[2] Für den eiligen Leser verweisen wir im Übrigen auf die Einleitungen der einzelnen Teile und Kapitel des Buches, in denen die jeweils behandelten Fragen und Themen zusammengestellt sind.

Dimensionen: erstens eine regulative, die sich z.B. in veränderten gesetzlichen Bestimmungen und Qualitätsnormen im Lebensmittelbereich äussert, zweitens eine produktive, welche in neuen Technologien, Produktionsmitteln und schliesslich auch Produkten zum Ausdruck kommt, und drittens eine signifikative Dimension, welche sich im allgemeinen Wertewandel und veränderten Einstellungen und Präferenzen der Konsumenten manifestiert.

Die Schweizer Lebensmittelbranche war – vor allem dank dem starken Eingriff des Staates – über Jahrzehnte hinweg weitgehend geschützt vor dieser Globalisierung und damit auch vor ausländischer Konkurrenz. Im Zuge der neuen Agrarpolitik 2002 und der Internationalisierung der Wirtschaft bricht dieser Schutz immer mehr auf. Regionale Produktorganisationen sind nicht zuletzt eine Strategie, auf diese veränderten Rahmenbedingungen zu reagieren und die alten, staatlich-politischen Grenzen durch neue, nämlich regionale Grenzen zu ersetzen.

Dies mit einem doppelten Ziel: Zum Einen geht es den Regionalen Produktorganisationen darum, mittels einer neuen Art von Produkten auf den Lebensmittelmarkt zu kommen und so dem zunehmenden Preisdruck zu entgehen. Wir bezeichnen dieses Ziel als „Marktsegmentierung durch Produktdifferenzierung". Zum Anderen sollen die bisherigen, oft kleinräumigen Produktionsstrukturen möglichst autonom erhalten werden; dies nicht zuletzt auch im Interesse einer positiven sozioökonomischen Entwicklung ländlicher Regionen und um die weitere Bewirtschaftung von ökologisch und ästhetisch wertvollen Kulturlandschaften zu gewährleisten. „Autonome Strukturen" lautet unser Kürzel für diese zweite Zielsetzung.

(3) Sie verwenden ja statt dem in der Praxis geläufigen Begriff Regionalmarketing den Ausdruck "Regionale Produktorganisationen", abgekürzt RPO. Wieso eigentlich?

US / KH: "Regionalmarketing" ist für unsere Zwecke ein zu uneinheitlich und widersprüchlich verwendeter Begriff: In Deutschland z.B. wird darunter die Vermarktung von Regionen als Wirtschaftsstandorte oder Tourismusdestinationen verstanden, während in der Schweiz die Vermarktung von regionalen Produkten (zumeist im Lebensmittelbereich) damit gemeint wird. Um hier Konfusionen zu vermeiden, sprechen wir einerseits von "regionalen Produkten", also Lebensmitteln mit einer speziellen Kennzeichnung ihrer regionalen Herkunft und andererseits von "Regionalen Produktorganisationen" oder RPO, wenn wir die Organisationen meinen, die zu deren Herstellung und Vermarktung entstanden sind.

Ausgehend von regionalökonomischen Konzepten verstehen wir RPO als regionale strategische Netzwerke; Netzwerke, welche erstens mittels einer (vertikalen, horizontalen und lateralen) Kooperation[3] von Exponenten des

---

[3] Als vertikal bezeichnen wir eine Kooperation, wenn sie Akteure aus mehreren Stufen entlang der Produktionskette zusammenführt (z.B. Landwirte, Müller, Bäcker), als horizontal, wenn mehrere Akteure derselben Produktionsstufe zusammenspannen und als lateral, wenn sich

Bedürfnisfeldes Ernährung versuchen, die beiden erwähnten Leitziele "Marktsegmentierung" und "autonome Strukturen" zu erreichen und die zweitens im Hinblick auf eine nachhaltige Entwicklung der Ernährung über insgesamt 12 sogenannte Wirkungspotenziale verfügen.

(4) Bereits in früheren Publikationen haben Sie darauf hingewiesen, dass Regionale Produktorganisationen zumindest potenziell die Möglichkeit haben, in Richtung einer nachhaltigeren Ernährung zu wirken. Was kann man sich eigentlich unter diesen „Nachhaltigkeitspotenzialen" von RPO genau vorstellen?

KH / US: Das Leitbild der nachhaltigen Entwicklung stammt ursprünglich aus der Forstwirtschaft und besagt, dass in einer bestimmten Periode nicht mehr Holz geschlagen werden sollte, als im gleichen Zeitraum nachzuwachsen vermag, ansonsten die Entwicklung des Waldes nicht nachhaltig sei. Im Zusammenhang mit dem Erdgipfel von Rio de Janeiro im Jahr 1992 erlebte das Konzept der Nachhaltigkeit einen grossen Aufschwung und steht seither nicht nur in vielen Titeln wissenschaftlicher Projekte, sondern taucht auch immer häufiger in politischen Programmen und Reden auf.

Auch unser Projekt führt bekanntlich die Nachhaltigkeit im Titel, und zwar am Beispiel der Ernährung. Dabei gehen wir von der Grundannahme aus, dass RPO Wirkungen in Richtung einer nachhaltigeren Ernährung entwickeln können, und zwar in mehrfacher Hinsicht: Ökologisch (z.B. durch die Verminderung des Energieaufwandes aufgrund verkürzter Transporte entlang der Produk-tionskette), ökonomisch (z.B. durch die in der Region erzielte Wertschöpfung), sozial (z.B. durch die erhöhte Solidarität zwischen KonsumentInnen und ProduzentInnen von Lebensmitteln) und individuell-gesundheitlich (z.B. durch einen geringeren Gehalt an Schadstoffen). Diese potenziellen Wirkungen von RPO in Richtung Nachhaltigkeit bezeichnen wir abgekürzt als Nachhaltigkeitspotenziale.

(5) Und, wie sieht Ihre Bilanz aus? Erzielen die untersuchten RPO die erhofften Effekte in Richtung Nachhaltigkeit?

US / KH: Leider können wir diese Frage nicht einfach mit einem "ja" beantworten. Vielmehr ist es so, dass die meisten der von uns untersuchten RPO – wir haben sie in 7 verschiedenen Typen[4] zusammengefasst und so bewertet – bis anhin nur relativ geringe Wirkungen als Transformatoren des Bedürfnisfeldes Ernährung in Richtung Nachhaltigkeit haben.

---

zusätzlich auch noch Vertreter der öffentlichen Hand (z.B. aus landwirtschaftlichen Beratungszentren) engagieren.

[4] Aufgrund einer Querschnittanalyse von 46 RPO in der Schweiz unterscheiden wir die 7 Typen (1) Verbandskonglomerate, (2) AOC-Organisationen, (3) Öko-Regionalisten, (4) Wertschöpfungs-Regionalisten, (5) Verarbeiter und Vermarkter alter Sorten und Rassen, (6) innovative Verarbeitungsunternehmen und (7) landwirtschaftliche Selbsthilfeprojekte.
Sowohl Analyse als auch Beurteilungen und Empfehlungen des vorliegenden Buches beziehen sich weitgehend auf diese Typologie.

Dies hängt natürlich unter anderem damit zusammen, dass RPO in der Schweiz generell (noch) eine sehr geringe wirtschaftliche Bedeutung haben. Von einigen wenigen Ausnahmen abgesehen ist der Marktanteil von regionalen Produkten klein. Der bislang begrenzte Erfolg von RPO lässt sich zumindest teilweise durch die nicht gerade günstigen Rahmenbedingungen erklären. Vor allem drei Einflussfaktoren wirken hier hemmend: Erstens die geringe Bereitschaft der Konsumenten, regionale Produkte beim täglichen Einkauf regelmässig zu berücksichtigen (und sie nicht nur verbal zu bevorzugen) und zweitens die Haltung des Detailhandels als einem der wichtigsten Gatekeeper in der Ernährung. Der Detailhandel befindet sich seit längerem in einer Phase der zunehmenden Konzentration und Zentralisierung. Eine Re-Regionalisierung der Produktionsketten, wie es RPO anstreben, steht dieser Strategie praktisch diametral entgegen. Vor allem die Grossverteiler sind deshalb nur an regionalen Produkten interessiert, wenn es sich dabei um bekannte und beliebte Spezialitäten handelt.

Als dritter Faktor schliesslich sind die tiefen Energie- und damit auch Transportkosten zu nennen: Die Transportkosten machen heute – etwa im Vergleich zu den 50er Jahren – nur noch einen sehr geringen Teil der gesamten Produktionskosten von Lebensmitteln aus. Dies hat zur Folge, dass billig produzierte Rohstoffe z.B. aus den USA auch nach einem Transport über den Atlantik für den Verarbeiter immer noch günstiger sind als Rohstoffe, welche in der Schweiz selber und damit unter relativ hochpreisigen Bedingungen produziert wurden.

Da nützt es auch nicht viel, dass RPO in den letzten Jahren durch die öffentliche Hand – d.h. durch die Kantone und inzwischen auch durch den Bund – sowohl ideell als auch materiell (mittels Finanzen, Know-how und Man-Power) unterstützt werden: Fördernde politische Rahmenbedingungen sind zwar sehr wichtig für RPO, besonders in der Startphase. Ihre Zukunft wird sich jedoch auf dem Markt entscheiden. Im Moment zeichnet sich denn auch quer durch die Regionalmarketing-Szene ein eigentlicher Selektionsprozess ab. Vermutlich wird es nur einem relativ kleinen Teil der heutigen RPO gelingen, mittel- und längerfristig zu überleben und damit auch grössere Wirkungen in Richtung einer nachhaltigeren Ernährung zu entwickeln.

Aber sogar wenn viele RPO in den nächsten Jahren wieder verschwinden sollten: Ihr indirekter Einfluss auf die öffentliche Diskussion um die aktuellen Situation im Lebensmittelsektor, namentlich die Folgen für unsere Umwelt, Landschaft, Esskultur etc. – dieser Einfluss darf u. E. nicht unterschätzt werden: Hier haben RPO zusammen mit anderen Akteuren im Bedürfnisfeld Ernährung zweifellos zu einem Umdenken beigetragen.

(6) Angesichts der nicht sehr günstigen Rahmenbedingungen – welche RPO werden Ihrer Ansicht nach überleben?

US / KH: Unsere Forschungsarbeiten weisen auf drei Handlungsfelder hin, die eigentliche Schlüsselstellen für den wirtschaftlichen Erfolg und die Wirkung einer RPO in Richtung Nachhaltigkeit bilden:

Dies ist erstens einmal die Produktequalität bzw. die Differenzierungsstrategie: Regionalmarketing, das sich darauf beschränkt, x-beliebige Lebensmittel aus der Region mit einer Herkunftsbezeichnung in Form einer kleinen Etikette auszuzeichnen, wird höchstens kurzfristig erfolgreich sein. Um die Konsumenten längerfristig vom besonderen Wert der regionalen Produkte zu überzeugen, braucht es eine klar definierte und kontrollierte Qualitätsstrategie, die zu einer echten Differenzierung der eigenen Produkte vom breiten Durchschnitt führt und Vertrauenswürdigkeit ausstrahlt[5].

Zweitens ist es das Management der gesamten Produktionskette: Viele RPO sind zwar sehr enthusiastisch und mit viel Idealismus, aber wenig Professionaliät und geringen finanziellen Ressourcen, gestartet worden. Häufig wurde auch der Detailhandel als zentrales Glied der Lebensmittelproduktionsketten erst spät oder gar nicht eingebunden. Damit fehlt nicht nur dessen Know-how, sondern es mangelt auch an den Distributionskanälen, über welche die mit einem regionalen Label ausgezeichneten Lebensmittel in grösseren Mengen und auf eine effiziente Weise zu den KonsumentInnen kommen.

Die dritte Schlüsselstelle ist schliesslich die Kommunikationsstrategie, wobei wir zwischen medial vermittelten Informationen und Botschaften und persönlicher Kommunikation unterschieden. Erstere ist an entsprechende finanzielle Mittel gebunden. RPO haben gegenüber grösseren Anbietern, die vor allem medial vermittelt kommunizieren, den nicht zu unterschätzenden Vorteil, die Konsumenten leichter auch persönlich ansprechen zu können. Gerade kleine RPO (z.B. der Typen Vermarkter alter Sorten und Rassen oder landwirtschaftlicher Selbsthilfeprojekte) nutzen - teilweise auch der finanziellen Not gehorchend - diese Chancen bereits recht geschickt. Grössere Organisationen neigen dagegen zu einer alles-und-nichts-Kommunikationsstrategie und drohen ihre Kräfte und Mittel dadurch zu verzetteln.

(7) Gibt es für RPO überhaupt eine Zukunft, oder ist es nur eine Frage der Zeit, bis sie wieder verschwunden sind?

US / KH: Der Druck auf die Landwirtschaft und die gesamte Lebensmittelbranche der Schweiz wird in den nächsten Jahren zweifellos noch zunehmen. RPO, die sich auf (Etiketten-) Marketing beschränken, im Qualitätsbereich und in der Kommunikation eine undifferenzierte "sowohl-als-auch"-Strategie

---

[5] Auch die bekannte Bio-Knospe der VSBLO konnte nicht von einem Tag auf den anderen aus dem Boden gestampft werden, sondern geht auf eine lange und hartnäckig vorangetriebene Knochenarbeit zurück. Knochenarbeit, bei der nicht das Marketing am Anfang stand, sondern eine klare, einheitliche, kontrollier- und kommunizierbare Qualitätsstrategie.

fahren und die Produktionskette nicht effizient genug organisieren, werden diese Herausforderungen tatsächlich nicht meistern können.

Damit ist aber gleichzeitig angetönt, wo es anzusetzen gilt:

(1) bei der Produktequalität, über die man sich glaubhaft von der breite Masse differenzieren muss (→Handlungsfeld Differenzierungsstrategie)

(2) bei den Produktionsprozessen und den organisationsinternen Strukturen (→Handlungsfeld Produktionsstrategie) sowie

(3) bei den Inhalten und der Form des Marketings (→Handlungsfeld Kommunikationsstrategie).

Wenn es gelingt, die regionale Herkunftsbezeichnung zu einem echten, einzigartigen Qualitätszeichen zu machen und dies auch nach aussen zu kommunizieren, wenn es weiter gelingt, ein gut funktionierendes Distributionsnetz aufzubauen sowie die eigene Organisation zu professionalisieren – dann haben RPO durchaus eine Chance auf dem Lebensmittelmarkt der Zukunft. Denn dann stimmt auch die Nachfrage nach regionalen Produkten. Die Regionalität der Lebensmittel bleibt dabei zwar eine wichtiges Argument. Alleine reicht sie aber nicht aus. Um beachtet zu werden, braucht es immer wieder innovative Ideen, wie sich die eigenen Produkte und Dienstleistungen auch sonst vom übrigen Angebot abheben lassen. In einer Zeit, da sich die Konsumentenbedürfnisse immer mehr individualisieren und differenzieren, haben RPO als vergleichsweise kleine Organisationen dank ihrer Nähe zu den Konsumenten unter Umständen nicht schlechtere Karten als grössere Anbieter mit einem weitgehend anonymen Kundenkreis. Diese gilt es aber wahrzunehmen und richtig auszuspielen.

(8) Dies alles tönt zwar einleuchtend, gleichzeitig bleibt es etwas vage und abstrakt. Können Sie nicht etwas konkreter werden?

KH / US: Wir haben im letzten Teil unseres Buches einige Empfehlungen an RPO, die Politik, den Detailhandel und die Konsumenten festgehalten, wobei insbesondere auch Ueberlegungen zu einer nachhaltigen Entwicklung in der Ernährung in die entsprechenden Aussagen eingeflossen sind. Sie bilden den letzten Teil unseres Buches, in welchem wir im übrigen auch unseren eigenen Forschungsprozess kritisch reflektieren. Nebst eher allgemeinen und theoretischen Ueberlegungen haben wir auch fiktive Beipiele in die Empfehlungen aufgenommen. Sie sollen beispielhaft illustrieren, wie das Eine oder Andere aus unserer Sicht ganz praktisch aussehen könnte. Es würde das Maass sprengen, wollten wir das alles schnell aufzählen.

(9) Ihr Forschungsprojekt läuft noch bis Ende 2000. Was an Ergebnissen ist noch zu erwarten?

US / KH: Vor dem nun vorliegenden Buch wurden im Rahmen unseres Projektes neun Diplomarbeiten abgeschlossen, und nebst diversen Artikeln zwei längere Zwischenberichte veröffentlicht. In diesem Jahr wollen wir nun unsere Dissertationen abzuschliessen. Wir setzen uns dabei spezifischer mit dem Qualitätsdiskurs im Bedürfnisfeld Ernährung (Kurt Hofer) und Lernprozessen in RPO und ähnlichen Organisationen (Ueli Stalder) auseinander.

Parallel dazu versuchen wir nach wie vor den Kontakt mit der Praxis zu pflegen und unsere Erfahrungen und Erkenntnisse wo möglich konstruktiv einzubringen. So engagieren wir uns z.B. bei der neuen Internetplattform "Regionalmarketing" der Schweizerischen Arbeitsgemeinschaft für die Berggebiete SAB.

(10) Wird es am Geografischen Institut eine Fortsetzung Ihrer Forschungsarbeiten geben?

KH / US: Das Schwerpunktprogramm Umwelt des Schweizerischen Nationalfonds läuft auf Ende 2000 aus. Ob und wie Regionale Produktorganisationen in der Lebensmittelbranche künftig Gegenstand von Forschungsprojekten des Geografischen Institutes Bern sein werden, ist noch offen.

Inhaltsverzeichnis

Seite

1. Vorwort 1

TEIL I EINLEITUNG, ZIELSETZUNG UND AUFBAU 5

2. Zielsetzung, Fragestellung und Aufbau des Buches 7

   2.1 Die heikle Rolle der Sozialwissenschaften in der
        Nachhaltigkeitsforschung 7

   2.2 Fragestellung und Zielsetzung 9

        2.2.1 Ausgangspunkt 1: Regionale Produktorganisationen 9
        2.2.2 Ausgangspunkt 2: Nachhaltige Entwicklung der Ernährung 10

   2.3 Aufbau und Gliederung des Buches 13

**TEIL II ERNÄHRUNG IM WANDEL UND REGIONALE PRODUKT-
ORGANISATIONEN** 17

3. Das Bedürfnisfeld Ernährung 19

   3.1 Einleitung 19
   3.2 Ernährung und Bedürfnisfeld Ernährung 21
   3.3 Veränderungsprozesse im Bedürfnisfeld Ernährung 25

        3.3.1 Neue Produktions-, Verarbeitungs- und
               Transporttechnologien 25
        3.3.2 Restrukturierung der Lebensmittelbranche 28
        3.3.3 Differenzierung des Lebensmittelmarktes 30
        3.3.4 Neue Nachfragetrends 32
        3.3.5 Neues Verhältnis zwischen Politik und Lebensmittelmarkt 35
        3.3.6 Neue räumliche Einheiten der Regulierung 37

   3.4 Die drei Dimensionen gesellschaftlichen Wandels im BfE 39
   3.5 Problematik der Entkoppelung von Produktionsprozess
        und Konsum 41

Seite

4. Regionale Produktorganisationen RPO als strategische Netzwerke im Bedürfnisfeld Ernährung 45

    4.1   Einleitung 45

    4.2   Verständnis von Regionalen Produktorganisationen 45

          4.2.1   Begriffserklärung 45

          4.2.2   Vier Funktionen von "Region" 49

    4.3   Regionale Produktorganisationen als regionale strategische Netzwerke 50

          4.3.1   Netzwerke und strategische Netzwerke 50

          4.3.2   Regionale Produktorganisationen als spezielle strategische Netzwerke 51

TEIL III DIE SITUATION DER REGIONALEN PRODUKTORGANISATIONEN IN DER SCHWEIZ 55

5. 7 verschiedene Typen von RPO 57

    5.1   Einleitung 57

    5.2   12 Kriterien zur differenzierten Beschreibung und zur Typengenerung 58

          5.2.1   Kriterien im Bereich Produkte und Herstellungsverfahren 58

          5.2.2   Kriterien im Bereich Vermarktung 61

          5.2.3   Kriterien im Bereich Organisationsstruktur / Beteiligte 62

          5.2.4   Weitere grundlegende Kriterien 66

    5.3   Sieben RPO-Typen und deren charakteristischen Merkmale ...68

          5.3.1   Typ 1: Die regionalen Verbandskonglomerate 68

          5.3.2   Typ 2: Die AOC (UGP) - Organisationen 70

          5.3.3   Typ 3: Die Ökoregionalisten 73

          5.3.4   Typ 4: Die Wertschöpfungsregionalisten 77

          5.3.5   Typ 5: Die Verarbeiter und Vermarkter alter Sorten und Rassen 79

          5.3.6   Typ 6: Die innovativen Verarbeitungsunternehmen 81

          5.3.7   Typ 7: Die landwirschaftlichen Selbsthilfeprojekte 83

    5.4   Fazit: Heterogene Szene mit einheitlichem Grundmuster 85

Seite

6. Die Effekte von Regionalen Produkteorganisationen 87

- 6.1 Einleitung 87
- 6.2 Potenzielle Wirkungen von RPO 87
  - 6.2.1 Wirkungspotenziale von RPO im Bereich Ökologie 91
  - 6.2.2 Wirkungspotenziale von RPO im ökonomischen Bereich 94
  - 6.2.3 Wirkungspotenziale von RPO im sozialen Bereich 96
  - 6.2.4 Wirkungspotenziale von RPO im individuell-gesundheitlichen Bereich 97
- 6.3 Umsetzung der Wirkungspotenziale durch die einzelnen RPO-Typen 99
  - 6.3.1 Effekte von regionalen Verbandskonglomeraten 100
  - 6.3.2 Effekte von AOC - Organisationen 100
  - 6.3.3 Effekte von Ökoregionalisten 101
  - 6.3.4 Effekte von Wertschöpfungsregionalisten 102
  - 6.3.5 Effekte von Verarbeitern und Vermartkern alter Sorten und Rassen 102
  - 6.3.6 Effekte von innovativen Verarbeitungsunternehmern 103
  - 6.3.7 Effekte von landwirtschaftlichen Selbsthilfeprojekten 104
- 6.4 Fazit der Beurteilungen 105
  - 6.4.1 Begrenzte und oft schwierig nachzuweisende Effekte der untersuchten RPO 105
  - 6.4.2 Beurteilungssysteme für eine nachhaltige Entwicklung im Bedürfnisfeld Ernährung (eine kritische Reflexion) 107

7. Position von Politik, Detailhandel und Konsumenten gegenüber RPO 109

- 7.1 Einleitung 109
- 7.2 Neue Landwirtschaftsgesetzgebung 111
  - 7.2.1 Nationale Gesetzgebung 111
  - 7.2.2 Kantonale Gesetzgebung 114
  - 7.2.3 Einschätzung der politisch-rechtlichen Rahmenbedingungen durch RPO 116
- 7.3 Die Position des Detailhandels 116
- 7.4 Einstellungen und Verhalten der Konsumenten 118
- 7.5 Fazit 121

Seite

TEIL IV STRATEGISCHE HANDLUNGSFELDER ZUR TRANSFORMATION VON BEDÜRFNISFELDERN UND ERFOLGSELEMENTE VON REGIONALEN PRODUKTORGANISATIONEN IM RAHMEN DES BEDÜRFNISFELDES ERNÄHRUNG 123

8. **Handlungsfelder zur Transformation des Bedürfnisfeldes Ernährung -eine theoriegestützte Herleitung** 125

    8.1 Einleitung 125

    8.2 Vom ungerichteten Wandel zur gerichteten Transformation eines Bedürfnisfeldes 125

    8.3 Strategische Handlungsfelder zur Transformation eines Bedürfnisfeldes 128

    8.4 Transformation des Bedürfnisfeldes Ernährung 129

        8.4.1 Strategisches Handlungsfeld (Re-)organisation von Produktionsprozessen 130

        8.4.2 Strategisches Handlungsfeld Entwicklung und Durchsetzung von Normen 133

        8.4.3 Strategisches Handlungsfeld Vermittlung von Informationen und Botschaften 134

    8.5 Transformationswirkung als Ergebnis von Produktions- Differenzierungs- und Kommunikationsstrategie 135

9. **Regionale Produktorganisationen als Transformatoren des BfE in Richtung Nachhaltigkeit?** 139

    9.1 Einleitung 139

    9.2 Beurteilung der Transformationswirkung von RPO 141

        9.2.1 Produktionsstrategie 141

        9.2.2 Differenzierungsstrategie 145

        9.2.3 Kommunikationsstrategie 149

    9.3 Transformation des Bedürfnisfeldes Ernährung durch RPO? - eine zusammenfassende Beurteilung 153

    9.4 Fazit 158

Seite

TEIL V EMFEHLUNGEN UND SCHLUSSWORT 159

10. Empfehlungen 161

    10.1 Einleitung 161

    10.2 Zwei Stossrichtungen mit dem gleichen Leitziel 163

    10.3 Typenspezifische Pfade zum Leitziel Nachhaltigkeit 164

        10.3.1 Produktionsstrategien 164

        10.3.2 Differenzierungsstrategien 167

        10.3.3 Kommunikationsstrategien 171

    10.4 Empfehlungen an das Umfeld von RPO 174

        10.4.1 Empfehlungen an die Politik 174

        10.4.2 Empfehlungen an den Detailhandel 177

        10.4.3 Empfehlungen an die Konsumenten 179

    10.5 Transformation in Richtung Nachhaltigkeit als ein
Miteinander 181

11. Ein Schlusswort 183

    11.1 Erkenntnissee zu Nachhaltigkeit und zu Transdisziplinarität 183

        11.1.1 Transdisziplinäre Nachhaltigkeitsforschung ist mit
Konflikten verbunden 183

        11.1.2 Transdisziplinäre Nachhaltigkeitsforschung erfordert
Kompromisse und Konzessionen 187

    11.2 Zehn Forderungen an Verantwortliche und Bearbeiter
transdisziplinärer Froschungsprojekte 189

        11.2.1 Konzeption, Management und Controlling
transdisziplinärer Forschung 190

        11.2.2 Bearbeitung und Vorgehen 191

        11.2.3 Kommunikation nach aussen 193

    11.3 Ein Blick in die Zukunft 194

Literaturverzeichnis 197

Seite

Anhang 211
   Anhang 1 213
   Anhang 2 223
   Anhang 3 245
   Anhang 4 251

Darstellungsverzeichnis

Seite

Darstellung 1: Transdisziplinäre Nahchaltigkeitsforschung im Spannungsfeld divergierender Interessen 8

Darstellung 2: Phänomenorientierter und nachhaltigkeisorientierter Zugang unseres Forschungsprojektes 14

Darstellung 3: Aufbau des Buches 15

Darstellung 4: Das Bedürfnisfeld Ernährung als Handlungszusammenhang 22

Darstellung 5: Vier Teilbereiche des BfE 24

Darstellung 6: Menge und Leistung des Transports von Nahrungs- und Genussmitteln 27

Darstellung 7: Restrukturierung in Landwirtsch. Lebensmittelverarbeitung und Detailhandel (1965 - 1995) 29

Darstellung 8: Differenzierung des Lebensmittelmarktes nach Grösse der Anbieter und Spezifität der Produkte (Beispiele) 31

Darstellung 9: Entwicklung der Verkaufsstellen von Coop in % 32

Darstellung 10: Drei Dimensionen des gesellschaftlichen Wandels in Anlehnung an die Handlungstheorie nach A. GIDDENS 40

Darstellung 11: Räumlich-zeitliche Entkopplung von Produktionsprozess und Konsum 42

Darstellung 12: Die dreifache Stossrichtung von Regionalen Produktorganisationen 47

Darstellung 13: Regionale Produktorganisationen als horizontale, vertikale und laterale strategische Netzwerke von Akteuren im Bedürfnisfeld Ernährung 53

Darstellung 14: Geografische Verteilung der erfassten und untersuchten RPO (Stand 1998) 57

Darstellung 15: Von RPO angebotene Produkte (Stand 1996 / 1997) 59

Darstellung 16: Länge der Produktionsketten in RPO (Stand 1997) 63

Darstellung 17: Trägerschaftsstrukturen in RPO (Stand 1997) 65

Seite

Darstellung 18: Das Aufkommen neuer RPO in der Schweiz 67

Darstellung 19 a: Merkmalsprofil von Verbandskonglomeraten
(RPO - Typ 1) 69

Darstellung 19 b: Merkmalsprofil von AOC - Organisationen
(RPO - Typ 2) 72

Darstellung 19 c: Merkmalsprofil von RPO - Typen: Typ 3 75

Darstellung 19 d: Merkmalsprofil von RPO - Typen: Typ 4 75

Darstellung 19 e: Merkmalsprofil von RPO - Typen: Typ 5 76

Darstellung 19 f: Merkmalsprofil von RPO - Typen: Typ 6 76

Darstellung 19 g: Merkmalsprofil von RPO - Typen: Typ 7 77

Darstellung 20: Vier Wertebereiche einer nachhaltigen
Entwicklung der Ernährung 89

Darstellung 21: Wirkungspotenziale von Regionalen Produktorganisationen bzw. von regionalen Produkten 90

Darstellung 22: Nachhaltigkeitseffekte verschiedener
RPO - Typen 104

Darstellung 23: Inhaltliche und prozessuale Aspekte als die
beiden grundlegenden Komponenten von
Nachhaltigkeit 108

Darstellung 24: Chancen und Hindernisse für RPO bzw.
regionale Produkte aus der Positionierung verschiedener Anspruchsgruppen 110

Darstellung 25: Gesellschaftliche Veränderungsprozesse zwischen ungerichtetem Wandel und gerichteter
Transformation 128

Darstellung 26: Strategische Handlungsfelder in Bezug zu den
unterschiedlichen Dimensionen des Wandels
von Bedürfnisfeldern 129

Darstellung 27: Strategiedreieck zur Transformation des Bedürfnisfeldes Ernährung durch marktliche Akteure 130

Darstellung 28: RPO als Transformatoren des BfE? Schematische Übersicht zu Begriffen und
Vorgehensweise 140

Darstellung 29: Vergleich der Transformationswirkung verschiedener RPO-Typen im Rahmen ihrer
Produktionsstrategien 144

Seite

Darstellung 30: Vergleich der Transformationswirkung verschiedener RPO-Typen im Rahmen ihrer Differenzierungsstrategien 148

Darstellung 31: Vergleich der Transformationswirkung verschiedener RPO-Typen im Rahmen ihrer Kommunikationsstrategien 152

Darstellung 32: Stärken und Schwächen von RPO zur Transformation des BfE im Rahmen der verschiedenen strategischen Handlungsfelder 154

Darstellung 33: RPO im Dilemma zwischen "Ideale leben" (Lebenswelt) und "Ressourcen haben" (System) 155

Darstellung 34: Transformationswirkung der verschiedenen RPO-Typen im Dilemma zwischen System ("Ressourcen haben") und Lebenswelt ("Ideale leben") 157

Darstellung 35: Ausschöpfen der Nachhaltigkeitspotenziale von RPO als "Upgrading" der aktuellen Situation 158

Darstellung 36: Zwei Stossrichtungen in Richtung Leitziel Nachhaltigkeit 163

Darstellung 37: Das Fadenkreuz transdisziplinärer Nachhaltigkeitsforschung 187

Darstellung 38: Organigramm des IP Gesellschaft I 215

Darstellung 39: Forschungsablauf 1996 bis 1999 216

1. Ein Vorwort

Mehr als drei Jahre sind es inzwischen her, seit wir unter der Leitung von Prof. Paul Messerli im Frühling 1996 das Forschungsprojekt mit dem Titel "Strategien und Instrumente zur Förderung ökologischer Innovationen auf der regionalen Handlungsebene – entwickelt am Bedürfnisfeld Ernährung" gestartet haben.

Ausgehend vom Vorgängerprojekt "Umweltinnovationen und regionaler Kontext"[1] in der ersten Phase des Schwerpunktprogramm Umwelt SPPU des Schweizerischen Nationalfonds war die Absicht dabei, Wege in Richtung einer nachhaltigen Entwicklung der Ernährung aufzuzeigen, wobei der Fokus auf regionalen Initiativen liegen sollte. Unser Projekt stand mit dieser Zielsetzung nicht isoliert da, sondern war als Teilprojekt 5 in das integrierte Projekt Gesellschaft 1 (IP Ernährung)[2] des SPP Umwelt eingebettet und wie dieses von Anfang an auf Interdisziplinarität und praktische Umsetzung ausgerichtet.

Gemäss Projektskizze ging es bei unserem Teilprojekt um drei Ziele[3]:

1. sollten mittels einer vergleichenden Analyse von regionalen Produktorganisationen in der Lebensmittelbranche[4] Erkenntnisse über deren Funktionsweise gewonnen werden (Erkenntnisziel),

2. sollte das Konzept der regionalen Innovationssysteme, welches im Vorgängerprojekt unter dem Namen "RAN-Konzept" entwickelt wurde, für diese Analyse eingesetzt und dabei weiterentwickelt werden (theoretisches Ziel im Rahmen der Regionalwissenschaft),

3. sollte aus den gewonnenen Erkenntnissen heraus einerseits generelle Empfehlungen für eine nachhaltige Ausgestaltung des Bedürfnisfeldes Ernährung abgeleitet und andererseits Managementempfehlungen zuhanden von regionalen Produktorganisationen formuliert werden (Umsetzungsziel; z.T. in Kooperation mit den übrigen Teilprojekten im IP Ernährung).

Haben wir diese Ziele erreicht? Waren es – im Rückblick gesehen – überhaupt die richtigen, das heisst relevante und einlösbare Ziele? Hat die Integration unseres Projektes in das IP Ernährung dazu beigetragen, dass wir diese Ziele besser erreicht haben?

Schlussendlich liegt es am Zielpublikum, d.h. an den LeserInnen aus Wissen-

---

[1] Zum Aufbau und den Ergebnissen des Vorgängerprojektes in der ersten Phase des Schwerpunktprogramm (1993 – 1996) vgl. GEELHAAR, MUNTWYLER 1997 und MINSCH et al. 1996
[2] Zur Zielsetzung und zum Aufbau des IP Gesellschaft 1 (Ernährung) vgl. Anhang 1.
[3] Vgl. MESSERLI 1995.
[4] Im Gesuch von MESSERLI 1995 wurden noch die Begriffe "regionale Innovationskooperationen" bzw. "regionale Produkte" verwendet.

schaft und Praxis, diese Fragen zu beantworten. Als Grundlage dazu soll – nebst anderen Produkten unseres Forschungsprojektes[5] – dieses Buch dienen. Unter dem Titel "Regionale Produktorganisationen als Transformatoren des Bedürfnisfeldes Ernährung in Richtung Nachhaltigkeit? – Potenziale, Effekte, Strategien" bietet er eine Synthese dessen, was in den letzten drei Jahren intensiver Forschungsarbeit zu Regionalen Produktorganisationen, zum Bedürfnisfeld Ernährung und zum Thema Nachhaltige Entwicklung am Geografischen Institut der Universität Bern an Ergebnissen entstanden ist. Er ersetzt, vertieft und erweitert damit die beiden vorher erschienen Diskussionspapiere 8 und 9, in welchen je Zwischenergebnisse unserer Arbeiten veröffentlicht worden sind.

Eine Synthese ist immer auch eine Auswahl und mit Einschränkungen verbunden. Zum Beispiel konnten wir nicht alle Diplomarbeiten, die in unserem Projekt entstanden sind, gleichermassen in das Buch einbeziehen. Nichtsdestotrotz möchten wir jeder/jedem der DiplomandInnen unseres Projektes (Christine Bienz, Roman Frick, Sabine Gresch, Matthias Halbeis, Petra Noger, Bernhard Probst, Thomas Schlegel, Jennifer Zimmermann, Markus Seifert) herzlich danken; für ihr Engagement, für ihre Ausdauer und ihre zahlreichen wertvollen Impulse und Ideen zu unseren Forschungsthemen.

Ein grosser Dank gilt auch Prof. Paul Messerli als dem Hauptverantwortlichen des Projekts. Zwar stehen die Ernährung und Nachhaltigkeit nicht unbedingt im Zentrum seines Forschungsinteresses, er hat uns jedoch mit kritischen und konstruktiven Feedbacks und wertvollen Hinweisen immer wieder unterstützt und stand uns so sowohl bei inhaltlichen Fragen als auch im nicht immer einfachen Management des transdisziplinären Forschungsprozesses hilfreich zur Seite. In diesem Zusammenhang möchten wir auch Dr. Bernhard Meier, der unser Projekt in den ersten 1 1/2 Jahren leitete, und die beiden HilfsassistentInnen Thomas Frei und Petra Noger als hilfreiche Geister im Hintergrund erwähnen.

Unser Dank geht aber auch an die PartnerInnen im IP Ernährung des SPP Umwelt. Die teilweise etwas zwangsverordnete Kooperation in einem transdisziplinären Forschungsprojekt mit insgesamt 9 Teilprojekten war nicht immer einfach – wir wissen es alle – aber gleichwohl ist es uns zumindest über weite Strecken gelungen, den Austausch über disziplinäre Grenzen und über teilweise differierende Weltbilder hinweg zu pflegen. Dies äussert sich nicht zuletzt in zahlreichen Ergebnissen aus anderen Teilprojekten, die wir an verschiedenen Stellen in dieses Buch einflechten konnten. Wir hoffen, dass umgekehrt einige unserer Überlegungen auch für die anderen Disziplinen von Nutzen sind.

---

[5] Eine vollständige Auflistung der im Rahmen unseres Forschungsprojektes entstandenen schriftlichen Produkte (Diskussionspapiere, Diplomarbeiten, Artikel etc.) findet sich in Anhang 2.

Für die Mithilfe bei der Verfassung dieses Buches bedanken wir uns speziell bei Dr. Lisa Rigendinger, Sozialdepartement der Stadt Zürich, und bei Erwin Stucki vom Institut für Agrarwirtschaft der ETH Zürich (für das sorgfältige Review) sowie bei Petra Noger (für das Zusammentragen von Daten). Ein herzliches Dankeschön geht zudem an Simone Hunziker, die das Lay-Out des Buches übernommen und dabei noch viel zu dessen besseren Lesbarkeit beigetragen hat.

Der letzte Dank schliesslich gilt unseren PartnerInnen aus der Praxis. Bei der Beantwortung unserer zahlreichen und nicht immer sehr verständlichen Fragen zu den verschiedenen Aspekten von regionalen Produktorganisationen und zu Nachhaltigkeit im Bedürfnisfeld Ernährung haben sie nicht nur viel Zeit aufgewendet, sondern uns auch viel Geduld und ein grosses Vertrauen entgegengebracht. Wir hoffen, wir können dies mit diesem Buch und vielleicht auch bei anderen Gelegenheiten zumindest teilweise zurückgeben!

Bern, im November 1999, Kurt Hofer & Ueli Stalder

Nach längerer kontroverser Diskussion haben wir uns entschlossen, in diesem Buch fortan zumeist nur die männlichen Sprachformen zu verwenden (Akteur, Konsument, Verarbeiter, Wissenschafter etc.). Zwar sind wir uns der Problematik dieser (Nicht-) Lösung des sprachlichen Geschlechterproblems bewusst, haben uns aber insbesondere auf Grund der u. E. besseren Lesbarkeit des Textes trotzdem für diese Variante entschieden.

TEIL I

EINLEITUNG, ZIELSETZUNG UND AUFBAU

2. Zielsetzung, Fragestellung und Aufbau des Buches

2.1 Die heikle Rolle der Sozialwissenschaften in der Nachhaltigkeitsforschung

"Wissenschaftliche Erkenntnis geht je von spezifischen Interessen aus und beinhaltet weltanschauliche Standpunkte. (...) Diese forschungsleitenden Werte sind umso einflussreicher, je komplexer ein Themenbereich ist. Sie zu beachten, kann [bei den Adressaten] Verunsicherungen durch scheinbar gegenteilige Expertenmeinungen verhindern".

Diese Denkanstösse von Dagmar REICHERT und Wolfgang ZIERHOFER (1993:8) möchten wir an den Anfang unseres Buches zum Forschungsprojekt "Regionale Produktorganisationen und nachhaltige Ernährung" stellen. Sie weisen exemplarisch auf verschiedene Probleme hin, denen wir uns als Sozialwissenschafter während unseren Forschungsarbeiten im integrierten Projekt Gesellschaft 1 des Schwerpunktprogrammes Umwelt (in der Folge IP Ernährung genannt) immer wieder bewusst wurden. Diese haben einen direkten Bezug zur Zielsetzung des IP, am Beispiel der Ernährung aufzuzeigen, mit welchen Strategien und Instrumenten eine nachhaltige Entwicklung der Gesellschaft erreicht werden könnte.

Ein erstes Problem liegt dabei bereits im Ausgangspunkt, dem Konzept der nachhaltigen Entwicklung, verborgen. Obwohl grundsätzlich weitgehend unbestritten, verstecken sich im wohltönenden (und inzwischen inflationär verwendeten) Begriff der "Nachhaltigkeit" zahlreiche Ziel- und Wertekonflikte. *Was können wir uns unter einer nachhaltigen Entwicklung vorstellen? Wie lässt sich dieses Konzept auf das komplexe System der Ernährung übertragen? Welches Gewicht haben dabei ökologische, ökonomische und soziale Aspekte, vor allem wenn es um eine Zielabwägung geht?*

Das zweite Problem folgt dem ersten auf den Fuss und wird besonders deutlich, wenn man die rein naturwissenschaftlich-ökologische Perspektive verlässt und sich vermehrt der Gesellschaft als Untersuchungsgegenstand zuwendet: *Wer kann und darf überhaupt sagen, was eine nachhaltige Ernährung ist / was nachhaltig ist? Welche Rolle soll die Wissenschaft hier übernehmen? Wann sind wir (statt Wissenschafter) "Politiker", "Missionare" oder "Lobbyisten" für irgendwelche Interessen? Wem dienen (oder schaden) wir, wenn wir zum Thema Nachhaltigkeit Erkenntnisse produzieren bzw. wem stellen wir unsere Erkenntnisse für welche Zwecke zur Verfügung?*

Eine dritte Herausforderung schliesst an den Begriff der Transdisziplinarität an, dem sich das SPP Umwelt des Schweizerischen Nationalfonds verschrieben hat. Transdisziplinarität verstanden als Überwindung nicht nur von disziplinären Grenzen (Interdisziplinarität), sondern auch der Grenze zwischen

Wissenschaft und Praxis (Umsetzung der wissenschaftlichen Erkenntniss insbesondere in Wirtschaft und Politik): *Wie kann der geforderte Spagat zwischen Wissenschaft und Praxis gemacht werden, ohne dass man sich entweder völlig überfordert, plötzlich doch nur noch auf der einen Seite steht oder dann in den Graben fällt (d.h. weder für die eine noch die andere Seite einen Mehrwert schafft)? Kann man sich als Wissenschafter in einem transdisziplinären Projekt eine gewisse Unabhängigkeit von den Bedürfnissen der Praxis bewahren und wie?*

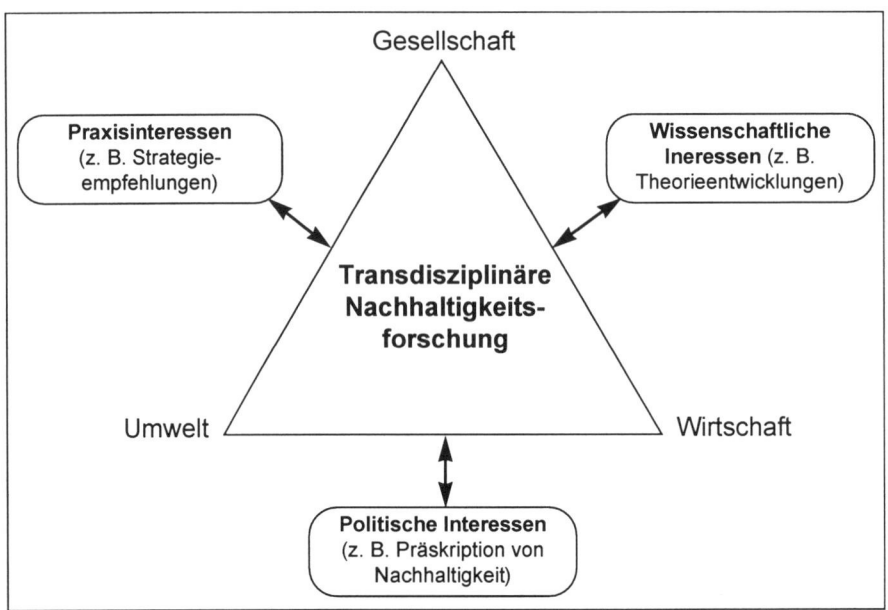

Darstellung 1: Transdisziplinäre Nachhaltigkeitsforschung im Spannungsfeld divergierender Interessen

Diese drei[1] Probleme (vgl. Darst. 1) kulminieren in der Frage, welche Rolle die Sozialwissenschaften im gesellschaftlichen Transformationsprozess in Richtung Nachhaltigkeit spielen kann, spielen soll und spielen will. Eine "wertneutrale" Wissenschaft ist – im Prinzip wissen wir es spätestens seit der Positivismusdebatte Ende der 60er Jahre – immer eine Illusion gewesen. Und gleichwohl: Gerade im komplexen und äusserst politischen Thema der nachhaltigen Entwicklung ist die Erwartung der Gesellschaft (und die Versuchung für die Wissenschaft) gross, dass die Wissenschaft aufgrund ihres objektiven

---

[1] Eine weitere Herausforderung, auf die wir hier nicht weiter eingehen, ergibt sich im übrigen aus der besonderen Position der Doktoranden in einem transdisziplinären Forschungsprojekt. Von diesen werden gleichzeitig wissenschaftsdisziplinäre Spitzenleistungen und praktische Umsetzung, Engagement im Unibetrieb und Empfehlungen an die Praxis erwartet, was (zu) oft auf ein für alle Seiten unbefriedigendes "sowohl als auch" hinausläuft (vgl. dazu auch MINSCH, MOGALLE 1998).

Wissens und ihrer Autorität die Wege aufzeigt, in welche die Gesellschaft zu gehen habe[2].

Darf die Wissenschaft diese autoritär-präskriptive Rolle übernehmen? Wir denken nein. Vielmehr geht es darum, Vorschläge zu machen. Vorschläge, die – und damit kommen wir auf die Forderungen von REICHERT und ZIERHOFER zurück – ihre Wurzeln nicht nur in der Analyse, sondern immer auch in den persönlichen Werthaltungen haben.

Diese Wurzeln, d.h. die eigenen forschungsleitenden Werte gilt es gegenüber dem Publikum soweit möglich transparent zu machen – gerade wenn man sich als Wissenschafter mit solch normativen und politisch brisanten Themen wie Nachhaltigkeit beschäftigt.

Dieser Anspruch ist jedoch nicht einfach einzulösen, sondern stellt eine grosse Herausforderung an die eigenen Fähigkeiten zur Selbstreflektion dar. Wir sind uns bewusst, dass wir ihm im Verlauf des vorliegenden Buches nicht immer gerecht werden können. Und trotzdem haben wir am obigen Zitat an dieser Stelle festgehalten. In der Folge versuchen wir, unsere eigenen "weltanschaulichen Standpunkte" wenn nicht in jedem Kapitel, so doch zumindest bei der Erläuterung der Zielsetzung, der Fragestellung und des Aufbaus des Buches soweit möglich aufzuzeigen.

2.2 Fragestellung und Zielsetzung

2.2.1 Ausgangspunkt 1: Regionale Produktorganisationen

Seit anfangs der 90er Jahre ist in der Lebensmittelbranche der Schweiz ein eigentlicher Regionalmarketing-Boom zu verzeichnen. Beinahe in jeder Region, die etwas auf sich hält, läuft heute mindestens eine Initiative zur besseren Vermarktung der in der Region hergestellten Lebensmittel. Die im Zuge dieses Booms entstandenen Initiativen – in diesem Buch fortan "Regionale Produktorganisationen" RPO genannt – lassen sich nur bedingt über einen Leisten schlagen: Es gibt etablierte und noch sehr junge, relativ grosse und sehr kleine, stark landwirtschaftlich oder eher touristisch geprägte, auf ein bestimmtes Produkt (z.B. einen speziellen Käse) oder auf eine breite Palette von Lebensmitteln ausgerichtete, speziell ökologisch oder eher regionalwirtschaftlich argumentierende Initiativen – die Vielfalt ist sehr gross und die Übersicht über die dynamische Regionalmarketing-Szene bislang klein.

Hier eine Übersicht zu erhalten, d.h. diesen Boom und seine Ursachen genauer unter die Lupe zu nehmen sowie dessen Potenziale und Grenzen auszuleuchten – dies war das eine Anliegen unseres Forschungsprojektes. Es kann mit folgenden Fragen zusammengefasst werden:

---

[2] Vgl. dazu die Aussage der prominenten Schweizer Ständerätin Christine BEERLI in einem Interview gegenüber der Programmleitung des SPP Umwelt (1999):"Ich zähle auf die Wissenschaft, dass sie den Begriff Nachhaltigkeit in konkrete Handlungsanweisungen ummünzt."

♦ Was sind die charakteristischen Merkmale von Regionalen Produktorganisationen RPO?

♦ Wie und aus welchen Gründen entstanden sie und wie haben sie sich bis anhin entwickelt?

♦ Wurden die durch die Initianten selbst propagierten Ziele erreicht? In welchen Bereichen und wieso allenfalls nicht?

♦ Wie sieht die Zukunft des Regionalmarketings in der Schweiz aus?

Diese Fragen – wir merkten es im Verlauf unserer Forschungen immer wieder – interessierten und interessieren vor allem auch die Praxis, d.h. zum einen die RPO bzw. die direkt daran beteiligten Kreise aus Landwirtschaft und übriger Lebensmittelbranche, dann aber auch die Politik (inbesondere die Agrar- und die Regionalpolitik), die Medien sowie verschiedene Organisationen und Verbände, die sich in der Förderung und Beratung von RPO engagiert haben[3].

Sie interessieren aber auch uns als Forschende, nicht zuletzt deshalb, weil wir vor unserer Rückkehr an die Universität und in die Wissenschaft selber am Aufbau von RPO beteiligt waren bzw. eng mit RPO in Kontakt standen und für diese jungen Organisationen bzw. für deren oft sehr idealistischen und engagierten Initianten von Anfang an grossen Respekt und viel Sympathien hatten.

2.2.2 Ausgangspunkt 2: Nachhaltige Entwicklung der Ernährung

Die Ernährung hat sich in den letzten Jahrzehnten insbesondere in den westlichen Industrieländern grundlegend und sehr rasch – immer rascher – verändert. Dieser Wandel äussert sich sowohl im täglichen Konsum- und Essverhalten als auch in den angewendeten Produktionsverfahren und führte dazu, dass sich die einzelnen Glieder der Produktionskette von Lebensmitteln (Rohstoffproduktion, Verarbeitung, Handel / Gastronomie, Konsum) in den letzen Jahrzehnten sowohl räumlich als auch zeitlich sehr stark entkoppelt haben: Der (zahlungskräftige) westliche Konsument kann heute (fast) über das ganze Jahr hinweg Lebensmittel aus (fast) der ganzen Welt beziehen.

Dass diese rasche Entwicklung und die heutige Situation aus ökologischer, z.T. aber auch aus sozialer und wirtschaftlicher Sicht nicht unbedenklich ist, zeigt sich an vielen Problemen, vor denen die Menschheit im Zusammenhang mit Ernährung heute steht. Das globale Verteilungsproblem – d.h. die Tatsa-

---

[3] In HOFER, MEIER, STALDER (1997:7f) sind die Erwartungen, die verschiedene Akteure an RPO haben, zusammengestellt. Die Palette reicht dabei von "gesunden, natürlichen, authentischen Lebensmitteln" (KonsumentInnen) über "neue Differenzierungsmöglichkeiten im gesättigten Lebensmittelmarkt" (Landwirtschaft, Lebensmittelverarbeitung und Handel), die "Reduktion von ökologisch unsinnigen Transporten" (Umweltorganisationen) bis zur "erhöhten Wertschöpfung für das regionale Gewerbe und damit Beitrag zur dezentralen Besiedelung" (Regional- und Agrarpolitiker).

che, dass die Menschen in den westlichen Industrieländern oft zu viel und das Falsche essen und gleichzeitig jeden Tag -zig Tausende von Menschen in den Entwicklungsländern verhungern – ist dabei nur eines von viele Symptomen eines grundlegenden Missstandes. Auch auf nationaler und regionaler Ebene stehen Probleme an, man denke etwa an die zahlreichen Transporte von Lebensmitteln und den damit verbundenen Energieverbrauch, die Schadstoffimmissionen in Böden, Wasser und Luft, die zu einem grossen Teil von der Landwirtschaft verursacht sind, oder die ökonomischen und sozialen Probleme, die sich durch den raschen Wandel der Lebensmittelbranche für die einzelnen Individuen, aber auch für Unternehmen und die Bevölkerung ganzer Regionen ergeben.

Angesichts dieser Probleme sind neue Wege gesucht: Wege, die zu einem verantwortungsvolleren Konsum, besseren Produktionsverfahren, wirkungsvolleren politischen Steuerungsinstrumenten oder – um es in einem Begriff zusammenzufassen – einer nachhaltigeren Ernährung führen.

Genau hier setzt wie oben bereits angetönt das IP Ernährung des Schwerpunktprogramms Umwelt mit seiner Zielsetzung an: (1) soll der Begriff der Nachhaltigkeit für die Ernährung konkretisiert und (2) Strategien und Instrumente für eine Transformation der Ernährung in Richtung einer nachhaltigen Entwicklung aufgezeigt werden.

Unser Teilprojekt widmet sich dabei speziell der regionalen Handlungsebene und hier wiederum sog. Regionalen Innovationskooperationen (oder eben Regionalen Produktorganisationen), denen ein Potenzial zur Transformation der Ernährung in Richtung Nachhaltigkeit zugebilligt wird. Dieses Potenzial auszuleuchten und die real existierenden RPO in der Schweiz bezüglich ihres Transformationsvermögens in Richtung einer nachhaltigen Entwicklung der Ernährung zu untersuchen, dieses Anliegen bildet den zweiten Ast unseres Projektes. Daraus heraus ergeben sich folgende Fragen:

* *Wie kann man sich eine Transformation der Ernährung in Richtung Nachhaltigkeit überhaupt vorstellen? Was genau gilt es zu transformieren?*
* *Welche potenziellen Wirkungen als Transformatoren der Ernährung in Richtung Nachhaltigkeit haben RPO?*
* *Wie gross sind die realen Effekte, welche RPO bis anhin entwickeln (und weshalb sind sie nicht grösser)?*
* *Welche Möglichkeiten haben RPO, ihr Transformationspotenzial besser wahrzunehmen?*
* *In welcher Weise und durch wen müssen bzw. können dazu die (wirtschaftlichen, politisch-rechtlichen und allgemein gesellschaftlichen) Rahmenbedingungen verändert werden?*

Im Gegensatz zum ersten Fragekomplex geht es bei diesen Fragen nicht direkt um das Phänomen RPO, dessen Ueberlebensfähigkeit und dessen Zukunft. RPO dienen eher als Turngerät, um sich dem generellen Transformationsprozess der Ernährung in Richtung Nachhaltigkeit mit wissenschaftlichen Konzepten anzunähern. Im Gegensatz zum phänomenorientierten, induktiven Zugang gilt es hier denn auch eher einen normativ-deduktiven Zugang zum Untersuchungsgegenstand RPO zu entwickeln.

Die Beachtung, den dieser zweite Ansatzpunkt und die damit verbundenen Fragen in unserem Umfeld fanden, ist gemäss unseren Erfahrungen deutlich anders als beim ersten. Die Praxis zeigt im allgemeinen wenig Interesse am undurchsichtigen und schwammigen Begriff der Nachhaltigkeit und den damit verbundenen abstrakten Fragen. Am ehesten noch eine Ausnahme bilden dabei Vertreter der Verwaltung, für die "Nachhaltigkeit" (bzw. deren Umsetzung) spätestens seit der Umweltkonferenz in Rio 1992 ein bekannter Begriff und ein relevantes Problem darstellt. Grösser ist das Interesse dafür in unserem wissenschaftlichen Umfeld, in dem Fragen zu Nachhaltigkeit im Vergleich zum quantitativ eher unbedeutenden Phänomen der RPO einen grossen Stellenwert haben.

Wieder sind wir somit bei einem Dilemma angelangt: Wenn Transdisziplinarität der Wissenschaft einerseits bedeutet, auf die Probleme und Bedürfnisse aus der Praxis ein- und diese zusammen mit der Praxis anzugehen, andererseits aber Nachhaltigkeit offensichtlich für weite Teile der Praxis eine undurchsichtige oder gar misstrauenerregende Worthülse darstellt: Wie können die beiden anfangs gesetzten Ausgangspunkte unseres Forschungsprojektes verbunden werden und wie kann den u.E. gerechtfertigten Anliegen von Praxis einerseits und Wissenschaft andererseits entsprochen werden? Oder etwas pointierter formuliert: Wenn es der Wissenschaft nur um die Verbesserung theoretischer Konzepte zu Nachhaltigkeit geht und der Praxis darum, dass RPO überhaupt kurz- und mittelfristig auf dem harten (Lebensmittel-) Markt überleben können: Wo liegen dann die gemeinsamen Interessen, über welche die beiden Ausgangspunkte verbunden werden können?

Bevor wir darauf eingehen, wie wir in diesem Buch dieses Dilemma zu lösen versucht haben, möchten wir unter Berücksichtigung der oben zitierten Forderungen von REICHERT, ZIERHOFER 1993 unsere persönliche Haltung zum Ausgangspunkt "nachhaltige Entwicklung" der Ernährung kurz in 5 Punkten zusammenfassen[4]:

- Nachhaltigkeit ist ein politisches und normatives Konzept und deshalb nur in einem politischen Aushandlungsprozess zu konkretisieren. Ob es um die nachhaltige Entwicklung einer Firma, einer Gemeinde, einer Staatengemeinschaft oder der globalen Gesellschaft geht; mindestens ebenso wichtig wie das Ergebnis dieses Prozesses (das "was") ist die Art, wie dieses Ergebnis zustande kommt (das "wie").

---

[4] In den Kapiteln 6, 9 und 11 wird ausführlicher auf das Konzept der Nachhaltigkeit eingegangen.

- Unser Kulturkreis, d.h. unsere persönliche Herkunft, unsere Erziehung und unser gegenwärtiges Umfeld führen dazu, dass wir (1) demokratische Aushandlungsprozesse unter Beteiligung möglichst aller Betroffenen als wünschenswert betrachten, (2) der Umwelt und der Natur einen (hohen) Eigenwert zubilligen und uns (3) den gesellschaftlichen Grundwerten Freiheit, Gleichheit, Gerechtigkeit und Solidarität verpflichtet fühlen.

- Das Leitbild Nachhaltigkeit ist immer wünschbar und damit positiv (so wie dies beispielsweise auch die eben erwähnten grundlegenden gesellschaftlichen Werte sind). Damit wird Nachhaltigkeit aber auch zum letzlich nicht fassbaren und nicht realen Idealziel: Einer „regulativen Idee" (vgl. HOMANN 1996), die man zwar anstreben, aber nie völlig erreichen wird.

- Was mit den Begriffen Nachhaltigkeit bzw. nachhaltige Entwicklung im Moment verbal verbunden wird[5] und wofür diese Begriffe verwendet werden, muss sehr kritisch unter die Lupe genommen werden. Von Nachhaltigkeit reden ist oft nicht gleich Nachhaltigkeit verfolgen; das Konzept der Nachhaltigkeit ist aufgrund seiner normativen Ladung prädestiniert, von verschiedenen Kreisen für deren ureigenen Ziele missbraucht zu werden.

- Aber auch die umgekehrte Zuordnung stimmt nicht: wer nicht von Nachhaltigkeit spricht (weil ihm z.B. das diskursive Verständnis zu diesem Begriff fehlt), kann durchaus Nachhaltigkeit meinen und wollen und in diese Richtung wirken.

Etwas zugespitzt lassen sich diese Punkte wie folgt zusammenfassen: Das Leitbild der nachhaltigen Entwicklung hat den Status und die Funktion eines gesellschaftlichen Grundwertes. Wie diese stellt es an jedes Individuum und an alle gesellschaftlichen Institutionen die hohe Anforderung, jederzeit und in allen Handlungen berücksichtigt zu werden. Dies wiederum ist dem Menschen als unvollkommenem Wesen nicht möglich, was aber nicht bedeutet, dass er sich nicht so gut wie möglich darum bemühen muss.

2.3 Aufbau und Gliederung des Buches

Die obigen Ausführungen machen klar, dass wir mit diesem Buch eine doppelte Zielsetzung verfolgen (vgl. Darst. 2):

(1) Phänomenorientierter Zugang:
Hier geht es darum, Regionale Produktorganisationen als junge Phänomene zu beschreiben, deren Schwächen und Stärken zu diagnostizieren und im Hinblick auf deren künftige Entwicklung Empfehlungen abzuge-

---

[5] Z.B. in politischen Reden, Strategiepapieren, Leitbildern etc. wird der Begriff "Nachhaltigkeit" bzw. "nachhaltig" in den letzten Jahren inflationär verwendet, was etwa BURGER (1997) zur Befürchtung führt, dass der Begriff zur Floskel verkommt: "Um die Probleme der Welt zu lösen, ist nicht ein Rückzug in Worthülsen gefragt, sondern Mut zu pragmatischem, abwägendem Handeln, das nicht für alle Zukunft der Weisheit letzter Schluss sein will."

ben. Im Zentrum der Überlegungen stehen also RPO, deren Anliegen, Herausforderungen und Zukunftsstrategien.

(2) *Nachhaltigkeitsorientierter Zugang;*
Bei diesem Zugang soll aufgezeigt werden, was man sich unter einer Transformation der Ernährung in Richtung Nachhaltigkeit vorstellen kann, wie eine solche Transformation ablaufen kann und welche Rolle dabei Regionale Produktorganisationen spielen können. Das heisst, das Leitbild der Nachhaltigen Entwicklung der Ernährung und die Transformation der gegenwärtigen Situation in Richtung dieses Leitbildes steht im Zentrum.

Diese beiden Äste zu verbinden, war in der Konzeptionsphase des vorliegenden Buches kein leichtes Unterfangen und die Gefahr ist latent, dass die Leser, welche je nach ihrem Bezug zu den Themen Regionale Produktorganisationen bzw. nachhaltige Ernährung andere Interessen und Ansprüche an das Buch haben, sich plötzlich auf dem falschen Ast wiederfinden. Andererseits birgt dieser doppelte Ansatzpunkt und die daraus resultierende Konfrontation der Leser mit "anderen" Weltbildern unseres Erachtens auch Chancen: Z.B. die Möglichkeit, sich mit anderen Sichtweisen auf den gleichen Gegenstand auseinanderzusetzen, die eigenen Sichtweisen dabei zu reflektieren und dabei im Idealfall zu neuen Lösungen für alte Probleme zu kommen.

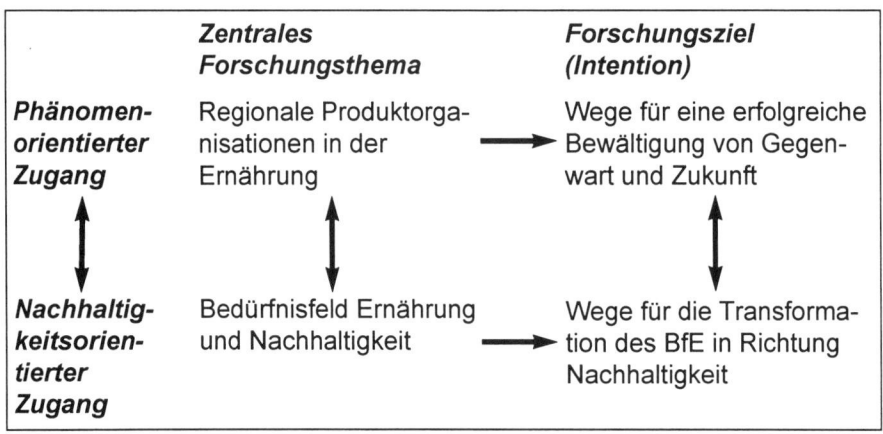

Darstellung 2: Phänomenorientierter und nachhaltigkeitsorientierter Zugang unseres Forschungsprojektes

Zur Verbindung der beiden Zugänge und der dahinter stehenden Interessen von (phänomenorientierter) Praxis einerseits und (nachhaltigkeitsorientierter) Wissenschaft andererseits haben wir das folgende Buch in insgesamt vier Teile und 11 Kapitel gegliedert (vgl. Darst. 3). Während die Kapitel 4 bis 7 der Beschreibung und Beurteilung von RPO gewidmet sind, geht es bei den Kapitel 3 und insbesondere 8 um eine Darstellung des Wandels des gesamten Bedürfnisfeldes Ernährung und um die Frage, was man sich unter der Transformation eines Bedürfnisfeldes in Richtung Nachhaltigkeit vorstellen kann. Im Kapitel 9 werden die beiden grundlegenden Ansätze unseres Projektes parallel verfolgt und – darauf aufbauend – in Kapitel 10 einige Empfehlungen zuhanden verschiedener Zielpublika formuliert.

Ausgehend von den eigenen Erfahrungen wird schliesslich in Kapitel 11 ein relativ ausführliches Fazit zu grundlegenden Problemen transdisziplinärer Nachhaltigkeitsforschung gezogen und in einem zweiten Teil werden 10 Forderungen an Exponenten transdisziplinärer Wissenschaft formuliert. Dabei werden auch einige der Überlegungen in diesem einleitenden Kapitel wieder aufgenommen.

Anfangs der einzelnen Teile und Kapitel findet sich im Übrigen jeweils ein Überblick über die darin behandelten Fragen und das dabei verwendete theoretische und empirische Grundlagenmaterial.

Teil	Kap.	*Titel und Leitfragen*
Teil I: Einleitung, Zielsetzung und Aufbau	2)	Zielsetzung, Fragestellung und Aufbau des Buches
Teil II: Ernährung im Wandel und regionale Produktorganisationen (zwei Ausgangspunkte)	3)	Das Bedürfnisfeld Ernährung im Wandel → *Frage: Welche Veränderungsprozesse finden in der Ernährung statt und wie lassen sich diese systematisieren?*
	4)	Regionale Produktorganisationen als strategische Netzwerke im Bedürfnisfeld Ernährung → *Frage: Was sind RPO und durch welche Merkmale lassen sie sich charakterisieren?*
Teil III: Die Situation der Regionalen Produktorganisationen in der Schweiz	5)	7 Verschiedene Typen von RPO → *Frage: Reale RPO in der Schweiz: wie lassen sie sich typisieren?*
	6)	Die Effekte von Regionalen Produktorganisationen (eine Beurteilung) → *Frage: Welche Effekte in Hinblick auf eine nachhaltige Ernährung haben die verschiedenen RPO-Typen?*

Teil	Kap.	Titel und Leitfragen
	7)	Position von Politik, Detailhandel und Konsumenten gegenüber Chancen RPO ➔ *Frage: Wie positionieren sich Politik, Detailhandel und Konsumenten gegenüber RPO bzw. gegenüber regionalen Produkten?*
Teil IV: Strategische Handlungsfelder zur Transformation von Bedürfnisfeldern und Erfolgselemente von RPO im Rahmen des Bedürfnisfeldes Ernährung	8)	Handlungsfelder zur Transformation des Bedürfnisfeldes Ernährung (eine theoriegestützte Herleitung) ➔ *Frage: Über welche Handlungsfelder kann eine Transformation der Ernährung erreicht werden?*
	9)	Regionale Produktorganisationen als Transformatoren des Bedürfnisfeldes Ernährung? ➔ *Frage: Wo liegen die strategischen Erfolgselemente von RPO, um das BfE in Richtung Nachhaltigkeit zu transformieren?*
Teil V: Empfehlungen und Schlusswort	10)	Empfehlungen a) zuhanden RPO b) zuhanden von Akteuren aus deren Umfeld ➔ *Frage: Was ist zu tun, damit RPO bzw. regionale Produkte in Zukunft mehr Erfolg haben?*
	11)	Ein Schlusswort zu transdisziplinärer Nachhaltigkeitsforschung
Quellenverzeichnis		a) Literatur b) Andere Quellen
Anhang	1 2 3 4	Das IP Ernährung im SPP Umwelt Publikationen im Rahmen des TP 5 Liste der untersuchten RPO Anschrift der Autoren

Darstellung 3: Aufbau des Buches

TEIL II:

ERNÄHRUNG IM WANDEL UND REGIONALE PRODUKTORGANISATIONEN

> Im folgenden zweiten Teil geht es darum, dem Leser einen Einblick in jene zwei Themengebiete zu vermitteln, welche den Rahmen des vorliegenden Buches bilden: Die Ernährung, verstanden als "Bedürfnisfeld Ernährung" (Kap. 3) und das Phänomen Regionale Produktorganisationen (Kap. 4). Zu diesem Zweck werden einerseits begriffliche Klärungen vorgenommen: Was ist unter dem Bedürfnisfeld Ernährung, was unter Regionalen Produktorganisationen zu verstehen? Andererseits werden insbesondere zur Thematik des Bedürfnisfeldes Ernährung einige "facts and figures" eingebracht, die wichtige aktuelle Entwicklungen aufzeigen. Beides dient als Fundament für die weiteren Kapitel. Dabei stehen zwei Leitfragen im Vordergrund:
>
> ◆ *Welche Veränderungsprozesse finden im Bedürfnisfeld Ernährung statt und wie lassen sich diese systematisieren? (Kap. 3)*
>
> ◆ *Was sind RPO und durch welche Merkmale lassen sie sich charakterisieren? (Kap. 4)*

3. Das Bedürfnisfeld Ernährung im Wandel

Welche Veränderungsprozesse finden in der Ernährung statt und wie lassen sich diese systematisieren? – so die Leitfrage der folgenden Ausführungen. Ziel von Kapitel 3 ist es, die komplexen Veränderungen im Ernährungsbereich zu beschreiben und auf Grundlage von theoretischen Überlegungen zu gesellschaftlichen Wandlungsprozessen im allgemeinen, und deren Äusserungen im Rahmen des Bedürfnisfeldes Ernährung im speziellen, systematisch zu ordnen.

Nach einigen einleitenden Überlegungen zum historischen Wandel der Ernährungsweise (3.1) wird der zentrale Begriff des Bedürfnisfeldes Ernährung eingeführt (3.2). Daran anschliessend werden ausgewählte Veränderungsprozesse im Bedürfnisfeld Ernährung ausführlicher dargestellt und beispielhaft illustriert (3.3). Im Fazit (3.4) werden die beschriebenen Veränderungen schliesslich zu drei Dimensionen gesellschaftlichen Wandels gebündelt. Diese, so die Schlussfolgerung, bestimmen auch den Wandel des Bedürfnisfeldes Ernährung. 3.5 schliesslich geht auf die den Wandel begleitende Problematik raum-zeitlicher Entkopplung von Produktionsprozess und Konsum ein. Dazu werden Argumente aus ökologischer, ökonomischer, sozialer und individuell-gesundheitlicher Sicht eingebracht.

3.1 Einleitung

Über Jahrhunderte hinweg war die Produktion von Nahrungsmitteln durch enge räumliche und zeitliche Grenzen bestimmt. Bodenfruchtbarkeit, technische Machbarkeit, saisonal wechselnde klimatische Bedingungen und die vorherrschenden wirtschaftlichen und politischen Verhältnisse bestimmten die Nahrungsmittelproduktion innerhalb dieser Grenzen. War einer dieser Faktoren nicht günstig, drohte nach kürzester Zeit akuter Nahrungsmangel. So kam es 1816 in der Schweiz letztmals zu einer landesweiten Hungersnot[1].

Bis in die Mitte des 20. Jahrhunderts stand deshalb die Frage ausreichender Nahrung im absoluten Zentrum des Bedürfnisfeldes Ernährung. Dies änderte sich mit dem wissenschaftlich-technischen Fortschritt unseres Jahrhunderts von Grund auf[2]. Neue und optimierte Produktions- und Distributionssysteme erlaubten umfangreiche Produktivitätssteigerungen und Erweiterungen des Lebensmittelsortiments. Neue Konservierungsmöglichkeiten und ausgebaute Verkehrsinfrastrukturen trugen das Ihre dazu bei, dass saisonale und regio-

---

[1] PFISTER 1996.
[2] Diese Aussagen wie auch weite Teile der folgenden Kapitel betreffen die Situation in den westlichen Industrieländern und insbesondere in der Schweiz. Auf die immensen, teilweise völlig anders gelagerten Probleme, die sich im Zusammenhang mit Ernährung und Hunger in südlichen Ländern oder aktuell teilweise auch wieder in Osteuropa ergeben, kann in diesem Buch nur am Rande eingegangen werden.

nale Unterschiede des Lebensmittelangebots von einem ganzjährig gefüllten, immer bunteren und in seiner Vielfalt kaum mehr überblickbaren Warenkorb abgelöst wurde: Reis aus Asien oder den USA, Äpfel aus Südafrika, Lammfleisch aus Australien und Neuseeland sind längst zur Selbstverständlichkeit geworden; ganz zu schweigen von den traditionellen Kolonialprodukten Tee oder Kaffee: (Fast) alles ist (fast) jederzeit und überall erhältlich. Aber auch gewaschener, geschnittener und konservierter Salat, Calcium-angereicherte Milch, Frühstücksdrinks mit Vitamin-, Mineralstoff- oder Eiweisszusätzen usw. gehören zum neuen Lebensmittelangebot.

Der historische Wandel der Ernährungsweise im 19. und 20. Jahrhundert

Bis zur Mitte des 19. Jahrhunderts lebten in Westeuropa die meisten Haushaltungen von jener Nahrung, die sie auf dem eigenen Boden und der Allmend der Wohngemeinde erwirtschaften konnten. Vor allem die grösseren Städte waren zusätzlich auf die Zufuhr agrarischer Erzeugnisse aus der weiteren Umgebung angewiesen. Historische Quellen zur Ernährungsweise der breiten Bevölkerung im 19. Jahrhundert berichten entsprechend von Speiseplänen mit Mus-, Grützen- und Suppenspeisen, die je nach Jahreszeit und Region mit Gemüse, Obst, Milch und Milchprodukten, besonders an Festtagen auch mit Fleisch, aufgewertet wurden. Ansonsten wirkt die damalige Ernährungsweise auf einen heutigen Betrachter mehrheitlich monoton und wenig genussvoll. Ob dem tatsächlich so war, entschied sich daran, welchen sozialen Status jemand innehatte. Ess- und Trinkgewohnheiten waren immer auch Ausdruck wie Mittel sozialer Ab- und Ausgrenzung[3]. Besonders unter der einfacheren Bevölkerung waren Mangelkrankheiten und Unterernährung weit verbreitet, während sich die Oberschicht immer wieder auch genussvolle Verschwendung leisten konnte.

Der Berner Umwelthistoriker Christian PFISTER[4] unterscheidet für die Schweiz "vor dem Zeitalter der Eisenbahnen" (d.h. bis in die Mitte des 19. Jahrhunderts) drei grosse Nahrungslandschaften mit regional unterschiedlichen Produktionsbedingungen und Speisezetteln: Das "Kornland" im tieferen Mittelland, die "Feldgras-Zone" im Jura und das "Hirtenland" im höher gelegenen Mittelland und Alpenraum. Während Milch im Kornland fast vollständig fehlte und 70% der Nahrung aus Dinkel bestanden, setzte sich in der Feldgraszone des Juras und im Hirtenland ein überwiegender Teil des Speiseplans aus Milch und Milchprodukten zusammen. Nur spezielle Genussmittel, etwa Gewürze, Kaffee, Schokolade oder Tee, wurden für viel Geld bei Kolonialwarenhändlern gekauft.

Etwa um 1830 kamen die ersten gewerblichen und (vor-)industriellen Verarbeitungsverfahren auf. Leitbranche der industriellen Nahrungsmittelverarbeitung war die Rübenzuckerindustrie. Dieser folgten Getreide- und Ölmüllereien, Tabak- und Zichorienverarbeitungsstätten. Seit den 1860er Jahren entstanden dann – in der damaligen Zeit völlig neuartige - industriell gefertigte Nahrungsmittel, mit welchen häufig grosse Hoffnungen und Erwartungen auf eine bessere Welt verbunden waren. So sollte der berühmte "Liebig's Fleischextrakt" (eine Art Bouillon), seit 1864

---

[3] Der durchschnittliche Fleischkonsum in Mitteleuropa betrug im 19. Jahrhundert mit 14kg pro Person und Jahr etwa einen Sechstel von heute. Zur Kulturgeschichte des Ernährung in Europa vgl. u.a. BECHER 1990 oder PACZENSKY & DÜNNEBIER 1994-.

[4] PFISTER 1991.

> in Urugay speziell für den europäischen Markt hergestellt, den auch hierzulande weit verbreiteten Eiweissmangel endgültig beseitigen, was allerdings allein damit nur sehr beschränkt gelang.
>
> Ende 19., Anfang 20. Jahrhunderts wurde der Speisezettel der Schweizer Bevölkerung abwechslungsreicher und die Mehrzahl der Bevölkerung war gerade ausreichend mit Kalorien versorgt. Insbesondere ärmere Bevölkerungsteile hatten immer noch nicht genügend Nahrung. Erst in der zweiten Hälfte unseres Jahrhunderts wurde schliesslich eine Versorgungssicherheit erreicht, die nahezu quer durch alle sozialen Schichten ging.

3.2 Ernährung und Bedürfnisfeld Ernährung

Die historischen Quellen machen unter anderem deutlich, dass die Ernährungsweise einer bestimmten Bevölkerungsgruppe eng verbunden ist mit der herrschenden wirtschaftlichen, politischen und kulturellen Situation und deshalb nicht isoliert davon untersucht werden sollte. Diese Einsicht hat unter anderem dazu geführt, dass insbesondere in Zusammenhang mit Fragen einer (umwelt-, gesellschafts- und wirtschaftsverträglichen) "nachhaltigen" Ernährung vom "Bedürfnisfeld" Ernährung[5] gesprochen wird. Ein Bedürfnisfeld bezeichnet generell einen Handlungszusammenhang gesellschaftlicher Akteure rund um ein spezifisches menschliches Grundbedürfnis (sich ernähren, sich bekleiden, wohnen etc.). SCHNEIDEWIND (1997) definiert das Bedürfnisfeld Ernährung entsprechend als "System von auf die Basishandlung des sich Ernährens ausgericheteten Handlungen sowie durch diese Handlungen reproduzierten Strukturen im gesellschaftlichen und wirtschaftlichen Kontext"[6].

Zum Bedürfnisfeld Ernährung – in der Folge abgekürzt als BfE bezeichnet – gehören somit sowohl das sich Ernähren selbst (= Nahrungsmittel beschaffen, zubereiten und vor allem essen), als auch das Produzieren und Vertreiben von Lebensmitteln entlang der ganzen Produktionskette, angefangen bei der Landwirtschaft über die Verarbeitung, den Grosshandel und die Distribution bis hin zum Detailhandel, der Gastronomie oder der Direktvermaktung. In den letzten Jahren gewinnen produktionsketten-übergreifende Perspektiven ("vom Anbau bis zum Abbau"[7]) insbesondere unter ökologischen Gesichtspunkten stark an Aufmerksamkeit[8]. Hierbei sind neben (individuellen und kollektiven) Akteuren, die direkt der Produktion oder dem Konsum von

---

[5] Vgl. auch MINSCH & MOGALLE 1998.
[6] Eine eindeutige Abgrenzung des Bedürfnisfeldes Ernährung gegenüber anderen Bedürfnisfeldern ist damit allerdings nicht möglich, da Handlungen innerhalb einzelner Bedürfnisfelder stets von Faktoren mitbedingt werden (und auch auf diese rückwirken), die nicht direkt auf die Basishandlung des sich Ernährens ausgerichtet sind (SCHNEIDEWIND 1997).
[7] Vgl. u.a. BELZ 1995.
[8] Nach Ansicht von JUNGBLUTH (1998) sind die relevanten Umweltbelastungen nur durch eine produktbezogene Betrachtung des ganzen Lebensweges von der Produktion bis zur Entsorgung erfassbar.

Lebensmitteln zugeordnet werden können, immer auch indirekt wirksame Handlungen bzw. Akteure zu berücksichtigen; etwa Zulieferer wie die Maschinenindustrie, die Verpackungsindustrie oder die chemische Industrie, welche technische Anlagen, Dünger, Pestizide, Packstoffe etc. herstellen.

Als vor- und/oder nachgelagerte Unternehmen stellen sie technische Produktionsmittel im weiteren Sinn für die eigentliche Lebensmittelproduktion bereit. Zum Bedürfnisfeld Ernährung gehören aber auch Akteure und Institutionen ausserhalb der eigentlichen Güterproduktion. So nehmen Staat/Politik, Wissenschaft und Forschung, Medien, Konsumentenorganisationen, Bildungsorganisationen etc. über Qualitätsvorschriften, Marktinterventionen, Produktions-Know-how, Medienmitteilungen und – last but not least! – Kaufhandlungen Einfluss auf die Produktionskette bzw. die Handlungen der daran direkt oder indirekt beteiligten Akteure. Es sind also eine ganze Reihe weiterer gesellschaftlicher Akteure aus dem Umfeld zu berücksichtigen im Rahmen des "Handlungszusammenhangs BfE" (Darst. 4)[9].

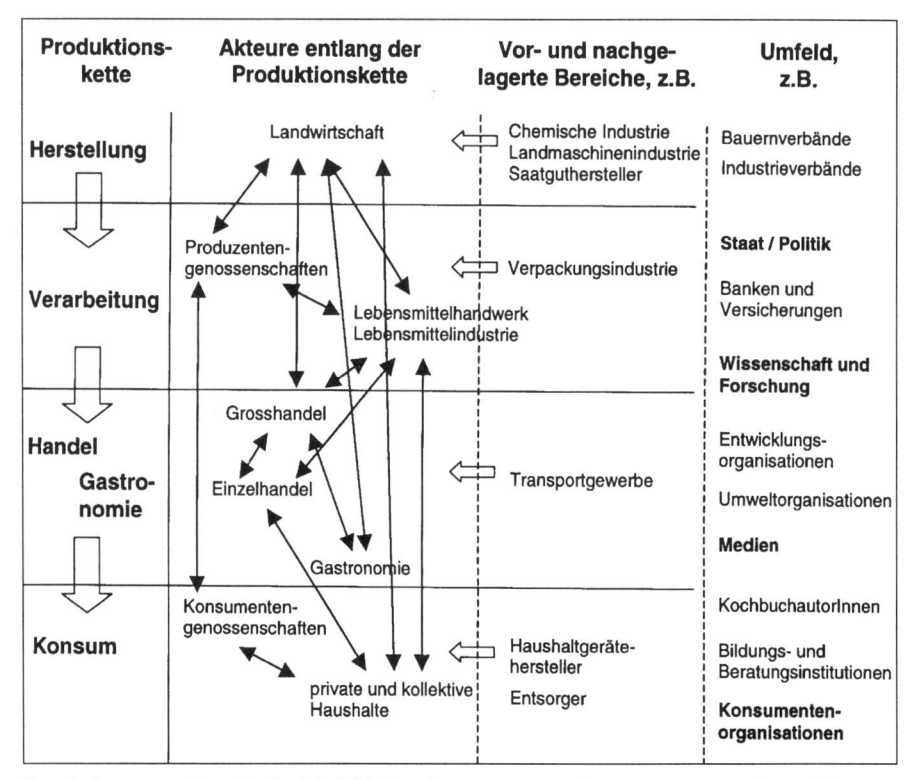

Produktions-kette	Akteure entlang der Produktionskette	Vor- und nachgelagerte Bereiche, z.B.	Umfeld, z.B.
Herstellung	Landwirtschaft	Chemische Industrie, Landmaschinenindustrie, Saatguthersteller	Bauernverbände, Industrieverbände
Verarbeitung	Produzentengenossenschaften, Lebensmittelhandwerk, Lebensmittelindustrie	Verpackungsindustrie	**Staat / Politik**, Banken und Versicherungen, **Wissenschaft und Forschung**
Handel, Gastronomie	Grosshandel, Einzelhandel, Gastronomie	Transportgewerbe	Entwicklungsorganisationen, Umweltorganisationen, **Medien**
Konsum	Konsumentengenossenschaften, private und kollektive Haushalte	Haushaltgerätehersteller, Entsorger	KochbuchautorInnen, Bildungs- und Beratungsinstitutionen, **Konsumentenorganisationen**

Darstellung 4: Das Bedürfnisfeld Ernährung als Handlungszusammenhang (Quelle: eigene Darstellung in Anlehnung an RIGENDINGER 1997)

---

[9] Vgl. zur "Definition" des Bedürfnisfeldes Ernährung als Handlungszusammenhang vgl. auch ARBEITSGRUPPE RESTRIKTIONEN & OPTIONEN 1998.

Darstellung 4 macht deutlich, dass sich der "Handlungszusammenhang BfE" in spezifischen Beziehungen zwischen verschiedenen Akteuren des BfE äussert (vgl. Pfeile). So stehen etwa die Akteure entlang der Produktionskette in Verbindung zu Lieferanten von Rohstoffen bzw. Produktionsmitteln, Branchenverbänden, Konkurrenten, Kapitalgebern, Gesetzgeber(n), staatlicher Verwaltung und Kontrolle.

Es liegen also unterschiedliche Beziehungsformen vor, welche je einen spezifischen "Teilbereich" des BfE charakterisieren (Darst. 5). In den nachfolgenden Erörterungen zu RPO werden wir wieder auf diese insgesamt vier Teilbereiche zurückkommen. Es sind dies:

1. Teilbereich Produktion: Beziehungen innerhalb und entlang der Produktionskette von Lebensmitteln, d.h. zwischen den Akteuren der verschiedenen Produktionsstufen (Landwirtschaft, Verarbeitung, Distribution, Gross- und Detailhandel sowie Gastronomie), ihren jeweiligen Zulieferern sowie den direkt im Produktionsprozess engagierten Beratungs- und Dienstleistungsunternehmen.

2. Teilbereich Vermarktung ⇔ Konsum: Beziehungen zwischen den Produzenten (= Mitgliedern der Produktionskette, insbesondere Detailhandel und Gastronomie) einerseits und den Konsumenten (= Endverbraucher) andererseits.

3. Teilbereich Regelungen zwischen Lebensmittelbranche und Staat: Beziehungen zwischen dem BfE im engeren Sinn (= Akteure der Produktionskette inkl. Konsumenten) und dem Staat / den öffentlichen Institutionen auf verschiedenen Niveaus.

4. Teilbereich Regelungen zwischen Lebensmittelbranche und übrigem gesellschaftlichem Umfeld: Beziehungen zwischen der Produktionskette von Lebensmitteln und weiteren gesellschaftlichen Akteuren/Institutionen wie z.B. NGOs, Medien, Schulen und Bildungsinstitutionen.

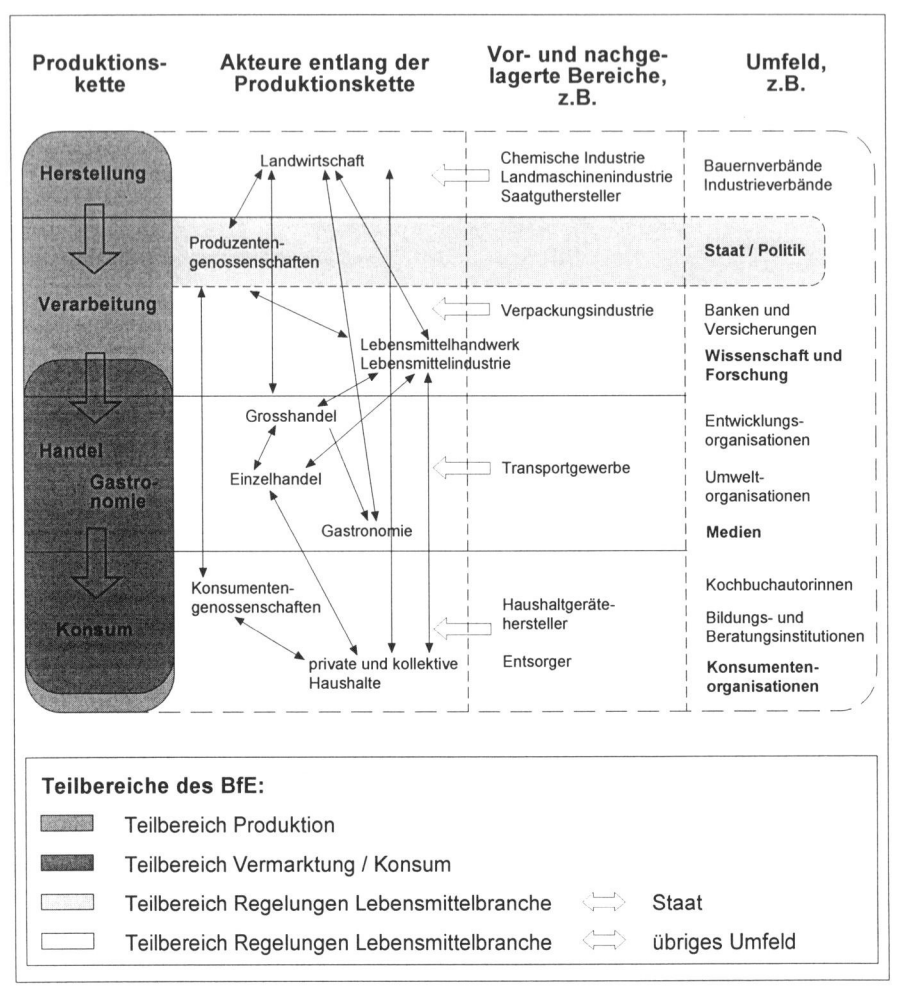

Teilbereiche des BfE:

▨ Teilbereich Produktion

▬ Teilbereich Vermarktung / Konsum

☐ Teilbereich Regelungen Lebensmittelbranche ⇔ Staat

☐ Teilbereich Regelungen Lebensmittelbranche ⇔ übriges Umfeld

Darstellung 5: Vier Teilbereiche des BfE. (Quelle: eigene Darstellung in Anlehnung an RIGENDINGER 1997)

Wie angesprochen unterlagen alle vier Beziehungsbereiche in den letzten Jahrzehnten einem tiefgreifenden Wandel. Nahezu einzige Konstante dieses Wandels des BfE blieb die Tatsache, dass die Versorgungssicherheit in den Industrieländern seit den 50er Jahren nie mehr ernsthaft in Gefahr geriet. Statt dessen wurde in den westlichen Industrieländern eine umfangreiche Marktsättigung und Angebotsdifferenzierung erreicht. In der Folge sollen ausgewählte Ausdrucksformen des Wandels im BfE näher beschrieben werden.

3.3 Veränderungsprozesse im Bedürfnisfeld Ernährung

Analysiert man die Veränderungen in den einzelnen Bereichen, fallen im Bereich Produktion vor allem neue Produktions-, Verarbeitungs- und Transporttechnologien sowie Restrukturierungen der Lebensmittelbranche auf; im Bereich Vermarktung/Konsum neue Organisationsformen des Marktes sowie neue Nachfragetrends. Im Bereich der Regelungen zwischen Lebensmittelbranche und Staat bzw. übrigem Umfeld schliesslich das neue Verhältnis zwischen Politik und (Ernährungs-)Wirtschaft sowie die Entwicklung zu neuen räumlichen Einheiten der Regulierung. Diese sechs Prozesse werden in der Folge näher ausgeführt und beispielhaft illustriert.

3.3.1 Neue Produktions-, Verarbeitungs- und Transporttechnologien

Ende des 20. Jahrhunderts hat die Möglichkeit zur technischen Veränderung von Lebensmitteln eine bislang unbekannte Dimension erreicht. Zwar greift die Menschheit seit alters auf "Biotechnologie" zurück bei der Herstellung von Lebensmitteln; man denke etwa an die Herstellung von fermentierten Lebensmitteln wie Brot, Käse, Bier, Essig oder Wein. In den letzten Jahrzehnten wurden jedoch eine Reihe biotechnologischer Verfahren entwickelt, die vorher nicht denkbar erschien, wobei die Gentechnik eine herausragende Rolle einnimmt. Nicht selten wird sie als *die* Schlüsseltechnologie des 21. Jahrhunderts bezeichnet[10]. In jüngster Zeit nehmen aber die kritischen Stimmen stark zu (vgl. Kasten).

Die neuen Technologien setzen an allen Stufen der Produktionskette an: So werden transgene Pflanzen mit Toleranzen gegen Insekten, Viren oder Herbizide oder mit modifiziertem Reifeverhalten hergestellt (Stichworte schädlingsresistenter "Gentech-Mais", "Antimatsch-Tomate" etc.). In der Lebensmittelverarbeitung greift man insbesondere auf neue Methoden der Extraktion und Synthese einzelner Komponenten von Lebensmitteln zurück, wobei gentechnisch veränderte Mikroorganismen bzw. von diesen produzierte Hilfs- und Zusatzstoffe zum Einsatz kommen. Dies ist auch der Grund, weshalb biotechnische Verfahren häufig eine wichtige technische Grundlage zur Herstellung von funktionellen Lebensmitteln (Functional Food) bilden[11].

> *Kontroversen um gentechnisch veränderte Lebensmittel*
>
> Der Gentechnik kommt in verschiedener Hinsicht eine Sonderrolle zu innerhalb der Biotechnologie[12]. Vor wenigen Jahren noch wurde prognostiziert, dass in Deutschland bereits im ersten Jahrzehnt des 21. Jahrhunderts ein Umsatzanteil von 30% mit Lebensmitteln erzielt werden könnte, die auf ihrem Lebensweg in der einen

---

[10] Vgl. dazu z.B. BORNSCHIER (1998: 123ff), der die Biotechnologie als Kernelement eines neuen technologischen Stils bezeichnet.
[11] Vgl. z.B. DER BUND vom 29. 12. 1998.
[12] Vgl. auch HOFER 1999.

oder anderen Form mit Verfahren der Gentechnik in Berührung kamen. Dies nicht zuletzt durch den breiten Einsatz von Bestandteilen von Soja in der Lebensmittelindustrie, insbesondere Letzithin, welches unter anderem in Schokoladeprodukten, Glaces und Backwaren verwendet wird.

Verfahren der Gentechnik werden im Lebensmittelbereich bisher in sechs Bereichen eingesetzt[13]: (1) Zur Erzeugung transgener Pflanzen (Mais, Getreide Soja etc.) mit Toleranzen gegen Kälte, Insekten, Viren und Herbiziden und/oder modifiziertem Reifeverhalten; (2) Zur Herstellung verschiedener Hilfsstoffe zur Verarbeitung von Lebensmitteln wie Zusatzstoffe oder Enzyme (Labferment Chymosin, Amylase etc.); (3) zur Herstellung gentechnisch veränderter Mikroorganismen, die zur Herstellung fermentierter Lebensmittel verwendet werden; (4) zur Herstellung pharmazeutischer Substanzen für die Behandlung landwirtschaftlicher Nutztiere; (5) zur Behandlung landwirtschaftlicher Nutztiere und (6) in der Lebensmittelkontrolle.

Der Einsatz der Gentechnik im Lebensmittelbereich ist heftig umstritten und führt immer wieder zu kontroversen politischen und wissenschaftlichen Diskussionen. In der Schweiz fanden diese 1998 in der sogenannten Genschutzinitiatitive ihren vorläufigen Höhepunkt. Trotz weit verbreiteter öffentlicher Kritik und entsprechendem politischem Druck wird derzeit von verschiedener Seite bezweifelt, ob sich der Vormarsch von GVO-Lebensmitteln[14] aufhalten lässt. Bisher wurden vor allem Grundnahrungsmittel gentechnisch verändert werden, so dass nicht zuletzt in den USA "die biotechnologische Landwirtschaft zu einem nicht mehr zu vernachlässigenden Wirtschaftsfaktor geworden ist", welches grosses Interesse an der Durchsetzung von GVO-Produkten hat[15].

Nebst der Produktion ist auch die Distribution und der Transport von Lebensmitteln in den letzten Jahren einem grossen Wandel unterworfen, der auf wichtige technische Errungenschaften seit Ende des 19. Jahrhunderts zurückgeführt werden kann. Von der Eisenbahn über die moderne Schifffahrt, das Auto und den LKW bis hin zum Flugzeug – für den Lebensmitteltransport steht heute eine Vielzahl von Verkehrsmitteln zur Verfügung. Seit den 80er Jahren nimmt dabei insbesondere der Strassen- und Lufttransport zu[16]. Die Kombination von effizienten Transportmitteln mit Konservierungs- und Lagerungsverfahren macht es möglich, dass die westliche Industriegesellschaft heute auf Lebensmittel aus der ganzen Welt zurückgreifen kann.

Die weltweiten Transporte von Roh-, Zwischen- und Endprodukten wurden aber nicht nur technisch möglich. Entsprechende Erzeugnisse sind für die meisten Konsumenten auch finanziell erschwinglich geworden: das neuseeländische Lammfleisch, das argentinische Rindfleisch, der kanadische Weizen, die kalifornischen Spargeln etc. sind preislich durchaus konkurrenzfähig gegenüber inländischen Erzeugnissen. Dies nicht zuletzt aufgrund der tiefen Energiepreise, die es lohnend machen, selbst Grundnahrungsmittel über die Kontinente hinweg zu transportieren.

---

[13] Vgl. HOFER 1999.
[14] GVO = Gentechnisch veränderte Organismen.
[15] Vgl. Tages-Anzeiger vom 23. 2. 1999.
[16] HOFER 1999.

Zunahme der Gütertransporte auf der Strasse:
Beispiel Nahrungs- und Genussmittel

1993 wurden in der Schweiz rund 8% mehr Nahrungs- und Genussmittel transportiert im Vergleich zu 1984. Da sich die räumliche Distanz zwischen Ursprung und Bestimmungsort aber laufend erhöht hat, verdoppelte sich die effektive Transportleistung in derselben Zeit (Zunahme: 48%).

Menge und Leistung des Transports von Nahrungs- und Genussmittels

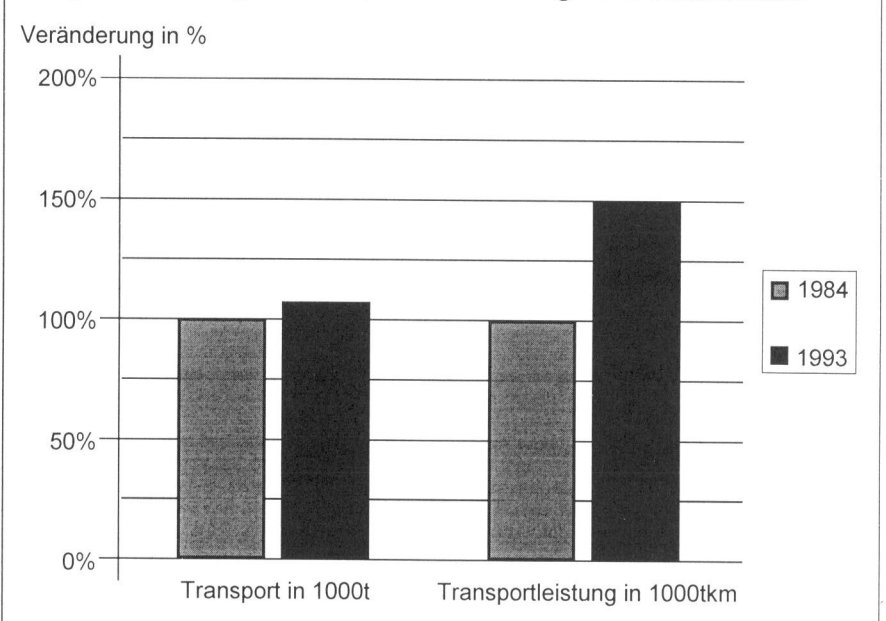

Darstellung 6: Menge und Leistung des Transports von Nahrungs- und Genussmitteln (Quellen: Bundesamt für Statistik 1986 und 1996)

Obige Feststellung, wonach die Transportwege für Nahrungs- und Genussmittel im Laufe der letzten Jahre länger werden, lässt sich durch einen weiteren statistischen Vergleich eindrücklich zeigen: 1974 wurden rund 66 mal mehr Nahrungs- und Genussmittel innerhalb der Landesgrenzen transportiert im Vergleich zum internationalen Verkehr. Knapp zwanzig Jahre später, 1993 betrug das Verhältnis nur noch rund 1 zu 25. Oder anders gesagt: Während der Überlandtransport innerhalb der Schweiz zwischen 1974 und 1993 um 37% zunahm, kam es im internationalen Handel zu einer zehnfachen Zunahme (370%)!

3.3.2 Restrukturierung der Lebensmittelbranche

Der technologische Wandel, den die gesamte Lebensmittelbranche in den letzten Jahrzehnten erlebte, war und ist begleitet von weitreichenden organisatorischen Veränderungen. So revolutionieren Bio- und Gentechnologie nicht nur die Produktionsverfahren, sondern auch die erforderliche fachliche Qualifikation der Arbeitnehmer und die gesamte Arbeitsorganisation der Unternehmungen in der Lebensmittelbranche. Sowohl weltweit, als auch auf europäischem, schweizerischem und regionalem Niveau finden in den letzten Jahren zahlreiche Fusionen, Übernahmen und strategische Allianzen statt.

Analog zu anderen Branchen sind dabei zwei Hauptstrategien erkennbar, die teilweise auch parallel eingeschlagen werden: einerseits eine Konzentration auf ein lohnendes Kerngeschäft, andererseits eine Diversifizierung der Aktivitäten, also eine Ausweitung der Produktepalette und/oder der verwendeten Produktionsprozesse. Während die Konzentration auf das Kerngeschäft oft von einem Outsourcing von Unternehmensteilen begleitet ist, beinhaltet eine Diversifizierung nicht selten die Übernahme kleinerer Unternehmen oder aber Fusionen grösserer Firmen. Gleichzeitig besetzen bzw. schaffen auch neue Unternehmen (oft kleinere und mittlere Betriebe) Marktnischen mit neuen Produkten oder Produktionsverfahren.

Eine wichtige Begleiterscheinung der Restrukturierung der Lebensmittelbranche ist die Verlagerung der Wertschöpfung entlang der Produktionskette weg von der Rohstoffproduktion hin zu den vor- und nachgelagerten Stufen, also von der Landwirtschaft in Richtung Lebensmittelhandel und Zulieferern wichtiger Produktionsmittel[17]. Deutlich wird dies u.a. anhand der Arbeitsplatzentwicklung (Vgl. Kasten).

> *Restrukturierungen in Landwirtschaft, Verarbeitung und Detailhandel*
>
> Die Restrukturierungen in Landwirtschaft, Verarbeitung und Detailhandel zeigen sich besonders eindrücklich anhand der Entwicklung bei den Beschäftigtenzahlen, wo sich seit den 60er Jahren eine Schere zwischen verschiedenen Gliedern der Produktionskette auftut. Während die Landwirtschaft kontinuierlich an Bedeutung verliert und viele Betriebe schliessen müssen, konnten die Beschäftigtenzahlen in der Lebensmittelverarbeitung bis Mitte der 80er Jahre ausgebaut werden. Danach setzte auch hier ein leichter Abwärtstrend ein. Länger schon abnehmende Beschäftigtenzahlen sind im Lebensmitteldetailhandel zu verzeichnen. Einerseits hat im Detailhandel das Non-Food-Segment mehr an Bedeutung erlangt. Andererseits führte der langjährige Konzentrationsprozess zu einem starken Rückgang der Ladendichte. In den letzten 10 Jahren hat sich dieses sogenannte "Lädelisterbens" allerdings verlangsamt.

---

[17] Vgl. auch RINGENDINGER 1997.

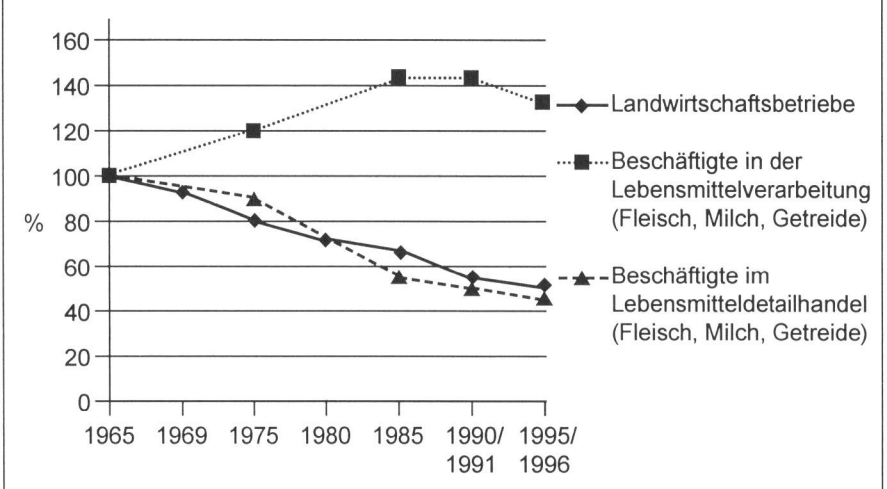

Restrukturierung in Landwirtschaft, Lebensmittelverarbeitung und Detailhandel zwischen 1965 und 1995

[Diagramm: Liniengrafik mit Y-Achse in % (0–160) und X-Achse mit Jahren 1965, 1969, 1975, 1980, 1985, 1990/1991, 1995/1996. Drei Kurven:
— Landwirtschaftsbetriebe
— Beschäftigte in der Lebensmittelverarbeitung (Fleisch, Milch, Getreide)
— Beschäftigte im Lebensmitteldetailhandel (Fleisch, Milch, Getreide)]

Darstellung 7: Restrukturierung in Landwirtschaft, Lebensmittelverarbeitung und Detailhandel 1965 -1995 (Quellen: Bundesamt für Statistik (div. Jahrgänge): Statistik der Schweiz. Betriebszählung, Coop Schweiz 1990 und BERNER ZEITUNG BZ vom 21.04.99).

Die umfangreichen Restrukturierungen in Verarbeitung und Detailhandel zeigen sich auch durch Unternehmensfusionen innerhalb der Schweiz wie auf internationalem Niveau: Ein aktuelles Bespiel ist etwa der Zusammenschluss der beiden Milchverarbeiter Toni und Säntis zum Swiss Dairy Food Konzern[18]. Rund 60% der in der Schweiz produzierten Milch sollen künftig in irgend einer Form durch die Kanäle dieses neuen Milchriesen fliessen. Dadurch soll der Konzern auch im europäischen Vergleich konkurrenzfähig sein.

Ein anderes Beispiel ist die Reorganisation der Migros Genossenschaften[19], Migros Bern und Migros Aargau/Solothurn haben sich Mitte 1998 zur Migros Aare zusammengeschlossen und dabei ihre Produktion und Logistik rationalisiert. Sie folgen damit dem Beispiel der Genossenschaften St. Gallen und Winterthur/Schaffhausen, welche schon anfangs 1998 zur Migros Ostschweiz fusioniert hatten[20]. Konzentrationsprozesse und funktionale Kooperationen in der zuliefernden Nahrungsmit-telindustrie einerseits und ein verändertes Mobilitäts- und Einkaufsverhalten (Stichwort Grossmärkte auf der grünen Wiese) zahlreicher Konsumenten andererseits begünstigten diese Entwicklung.

Fusionen finden aber nicht nur unter den Grossen der Branche und nicht nur in der Schweiz statt[21]. Weltweit und auf allen Stufen der Produktionskette ist ein immer

---

[18] Ausführlich dazu BAUERNZEITUNG vom 20. 11. 1998.
[19] Vgl. auch Kasten unter 7.3: "Fusion von Regionalen Genossenschaften der Grossverteiler bringen Schwierigkeiten für RPO".
[20] DER BUND vom 20. 6. 1998.
[21] Gemäss ERNÄHRUNGS-UMSCHAU 1998 erwirtschafteten die zehn weltweit führenden Handels-unternehmen im Lebensmittelbereich 1997 einen Jahresumsatz von fast 300 Mrd. DM, was einem Marktanteil von 85 % entspricht.

> rascherer Strukturwandel im Lebensmittelbereich zu beobachten, wobei gleichzeitig verschiedene Grundtendenzen sichtbar werden: multinationale und multifunktionale Konzerne wie etwa die Nestlé AG mit weltweit über 200'000 Beschäftigten stehen einerseits multinationalen, aber eher monofunktionalen Konzernen wie Coca Cola gegenüber, anderseits aber auch kleineren Unternehmen, die sich auf ein bestimmtes Produkt oder gar auf einen Schritt der Produktionskette spezialisiert haben[22]

3.3.3 Differenzierung des Lebensmittelmarktes

In den letzten Jahren ist bei den Produkten, wie bei den "Marktplätzen", auf welchen Lebensmittel angeboten werden eine Angebotsdifferenzierung festzustellen. Letztere reichen vom Direktbezug ab Bauernhof über den klassischen Bauernmarkt, den "Tante Emma – Laden", das Spezialgeschäft und den Kiosk bis hin zum Internet oder Just-in-Time-Lieferungen (z.B. Party Service). Zudem gewinnen in den letzten Jahren auch erlebnisorientierte Mischungen aus verschiedenen Angebotsformen an Bedeutung[23]. Quantitativ weitaus am wichtigsten sind aber die verschiedenen Formen von Supermärkten[24].

Während bei der Direktvermarktung und auf dem Bauernhof vorwiegend frische oder selber verarbeitete Produkte angeboten werden, verfügen Tante-Emma-Läden in der Regel über eine breitere Palette industriell verarbeiteter Lebensmittel. Das Angebot im Spezialgeschäft reicht von Backwaren, Fleisch- oder Milchprodukten, Wein, Diäterzeugnissen (Reformladen) bis zu importierten ausländischen Spezialitäten. Im Supermarkt schliesslich können Lebensmittel lediglich eine Sparte neben anderen, etwa Kleidern, Haushaltwaren oder Köperpflegeprodukten etc. sein. Auch hier bestehen jedoch gewichtige Unterschiede in der Angebotsvielfalt. So zeichnen sich Discountmärkte dadurch aus, dass sie ein vergleichsweise eingeschränktes Sortiment zu tiefen Preisen führen.

Die Art der gehandelten Produkte lässt sich auch entlang den Achsen "Massenprodukte zur Deckung des täglichen Bedarfs" (z.B. Brot) einerseits und "Spezialitäten" (z.B. Trüffel oder Kaviar) anderseits differenzieren (Darst. 8). Diese Trennung ist jedoch nicht so eindeutig wie sie auf den ersten Blick erscheint: Zum einen ist bei den Produkten des täglichen Bedarfs selber eine zunehmende Diversifizierung festzustellen. So ergänzen heute in der

---
[22] Vgl. IMFELD 1998.
[23] Ein Beispiel ist der im Herbst 1998 eröffnete Cityhof in Bern, wo Elemente traditioneller (mediteraner) Märkte mit Gastro- und Freizeitangeboten zu einem erlebnisorientierten Ganzen gemixt wurden. Ähnliche Pläne, oft im Zusammenhang mit Massnahmen zur Aufwertung urbaner Kernzonen, existieren auch in anderen Orten (vgl. LEHNHERR 1999).
[24] Während das Aufkommen von Reformläden in die 20er Jahre unseres Jahrhunderts zurückgeht, ist der Supermarkt in der heutigen Form eine "Erfindung" der Nachkriegszeit. Zur Zeit erlebt der uralte Bauernmarkt wieder eine Renaissance. Gleichzeitig gewinnt schliesslich jüngst auch das Internetshopping an Aufmerksamkeit, auch wenn es in seiner marktlichen Bedeutung derzeit noch am Anfang steht.

Schweiz über 100 Brotsorten die traditionellen Ruch- Halbweiss- und Weissbrote. Andererseits entwickelten sich auch verschiedene Spezialitäten zu Massenprodukten; etwa Lachs, der sich in den letzten Jahren von einer exklusiven Delikatesse zunehmend zu einem Produkt unter vielen entwickelt hat, welches überall und für fast alle erwerbbar ist. Parallel dazu ist auch eine Angebotsdifferenzierung bei Grossverteilern feststellbar. Diese ergänzen ihr klassisches Sortiment an Massenprodukten zunehmend mit Spezialitäten. Umgekehrt werden in der Direktvermarktung in erster Linie Produkte des täglichen Bedarfs angeboten.

	Produkte des täglichen Bedarfs	*Spezialitäten*
Kleine Anbieter	z.B. Direktvermarktung von Produkten des täglichen Bedarfs wie frischen Eiern, Gemüse, Früchte etc.	z.B. Kleinanbieter von Käse- oder Weinspezialitäten
Grosse Anbieter	z.B. Lebensmittel-Discounter mit einem eingeschränkten Warensortiment des täglichen Bedarfs	z.B. Grossverteiler mit einem ausgedehnten Spezialitätensortiment

Darstellung 8: Differenzierung des Lebensmittelmarktes nach Grösse der Anbieter und Spezifität der Produkte (Beispiele)

Zur aktuellen Situation des Lebensmitteldetailhandels in der Schweiz

Die beiden Grossverteiler Migros und Coop sind derzeit die unbestrittenen Leader im Schweizerischen Detailhandel. Sowohl Migros wie Coop sind genossenschaftlich organisierte Detailhandelsketten mit einem über die ganze Schweiz verteilten dichten Filialnetz mit Produkten aus dem Food- und Non-Foodsegment.

Die beiden Grossverteiler profitierten in den vergangenen Jahren erheblich vom staatlich geschützten schweizerischen Agrarmarkt und der grossen Kaufkraft der schweizerischen Konsumenten und einem europaweit überdurchschnittlichen Ausgabenanteil der Schweizer Bevölkerung für Nahrungs- und Genussmittel[25]. Aufgrund der (daraus resultierenden) hohen Wertschöpfung, gelang es ihnen, ihre Vormachtstellung im schweizerischen Lebensmitteldetailhandel in den letzten drei Jahrzehnten kontinuierlich auszubauen. Dies trotz mengen- und wertmässiger Sättigung im gesamten Lebensmitteldetailhandel. Die im internationalen Vergleich bis heute eher niedrige Wettbewerbsintensität wird mit den Marktliberalisierungen der nächsten Jahre zunehmen, so dass die gegenwärtige Marktsituation im Lebensmitteldetailhandel in Bewegung kommen dürfte. In dieser Situation sind die verschiedenen Anbieter bemüht, ihre Organisationsstrukturen zu straffen. So sind bei Migros und Coop in den letzten Jahren intensive Bestrebungen zur Zentralisierung der Beschaffungs- und Absatzmärkte in Gang gekommen, um durch effizientere Distributionssysteme Kostenvorteile zu erzielen[26]. Darüber hinaus sind die Anbieter

---

[25] Vgl. LEDERMANN 1996.
[26] Dies zeigt sich etwa darin, dass Migros wie Coop derzeit ihre Sammel- und Lieferzentralen zu grösseren Einheiten zusammenlegen. Vgl. auch Kap. 7.3.

bestrebt, ihr Sortiment zu diversifizieren. So haben Migros und Coop während der letzten Jahre ihr Sortiment an Bioprodukten kontinuierlich ausgebaut. Insbesondere dem Natura-Plan-Programm von Coop kommt bis heute in der Öffentlichkeit grosse Aufmerksamkeit und Sympathie zu[27].

Die Diversifizierung der Produktepalette der letzten Jahrzehnte ging einher mit einer Konzentration von Verkaufsstellen bei gleichzeitiger Vergrösserung der durchschnittlichen Ladenfläche. So gab es 1994 rund 3,5 mal so viele Coop-Super-Centers wie 1980. Im selben Zeitraum wurden fast die Hälfte der (kleinen) Coop-Läden geschlossen, so dass die Anzahl an Verkaufsstellen unter dem Strich um knapp 15% zurückging. Seit neustem erfährt die seit den 70er Jahren anhaltende Ausdünnung des Verkaufsnetzes im gesamten Lebensmitteldetailhandel einen kleinen Gegentrend. So ist die Migros derzeit darum bemüht, in gut frequentierten Bahnhöfen wieder kleinere Filialen zu eröffnen.

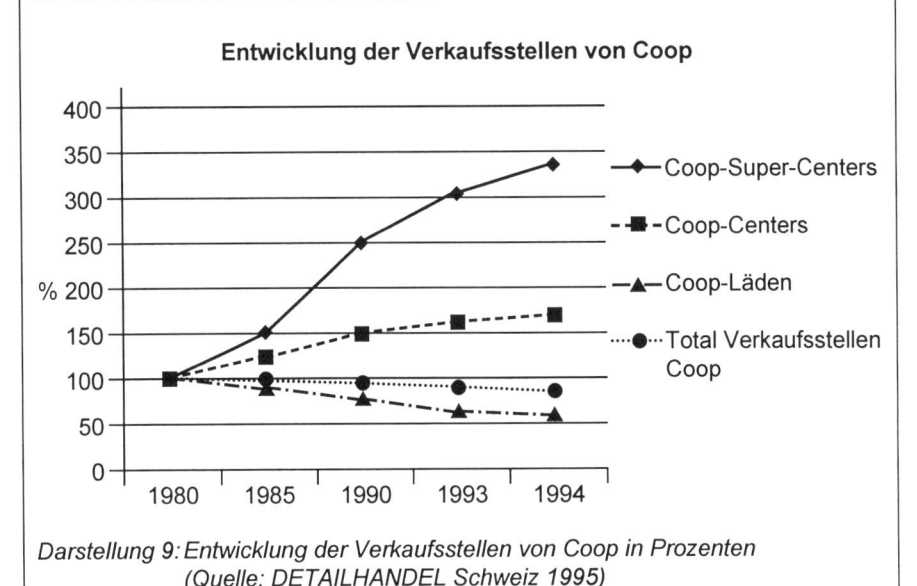

Entwicklung der Verkaufsstellen von Coop

Darstellung 9: Entwicklung der Verkaufsstellen von Coop in Prozenten (Quelle: DETAILHANDEL Schweiz 1995)

3.3.4 Neue Nachfragetrends

In den letzten Jahrzehnten hat sich die Ernährungsweise der westlichen Bevölkerung zum Teil grundlegend gewandelt. Vorratshaltung, Verarbeitung, Konservierung und Zubereitung von Nahrung als ehemals zentrale Aufgaben der Haushaltsführung wurden und werden zunehmend externalisiert[28]. Insbesondere jüngere Menschen wenden sowohl für die alltägliche Zubereitung wie für das Essen selber immer weniger Zeit auf[29]. Das veränderte

---

[27] Zu den Biostrategien im Schweizerischen Lebensmitteldetailhandel vgl. auch BELZ 1995, BELZ & VILLIGER 1997 oder BELZ 1997.
[28] U.a. SPIEKERMANN 1999.
[29] Dieser Sachverhalt gilt allerdings nur für den Alltag und steht in zum Teil krassem Gegensatz zum Kochen und Essen während der Freizeit. Nach einer Untersuchung von FANKHÄNEL 1997 wird lediglich in einem Drittel der Haushalte täglich gekocht.

Ernährungsverhalten steht dabei in direktem Zusammenhang mit (neuen) Lebensstilen, insbesondere aber mit Veränderungen in der Arbeitswelt[30]. An die Stelle von Ernährungs- und Kochtraditionen und durch diese geprägte Verhaltensweisen, tritt immer mehr individuelle Entscheidungsfreiheit. Diese bietet aber nicht nur mehr Wahlmöglichkeiten, sondern zwingt den Einzelnen Konsumenten auch dazu, laufend Entscheidungen zu treffen[31]. Als besonders bedeutsame Einflussfaktoren auf die Kaufentscheidung gelten Bequemlichkeit, Genuss, Preis, Gesundheit und Ökologie. Die ersten drei können dabei als "Dauerbrenner" bezeichnet werden, während das Argument der Ökologie besonders seit den 80er und dasjenige der Gesundheit seit den 90er Jahren stark an Bedeutung gewannen[32]. Dies bedeutet jedoch in der Regel nicht, dass die verschiedenen Präferenzen soziodemographisch klar unterscheidbaren Konsumentengruppen zugeordnet werden können. Stattdessen sind bei ein-und-derselben Person verschiedene Handlungsweisen zu beobachten, d.h. je nach Situation nimmt sie eine andere Option wahr[33]. Die Schwierigkeit, die Konsumenten klar kategorisierbaren Verhaltenstypen zuzuordnen, kommt u.a. in neueren Nachfragestudien zum Ausdruck, wo je nach Quelle von "ambivalenten", "vagabundierenden", "chamäleonhaften", "multioptionalen" oder "hybriden" Konsumenten gesprochen wird.

Die Konsumgewohnheiten in unterschiedlichen Ländern und Regionen der Welt werden in letzter Zeit insbesondere unter jüngeren Bevölkerungsgruppen zunehmend homogener. Die Angebotsvielfalt ermöglicht es den Konsumenten aber auch, sich über einzelne Lebens- und Genussmittel bzw. Essstile bestimmten (auch wechselnden) gesellschaftlichen Gruppen oder Szenen zugehörig zu fühlen bzw. sich als solches zu erkennen zu geben[34].

In den letzten Jahren steigen schliesslich bei einer wachsenden Zahl von Konsumenten Bedenken gegenüber der Vertrauenswürdigkeit von Lebensmittel und insbesondere gegenüber solchen, die aus industriell-technischen Herstellungsprozessen hervorgehen; dies, obwohl die Verbraucher solche Produkte beim täglichen Einkauf häufig bevorzugen (vgl. auch 7.4). Die zunehmende Unsicherheit gilt jedoch als wichtiger Grund, weshalb in den letzten Jahren Begriffe wie Authentizität, Natürlichkeit, Naturnähe oder Naturbelassenheit im Lebensmittelhandel eine zentrale Rolle einnehmen. Je jünger die Konsumenten, desto wichtiger wird dabei dieses Argument[35]. Mit dem zunehmenden Gesundheits- und Umweltbewusstsein stieg in den letzten Jahren die Nachfrage nach Bioprodukten an. Während bis in die 80er Jahre

---

30 Vgl. u.a. SIEBER 1991.
31 SPIEKERMANN 1999a.
32 BAUMGARTNER A. & SCHWAB, H. 1998.
33 BERGMANN 1999.
34 Beispiele sind etwa die Fast-Food-Szene, die strengen Veganer oder Diätvereinigungen (Stichwort Weight-Watcher).
35 Dabei verstehen die Konsumenten unter Naturbelassenheit Freiheit von chemisch-synthetischen Zusatzstoffen, umweltschonende Produktionsweise und ein Herstellungsverfahren ohne den Einsatz von Gentechnologie (ANWANDER PHAN-HUY 1998).

eine recht eng begrenzte Gruppe von Konsumenten Bioprodukte einkaufte, hat sich dieser Kreis in den letzten Jahren deutlich ausgeweitet.

In Zukunft dürfte (weiterhin) ein stark preisorientiertes Verhalten vieler Konsumenten zu beobachten sein. Andererseits steigt auch das Qualitätsbewusstsein und die Bereitschaft, für besondere Produkte auch einen höheren Preis zu bezahlen. Ein gegenwärtig schwer quantifizierbarer Teil der Konsumenten wird in Zukunft insbesondere bereit sein, einen Aufpreis zu bezahlen für garantierte Gentechnikfreiheit, den Verzicht auf Hormoneinsatz oder Strahlenbehandlungen sowie für besonders tiergerechte und/oder umweltfreundliche Produktionsformen. Das Angebot dürfte dadurch eine Polarisierung in hochpreisige Qualitäts- einerseits und billige Massenprodukte andererseits erfahren, wobei sich viele Verbraucher die Freiheit nehmen, einmal dies und einmal das stärker zu gewichten[36].

In Anlehnung an diese Entwicklung dürften Innovationen im Lebensmittelsortiment in Zukunft in erster Linie dann erfolgreich sein, wenn sie entweder wichtige Geschmacksvorlieben treffen, bequem zubereitbar und/oder günstig sind oder einen besonderen Nutzen in Bezug auf gesundheitliche, soziale oder umweltbezogene Effekte erfüllen bzw. versprechen[37]. In der Folge dürfte es unter anderem zu einer steigenden Nachfrage nach verschiedensten Spezialitäten kommen. Ganz besonderer Beliebtheit dürften sich schliesslich jene Produkte(-gruppen) erfreuen, bei welchen die Anbieter überzeugend geltend machen können, dass sie zwei oder mehr dieser Nutzen gleichzeitig abdecken, also gesund und kostengünstig, speziell und günstig, genussvoll und gesund, bequem und umweltgerecht, sozialverträglich und umweltgerecht etc. sind. Dies ist mit ein Grund, weshalb gegenwärtig ein sprunghaft wachsendes Angebot an Convenience-Produkten und Genussmitteln entsteht, welches unter Verwendung von Rohstoffen aus dem biologischen Landbau hergestellt wird (Stichwort Bio-Gummibärchen)[38].

Functional Food auf dem Vormarsch

In den letzten Jahren ist eine ganze Reihe von Lebensmitteln auf dem Markt gekommen, die unter der Bezeichnung "Functional Food" diskutiert werden. Dabei handelt es sich um eine sehr heterogene Gruppe von Produkten, die im wesentlichen eine Gemeinsamkeit haben: Es handelt sich um "massgeschneiderte" Erzeugnisse, die eine gezielte positive Wirkung im menschlichen Stoffwechsel entfalten sollen. Beispiele sind mit Calcium angereicherte Milch oder Cornflakes, Probiotika, also Sauermilch(-produkte) mit speziellen Milchsäurebakterien, Frühstücksdrinks mit Vitamin-, Mineralstoff- oder Proteinzusätzen oder Margarine mit Zusätzen an Sterinen.

Der aktuelle Vormarsch von funktionellen Lebensmitteln wird auch als Ausdruck eines allgemeinen Bedeutungswandels von Lebensmitteln interpretiert, in dessen Verlauf in den letzten Jahren Lebensmittel zunehmend als Medikamente angeprie-

---

[36] KÜHL 1996.
[37] ANWANDER PHAN-HUY 1998.
[38] Vgl. u.a. SCHÖNBERGER 1999.

sen und eingenommen werden. Dabei steht nicht primär das Weglassen bestimmter Substanzen im Vordergrund wie noch in der Light-Welle der 80er Jahre, sondern die Zugabe anderer. Die präventive Wirkung von verschiedenen funktionellen Lebensmitteln ist jedoch umstritten und deshalb Gegenstand zahlreicher Forschungsprojekte. Zudem besteht eine erhebliche Rechtsunsicherheit, ob Functional Food nach dem Heil- oder Lebensmittelgesetz zu beurteilen ist, was sich u.a. auf Zulassungsbedingungen und zulässige Formen der Anpreisung auswirkt. Derweil befindet sich eine ganze Generation an funktionellen Lebensmitteln in der Entwicklung oder kurz vor ihrer Markteinführung. Diese werden das Sortiment von Grossanbietern von Lebensmitteln in den nächsten Jahren erheblich erweitern und verändern. Inwiefern dieser Trend allerdings anhält oder eine ähnlich befristete Erfolgsgeschichte wie diejenige der Light-Produkte wird, hängt massgeblich davon ab, ob funktionelle Lebensmittel in den Augen der Konsumenten den hohen Erwartungen nach mehr Gesundheit tatsächlich gerecht zu werden vermögen.

3.3.5 Neues Verhältnis zwischen Politik und Lebensmittelmarkt

Eine weitere bedeutsame Entwicklung der letzten Jahre betrifft das Verhältnis zwischen Politik (Staat und Verwaltung) und Lebensmittelmarkt. Ausgehend von der Schweiz[39], lassen sich derzeit folgende Prozesse identifizieren:

- Im Zuge der Globalisierung ist die Ausweitung des Einflussbereichs nationaler und transnationaler Konzerne festzustellen, wie die zahlreichen Fusionen und strategischen Allianzen der letzten Jahre deutlich machen. Diese Bedeutungszunahme geht zum einen auf Kosten von regional oder sogar lokal ausgerichteten Klein- und Kleinstunternehmen, zum anderen von staatlichen und halbstaatlichen Institutionen[40].

- Der schweizerische Staat zieht sich seit einigen Jahren immer mehr (auch) aus der Regulierung von Lebensmittelmärkten zurück. Dies zeigt sich besonders deutlich auf der Stufe Landwirtschaft, wo Aufgaben im Schnittbereich von Markt und Politik ganz an privatwirtschaftliche Organisationen übertragen werden. Aktuelle Beispiele auf Stufe Landwirtschaft sind etwa die Auflösung der Käseunion und die neu entstehenden privatwirtschaftlichen Sortenorganisationen in fast allen Sortimentsbereichen (Milch, Fleisch, Getreide etc.).

- Gleichzeitig setzt der Staat neue Schwerpunkte bei gesetzlichen Bestimmungen im BfE. So beim Tierschutz (neue Gesetze und Verordnungen), in der Lebensmittelgesetzgebung (Einsatz bestimmter Technologien bei Produktion und Verarbeitung), bei Umwelt- und Landschaftsschutz (Bsp. Direktzahlungen) oder bei der Erhaltung und Entwicklung agrarischer Produktionsräume.

---

[39] Diese Grundtendenzen sind nicht nur in der Schweiz, sondern ähnlich auch in der EU zu beobachten. Vgl. dazu z.B. EU-KOMMISSION 1998.

[40] Einige der heute bekannten internationalen Multis gehen in ihrer Entstehung auf halbstaatliche "Companies" aus der Kolonialzeit zurück (vgl. dazu IMFELD 1998).

- Die Landwirtschaft kann in internationalen politischen Aushandlungsprozessen immer weniger von der übrigen Wirtschaft ausgeklammert werden. Dies äussert sich z.b. an "Kuhhändeln" nach dem Motto "Freier Lufttransport für die Swissair" im Tausch gegen das "Label Champagne" (vgl. Kasten). Das neue Verhältnis zwischen Politik und Agrarmarkt ist also insbesondere gekennzeichnet durch eine abnehmende Bedeutung nationalstaatlicher Grenzen und politisch-territorialer Einflussbereiche zugunsten marktlicher Interessen und Kräfte.

Reform der Schweizer Agrarpolitik

Die Agrarpolitik der Schweiz ist im Umbruch. "Mehr Markt und mehr Ökologie" ist die Losung, die sich in verschiedenen Volksabstimmungen und politischen Debatten in den letzten Jahren zu einem tragfähigen Kompromiss zwischen den verschiedenen Interessengruppen entwickelt hat. Er bildet die konzeptionelle Grundlage für das neue Landwirtschaftsgesetz, welches per 1. Januar 1999 in Kraft getreten ist (LwG 1998)[41]. Zweck des neuen Gesetzes ist gemäss Art. 1 "eine nachhaltige und auf den Markt ausgerichtete Produktion", die "einen wesentlichen Beitrag leistet zur sicheren Versorgung der Bevölkerung, der Erhaltung der Lebensgrundlagen, der Pflege der Kulturlandschaft und der dezentralen Besiedlung". Die zwei zentralen Elemente des neuen Gesetzes sind die Trennung von Marktstützungsmassnahmen in Form von Abnahme- und Preisgarantien einerseits und Direktzahlungen zur Stützung der bäuerlichen Einkommen andererseits. Während die ersteren in Richtung einer WTO-konformen, mittel- bis langfristig EU-kompatiblen Landwirtschaft abgebaut werden sollen, wurden die letzteren in den vergangenen Jahren aufgestockt. Sie sollen die Landwirte für ihre gemeinwirtschaftlichen Leistungen entschädigen. Ein wichtiges politisches Argument war und ist dabei die Bindung der Beitragsberechtigung an die Erfüllung spezieller ökologischer Auflagen.

Der aktuelle Umbau der Schweizerischen Landwirtschaftspolitik hat seine Vorgeschichte in der Wirkungsweise der entsprechenden Gesetzgebung während der Nachkriegsjahre, die in erster Linie den Zielen (1) Versorgungssicherung in Krisenzeiten und (2) Erhaltung eines "gesunden Bauernstandes" dienen sollte. Seit Ende der 80er Jahre fehlte es der immer teureren, gleichzeitig vergleichsweise ineffizienten und unökologischen Landwirtschaft zunehmend an politischer Legitimation. Der Veränderungsdruck kam dabei sowohl von Seiten der StimmbürgerInnen und Konsumenten als auch seitens des Aussenhandels[42]. Die neue Agrarpolitik auf nationaler und internationaler Ebene wird die strukturellen Rahmenbedingungen aller Akteure im BfE in der Schweiz zweifellos stark beeinflussen[43].

---

[41] Bundesgesetz über die Landwirtschaft (LwG) vom 29. April 1998. Vgl. dazu auch HALBEIS 1999 oder HOFER E. 1998.

[42] Für den Druck seitens der Stimmbürger exemplarisch ist die Ablehnung des Zuckerbeschlusses 1986 als erstem grösseren Misstrauensvotum gegenüber der offiziellen Agrarpolitik. Der Druck von aussen wurde besonders deutlich in den GATT- und WTO-Verhandlungen, nahm aber auch wieder zu im Rahmen der bilateralen Verhandlungen mit der EU während der letzten Jahre. Spätestens im Vorfeld der Kleinbauern-Initiative im Herbst 1998 schlossen sich die Reihen wieder: Bauernverband, Bundesamt für Landwirtschaft und die grossen nationalen Branchenverbände wie etwa der ZVSM kämpften gemeinsam und erfolgreich gegen die agrarpolitischen Vorschläge der Kleinbauernvereinigung und des Grossverteilers Denner und für die neue Agrargesetzgebung.

[43] Zu den Einflüssen der Agrarpolitik auf das Ernährungsverhalten vgl. auch AEBERHARDT im

3.3.6 Neue räumliche Einheiten der Regulierung

Parallel zur zunehmenden Vernetzung und Globalisierung der (Lebensmittel-)märkte werden wichtige politische Entscheide zunehmend auf internationaler Ebene einerseits und auf subnationaler (regionaler) Ebene andererseits gefällt: GATT/WTO und andere internationale Gremien übernehmen Funktionen und führen Regelungen ein, die vorher unter die nationale Hoheit fielen; andere Aufgaben werden (in der Schweiz) an die Kantone, Planungsregionen oder Gemeinden delegiert.

Im Herbst 1999 soll in der WTO eine neue Verhandlungsrunde eröffnet werden, die etwa 5 Jahre dauern dürfte und gemäss Experten[44] nicht nur in einem weiteren Abbau von Zöllen und Exportsubventionen, sondern auch in eine Vereinheitlichung der umweltbezogenen und produktionstechnischen bzw. hygienischen Standards münden wird. Der Anpassungsdruck auf die Landwirtschaft und die ganze Lebensmittelbranche in der Schweiz wird dabei weiter zunehmen. Insbesondere der Sektor Milch und Milchverarbeitung, dem in der Schweiz eine wichtige Rolle zur Einkommenssicherung in der Landwirtschaft zukommt, dürfte davon betroffen sein.

Von zunehmender Bedeutung für die Schweizerische Landwirtschaft und die gesamte Lebensmittelbranche ist daneben - sowohl als politische Einheit als auch als grösster Markt für Schweizer Produkte - die Europäische Union EU.

Champagne, Bündnerfleisch und die bilateralen Verhandlungen Schweiz – EU

Nach langen und teilweise zermürbenden Verhandlungen konnten im Dezember 1998 die bilateralen Verhandlungen zwischen der Europäischen Union (EU) und der Schweiz abgeschlossen werden. Eines der bis zuletzt hart diskutierten Dossiers betrifft die Landwirtschaft und in diesem Bereich insbesondere die tarifären und nicht tarifären Handelshemmnisse. Der (erwartete und relativ moderate) Abbau der Handelsschranken zwischen der EU und der Schweiz[45] war in der Öffentlichkeit aber weniger ein Thema als vielmehr die beiden „Fälle" Champagne und Bündnerfleisch: Das waadtländer Dorf Champagne darf in Zukunft aufgrund des Vetos der französischen Schaumweinproduzenten seinen Weisswein nicht mehr unter dem exklusiven Namen „Champagne" verkaufen und die Bindefleischfabrikanten dürfen ihren Rohstoff für das Bündner Fleisch nicht mehr aus Südamerika beziehen. Der Grund dafür liegt in den EU-Gesetzgebungen zu AOC und Herkunftsbezeichnungen: Im Rahmen der bilateralen Vereinbarungen verpflichteten sich die beiden Partner, die jeweils in der EU und in der Schweiz geschützten Ursprungsbezeichnungen für Lebensmittel zu übernehmen, falls die Bestimmungen dazu erfüllt sind. Im Falle des Bündnerfleisches hiesse dies u.a., dass das Fleisch innerhalb des EU-Raumes produziert werden müsste. Champagne als Gegenstand von Verhandlungen auf höchster diplomatischer Ebene andererseits macht deutlich, dass Herkunftsbezeichnungen im Zuge eines sich verschärfenden internationalen Wettbewerbs ein wachsender Stellenwert zukommt.

vierten Schweizerischen Ernährungsbericht. Zur Position der neuen Landwirtschaftspolitik gegenüber der regionalen Produkten siehe 7.2.
[44] Vgl. BAUERNZEITUNG vom 31.12.1998.
[45] Zu den neuen Vereinbarungen zum Abbau von Handelshemmnissen vgl. u.a. BAUERNZEI-

Ein weiterer wichtiger Ausgangspunkt überstaatlicher Regeln im Ernährungsbereich, der u.a. in Streitschlichtungsverfahren der WTO zum Einsatz kommt, ist der "Codex alimentarius". Der Codex alimentarius ist eine Organisation der Food and Agricultural Organization (FAO) mit der Aufgabe, das Lebensmittelrecht international zu vereinheitlichen und bindende Bewertungskriterien für den internationalen Handel mit Lebensmitteln festzulegen. Als Hauptziele verfolgt er den Gesundheitsschutz, Täuschungsschutz sowie freien Warenverkehr. 1962 von 44 Ländern gegründet, zählt der Codex heute weltweit über 150 Mitgliedstaaten. Auch wenn die erarbeiteten Normen für die Mitglieder nicht bindend sind und Empfehlungen häufig nicht umgesetzt werden, weil sie kulturellen Traditionen oder einzelstaatlichen Interessen widersprechen, verfügt der Codex über erheblichen Einfluss auf den weltweiten Lebensmittelhandel[46].

Schliesslich haben sich jüngst die beiden weltweit grössten Bio-Organisationen IOAS (International Organic Accreditation Services) und IFOAM (International Federation of Organic Agriculture Movements) zusammengeschlossen, um der Sache des Biolandbaus mittels eines gemeinsamen Gütezeichens weltweit mehr Gewicht zu verleihen.

Parallel zum Bedeutungsgewinn internationaler Organisationen ist auch eine starke Tendenz zur Delegierung der Regelungen auf die subnationale Ebene zu beobachten, wie dies kürzlich auch im Rahmen von Verhandlungen zur Agrarpolitik der EU zum Ausdruck kam[47]. Beispiele für die Schweiz sind (1) Pläne des Bundesamtes für Landwirtschaft, im Rahmen künftiger Reformen der Schweizer Agrarpolitik vermehrt Aufgaben an die Kantone oder neu zu definierende überkantonale Regionen zu delegieren[48]; (2) die in den letzten Monaten vielerorts entstandenen lokalen oder regionalen Landschaftsentwicklungskonzepte LEK[49], auf deren Basis u.a. höhere Direktzahlungen für Landwirte erreicht werden sollen, und (3) schliesslich Anstrengungen verschiedener Kantone und regionaler Planungsverbände, Regionalmarketinginitiativen bzw. Regionale Produktorganisationen zu unterstützen, die im vorliegenden Buch im Zentrum stehen.

TUNG vom 18. 12. 1998 oder DER BUND vom 10. 12. 1998.
[46] ZBINDEN 1998.
[47] Vgl. EU-KOMMISSION 1998: erstens sollen sich die einzelnen Staaten noch vermehrt aus dem Lebensmittelmarkt zurückziehen, zweitens soll die Agrarpolitik vermehrt auf das Standbein (ökologisch motivierter) Direktzahlungen abgestellt werden und drittens soll sie verstärkt mit einer regional ausgerichteten Förderungspolitik für den ländlichen Raum verschränkt werden.
[48] Vgl. HOFER E. 1998.
[49] Vgl. z.B. BAUERNZEITUNG vom 13.11.1998.

3.4 Die drei Dimensionen gesellschaftlichen Wandels im BfE

Die vorgängigen Ausführungen haben beispielhaft aufgezeigt, wie facettenreich der Wandel im BfE ist. Kaum ein Akteur unserer Gesellschaft ist nicht davon betroffen, und sei es als Konsumentin oder Konsument. Dabei ist die Entwicklung im BfE Bestandteil eines gesellschaftlichen Wandels, wie er derzeit in allen Lebensbereichen festzustellen ist.

Will man diesen Wandel besser verstehen, bedarf es einer theoretischen Grundlage mit welcher einzelne Phänomene systematisiert und sinnvoll miteinander in Beziehung gesetzt werden können. Die Breite des gewählten Ansatzes "Bedürfnisfeld" bringt es mit sich, dass eine solche Systematik ebenso wirtschaftliche wie technische, politische und kulturelle Aspekte gesellschaftlicher Entwicklung einschliessen muss.

Eine populäre Gesellschaftstheorie, die für sich in Anspruch nimmt, für Fragen gesellschaftlichen Wandels eine Grundlage anbieten zu können, ist die Handlungstheorie des englischen Soziologen A. GIDDENS (1998). Diese soll, ohne an dieser Stelle bereits näher auf einzelne Elemente einzugehen[50], für eine Systematisierung herangezogen werden: Aus Sicht der Handlungstheorie nach GIDDENS zeigt sich gesellschaftlicher Wandel immer in drei Dimensionen gleichzeitig. Im vorliegenden Buch werden diese mit den Begriffen (1) produktive, (2) regulative und (3) signifikative Dimension betitelt: Die produktive Dimension äussert sich in physischen Artefakten (Produkten) sowie natürlichen und technischen Voraussetzungen zu deren Erzeugung (Produktionsmittel und –prozesse). Die regulative Dimension wird manifest in Normen und Regeln wie rechtlichen Bestimmungen, Verträgen und stillen Abmachungen. Die signifikative Dimension schliesslich zeigt sich in Denkmustern und Interpretationsweisen, etwa in Form von Werthaltungen, Einstellungen und Präferenzen. Die einzelnen Dimensionen werden also durch je spezifische Phänomene manifest. Umgekehrt können gesellschaftliche Veränderungen auf diese drei Dimensionen zurückgeführt werden.

Damit ergibt sich insgesamt das Bild eines Dreiecks des gesellschaftlichen Wandels[51]. Dessen Spitzen repräsentieren je eine andere Wandlungsdimension[52].

---

[50] Einzelne Elemente aus der Handlungstheorie werden im weiteren Verlauf dieses Buches näher ausgeführt. Vgl. dazu Kapitel 8.
[51] Das Bild „Dreieck des gesellschaftlichen Wandels" hat die Funktion einer übergeordneten Heuristik, auf welche auch im weiteren Verlauf dieser Publikation Bezug genommen wird. Vgl. dazu aber Kapitel 8.
[52] Dieser Wandel kann also gleichzeitig als Einheit (ein Dreieck) und Dreiheit (drei Spitzen) verstanden werden.

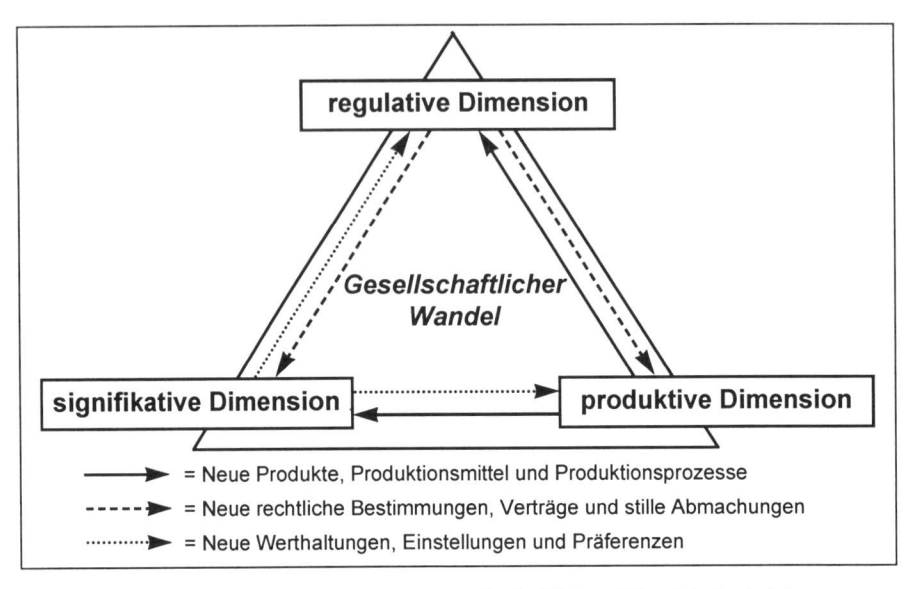

```
                    regulative Dimension

                   /  ↗ ↙  ↖ ↘  \
                  / Gesellschaftlicher \
                 /      Wandel          \
  signifikative Dimension  ←·······→  produktive Dimension

  ──────▶ = Neue Produkte, Produktionsmittel und Produktionsprozesse
  ------▶ = Neue rechtliche Bestimmungen, Verträge und stille Abmachungen
  ·······▶ = Neue Werthaltungen, Einstellungen und Präferenzen
```

Darstellung 10: Drei Dimensionen des gesellschaftlichen Wandels in Anlehnung an die Handlungstheorie nach A. GIDDENS (1988).
Quelle: eigene Darstellung

Im Rahmen des BfE manifestieren sich Veränderungen in den drei Dimensionen unter anderem in folgender Weise:

(1) *Produktive Dimension: Neue Produkte, Produktionsmittel und Produktionsprozesse:*

In den letzten Jahren kam und kommt eine neue Generation von Lebensmitteln auf den Markt wie die zahlreichen neuen Functional Food-Produkte oder gentechnisch veränderte Erzeugnisse. Ermöglicht hatten diese Entwicklung neue wissenschaftliche Erkenntnisse, die auf allen Stufen der Produktionskette Eingang in den Herstellungsprozess von Lebensmitteln finden.

(2) *Regulative Dimension: Neue rechtliche Bestimmungen, Verträge und stille Abmachungen:*

Über Jahrzehnte gültige rechtliche Bestimmungen und Instrumente brechen innerhalb kurzer Zeit auf und werden ersetzt. Aber nicht nur auf offizieller politischer Ebene haben sich in den letzten Jahren zahlreiche neue Bestimmungen durchgesetzt, sondern auch zwischen unterschiedlichen Akteuren der Produktionskette, wie insbesondere die zahlreichen Fusionen und strategischen Allianzen deutlich machen. Sowohl zwischen verschiedenen wirtschaftlichen Akteuren der Produktionskette von Lebensmitteln wie zwischen diesen und dem Staat kam und kommt es zu neuen Vereinbarungen.

(3) *Significative Dimension: Neue Werthaltungen, Einstellungen und Präferenzen:*

Das BfE ist in den letzten Jahren geprägt durch einen Wertewandel, der sich bei den Konsumenten besonders deutlich in neuen Einstellungen und Präferenzen zeigt[53]. So besteht bei GVO-Produkten seit jüngstem faktisch ein Marktmoratorium, nachdem sich eine Mehrheit der schweizerischen und europäischen Konsumenten in Umfragen skeptisch geäussert hat gegenüber ihrer Einführung[54]. Offensichtlich widerspricht die Anwendung der Gentechnik einer Mehrheit der Bevölkerung. Umgekehrt verbinden viele Konsumenten mit den Begriffen "frisch", "gesund", "natürlich" oder "ökologisch" gewünschte positive Eigenschaften, so dass ihnen häufig eine Signalfunktion zukommt. Die signifikative Dimension des Wandels äussert sich also massgeblich in Nachfragebedürfnissen.

3.5 Problematik der Entkopplung von Produktionsprozess und Konsum

Der Wandel im BfE zeigt ein wichtiges Charakteristikum, welches über die verschiedenen Dimensionen hinweg reicht, nämlich eine veränderte Bedeutung von Zeit und Raum. Die ursprünglich unmittelbare räumliche und zeitliche Kopplung zwischen Produktionsprozess und Konsum macht in den letzten Jahren und Jahrzehnten einer zunehmenden Entkopplung Platz[55]. Besonders augenfällig zeigt sich dies im Rahmen der produktiven Dimension: Seit etwa der Mitte unseres Jahrhunderts werden auch Grundnahrungsmittel praktisch über beliebige räumliche Distanzen – und damit auch Zeitzonen – transportiert: Wenn es in Westeuropa eine schlechte Getreideernte gibt, kann das Getreide aus den USA, Kanada oder Australien importiert werden; die Tatsache, dass zu Weihnachten in der Schweiz normalerweise keine Erdbeeren oder Kirschen reifen, kann problemlos durch Früchte aus Südafrika oder anderen Staaten der südlichen Hemisphäre vergessen gemacht werden usw.[56] Aber auch Produktionsmittel und -verfahren als weitere Manifestationen der produktiven Dimension fanden teilweise weltweite Verbreitung. Internationale rechtliche Bestimmungen, Verträge oder stille Abmachungen und nicht zuletzt Werthaltungen, Einstellungen und Präferenzen der Konsumen-

---

[53] Der Wertewandel ist auf den ersten Blick weniger äusserlich als neue Regelungen und physisch-materielle Ressourcen. Er übt aber auf beide einen direkten Einfluss aus. So können sich in einer demokratischen kapitalistischen Gesellschaft weder neue politische Regelungen noch Märkte für neue Produkte etablieren, wenn sie nicht von einem entsprechenden Wertesystem getragen werden.
[54] vgl. WELTWOCHE vom 24. Juni 1999.
[55] Vgl. HOFER, STALDER 1998.
[56] Ein weiteres Beispiel mag diese Entkopplung verdeutlichen: Die in der Schweiz am meisten gegessene Frucht ist mit durchschnittlich 12kg pro Person und Jahr die Banane. Aus Mittelamerika importiert, reift sie während 4 bis 8 Tagen bei 14 bis 18 Grad, bevor sie in den Laden kommt (BAUERNZEITUNG vom 12. 6. 98).

ten bilden eine wichtige Grundlage bzw. Begleiterscheinung einer Entwicklung, die scheinbar immer schneller immer grössere Ausmasse annimmt (Darst. 11).

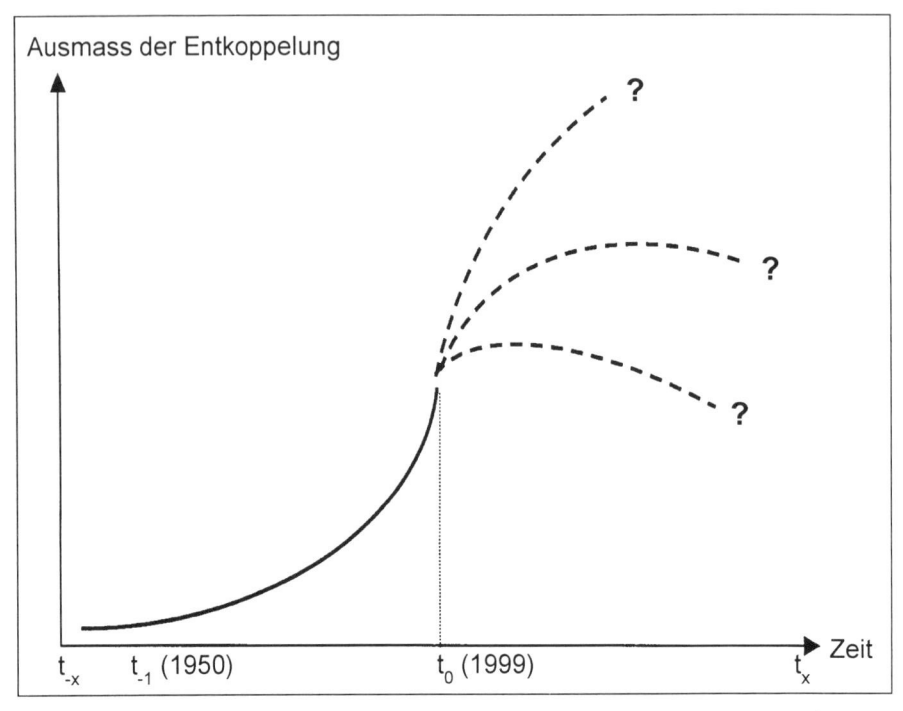

Darstellung 11: Räumlich-zeitliche Entkopplung von Produktionsprozess und Konsum als Ausdruck des Wandels im BfE

Ob sich dieser Entkopplungsprozess auch in Zukunft in dieser Geschwindigkeit fortsetzen wird, hängt davon ab, welche Vor- und Nachteile sich daraus längerfristig für Gesellschaft, Wirtschaft, Umwelt und Individuum ergeben und wie diesen begegnet wird.

Seit den 80er Jahren häufen sich vor allem aus Umweltschutz-, Konsumenten- und Entwicklungshilfekreisen kritische Stimmen zu den Folgen des Wandels im BfE[57]. Von verschiedener Seite wird darauf hingewiesen, dass mit der raum-zeitlichen-Entkopplung von Produktionsprozess und Konsum nicht nur unbestrittene Vorteile, sondern auch erhebliche Probleme verbunden sind. Dabei wird aus ökologischer, ökonomischer, sozialer und individuell-gesundheitlicher Sicht argumentiert:

• Aus *ökologischer Sicht* wird geltend gemacht, die räumlich-zeitliche Entkopplung von Produktionsprozess und Konsum sei mit einem massiv steigenden Ressourcenverbrauch (v.a. Energie, Boden, Wasser) und zuneh-

---

[57] Vgl. u.a. PFISTER 1996.

menden Schadstoff-Emmissionen in die Umwelt verbunden. Die spezialisierte und hochtechnisierte Agrarproduktion beeinträchtige darüber hinaus die Artenvielfalt und ökologische Risiken würden von der westlichen Konsumgesellschaft gleichsam räumlich und zeitlich ausgelagert, anstatt eigenverantwortlich damit umzugehen. Aus ökologischen Gründen sei es weder möglich, die westlichen Ernährungsgewohnheiten räumlich (auf alle Teile der Welt) noch zeitlich (auf zukünftige Generationen innerhalb der westlichen Welt) zu übertragen[58].

- Aus *ökonomischer Sicht* wird unter anderem auf die Folgen wachsender wirtschaftlicher Abhängigkeit der Landwirtschaft von vor- und nachgelagerten Akteuren hingewiesen. So sind die nachgelagerten Unternehmen nur noch selten auf landwirtschaftliche Rohstoffe aus der näheren Umgebung ihres eigenen Standortes angewiesen und können diese stattdessen dort beschaffen, wo sie am günstigsten erhältlich sind. Dadurch entsteht ein Machtgefälle zwischen Urproduktion und Verarbeitung bzw. Handel, welches weiter verstärkt wird durch die Konzentrationstendenzen bei den beiden letzten. Von dieser Entwicklung wirtschaftlich betroffen ist aber nicht nur die Landwirtschaft, sondern häufig auch kleinere Verarbeitungs- und Handelsunternehmen, die ihre Betriebe schliessen oder verkaufen müssen. Neben der Gefahr monopoler und oligopoler Märkte wird dabei auf den Verlust von Arbeitsplätzen und die Folgen zunehmender Zentralisierung verwiesen.

- Aus *sozialer Sicht* sind es u.a. die Auswirkungen des wirtschaftlichen Gefälles zwischen begüterten und weniger begüterten Ländern, Regionen und Personen, die zu Kritik Anlass geben. So sei die dezentrale Besiedlung zunehmend gefährdet. An Stelle von Partizipation und Solidarität dominiere im BfE eine einseitig kapitalorientierte Denk- und Handlungsweise, die sozial Benachteiligte noch mehr in die Enge treibe.

- Aus *individuell-gesundheitlicher Sicht* wird darauf hingewiesen, mit der räumlich-zeitlichen Entkopplung sei eine Degradation der Lebensmittel von ehemals hoch geschätzten "Lebensvermittlern" zu stark verarbeiteten anonymen Massengütern verbunden. Deren Produktionsbedingungen und spezielle Eigenschaften - und in der Folge deren gesundheitliche Wirkungsweisen - blieben dadurch häufig intransparent. Aufgeschreckt durch Medienberichte über Skandale, stellen viele Konsumenten die Qualität der verzehrten Lebensmittel immer mehr in Frage und fordern mehr Information, Transparenz und Kontrollen. Zudem wird das Überhandnehmen von globalen Fast-Food-Trends auf Kosten einer differenzierten Esskultur kritisiert.

Angesichts der vielfältigen Bedenken fordern verschiedene Kritiker der gegenwärtigen Situation im BfE eine räumlich-zeitliche (Re-)kopplung der Produktionskette. Dies vorzugsweise innerhalb möglichst kleiner räumlicher Territorien, so dass anstelle von globalen, wieder regionale und lokale Kreisläufe von Lebensmittelproduktion, -konsum und -entsorgung treten. Dadurch sollen die negativen Effekte der entfesselten globalen Ernährungsmaschine-

---
[58] Vgl. dazu UMWELTBUNDESAMT 1997 oder HOFER 1999.

rie in ökologisch, (regional-)ökonomisch, sozial und individuell-gesundheitlich verträglichere Bahnen gelenkt werden[59]. Ist eine solche (Re-)kopplung aber möglich? Welchen Beitrag können Regionale Produktorganisationen, die seit Ende der 80er Jahre (auch) in der Schweiz in grosser Zahl gegründet worden sind, zu einer nachhaltigeren im Rahmen kleinerer Kreisläufe Ernährung leisten? Diesen Fragen soll in der Folge nachgegangen werden. Zunächst soll aber genauer geklärt werden, was Regionale Produktorganisationen überhaupt sind.

---

[59] Vgl. PETERS et al. 1996.

4. Regionale Produktorganisationen RPO als strategische Netzwerke im Bedürfnisfeld Ernährung

4.1 Einleitung

Mit der Darstellung des Wandels im Bedürfnisfeld Ernährung wurde der Rahmen geschaffen, um in diesem Kapitel unser Verständnis des Untersuchungsgegenstandes Regionale Produktorganisationen RPO als relativ junges Phänomen im Bedürfnisfeld Ernährung zu umreissen. Die Leitfrage des Kapitels 4 lautet somit:

Was sind RPO und durch welche Merkmale lassen sie sich charakterisieren?

4.2 Verständnis von Regionalen Produktorganisationen

4.2.1 Begriffsklärung

Im Kapitel 3 wird das Bedürfnisfeld Ernährung (BfE) umschrieben als ein "System von Handlungen und durch Handlungen reproduzierte Strukturen, welche auf die menschliche Basishandlung des sich Ernährens ausgerichtet sind"[1]. Weiter werden vier verschiedene Bereiche im BfE unterschieden (Produktion/Verarbeitung, Vermarktung/Konsum, Regelungen zwischen Lebensmittelbranche und Staat sowie Regelungen zwischen Lebensmittelbranche und übrigem gesellschaftlichem Umfeld) und drei Dimensionen des Wandels im BfE herausgearbeitet: Eine produktive, eine regulative und eine signifikative Dimension. Schliesslich wird deutlich, dass in den letzten Jahrzehnten eine starke räumliche und zeitliche Entkopplung von Produktion, Verarbeitung und Konsum von Lebensmitteln stattgefunden hat, was wiederum aus ökologischer, aber auch aus wirtschaftlicher, sozialer und individuell-gesundheitlicher Sicht nicht ohne Folgen blieb.

Ausgehend von dieser Darstellung der Entwicklungen im Bedürfnisfeld Ernährung verstehen wir in der Folge unter dem Begriff Regionale Produktorganisationen (RPO) *Institutionen, welche die Produktionskette von Lebensmitteln sowohl vertikal (d.h. über die verschiedenen Stufen der Produktionskette hinweg bis hin zum Konsum) als auch horizontal (Betriebe der gleichen Produktionsstufe und deren direktes Umfeld) integrieren, und zwar auf einer kleinräumigen, d.h. regionalen*[2] *Massstabsebene.*

---

[1] Vgl. Schneidewind 1997.
[2] Angelehnt an die Verwendung des Begriffes "Region" im (schweizerischen) Alltag wird darunter in der Folge ein Territorium verstanden, welches bezüglich Ausdehnung zwischen den Einheiten "Gemeinde" und "Nationalstaat" anzusiedeln ist und (zumindest im Normalfall) politisch nur wenig institutionalisiert ist. Auf die Situation der Schweiz bezogen kann die Region

Auf die drei Dimensionen des Wandels im BfE übertragen haben RPO folgende Stossrichtungen:

- *Produktive Dimension (Produkte, Produktionsmittel und Herstellungsverfahren);*
  RPO wollen die (noch) vorhandenen regionalen Produktions- und Verarbeitungsstrukturen sicherstellen. Dies, indem sie ihre Produkte über deren Regionalität von anderen (Konkurrenz-) Produkten differenzieren. Der regionale Bezug der Produkte äussert sich dabei einerseits in den verwendeten Produktionsmitteln ("aus der Region") und andererseits in (mehr oder weniger) spezifizierten Herstellungsverfahren ("traditionell" und "natürlich").

- *Regulative Dimension (stille Abmachungen, Verträge und rechtliche Bestimmungen);*
  RPO verfolgen die Strategie, die Produktionsketten von Lebensmitteln zu (re-) regionalisieren[3]. Das bedeutet, entgegen dem allgemeinen Trend im BfE versuchen sie, die räumliche und zeitliche Entkopplung der Produktionsprozesse zu überwinden und zu diesem Zweck bestimmten Normen zum Durchbruch zu verhelfen[4]. Dies nicht nur im Produktionsprozess selber (in Abmachungen zwischen den regionalen Lieferanten und Abnehmern), sondern auch gegenüber den Konsumenten (Bevorzugung der einheimischen Produkte) und im Hinblick auf die politisch-rechtlichen Rahmenbedingungen (Gesetze, Verordnungen, Förderungsinstrumente).

- *Signifikative Dimension (Werthaltungen, Einstellungen und Präferenzen);*
  RPO wollen mit ihrer Strategie bestimmten Werthaltungen besser entsprechen bzw. diese (vor allem auch bei ihren Abnehmern) aktiv propagieren. Auf der Ebene der Produkte bzw. der Produktemerkmale lassen sich diese Werthaltungen mit den Begriffen "Transparenz/Vertrauenswürdigkeit", "Authentizität", "Natürlichkeit", "Frische etc." umreissen (zusammengeführt im charakteristischen Merkmal "regional"), auf einer eher allgemeinen Ebene vertreten RPO regionale Entwicklungsziele, d.h. Werte wie "Kulturlandschaft erhalten und pflegen", "dezentrale und autonome Produktionsstrukturen", "regionale Arbeitsplätze" etc.

Diese drei eng miteinander verflochtenen Stossrichtungen von RPO lassen sich auf folgende zwei strategische Leitziele reduzieren: RPO geht es darum (1) mittels einer territorial verankerten Marktsegmentierung die Absatzmöglichkeiten für die regional produzierten Lebensmittel zu sichern bzw. neue Absatzmöglichkeiten zu schaffen und (2) sollen die vorhandenen (dezentralen) Produktionsstrukturen und Landnutzungssysteme autonom erhalten bleiben.

---

mit einem Kanton bzw. einem Zusammenschluss von einigen Kantonen zusammenfallen, es kann sich dabei aber – wie bei der Mehrheit der untersuchten RPO – auch nur um ein Teilgebiet eines Kantons handeln.

[3] Wir sprechen von "(Re-) Regionalisierung" deshalb, weil – wie in Kap. 3 aufgezeigt – die Ernährung erst als Folge der industriellen Revolution im letzten und der Transportrevolution in der Mitte dieses Jahrhunderts aus ihren starken räumlichen und saisonalen Bindungen aufgebrochen ist (PFISTER 1996).

[4] Stichworte für diese spezifischen Normen sind z.B. "kleine Kreisläufe", "dezentrale, kleingewerbliche Produktionsstrukturen" oder "Stärkung der regionalen Autonomie".

Zentrales Instrument zur Erreichung dieser doppelten Zielsetzung ist ein besonderes – regionales – Label als Dreh- und Angelpunkt der Strategie von RPO.

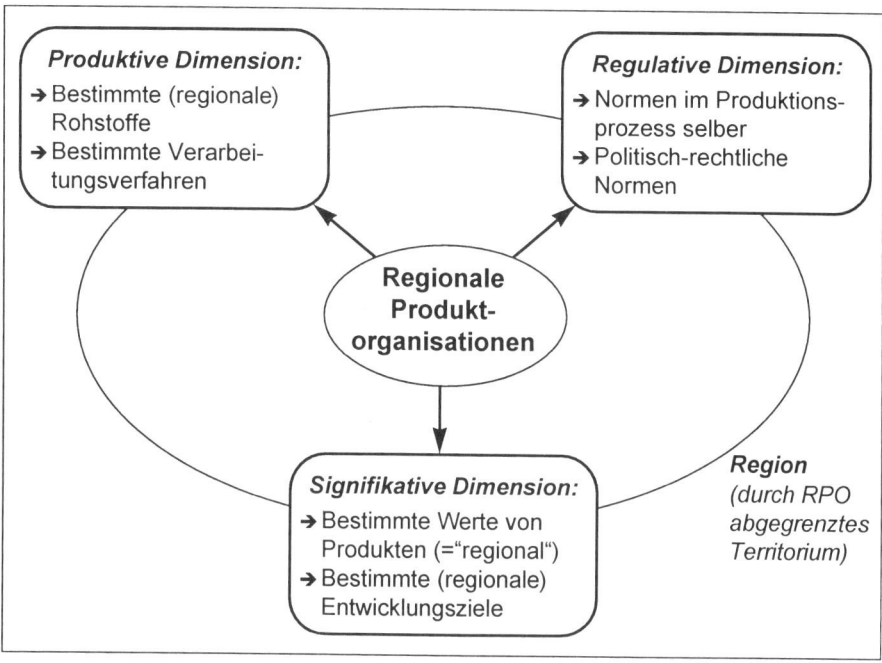

```
┌─────────────────────────────────────────────────────────────────┐
│  ╭─────────────────────────╮        ╭─────────────────────────╮ │
│  │ Produktive Dimension:   │        │ Regulative Dimension:   │ │
│  │ → Bestimmte (regionale) │        │ → Normen im Produktions-│ │
│  │   Rohstoffe             │        │   prozess selber        │ │
│  │ → Bestimmte Verarbei-   │        │ → Politisch-rechtliche  │ │
│  │   tungsverfahren        │        │   Normen                │ │
│  ╰─────────────────────────╯        ╰─────────────────────────╯ │
│                     ↖              ↗                            │
│                      Regionale                                  │
│                      Produkt-                                   │
│                     organisationen                              │
│                          ↓                                      │
│           ╭─────────────────────────╮      Region               │
│           │ Signifikative Dimension:│      (durch RPO           │
│           │ → Bestimmte Werte von   │      abgegrenztes         │
│           │   Produkten (="regional")│     Territorium)         │
│           │ → Bestimmte (regionale) │                           │
│           │   Entwicklungsziele     │                           │
│           ╰─────────────────────────╯                           │
└─────────────────────────────────────────────────────────────────┘
```

Darstellung 12: Die dreifache Stossrichtung von Regionalen Produktorganisationen

Dieses Verständnis von RPO ist insofern idealtypisch, als dass die meisten der in der Praxis beobachtbaren Regionalmarketing-Organisationen (vgl. Kasten) über die darin beschriebenen Eigenschaften nur teilweise verfügen. Zum Beispiel:

* Beteiligen sich in vielen RPO nur Akteure aus einigen wenigen Produktsegmenten oder "filières"[5] (z.B. Milch und Fleisch, aber nicht Getreide oder Gemüse)

* Umfasst die vertikale Integration in vielen Fällen nur zwei Produktionsstufen, zumeist Landwirtschaft und Verarbeitung (z.B. Milchproduzenten und Käsehersteller)

* Variiert die Grösse der RPO sehr stark bzw. es beteiligt sich ein unterschiedlich grosser Anteil der regionalen Lebensmittelbranche an den Organisationen (oft ist dieser Anteil nur im Prozentbereich)

---

[5] Zum Begriff "filière" als Institution zur vertikalen Integration bestimmter Produktionsketten vgl. GIGON 1998.

- Ist das Engagement von (regionalen) Akteuren ausserhalb der eigentlichen Produktionskette, d.h. aus den BfE-Bereichen "Staat" (öffentliche und halböffentliche Institutionen wie z.B. Landwirtschaftsschulen) und "übriges Umfeld" (z.B. Umweltverbände) im allgemeinen hoch und kann als wichtiges zusätzliches Charakteristikum von RPO bezeichnet werden[6]
- Hat "Region" (als Herkunftsbezeichnung) eine unterschiedliche Bedeutung; in einigen RPO spielt die regionale Herkunft in der Marketingstrategie eine zentrale Rolle, z.T. ist sie jedoch auch nur ein ergänzendes Attribut zu anderen Merkmalen (z.B. biologische Produktionsweise der Rohstoffe)
- Variiert auch die Anzahl der Produktionsschritte, die in der Region selber stattfinden; in einigen Fällen stammen nur die Rohstoffe aus der angegebenen Region und die Herstellung und der Vertrieb der Lebensmittel erfolgt ausserhalb, in anderen findet nur ein bestimmter Verarbeitungsschritt dort statt[7].

Dieser letzte Punkt ist von besonderer Bedeutung; nicht zuletzt im Hinblick auf den Beitrag von Regionalen Produktorganisationen an eine nachhaltige Ernährung (vgl. Kap. 6). Um dies zu berücksichtigen, bezeichnen wir die in RPO hergestellten Lebensmittel als "regionale Produkte im engeren Sinn", wenn bei der Herstellung alle Produktionsschritte von der Landwirtschaft (Rohstoffproduktion) bis hin zum Endkonsum in derselben (Ursprungs-) Region stattfinden, andernfalls (d.h. wenn nur die Mehrheit der Verarbeitungsschritte in der Region selber stattfindet) sprechen wir von "regionalen Produkten im weiteren Sinn"[8].

Regionale Produktorganisationen oder Regionalmarketinginitiativen?

In der Praxis werden "Regionale Produktorganisationen" oft mit den Begriffen "Regionalmarketing-Initiative" oder "Regionalmarketing-Projekt" bezeichnet. U.E. ist dies aus zwei Gründen problematisch: Zum Einen wird damit ein zu grosses Gewicht auf das Marketing im engern Sinn, d.h. auf die Kommunikationspolitik gelegt und andere wichtige organisationale Strategiebereiche wie z.B. Produktentwicklung, Distribution, Controlling und die Sensibilisierung von Konsumenten für Ernährungsfragen i.w.S. werden vernachlässigt. Zum Anderen hat der Begriff "Regionalmarketing" insbesondere im benachbarten Deutschland und Österreich eine andere Bedeutung (nämlich als Ausdruck für die Vermarktung von Regionen als Wirtschafts- oder Wohnstandorte, vgl. Scherer 1999).

---

6 Gemäss Terminologie von MINSCH et al. (1996:187 ff) können RPO somit als "Laterale Kooperationen" bezeichnet werden. Vgl. dazu auch BELZ 1995 und MINSCH et al. 1998.

7 Bekanntes Beispiel in der Schweiz ist das Bünderfleisch, bei dem die Rohstoffe bis anhin vor allem aus Argentinien stammten und auch der Konsum nur zu einem kleinen Teil in Graubünden selber stattfindet (vgl. Kap. 3.3.6).

8 Von "regionalen Produkten" sprechen wir also dann, wenn wir den physisch-materiellen Output von RPO (= Lebensmittel) meinen. Mit "Regionalen Produktorganisationen RPO" meinen wir demgegenüber die Organisationen, die sich zu deren Herstellung und Vermarktung bilden und welche mehr oder weniger stark institutionalisiert sind.

4.2.2 Vier Funktionen von "Region"

Die "Region" wird hier verstanden als ein bestimmter Raumausschnitt mittlerer Grösse, auf den Regionale Produktorganisationen in ihren Handlungen Bezug nehmen. Sie bildet gewissermassen das konstituierende Element, die Klammer von RPO und hat dabei vier verschiedene Funktionen[9]:

(1) Region als Ressourcenraum;

Die Ressourcen, die in den RPO für die Lebensmittelproduktion verwendet werden, stammen gemäss grundlegenden organisationalen Richtlinien (z.B. Statuten und Reglementen) zumindest zum grössten Teil aus der Ursprungsregion. Dies gilt in erster Linie für die landwirtschaftlichen Rohstoffe, dann aber auch – wenigstens teilweise – für die Produktionsfaktoren Arbeit (Know-how), Technik und Kapital (Infrastruktur, Energie und Geld).

(2) Region als Verarbeitungsort und als Effizienzfaktor;

Die Region bildet aber nicht nur den Ressourcenraum von RPO, sie ist auch der Ort, wo die Verarbeitung der Rohstoffe geschieht und – je nachdem ob es sich um regionale Produkte im engeren oder im weiteren Sinn handelt – finden auch weitere Schritte der Produktionskette (bis hin zum Konsum) in der Region selber statt. Damit direkt verbunden sind die regionalen Kreisläufe (kurze Transportdistanzen), die zumindest auf den ersten Blick billiger und ökologischer, d.h. effizienter sind als grossräumige[10].

(3) Region als Katalysator für Innovationen;

Aus der Innovationsforschung und den Regionalwissenschaften ist bekannt, dass die Anzahl und die Qualität der Interaktionen zwischen verschiedenen Akteuren durch räumliche Nähe positiv beeinflusst werden. "Region", verstanden als räumliche, aber vor allem auch soziale Nähe zwischen den verschiedenen Beteiligten einer RPO kann somit als Katalysator für organisationale Innovationsprozesse wirken. Verschiedene neuere wissenschaftliche Arbeiten weisen darauf hin, dass die Bedeutung von Face to Face-Kontakten auch im Zeitalter der neuen Kommunikationstechnologien nicht abgenommen hat[11].

---

[9] Von den nachfolgend aufgeführten vier Funktionen von Region (vgl. auch SCHLEGEL 1999) können die ersten drei als organisationsinterne Funktionen bezeichnet werden (relevant für den Aufbau der Trägerschaft und die Organisationsweise der Produktion), während die Funktion (4) insbesondere nach aussen (in der Marktbearbeitung) von Bedeutung ist.

[10] Die Beziehung zwischen Transportdistanz und Transportkosten ist aber keinesfalls proportional, sondern stark von den Variablen "Menge der transportierten Güter" und "Art des Transportes" abhängig. In Kapitel 5.2 und 6.2 kommen wir ausführlicher darauf zurück.

[11] Zu sog. Innovativen regionalen Milieus gibt es eine umfangreiche Literatur. Beispielhaft erwähnt seien CAMAGNI 1991, MAILLAT et al. 1993, GEELHAAR, MUNTWYLER 1997, MINSCH et al. 1996, TREINA 1998 oder STORPER 1997.

(4) Region als Verkaufsargument;

Die Region ist schliesslich auch ein zentrales Verkaufsargument für die hergestellten Produkte. Sei es als einfache Herkunftsangabe, sei es in der Form eines AOC-Labels; die Herkunft von Lebensmitteln hat auf einem immer reicheren und vielfältigeren Markt eine wichtige Funktion als Orientierungshilfe und wird mit vielen Werten bzw. Bedürfnissen wie z.B. Tradition, Echtheit, Natur, Erlebnis und / oder Gesundheit assoziiert[12].

Je nach Grösse und spezifischer Ausstattung einer bestimmten Region sind diese vier Funktionen für die darauf rekurrierenden RPO von unterschiedlicher Wichtigkeit. In einer Region mit einem positiven Image (z.B. für eine landschaftlich attraktive Bergregion) ist in erster Linie die letzte Funktion zentral (Region als Verkaufsargument). Für eine Region mit einem gut ausgebauten Produktions- und Distributionssystem stehen die zweite und allenfalls die dritte (Effizienzfaktor und Innovationskatalysator) im Vordergrund, während für eine Region mit besonderen Ressourcen (z.B. seltenen landwirtschaftlichen Rohstoffen wie etwa einer alten Getreidesorte) die erste Funktion (Region als Ressourcenraum) im Zentrum steht.

4.3 Regionale Produktorganisationen als regionale strategische Netzwerke

Das oben entwickelte Verständnis von RPO zeigt diese als Organisationen, welche versuchen, die komplexen Produktionsketten von Lebensmitteln auf der regionalen Massstabsebene, quasi im kleinen, horizontal und vertikal zu integrieren. Es orientierte sich an der Darstellung des BfE im Kapitel 3 und den dabei skizzierten drei Dimensionen des Wandels, ohne genauer auf die Art der Akteursbeziehungen einzugehen. Um hier noch etwas tiefer zu gehen, wird in der Folge der Begriff des "strategischen Netzwerkes" herangezogen.

4.3.1 Netzwerke und strategische Netzwerke

Netzwerke haben seit einiger Zeit Hochkonjunktur – sowohl in der gesellschaftlichen Praxis als Strategie, (gemeinsam) Ziele zu erreichen, als auch als Gegenstand der Forschung. Verschiedene wissenschaftliche Disziplinen (insbesondere Soziologie, Betriebswirtschaft, Regionalökonomie und Politologie) beschäftigen sich mit Netzwerken, den darin ablaufenden Prozessen und deren Output, wobei in der Literatur je nach Fachgebiet auch andere Begriffe für gleiche oder ähnliche Phänomene verwendet werden wie z.B. Kooperationen, Plattformen, Institutionen, strategische Allianzen, Lobbies etc.

Netzwerke werden jedoch nicht nur in verschiedenen wissenschaftlichen Disziplinen thematisiert, Netzwerke sind auch in vielen gesellschaftlichen Berei-

---

[12] Zu den Werten, die mit "Region" verbunden werden vgl. Kap. 5.2 oder direkt SEIFERT 1999, SCHLEGEL 1999 und z.T. NOGER 1999 (s. Anhang 2).

chen zu beobachten: Von den persönlichen (Beziehungs-) Netzwerken über (wirtschaftliche) Produktionsnetzwerke und (wissenschaftliche) Forschungsnetzwerke bis hin zu politischen Netzwerken. Charakteristisch für alle diese verschiedenen Netzwerke und damit für den Begriff als solches ist die besondere Beziehung, in der die Beteiligten zueinander stehen; diese sind – im Vergleich etwa zu Beziehungen in Unternehmen oder Verwaltungen – nur wenig formalisiert oder hierarchisiert, haben aber doch eine gewisse Dauerhaftigkeit und Verbindlichkeit.

Ausgehend in erster Linie von ökonomischen Ansätzen kommt SYDOW (1992:315) in seinem Standardwerk zu (strategischen) Netzwerken zu folgender Definition: *"Ein strategisches Netzwerk kann definiert werden als (...) polyzentrische[13], gleichwohl von einem oder mehreren Unternehmen strategisch geführte Organisationsform ökonomischer Aktivitäten zwischen Markt und Hierarchie, die sich durch komplex-reziproke, eher kooperative denn kompetitive und relativ stabile Beziehungen zwischen rechtlich selbständigen, wirtschaftlich jedoch zumeist abhängigen (Netzwerk-) Unternehmungen auszeichnet. Die Evolution und Organisation strategischer Netzwerke erfolgt prinzipiell über eine Quasi-Internalisierung und/oder eine Quasi-Externalisierung von [unternehmerischen] Funktionen."* Oder in vereinfachten Worten: Netzwerke sind charakterisiert (1) durch ihre besondere Organisationsform zwischen Markt und Hierarchie und (2) durch die Tatsache, dass sie von den beteiligten Akteuren aufgebaut werden, um gemeinsame Probleme und Aufgaben gemeinsam anzugehen, d.h. die jeweiligen Tätigkeiten aufeinander abzustimmen und Synergien zu entwickeln.

4.3.2 Regionale Produktorganisationen als spezielle strategische Netzwerke

Regionale Produktorganisationen verfolgen wie aufgezeigt eine Strategie, die Lebensmittelproduktion vertikal und horizontal auf einem regionalen Massstab zu integrieren. Aufgrund ihres territorialen Ansatzes können sie als "regionale strategische Netzwerke" bezeichnet werden[14]. Das heisst, sie weisen zum Einen die definierenden Eigenschaften nach SYDOW auf und verfügen daneben aufgrund ihres expliziten Regionsbezugs noch über zusätzliche Charakteristika.

Zuerst zu den allgemeinen Merkmalen von RPO:

1. RPO sind zumeist *polyzentrisch*, indem sich verschiedene Beteiligte grundsätzlich gleichberechtigt engagieren[15].

---

[13] Unterstreichungen durch HOFER, STALDER.
[14] Zum Begriff der regionalen strategischen Netzwerken vgl. auch SYDOW 1993 in JANSEN & SCHUBERT (1995:86).
[15] Auf Ausnahmen, d.h. monozentrierte RPO werden wir unter Kapitel 5.3.6 noch genauer eingehen.

2. Die Beziehung zwischen den Akteuren in RPO ist erstens eine *marktliche* (Zuliefer- und Abnehmerverhältnis), zweitens eine *kompetitive* (Konkurrenz zwischen Akteuren derselben Produktionstufe oder um den jeweiligen Anteil am gesamten Mehrwert von regionalen Produkten) und drittens eine *kooperative*.

3. Eine *kooperative* Strategie wird gewählt im Hinblick auf die Erreichung der beiden Leitziele "Marktsegmentierung" und "autonome Strukturen". Sie manifestiert sich zum Einen in einer *Integration der Produktionskette* (d.h. der Internalisierung gewisser Funktionen wie z.B. durchgehenden Qualitätsnormen oder gemeinsamen Distributionswegen) und zum Anderen in einer *Externalisierung* gewisser unternehmerischer Funktionen (z.B. Marketing oder teilweise Controlling) an eine zentrale Stelle. Als Dreh- und Angelpunkt der Kooperation dient dabei ein gemeinsames *(regionales)* Label.

4. Im Weiteren können die Beziehungen innerhalb einer RPO als *komplex-reziprok* bezeichnet werden (nicht nur marktliche, sondern auch soziale und persönliche Aspekte sind wichtig) und sie verfügen über eine gewisse Stabilität (oft ergibt sich eine Kooperation in der Form einer RPO aus einer jahrelangen, Vertrauen erzeugenden Zusammenarbeit).

Wie oben erwähnt, ist die Beteiligung von Akteuren aus dem politischen Umfeld und der weiteren Öffentlichkeit ein weiteres zentrales Charakteristikum von RPO. Als fünftes definierendes Merkmal deshalb:

5. RPO umfassen nicht nur (vertikal und horizontal) kooperierende Akteure aus der Produktionskette von Lebensmitteln, sondern auch politische Institutionen (insbesondere der regionalen und kantonalen Ebene) und Vertreter von anderen öffentlichen und halböffentlichen Anspruchgruppen (z.B. Umweltverbände oder Bildungsinstitutionen). Es handelt sich also um *laterale Netzwerke*[16].

Auf die vierfache Bedeutung von Region bzw. räumlicher Nähe für RPO sind wir im vorderen Kapitel bereits eingegangen. Zu den bisherigen fünf Charakteristika von RPO kommt somit als sechster Punkt:

6. Die Region als konstituierendes Element von RPO wirkt als Ressourcenraum, Verarbeitungsort / Effizienzfaktor, Innovationskatalysator und/oder Verkaufsargument.

Regionale Produktorganisationen RPO verfügen also über insgesamt sechs charakteristische Merkmale und können zusammengefasst als regionale strategische Netzwerke im Bedürfnisfeld Ernährung bezeichnet werden (vgl. Darst. 13).

---

[16] Vgl. Kap. 4.2.1 oben und MINSCH et al. (1996:187ff).

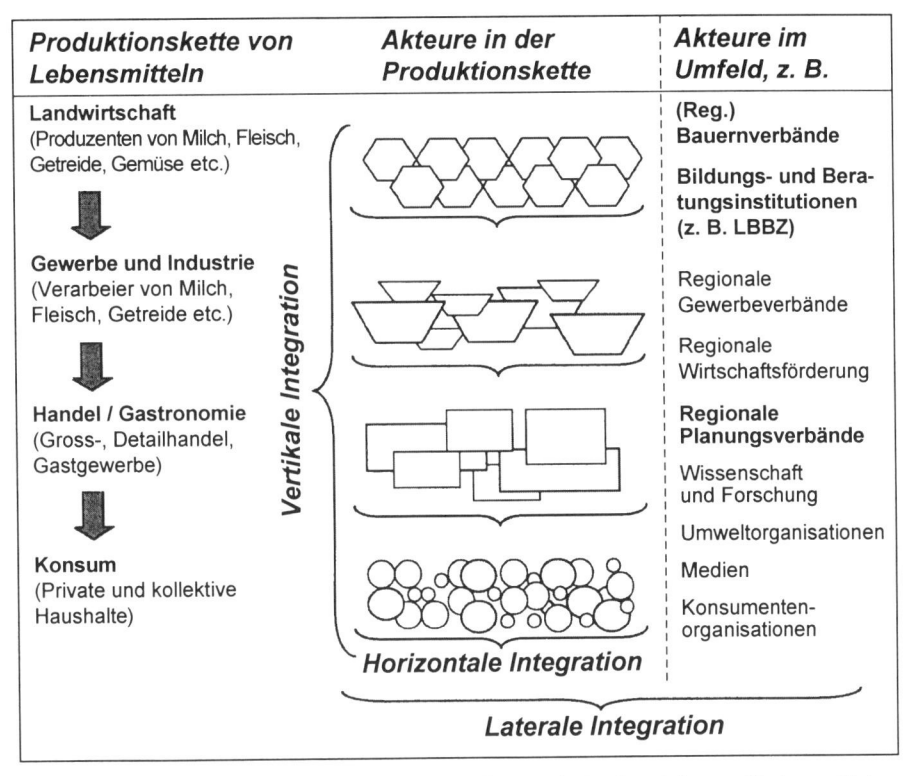

Produktionskette von Lebensmitteln	Akteure in der Produktionskette	Akteure im Umfeld, z. B.
Landwirtschaft (Produzenten von Milch, Fleisch, Getreide, Gemüse etc.)	⬇	(Reg.) Bauernverbände Bildungs- und Beratungsinstitutionen (z. B. LBBZ)
Gewerbe und Industrie (Verarbeier von Milch, Fleisch, Getreide etc.)	⬇	Regionale Gewerbeverbände Regionale Wirtschaftsförderung
Handel / Gastronomie (Gross-, Detailhandel, Gastgewerbe)	⬇	**Regionale Planungsverbände** Wissenschaft und Forschung Umweltorganisationen
Konsum (Private und kollektive Haushalte)		Medien Konsumentenorganisationen

Vertikale Integration | *Horizontale Integration*

Laterale Integration

Darstellung 13: Regionale Produktorganisationen als horizontale, vertikale und laterale strategische Netzwerke von Akteuren im Bedürfnisfeld Ernährung

Teil III:

Die Situation der Regionalen Produktorganisationen in der Schweiz

Im zweiten Teil ging es erstens darum, den Begriff "Bedürfnisfeld Ernährung" (BfE) zu klären und den Wandel in der Ernährung zu systematisieren. Zweitens wurde aufgezeigt, was wir unter "Regionalen Produktorganisationen" (RPO) verstehen.

Ziel dieses dritten Teils ist es, einen Überblick über die gegenwärtig in der Schweiz existierenden RPO und deren Effekte zu geben. Dazu wird in Kapitel 5 eine Typisierung der RPO anhand von 12 Kriterien vorgenommen, bevor in Kapitel 6 eine Beurteilung der Leistungsfähigkeit der verschiedenen RPO-Typen in Hinblick auf eine nachhaltige Ernährung vorgenommen wird. Das Leitbild nachhaltige Ernährung wird dabei mittels 12 verschiedenen Nachhaltigkeitspotenzialen von RPO operationalisiert.

Im Kapitel 7 schliesslich wird die Haltung der drei Akteurgruppen Staat/ Politik, Detailhandel/Grossverteiler und Konsumenten gegenüber RPO skizziert. Dies aus der Überlegung heraus, dass diese Anspruchsgruppen einen entscheidenden Einfluss auf die (bis anhin eher geringen) Effekte von RPO bzw. von regionalen Produkten haben.

Somit leiten folgende drei Fragen durch diesen Teil:

- *Reale RPO in der Schweiz: Wie lassen sie sich typisieren?*

- *Welche Effekte im Hinblick auf eine nachhaltige Ernährung (d.h. in ökologischer, ökonomischer, sozialer und individuell-gesundheitlicher Hinsicht) haben die verschiedenen RPO-Typen?*

- *Wie positionieren sich Politik, Detailhandel und Konsumenten gegenüber RPO bzw. gegenüber der Strategie "regionale Produkte"?*

5. 7 verschiedene Typen von RPO

5.1 Einleitung

In einer Inventarisierung hat das Projektteam vom Geografischen Institut der Universität Bern ab Frühling 1996 insgesamt über 70 Regionalmarketing-Initiativen erfasst, welche die im Kap. 4.2 festgehaltenen charakteristischen Merkmale mehrheitlich erfüllen. Aus diesem Inventar wurden in einer ersten Empiriephase 46 Deutschschweizer RPO ausgewählt und mittels einer Querschnittanalyse genauer untersucht[1] (vgl. Darst. 14). Im Rahmen von insgesamt neun Diplomarbeiten und zwei Dissertationen wurden daraus wiederum 13 Initiativen als Fallbeispiele vertieft analysiert[2].

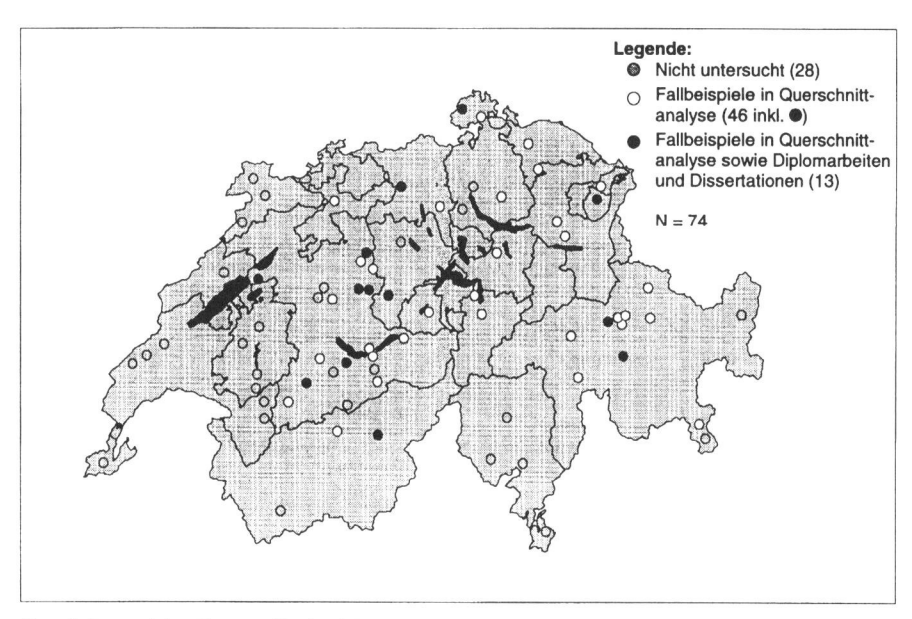

Darstellung 14: Geografische Verteilung der erfassten und untersuchten RPO (Stand 1998)

Ein zentrales Ergebnis dieser verschiedenen Analysen ist eine Typisierung der untersuchten RPO. In einem ersten Teil des folgenden Kapitels werden die zur Differenzierung und Typengenerierung verwendeten Merkmale beschrieben, in einem zweiten dann die aus den empirischen Analysen resultierenden sieben verschiedenen RPO-Typen.

---

[1] Die Ergebnisse dieser Erhebungen wurden in einem Zwischenbericht publiziert und werden hier nicht mehr im Detail wiedergegeben; vgl. dazu HOFER, STALDER 1998.
[2] Zu den Autoren, Titeln und wichtigsten Inhalten der Diplomarbeiten vgl. Anhang 2, zu den verschiedenen Fallbeispielen Anhang 3.

5.2 12 Kriterien zur differenzierten Beschreibung und zur Typengenerierung

Die Merkmale bzw. Unterscheidungskriterien, die in der Folge einerseits zur differenzierten Beschreibung und andererseits zur Typisierung der untersuchten RPO dienen, entstanden im Verlauf des Forschungsprozesses in einem Wechselspiel von konzeptionellen und empiriegeleiteten Ueberlegungen. Sie stehen in einem direktem Bezug zu den in Kap. 4.3 aufgestellten sechs charakteristischen Merkmalen von RPO, nehmen aber auch Differenzierungen auf, die sich z.T. erst im Verlauf der empirischen Analysen herauskristallisierten.

Aus diesem deduktiv/induktiven Erkenntnisprozess resultierten schliesslich 12 Kriterien, welche – aufgeteilt in vier Gruppen – in der Folge erläutert werden. Dabei werden die verschiedenen Kriterien zuerst beschrieben, bevor in den jeweils unmittelbar folgenden Abschnitten kurz aufgezeigt wird, in welcher Bandbreite sich die Schweizer RPO bezüglich der einzelnen Kriterien bewegen. Im Kap. 5.3 werden die Kriterien anschliessend zur Typisierung der Schweizer RPO verwendet.

5.2.1 Kriterien im Bereich Produkte und Herstellungsverfahren

Kriterium 1: Produktepalette

> Gemäss Definition sind RPO durch die (horizontale, vertikale oder gar laterale) Integration der Produktionsketten von Lebensmitteln auf der regionalen Ebene charakterisiert. Das heisst, es werden verschiedene Filières zusammengefasst und eine breite Palette von Lebensmitteln – von Getreide- über Milch- und Fleischprodukten bis hin zu Gemüse – mit einem gemeinsamen, regionalen Label gekennzeichnet.

In der Realität ist diese Produktepalette jedoch eingegrenzt. Entweder, weil in einer bestimmten Region gar nicht alle Filières vertreten sind (z.B. alpine Regionen, in denen die Gemüse- und die Getreideproduktion weitgehend fehlen), oder dann, weil bestimmte Segmente sich nicht an einer RPO beteiligen wollen bzw. sich anders organisiert haben (z.B. Milchproduzenten, die ihre Milch an ausserregionale Verarbeiter liefern können/wollen).

Bei den in unserer Querschnittanalyse erfassten RPO variiert die Breite der Produktepalette denn auch recht stark; es gibt Initiativen, die sich auf ein ganz bestimmtes Produkt spezialisiert haben (z.B. Bio-Emmentaler-Käse aus dem Emmental) und andere, die mit Brot, Gemüse, Obst, Fleisch und Milchprodukten fast die ganze Palette abdecken (z.B. das Gemeinsame Agrarmarketing Aargau GMA). Die Segmente Milch/Milchprodukte und Fleisch sind jedoch in den meisten RPO vertreten. Dies liegt nicht zuletzt an deren traditionell hohen Bedeutung in der Schweiz und insbesondere im Alpen- und Voralpenraum.

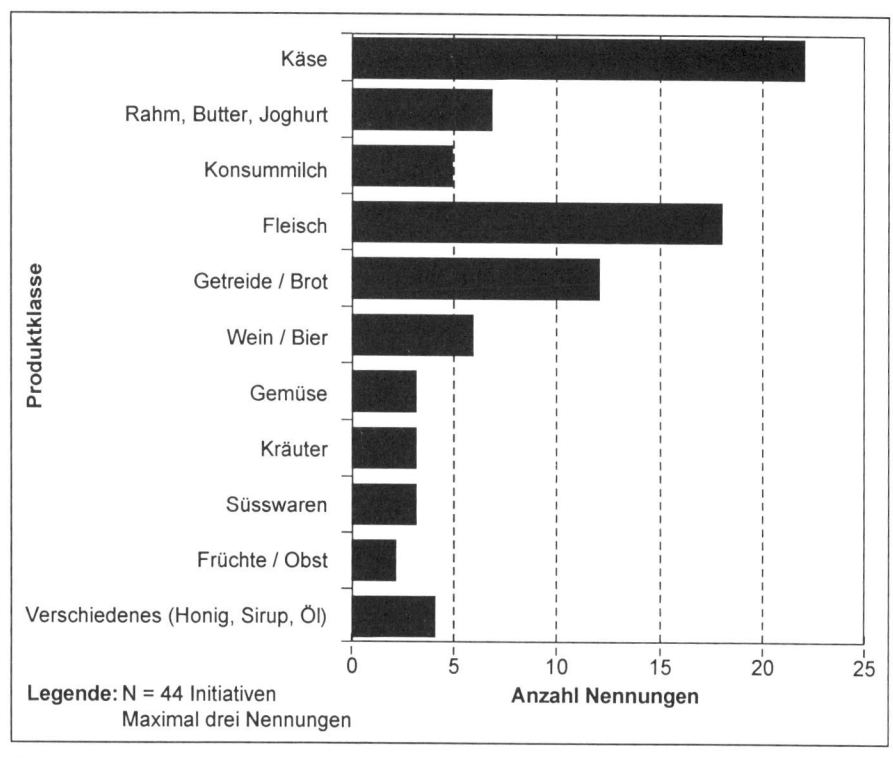

Darstellung 15: Von RPO angebotene Produkte (Stand 1996 / 1997)

Kriterium 2: Spezifität der Produkte

Der Dreh- und Angelpunkt von RPO ist das regionale Label, mit dem die Produkte ausgezeichnet werden. Dieses Label soll nebst Natürlichkeit vor allem auch Einzigartigkeit und Unverwechselbarkeit vermitteln: Regionalität dient also zur Marktsegmentierung, d.h. zur Abgrenzung von der grossen Masse der täglich produzierten und konsumierten Lebensmittel sowie als spezielles, nicht ohne weiteres nachahmbares Qualitätsmerkmal.

Die Frage stellt sich, wo genau die Differenzen zu konventionellen Produkten liegen und ob sich dabei zwischen den RPO Unterschiede ergeben. Die Arbeiten von SCHLEGEL 1999 und SEIFERT 1999[3] haben sich u.a. dieser Frage gewidmet und sind den Inhalten nachgegangen, die mit regionalen Labels verbunden werden. Dabei kamen sie zum Ergebnis, dass die Botschaften, die durch die RPO mit "Region" verknüpft werden, oft im ideellen Bereich liegen: Regionale Produkte seien vertrauenswürdig(er), traditionell(er) und tragen (mehr) zur sinnvollen wirtschaftlichen Entwicklung der Region und zur Erhaltung der schönen Kulturlandschaft bei als andere Produkte bzw. Produktionssysteme.

---

[3] Vgl. Anhang 2

Sowohl innerhalb einer bestimmten RPO als auch zwischen den verschiedenen RPO variiert die Spezifität von regionalen Produkten recht stark und die Palette der gelabelten Produkte reicht vom Basisprodukt des täglichen Bedarfs (z.B. Milchbeutel mit einer regionalen Etikette darauf) bis zur exklusiven Spezialität, welche aus seltenen, nur regional vorkommenden Rohstoffen mit ganz speziellen, traditionellen Rezepturen hergestellt wird. Eine materielle, auch an den Produkten selber sicht- und messbare Spezifizierung fehlt jedoch in vielen Fällen: Das durchschnittliche regionale Produkt wird zumeist aus den gleichen Rohstoffen und oft mit den gleichen Verfahren hergestellt wie die konventionellen Produkte[4].

Kriterium 3: Ökologischer Produktionsstandard der hergestellten Lebensmittel

Ein weiteres wichtiges Kriterium zur Beschreibung und Typisierung von RPO ist der ökologische Produktionsstandard, dies im Hinblick auf die in Kap. 3.5 erwähnte Problematik der räumlichen und zeitlichen Entkopplung der Lebensmittelproduktion. Dieses Kriterium umfasst nicht nur die Rohstoffproduktion (Landwirtschaft), sondern auch die Verarbeitung und die weiteren Glieder der Lebensmittelproduktionskette[5].

Geht man davon aus, dass die integrierte Produktion (IP) in der Schweizer Landwirtschaft spätestens ab diesem Jahr der normale Standard sein wird[6], ist der ökologische Standard der untersuchten regional gelabelten Produkte in vielen Fällen nicht besonders hoch: 13 von total 44 RPO hatten 1997 (noch) keine Vorschriften in dieser Hinsicht, 13 hatten IP und (immerhin) 18 hatten eine kontrolliert biologische Rohstoffproduktion als Grundvoraussetzung für ein Label. Ein halbes Dutzend der Organisationen hatten zudem spezielle Richtlinien ausgearbeitet bezüglich Kulturlandschaftspflege, Verpackungen und/oder Energieverbrauch[7]. Davon abgesehen fehlen jedoch

---

4 In ihrer Diplomarbeit ist BIENZ 1998 der Frage nachgegangen, welche besonderen Qualitäten mit einer regionalen Fleischproduktion in kleingewerblichen Strukturen verbunden sind. Sie unterscheidet dabei Fleischqualität im engeren und im weiteren Sinn und zeigt auf, dass die Regionalität sowohl in Bezug auf den Genusswert des Fleisches als auch auf eher ideelle Werte wie z.B. ethische Vertretbarkeit, Transparenz für die Konsumenten oder Ökologie (z.B. Energieverbrauch) einen positiven Einfluss haben kann (vgl. auch Anhang 2).
Zu den Bezügen zwischen Qualität, Regionalität und Marketing vgl. im Anhang 2 – nebst SEIFERT 1999, SCHLEGEL 1999 und BIENZ 1998 – im übrigen auch NOGER 1999, welche das Thema aus Sicht der Konsumenten analysiert hat.
5 Vgl. ausführlicher Kapitel 6.2.
6 Aufgrund der an die Direktzahlungen gebundenen Auflagen des Bundes verschwindet die sogenannt konventionelle Produktion mit nur wenig eingeschränktem Dünger- und Pflanzenschutzmitteleinsatz in der Schweiz immer mehr (vgl. auch Kap. 7).
7 Ein Beispiel dafür ist der "Würfel"; ein spezielles Deklarationssystem der Aargauer Zentralmolkerei AZM und des Gemeinsamen Agrarmarketings Aargau GMA. Dabei werden die drei Kriterien "Nahrungseffizienz" (Verhältnis von Brennwert des Lebensmittels zur darin enthaltenen grauen Produktionsenergie), "Wertschöpfung" (Anteil der Wertschöpfung im Kanton Aargau selber) und "Lebensraumpflege" (Fläche der zur Erzeugung nötigen Kulturlandschaft) mit je einem 6-stufigen Bewertungssystem versehen (AZM 1998).

klare ökologische Kriterien weitgehend: Umweltmanagementsysteme z.B. sind in RPO bzw. den daran beteiligten Unternehmen nur in wenigen Fällen etabliert. Dies führt dazu, dass die von den RPO selber in ihrem Marketing postulierten Effekte einer regionalisierten Lebensmittelproduktion in ökologischen Belangen vorderhand weitgehend eine Glaubensfrage bleiben: Intuitiv einleuchtend, aber (bisher) nur begrenzt mit Zahlen belegt bzw. belegbar.

5.2.2 Kriterien im Bereich Vermarktung

Kriterium 4: Bedeutung von „Region" für das Marketing

Im Kap. 4.2.2 wurde bereits auf die verschiedenen Bedeutungen von "Region" für RPO eingegangen. An dieser Stelle geht es weniger um die Frage, welche Inhalte (Werte) von Anbietern und Nachfragern mit Herkunftsbezeichnungen verbunden werden[8], sondern darum, welche Bedeutung die Herkunftsbezeichnung im Vergleich zu anderen Verkaufsargumenten und Qualitäten der gelabelten Produkte hat (z.B. Bio-Produktion). Oder mit anderen Worten: Ist bei den untersuchten RPO die regionale Herkunft der Produkte die einzige Marketinglokomotive oder gibt es noch andere, ev. sogar wichtigere?

Hinsichtlich dieses Kriteriums unterscheiden sich die untersuchten RPO nicht sehr stark: Bei einem Grossteil steht tatsächlich die Region und die damit verbundenen Werte – Vertrauenswürdigkeit, Authentizität, Tradition, Beitrag zur sinnvollen wirtschaftlichen Entwicklung der Region und zur Erhaltung der schönen Kulturlandschaft – im Zentrum der Argumentation. Daneben wird oft auf die besonders hohe Qualität der Produkte hingewiesen, wobei (wie bereits mehrfach angetönt) zumeist nicht klar ist, worin denn diese besonders hohe Qualität wirklich besteht.

Kriterium 5: Zielmärkte / Absatzort (regional – nicht regional)

Auf den Unterschied zwischen regionalen Produkten im engeren und regionalen Produkten im weiteren Sinn wurde in Kap. 4.2.1 bereits eingegangen. Beim Kriterium 5 geht es um diese Differenz zwischen einerseits Lebensmitteln, die den ganzen Produktionszyklus bis hin zum Konsum in einer bestimmten Region durchlaufen und andererseits Produkten, die vor allem auf regionsexternen Märkten angeboten und/oder bei denen die Rohstoffe von ausserhalb der Region bezogen werden.

Die meisten der erfassten RPO sind bei diesem Kriterium nicht eindeutig zuzuordnen; sie bieten ihre Produkte sowohl in der Region selber als auch ausserhalb an, wobei dies in erster Linie von den zur Verfügung stehenden Distributions- und Logistikkanälen abhängt. Regionale Produkte im engeren Sinn sind also eher eine – meist unfreiwillige – Ausnahme und viele Initiativen

---

[8] Vgl. dazu Kriterium 2.

versuchen intensiv, benachbarte Märkte (z.B. Agglomerationsräume) zu erobern.

Ein Spezialfall sind die RPO, die sich explizit auf den lokalen touristischen Markt ausgerichtet haben (z.B. LaNaTour im Wallis oder Produkte aus dem Obersimmental / Saanenland). Sie sind nicht darauf angewiesen, die Produkte exportieren zu können, sondern versuchen gewissermassen, die mit den Gästen importierte Kaufkraft zu nutzen.

5.2.3 Kriterien im Bereich Organisationsstruktur / Beteiligte

Kriterium 6: Interne Hierarchie

> Wie in Kap. 4.3 festgestellt, sind idealtypische RPO regionale (und laterale) strategische Netzwerke. Sie zeichnen sich somit u.a. durch ihre polyzentrischen, wenig hierarchische internen Beziehungsstrukturen aus.

Die untersuchten RPO befinden sind im Allgemeinen in einem dynamischen Entwicklungsprozess: Sie tendieren entweder zur stärkeren Formalisierung (und damit zu einer Hierarchisierung) oder dann zur Auflösung bzw. zur Neubildung mit einer veränderten Ausrichtung und Zusammensetzung. Oft als loses, wenig verbindliches Netzwerk gestartet, nimmt die interne Ausdifferenzierung von Aufgaben und Rechten im Lauf der Zeit zu und damit entstehen auch vermehrt interne Strukturen und Hierarchien. Dies ist gewissermassen der normale Entwicklungspfad. Eine Alternative, die in einem Teil der von uns untersuchten RPO zu beobachten ist, geht von einem einzelnen Unternehmen aus, das als Knoten eines (monozentrischen) Netzwerkes fungiert und die aus seiner Sicht nötigen Partner um sich schart[9]. Diese Partner (z.B. Lieferanten) sind dabei oft austauschbar und stehen in vielen Fällen in einem gewissen Abhängigkeitsverhältnis.

Kriterium 7: Nähe zur Rohstoffproduktion (Landwirtschaft)

Gelingt es den untersuchten RPO tatsächlich, die verschiedenen Stufen der Produktionskette auf regionalem Massstab vertikal zu integrieren und somit die Landwirtschaft mit der Verarbeitung, dem Handel und den Konsumenten in einer strategischen Allianz zu verbinden? Dieser Frage sind sowohl Kriterium 7 als auch 8 gewidmet.

> Zuerst zur Bedeutung der Landwirtschaft in den untersuchten RPO: Wie stark ist die primäre Stufe der Lebensmittelproduktion im Vergleich mit den anderen Produktionsstufen in den Schweizer RPO vertreten?

Die meisten RPO verfügen über Trägerschaften, in denen die Landwirtschaft eine sehr grosse Bedeutung hat und eine wichtige Rolle spielt. Dies entweder direkt oder dann durch (regionale) landwirtschaftliche Verbände (vgl. auch

---

[9] Vgl. Kap. 5.3.6.

Kriterium 9) bzw. durch landwirtschaftliche Bildungs- und Beratungsinstitutionen. Ausnahmen sind einige monozentrisch aufgebaute Regionalmarketingorganisationen, die von einem bestimmten Verarbeitungsbetrieb dominiert sind.

Kriterium 8: Länge der Produktionsketten

Die vertikale Integration der Produktionsstufen Landwirtschaft, Verarbeitung, Handel, ev. Tourismus und Konsum ist nicht nur ein theoriegeleitetes Merkmal von RPO[10], sie wird auch von den Organisationen selber als explizites Ziel genannt: Die Hälfte der untersuchten Initiativen bezeichnen sich selber als "Regionales Kooperationsprojekt zwischen Landwirtschaft, Gewerbe und Tourismus"[11].

Diesem Anspruch werden in der Realität jedoch nicht alle RPO gerecht: Insbesondere die Konsumenten, aber auch der Handel und das Gastgewerbe sind in den Trägerschaften oft wenig vertreten. Dies ist umso heikler, weil diese Stufen (1) eine vergleichsweise grosse Marktmacht haben, (2) in vielen Fällen die Distributionskanäle beherrschen und (3) über wichtiges Marketing-Know-how verfügen. Zwar gibt es Ausnahmen, aber im Allgemeinen haben die "Tropfsteine" der RPO (vgl. Darst. 16) den Boden der Endnachfrage also bisher noch nicht erreicht und das Innovations- bzw. Nachhaltigkeitspotenzial, das in einer vertikalen Integration der gesamten Produktionskette liegt, kann nur begrenzt genutzt werden.

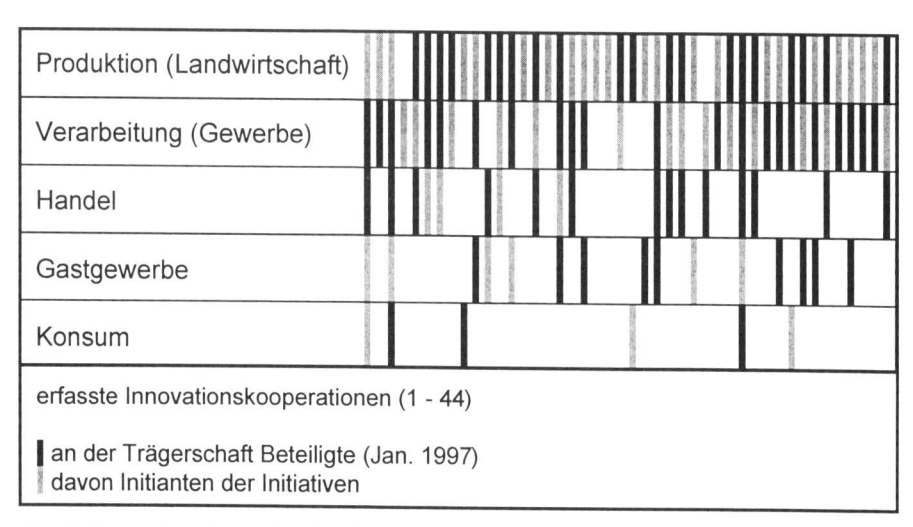

Produktion (Landwirtschaft)	
Verarbeitung (Gewerbe)	
Handel	
Gastgewerbe	
Konsum	
erfasste Innovationskooperationen (1 - 44) ▎an der Trägerschaft Beteiligte (Jan. 1997) ▎davon Initianten der Initiativen	

Darstellung 16: Länge der Produktionsketten in RPO (Stand 1997)

---

[10] Vgl. Kap. 4.3
[11] Vgl. HOFER, STALDER (1998:29).

Kriterium 9: Beteiligung von (Agrar-)Verbänden

In Kap. 4.2.1 wurde bereits erwähnt, dass die Lateralität von RPO, d.h. das Engagement von Akteuren ausserhalb der eigentlichen Produktionskette (z.B. Verbände, staatliche und halbstaatliche Institutionen wie Verwaltungsstellen oder Landwirtschaftsschulen, Umwelt- und Konsumentenorganisationen) in vielen RPO hoch ist. Gerade diese Vernetzung über die Grenze (Privat-)Wirtschaft – öffentliche Hand hinweg kann als ein wichtiges Charakteristikum der Schweizer Regionalmarketinginitiativen bezeichnet werden.

Die Vermischung der Sphären Wirtschaft, Politik und übrige Gesellschaft ist im Bedürfnisfeld Ernährung nichts Neues und in der Schweiz wurden im Rahmen einer interventionistischen, ineffizienten und zudem sehr teuren Agrarpolitik schon viele (schlechte) Erfahrungen damit gemacht[12]. Sind RPO eine Neuauflage dieser Vermischung auf einer anderen – regionalen statt nationalen – Ebene? Ist es damit "alter Wein in neuen Schläuchen"? Oder ist der Wein besser geworden?

Die Kriterien 9 und 10 dienen (noch) nicht zur Beantwortung dieser Fragen, sie liefern jedoch erste (deskriptive) Angaben zur Rolle und zur Bedeutung der verschiedenen nicht rein privatwirtschaftlichen Organisationen in RPO.

Zuerst zur Bedeutung von (Agrar-)Verbänden (Kriterium 9): Bis anhin stark durch die Politik beeinflusst (und mitfinanziert), bilden diese einen wichtigen Schnittpunkt zwischen öffentlicher Hand und Privatwirtschaft. Auch in anderer Hinsicht – z.B. bezüglich ihrer Markt- und Verhandlungsmacht – sind sie bedeutende Akteure im BfE und es stellt sich die Frage, wie sie sich zu RPO stellen.

Bezüglich dieses Kriteriums unterscheiden sich die untersuchten RPO recht stark. Es gibt sowohl Initiativen, die sich explizit gegen die vorhandene, oft als "verkrustet" bezeichnete Verbandslandschaft stellen, als auch die anderen, die ihre Existenz weitgehend den in der Region agierenden Verbänden verdanken. Da jedoch die meisten der landwirtschaftlichen Branchenverbände nicht regional, sondern eher kantonal und vor allem national tätig sind, stehen viele RPO etwas quer in der bestehenden Verbandslandschaft. In vielen Fällen ist das Verhältnis zwischen segmentorientierten Branchenverbänden bzw. Sortenorganisationen einerseits und territorial orientierten RPO andererseits noch nicht geklärt und man steht sich eher misstrauisch gegenüber. Dies nicht zuletzt aufgrund der sich abzeichnenden Konkurrenz um teilweise ähnliche Finanzquellen wie z.B. Mitgliederbeiträge von Landwirten oder staatliche Vermarktungszulagen[13].

---

[12] Erinnert sei in diesem Zusammenhang an die in Kap. 3 beschriebenen Entwicklungsprozesse im BfE und das dabei thematisierte "neue Verhältnis zwischen Politik und Wirtschaft".

[13] Ein Beispiel für diese Konkurrenz ist die Situation im Biobereich: zwar legt die BioSuisse bei ihren Tätigkeiten ihr Schwergewicht auf die nationale Ebene und einem Auftritt zusammen mit regionalen Labeln wird – gemäss Aussagen verschiedener Interviewpartner – eher skeptisch begegnet, andererseits ist man bezüglich der verfolgten Zielsetzungen doch in eine ähnliche Richtung unterwegs und in einigen RPO engagieren sich denn auch Biobauern an vorderster Front.

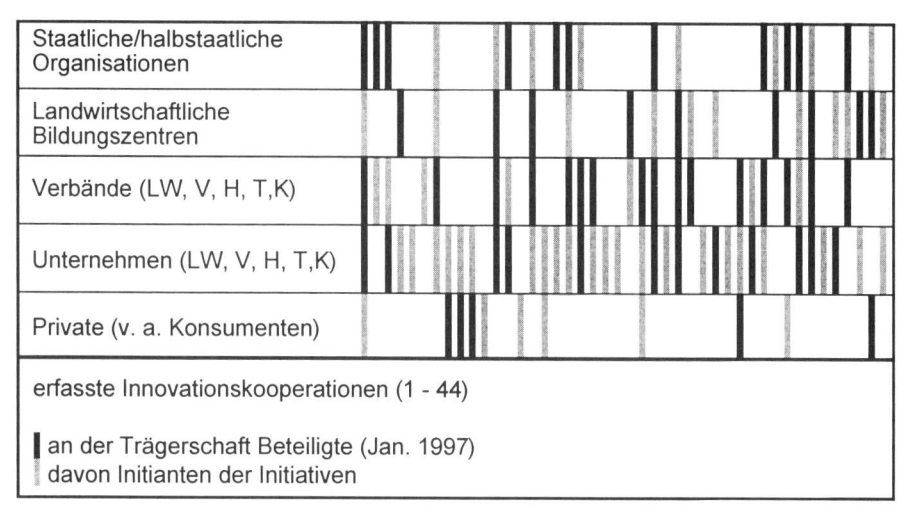

Staatliche/halbstaatliche Organisationen	
Landwirtschaftliche Bildungszentren	
Verbände (LW, V, H, T,K)	
Unternehmen (LW, V, H, T,K)	
Private (v. a. Konsumenten)	
erfasste Innovationskooperationen (1 - 44)	
∣ an der Trägerschaft Beteiligte (Jan. 1997) davon Initianten der Initiativen	

Darstellung 17: Trägerschaftsstrukturen in RPO (Stand 1997)

Kriterium 10: Beteiligung von (halb-)öffentlichen Institutionen (Lateralität der RPO)

Ein weiterer Schnittpunkt zwischen Privatwirtschaft und öffentlicher Hand im BfE bilden die zahlreichen staatlich unterstützen Bildungs-, Beratungs- und Forschungsinstitutionen. In der raschen Entwicklung der Schweizer Regionalmarketingszene seit anfangs der 90er Jahre haben diese in vielen RPO eine zentrale Rolle gespielt.

Ausgehend von verschiedenen angewandten Forschungsprojekten[14] und von Erfahrungen aus dem Ausland, starteten national und regional tätige Beratungs- und Bildungsorganisationen[15] diverse Pilotprojekte und entwickelten eine aktive Förderungsstrategie für Regionalmarketingprojekte. Kantonale Stellen und – im Zusammenhang mit einer Neuausrichtung von Regional- und Agrarpolitik – auch der Bund zogen nach, und so entstanden Rahmenbedingungen, die für das Aufkommen von neuen RPO zumindest nicht hinderlich waren. In vielen Fällen arbeiteten und arbeiten dabei öffentliche Stellen (Verwaltung), halböffentliche Institutionen (z.B. Landwirtschaftliche Bildungs- und Beratungszentren), regionale Wirtschafts- und Planungsverbände (z.B. IHG-Regionen) sowie privaten Unternehmen eng zusammen und öffentliche Institutionen steck(t)en sowohl Finanzen als auch Man-Power und Know-how in die Lancierung und den Aufbau neuer RPO (vgl. Darst. 17).

Das ursprüngliche Ziel der meisten RPO, nach einigen wenigen Jahren von diesen Starthilfen unabhängig zu werden, ist bisher in den meisten Fällen

---

[14] Besonders aktiv war hier das Institut für Agrarwirtschaft der ETH Zürich mit dem Team um D. BARJOLLE (z.B. BARJOLLE & SILAURI 1994).
[15] Zu nennen insbesondere die Schweizerische Arbeitsgemeinschaft für die Berggebiete SAB und die Landwirtschaftliche Beratungszentrale Lindau LBL.

noch nicht erreicht. Viele RPO stehen bislang weder bezüglich Organisation noch Finanzierung völlig auf den eigenen Beinen; öffentliche und halböffentliche Institutionen spielen immer noch eine sehr wichtige Rolle. Ausnahmen bilden die bereits angesprochenen monozentrisch aufgebauten RPO.

5.2.4 Weitere grundlegende Kriterien

Kriterium 11: (Relative) Grösse und Wachstum

> Ein weiteres zentrales Kriterium zur Differenzierung und Typisierung der untersuchten RPO ist ihre Grösse und ihr Wachstum. Daraus ergeben sich wiederum Hinweise auf die allgemeine Bedeutung von RPO bzw. von regional gelabelten Produkten im Bedürfnisfeld Ernährung.

Die Grösse von RPO zu bestimmen, ist jedoch kein einfaches Unterfangen, da es sich dabei zumeist um offene, wenig institutionalisierte Netzwerke handelt. Als Hinweise können z.B. die Anzahl Mitglieder oder die mit den gelabelten Produkten erzielten Umsätze herangezogen werden. Gerade bei jungen RPO – und dies sind die meisten der in der Querschnittanalyse erfassten – sind aber auch diese Zahlen (1) oft nicht erhältlich und (2) nur begrenzt aussagekräftig.

Immerhin konnte bezüglich Jahresumsatz festgestellt werden, dass dieser zwischen einigen Tausend Franken und über 100 Mio Franken variiert, wobei der Grossteil der Initiativen zwischen 0,5 und 3,5 Mio liegt und die Tendenz im allgemeinen stark steigend ist (Zunahme > 5 % pro Jahr)[16]. Die Hälfte der Initiativen war im Übrigen im Jahr 1996 noch nicht selbsttragend.

Kriterium 12: Alter der Organisation

> Das Alter von RPO ist vor allem auch im Hinblick auf deren Effekte ein wichtiges Kriterium. Ähnlich wie Grösse und Wachstum ist es jedoch ein schwierig zu bestimmendes Unterscheidungsmerkmal.

Die generellen Schwierigkeiten, das Alter eines strategischen Netzwerkes zu bestimmen, zeigten sich auch in unseren Untersuchungen der Schweizer RPO: Zu Beginn der Initiativen ist vielfach nicht klar, wohin die Reise genau gehen soll, viele RPO haben eine lange und komplizierte Vorgeschichte und nicht aus allen Projekten, die z.B. gegenüber den regionalen Medien propagiert wurden, entstanden auch tatsächlich funktionierende RPO. Im Weiteren sind netzwerkartig organisierte RPO im Sinn unserer Definition in vielen Fällen nicht die Endstation einer Entwicklung; RPO können sich beispielsweise in Richtung eines Unternehmens entwickeln (sich stärker institutionalisieren) oder ihre strategische Ausrichtung und ihren Tätigkeitsbereich verändern (z.B. in Richtung einer reinen Direktvermarktungsorganisation).

---

[16] Vgl. HOFER, STALDER (1998:43ff).

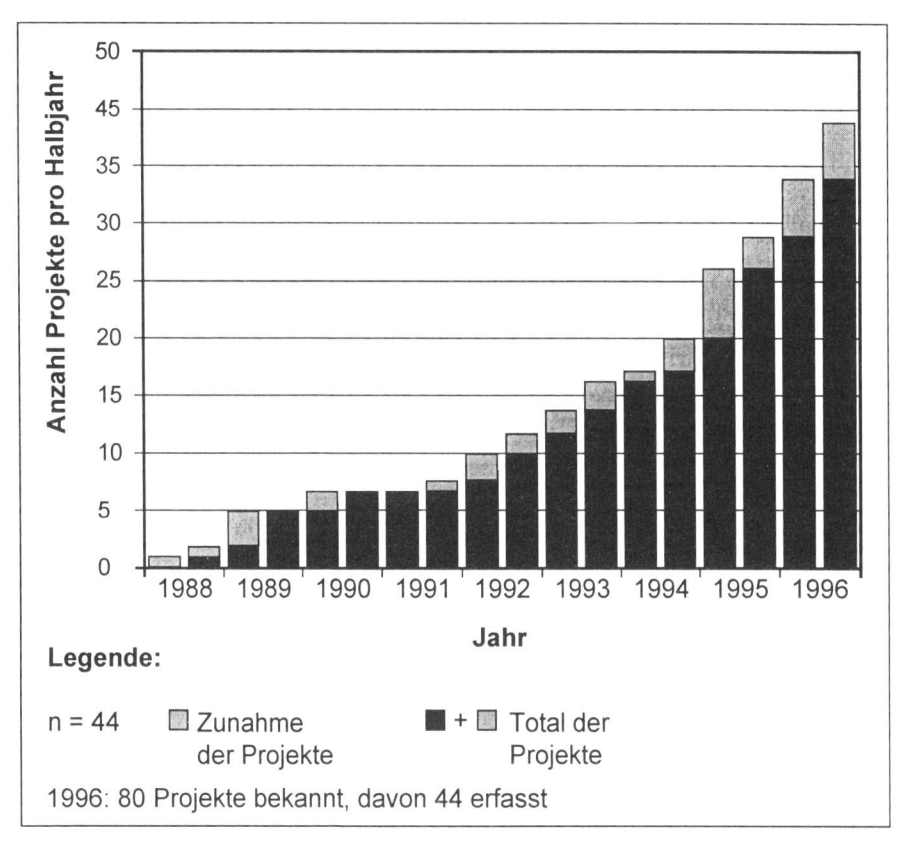

Darstellung 18: Das Aufkommen neuer RPO in der Schweiz

Die meisten der von uns erfassten RPO haben ihren Ursprung in den 90er Jahren. Ihre Entstehung kann in einen direkten Bezug gesetzt werden zum sich verändernden wirtschaftlichen, politischen und gesellschaftlichen Umfeld der Lebensmittelbranche[17]. Der Boom neuer RPO dauerte zumindest bis anfangs 1997 (vgl. Darst. 18) und dürfte aufgrund neuer Förderungsinstrumente des Bundes vorläufig noch anhalten[18]. Gleichzeitig verschwinden jedoch bereits wieder gewisse RPO; z.T. gehen sie in anderen Organisationen auf, z.T. verändern sie ihren Tätigkeitsbereich oder sie existieren nurmehr auf dem Papier. Die Zahl der neuen und die Zahl der verschwindenen bzw. nicht funktionierenden RPO dürfte sich im Moment in etwa die Waage halten.

---

[17] Vgl. STALDER, HOFER, MEIER in MONTAGNA 5/1997.
[18] Zu den neuen Absatzförderungsinstrumenten im Rahmen der Agrarpolitik 2002 vgl. ausführlicher Kap. 7 und HALBEIS 1999.

5.3 Sieben RPO-Typen und deren charakteristischen Merkmale

Jedes der obigen 12 Unterscheidungskriterien kann als Achse verstanden werden, auf der sich die untersuchten RPO je positionieren lassen. Da die verschiedenen Kriterien nicht völlig voneinander unabhängig sind und auch externe Gründe gegen bestimmte Ausprägungen und Ausprägungskombinationen[19] sprechen, lässt sich die Vielfalt an Kombinationsmöglichkeiten, welche sich aus 12 Kriterien theoretisch ergeben würde, relativ rasch auf sieben verschiedene Typen von RPO reduzieren. Dabei erweisen sich gewisse Merkmale als Leitkriterien (insbes. Krit. 1 "Produktepalette", Krit. 2 "Spezifität", Krit. 5 "Absatzmärkte", Krit. 8 "Länge der Produktionsketten" und Krit. 11 "Grösse und Wachstum")[20].

In der Folge werden die sieben Typen vor dem Hintergrund der 12 diskutierten Unterscheidungskriterien erläutert, jeweils mit einem Fallbeispiel illustriert und einem spezifischen Profil visualisiert. In den weiteren Kapiteln werden die RPO-Typen immer wieder aufgegriffen: Sei es zur Systematisierung der empirischen Ergebnisse zu den bisherigen Effekten von RPO oder sei es im Hinblick auf die Fähigkeit von RPO, das Bedürfnisfeld Ernährung in Richtung einer nachhaltigen Entwicklung zu transformieren.

5.3.1 Typ 1: Die regionalen Verbandskonglomerate

Die regionalen Verbandskonglomerate werden von bereits etablierten, potenten Akteuren in der Lebensmittelbranche einer Region aufgebaut. Regionalität ist für diese RPO ein willkommenes Werbeargument und sie verfügen – entsprechend ihrer Grösse – über relativ grosse Mittel für ein entsprechendes Marketing. Der Spezifitätsgrad ihrer Produkte ist im Allgemeinen eher gering; er beschränkt sich zumeist auf die regionale Herkunft der Rohstoffe. Entsprechend ist auch die zusätzlich erzielte Wertschöpfung pro Einheit (Marge) relativ klein; Verbandskonglomerate sind auf grosse Umsatzmengen angewiesen. Dank der guten Beziehungen zur öffentlichen Hand (in erster Linie Kantone, teilweise regionale Planungsverbände) können sie vor allem in der Aufbauphase zumeist von staatlichen Geldern profitieren.

---

[19] Z.B. haben die politisch-rechtlichen Rahmenbedingungen in der Schweiz dazu geführt, dass die Landwirtschaft bis anhin recht stark in den RPO vertreten ist (→ Krit. 7), die RPO im allgemeinen ein geringes Alter haben (→ Krit. 12) und (noch) vergleichsweise kleine Akteure sind im BfE (→ Krit. 11).

[20] Unter den untersuchten RPO gibt es natürlich einerseits Misch- und Übergangsformen und andererseits auch Projekte, die noch zu jung sind, um sie bereits einem bestimmten Typus zuordnen zu können.

Kriterium		Klein / gering	Mittel	Gross / hoch	Indifferent
1	Produktepalette			✚	
2	Spezifität der Produkte	✚			
3	Ökol. Produktionsstandard				✚
4	Bedeutung von "Region"			✚	
5	Zielmärkte/Absatzort*	✚			
6	Interne Hierarchie		✚		
7	Nähe zur Landwirtschaft			✚	
8	Länge der Produktionsketten		✚		
9	Bet. Von (Agrar-)Verbänden			✚	
10	Bet. Von (halb-)öffentl. Instit.		✚		
11	Relative Grösse			✚	
12	Alter der Organisation				✚

* Kriterium 5: klein = Absatzmarkt in der Region selber
gross = Absatzmarkt international-global

Darstellung 19 a: Merkmalsprofil von Verbandskonglomeraten (RPO - Typ 1)

Beispiel Gemeinsames Agrarmarketing Aargau[21]

Das Gemeinsame Agrarmarketing Aargau GMA ist heute die grösste und wohl auch bekannteste Regionale Produktorganisation der Schweiz. Initiiert wurde das Projekt 1994 – 1996 durch Vertreter des Aargauer Obstverbandes, wobei bereits sehr früh der Kontakt zu den übrigen kantonalen Verbänden und zu den Behörden des Kantons Aargau hergestellt wurde[22].

Dreh- und Angelpunkt der Initiative ist die Garantiemarke "Natürlich Aargau", mit der landwirtschaftliche Produkte und/oder Lebensmittel, die (1) aus dem Kanton Aargau stammen und (2) über den Produktionsstandard IP (integrierte Produktion) oder Bio verfügen, ausgezeichnet werden können. Diese Garantiemarke ist im Besitz des Trägervereins und deren Verwendung durch die verschiedenen Anbie-

---

[21] Wie bereits mehrfach erwähnt, sind RPO in den meisten Fällen sehr junge und sich rasch entwickelnde Organisationen. Die Kästen in diesem Kapitel, welche zur Illustration der verschiedenen RPO-Typen dienen, wurden aufgrund von verschiedenen (jeweils angegebenen) Materialien über die darin porträtierten RPO erstellt. Sogar wenn es sich z.T. um Angaben auf Internet-Homepages handelt ist es durchaus möglich, dass diese Grundlagen und die darin enthaltenen Zahlen beim Erscheinen dieses Buches nicht mehr aktuell sind. Im Extremfall kann es sogar sein, dass eine vorgestellte RPO bereits nicht mehr existiert.
[22] Quellen der folgenden Ausführungen: Homepage www.ruebli.ch, diverse Unterlagen wie zB. -rechnung 1998 und Budget 1999 zum Projekt sowie Zeitungsartikel und verschiedene Interviews mit Exponenten des GMA. Vgl. auch MAIER, SCHULZ, STALDER 2000 oder HALBEIS 1999.

ter von Lebensmitteln (insbesondere den Handel) wird durch eine externe Firma nach der Euronorm 45011 kontrolliert. Sie wird für ein breites Produktesortiment verwendet, wobei Milch / Milchprodukte, Obst und Gemüse sowie Fleisch / Fleischprodukte mengenmässig die wichtigsten Segmente bilden. Im letzten Geschäftsjahr (1998) wurde damit ein Umsatz von gut 30 Mio Franken erzielt, wovon ein Anteil von ca. 0,4 Mio an das GMA als Besitzerin der Marke gingen.

Oberziel des GMA ist es, das Produktions- und Absatzpotenzial für die Produkte der aargauischen Agrarwirtschaft und verwandter Bereiche bestmöglich zu schützen, dies vor allem mittels (1) eines gezielten und forcierten Marketings (insbesondere Basismarketing), (2) einer Qualitätssicherung und -verbesserung und (3) einer besseren horizontalen und vertikalen Integration der Produktionsketten von Lebensmitteln. Damit soll nicht nur die Wertschöpfung in der Lebensmittelbranche des Kantons Aargau erhöht, sondern auch die Transporte im Lebensmittelbereich vermindert und die genutzte und gepflegte Kulturlandschaft erhalten werden.

Anfangs 1999 verfügt das GMA über ca. 600 Einzel- und 130 Kollektivmitglieder. Der 8-köpfige Vorstand setzt sich aus Vertretern der verschiedenen landwirtschaftlichen Verbände zusammen, wobei auch die Aargauer Zentralmolkerei AZM als grösstes Verarbeitungsunternehmen des Aargaus mit ihrem Direktor vertreten ist. Die operationelle Leitung der Organisation liegt bei einem Geschäftsführer, welcher durch ein vierköpfiges Team und verschiedene Firmen im Mandatsverhältnis unterstützt wird. Das Schwergewicht der Tätigkeiten der Geschäftsstelle liegt einerseits im Marketing und andererseits in der Aquirierung von Produktions-, Verarbeitungs- und vor allem Handelsbetrieben, welche ihre Produkte mit der Marke "natürlich Aargau" versehen.

Finanziert werden diese Tätigkeiten in erster Linie durch die Abgaben der Markenbenutzer (ca. 1% des Umsatzes, der mit "natürlich Aargau"-Produkten erzielt wird) und zum Anderen durch namhafte Beiträge des Kantons Aargau (seit Projektstart über eine Mio Franken).

Das GMA hat sich in den letzten drei Jahren sehr rasch und erfolgreich entwickelt, nicht zuletzt dank vergleichsweise günstigen politischen und wirtschaftlichen Rahmenbedingungen im Kanton Aargau. Heute steht es an einem Wendepunkt: Die wirtschaftlichen Rahmenbedingungen haben sich aufgrund verschiedener Fusionen insbesondere auf der Stufe Handel und dem zunehmenden Druck aus dem Ausland verschlechtert und die eigene Qualitäts- und Marktstrategie des GMA wurde in der Zeit des Aufschwungs wenig spezifiert. In der nächsten Zeit wird es u.E. darum gehen, das GMA zu konsolidieren und sich vermehrt auf bestimmte Märkte und Produktsegmente zu konzentrieren: Das Label "Natürlich Aargau" als Angelpunkt der Organisation muss u.E. profiliert und mit mehr Inhalten (spezifischeren und kontrollierbaren Qualitätsvorschriften) gefüllt werden, ansonsten es auf dem Markt an Bedeutung verlieren wird.

5.3.2 Typ 2: Die AOC (IGP) – Organisationen

In AOC – Organisationen kooperieren Akteure entlang der Produktionskette eines Lebensmittels, welches mit traditionellen und regional verankerten Verfahren hergestellt wird und bereits weit herum bekannt ist (z.B. eine spezielle Käsesorte oder Weine). Seit Inkrafttreten des neuen Landwirtschaftsgesetzes am 1.1.1999 besteht auch in der Schweiz die Möglichkeit, solche Produkte mit eingetragenen Ursprungsbezeichnungen (AOC; appelation d'origine controlée) oder – weniger aufwendig – mit einer geografischen Angabe (IGP; indication géographique protégée) zu schützen[23] und damit deren Exklusivität zu garantieren[24].

Die Bedingungen für den AOC-Schutz sind (1) ein spezielles Pflichtenheft für Produzenten und Verarbeiter (wo unter anderem die regionale Herkunft der Rohstoffe und die Traditionalität der Verarbeitungsverfahren genau festgelegt sind) und (2) der Aufbau eines Kontrollsystems. Beide Punkte brauchen im allgemeinen viel Zeit und sind mit recht hohen Kosten verbunden, so dass sich dieser Weg bisher nur für Organisationen mit einer vergleichsweise grossen Output-Menge und einem bereits auf dem Markt eingeführten Produkt lohnt. Dass diese Strategie aber aufgehen kann, zeigen Erfahrungen sowohl aus dem Ausland wie seit kurzem auch aus dem Inland[25].

---

[23] Vgl. Bundesgesetz über die Landwirtschaft (LWG) 1998: Art. 14, 16 oder SAB 1995: Zu unterscheiden sind die Kennzeichnung (1) AOC/GUB (appelation d'origine controlée / geschützte Ursprungsbezeichnung), (2) IGP/GGA (indication géographique protégée / geschützte geografische Angabe) und (3) Gattungsbezeichnungen (noms génériques). Mit AOC/GUB ist sowohl die Herkunft der Rohstoffe als auch der Ort und die Art und Weise der Verarbeitung genau festgelegt, während sich IGP/GGA nur auf einen Schritt der Produktionskette bezieht, welcher in einem engen Bezug zu einer bestimmten Region steht. Gattungsbezeichnungen schliesslich (z.B. Emmentaler-Käse) führen die Region nur im Namen, ohne aber damit die Herkunft der Rohstoffe oder den Ort der Produktion festzulegen.
Zu AOC-Organisationen und deren rechtlich-politischen Rahmenbedingungen vgl. auch Kapitel 7.2.1.

[24] Einen zumindest teilweise ähnlichen Aufbau wie AOC – Organisationen und eine vergleichbare Zielsetzung (Optimierung der Wertschöpfung entlang dieser Kette) haben übrigens auch die in der Schweiz gegenwärtig entstehenden Branchen- und Sortenorganisationen. Im Gegensatz zu den AOC – Organisationen gehen diese aber von der nationalen Ebene aus, umfassen ein ganzes Segment der Lebensmittelproduktion (z.B. Branchenorganisation Getreide und Ölsaaten BGÖ oder Käseorganisation Schweiz KOS) und verfügen über keinen expliziten Ursprungsschutz bzw. über weniger spezifische Pflichtenhefte. (vgl. ausführlich BAUERNZEITUNG vom 22. 1. 99).

[25] Eine Folge der vergleichsweise hohen Performance von AOC-Organisationen ist der überdurchschnittliche Preis, den die Verarbeiter ihren regionalen Rohstoffproduzenten bezahlen können; dieser liegt beispielsweise für die Produzenten von Käsespezialitäten im französischen Savoyen 40 – 60 % über dem Landesdurchschnitt, ähnlich ist es im Fall des Parmigiano Reggiano aus Italien und auch Beispiele aus der Schweiz (z.B. Etivaz, Casalp, Tête de moine, Vacherin fribourgeois, Saucisson vaudois) weisen in eine ähnliche Richtung (vgl. z.B. SAUVAIN 1999, BLATTER-CONSTANTIN 1997, NERRAT 1996 oder WÄFLER 1999).

Kriterium	Klein / gering	Mittel	Gross / hoch	Indifferent
1 Produktepalette	▼			
2 Spezifität der Produkte			▼	
3 Ökol. Produktionsstandard		▼		
4 Bedeutung von "Region"			▼	
5 Zielmärkte/Absatzort*			▼	
6 Interne Hierarchie		▼		
7 Nähe zur Landwirtschaft		▼		
8 Länge der Produktionsketten		▼		
9 Bet. Von (Agrar-)Verbänden		▼		
10 Bet. Von (halb-)öffentl. Instit.				▼
11 Relative Grösse		▼		
12 Alter der Organisation			▼	

* Kriterium 5: klein = Absatzmarkt in der Region selber
gross = Absatzmarkt international -global

Darstellung 19 b: Merkmalsprofil von AOC – Organisationen (RPO – Typ 2)

Beispiel CasAlp[26]

Seit mehreren Jahrhunderten wird auf den ausgedehnten Alpen des Berner Oberlandes im Sommer Alpkäse hergestellt, und zwar einerseits Halbhartkäse (Mutschli) und andererseits Hart- und Extrahartkäse (Hobelkäse). Angesichts der sich am Horizont abzeichnenden Neuordnung des Schweizerischen Milchmarktes wurden anfangs der 90er Jahre Stimmen laut, die eine vermehrte Zusammenarbeit der Landwirte, der SennerInnen, des Handels und der milchwirtschaftlichen Organisationen im Interesse des Berner Oberländer Alpkäse forderten. Dank der Initiative der kantonalen Bergbauernschule Hondrich (heute INFORAMA) und Vertretern des Zentralverbandes Schweizerischer Milchproduzenten wurde bereits 1993 eine einfache Gesellschaft und 1995 ein Verein unter dem Namen "CasAlp" gegründet. Gemäss Statuten ist es dessen Hauptzielsetzung, den Milchproduzenten und Käseherstellern einen angemessenen Preis und damit eine genügende Wertschöpfung zu sichern.

Als Branchenorganisation für die Alpkäseproduktion im Berner Oberland hat die CasAlp folgende vier zentrale Aufgabenbereiche: (1) Mengen- bzw. Angebotssteuerung mittels Kontingentzuteilungen und Verträgen, (2) Qualitätsförderung mittels Beratung, Ausbildung, Taxationen und Kontrollen, (3) Marketing und Absatzförderung mittels diversen Aktivitäten und Partnerschaften sowie (4) AOC-Bestim-

---

[26] Quellen: Homepage www.sab.ch, diverse Dokumente und Zeitungsartikel über die Initiative, Interview im Rahmen der 1996/97 durchgeführten Querschnittanalysen von 46 Schweizer RPO sowie Vortrag WÄFLER vom Juni 1999.

mungen (Eintragungsgesuch gemäss neuem Landwirtschaftsgesetz LwG Art. 14, 16 für die beiden Produkte Berner Oberland Alpkäse AOC" und "Hobelkäse AOC"). In jedem dieser Tätigkeitsbereiche arbeitet die Casalp mit verschiedenen externen Partnern zusammen, so dass die Organisation sehr schlank gehalten werden kann und mit einem Gesamtbudget von ca. Fr. 200'000.- auskommt.

Für den Sommer 1999 erwarten die Verantwortlichen der CasAlp eine Jahresproduktion von etwa 1'100 Tonnen, die sich auf etwa 580 verschiedene Alpsennereien verteilt. Der Handel sollte diese Käse zu einem Preis von Fr. 13.50.- pro kg (Premiumqualität) bzw. 11.- pro kg (gute Schnittqualität) übernehmen, was für die Produzenten einen Milchpreis von ca. 83 Rp ergibt (im Vergleich: der Zielwert auf dem Schweizer Milchmarkt beträgt für das Jahr 1999 77 Rp).

Dass es der CasAlp gelungen ist, über 500 verschiedene Käseproduzenten mit einer Vielzahl von verschiedenen Distributionsmöglichkeiten unter einem Dach zusammenzufassen, ist sicher nicht selbstverständlich. Bis anhin ist es der CasAlp gut gelungen, die Preise stabil zu halten; nach wie vor ist die Nachfrage nach Alpkäse aus dem Berner Oberland eher grösser als das Angebot. Die eingereichten Gesuche für AOC-Schutz sind gemäss Auskünften der CasAlp auf guten Wegen und auch die Auszeichnungen, welche die Berner Oberländer Alpkäse auf internationalen Käsemessen regelmässig erhalten, lassen der Zukunft einigermassen getrost entgegensehen.

5.3.3 Typ 3: Die Ökoregionalisten

Kennzeichnendes Element des RPO-Typus "Ökoregionalisten" sind die konsequent regionalen Kreisläufe; die ganze Produktionskette von der Rohstoffproduktion bis zum Endkonsum findet in derselben Region statt (regionale Produkte im engeren Sinn)[27] und zudem wird ein grosses Augenmerk auf den ökologischen Produktionsstandard gelegt. Zur Begründung der Strategie "von der Region – für die Region" werden sowohl ökologische als auch soziale und regionalwirtschaftliche Argumente genannt und dementsprechend verfügen diese RPO in vielen Fällen auch über einen guten Draht zu Institutionen und Organisationen im Umweltbereich und/oder in der Regionalentwicklung. Ihr Umsatz ist im allgemeinen (noch) relativ gering. Dies liegt zum Einen daran, dass darauf verzichtet wird, auf regionsexterne Märkte vorzudringen und der eigene Markt aufgrund einer geringen Bevölkerungsdichte oft begrenzt ist. Zum Anderen ist auch die Durchdringung des eigenen Marktes vielfach durch günstigere Konkurrenzprodukte von ausserhalb der Region erschwert.

---

[27] Dabei ist klar, dass auch bei den Ökoregionalisten ein gewisser Teil der Lebensmittel ausserhalb der Ursprungsregion konsumiert werden. Z.B., wenn sie von Touristen nach Hause mitgenommen oder von Einheimischen verschickt werden.

Beispiel Ökomarkt Graubünden[28]

Der Verein Ökomarkt Graubünden VÖM bringt seine wichtigsten Ziele bereits im Namen zum Ausdruck: Erklärtes Ziel des VÖM ist die "umweltschonende Produktion, Verarbeitung, Vermarktung, Konsumation und Entsorgung von in der Region erzeugten Gütern und Leistungen". Regionalisierte Produktionsketten sollen dabei nicht nur wirtschaftliche Vorteile bringen, sondern vor allem auch ökologische. Die Initianten folgen dabei fünf Grundsätzen, die sie (1) "Öko-Marketing", (2) "Öko-Label", (3) "Öko-Innovation", (4) "Öko-Know how" und (5) "Öko-Kooperation" nennen.

Das Oberziel des VÖM ist es also, regionale Wirtschaftskreisläufe für biologisch produzierte agrarische Erzeugnisse zu unterstützen bzw. zu schaffen. Dazu werden "ökologische Qualitätsleistungen" auf den Stufen Produkt, Produzent und Dienstleister mit dem Label "Öko Grischun" ausgezeichnet, ökologische Innovationen und Initiativen in Landwirtschaft und Tourismus mit Rat und Tat unterstützt und die entsprechenden Anliegen durch Öffentlichkeitsarbeit und Zusammenarbeit mit politischen und wirtschaftlichen Instanzen im Kanton Graubünden und darüber hinaus bekannt gemacht.

In diese Richtung wurden in den letzten Jahren zahlreiche Aktivitäten gestartet, für welche jeweils spezifische Arbeitsgruppen unter Beteiligung von Fachleuten ins Leben gerufen wurden. So können sich Bündner Hotels, die sich durch eine besonders umweltfreundliche Betriebsführung auszeichnen, seit 1996 anstatt "nur" mit Sternen auch mit Bündner Steinböcken auszeichnen lassen. Dieses Zertifizierungssystem wurde in der Folge erweitert, so dass auch Landwirtschaftsbetriebe und Produkte (Lebensmittel) damit ausgezeichnet werden können. Nebst der Produktion selber werden dabei auch die Bereiche Verarbeitung, Distribution/Transporte/Handel, Recycling/Entsorgung und Fair Trade (soziale Aspekte der Produktionsketten) berücksichtigt.

Eine weiteres Standbein des VÖM ist das 1996 mit finanzieller Unterstützung des Fonds Landschaft Schweiz und weiteren Sponsoren gestartete Pilotprojekt Nordbünden. Dabei dient Nordbünden (Bündner Herrschaft, Churer Rheintal, Prättigau, Landschaft Davos, Albulatal, Domleschg-Heinzenberg, Lenzerheide und Schanfigg) quasi als Ausgangspunkt, um in mehreren Etappen die Branchen Landwirtschaft, Verarbeitung und Gastgewerbe/Tourismus besser miteinander zu verbinden und so (1) eine "regionale Kreislaufwirtschaft nach ökologischen Kriterien" zu initiieren und (2) die Wertschöpfung entlang der Produktionsketten zu erhöhen. Nebst der oben bereits erwähnten Zertifizierung von Betrieben und teilweise auch Produkten sind die Einrichtung einer Nachfrage-Angebots-Vermittlungsstelle und die permanente Öffentlichkeitsarbeit zentrale Instrumente, um die Projektziele zu erreichen. Seit 1998 wird dieses Pilotprojekt (geplante Gesamtkosten Fr. 800'000.-) auch durch das Bundesprogramm Regio plus zur Förderung des Strukturwandels im ländlichen Raum unterstützt.

---

[28] Quellen: Homepage www.regioplus.ch, diverse Dokumente und Zeitungsartikel über den VÖM und das Pilotprojekt Nordbünden sowie ein Interview im Rahmen der 1996/97 durchgeführten Querschnittanalysen von 46 Schweizer RPO.

▲ Ökoregionalisten

Kriterium	Klein / gering	Mittel	Gross / hoch	Indifferent
1 Produktepalette		▲		
2 Spezifität der Produkte		▲		
3 Ökol. Produktionsstandard			▲	
4 Bedeutung von "Region"		▲		
5 Zielmärkte/Absatzort*	▲			
6 Interne Hierarchie				▲
7 Nähe zur Landwirtschaft		▲		
8 Länge der Produktionsketten			▲	
9 Bet. Von (Agrar-)Verbänden	▲			
10 Bet. Von (halb-)öffentl. Instit.		▲		
11 Relative Grösse	▲			
12 Alter der Organisation				▲

Darstellung 19 c: Merkmalsprofil von RPO-Typen: Typ 3

● Wertschöpfungsregionalisten

Kriterium	Klein / gering	Mittel	Gross / hoch	Indifferent
1 Produktepalette			●	
2 Spezifität der Produkte		●		
3 Ökol. Produktionsstandard		●		
4 Bedeutung von "Region"			●	
5 Zielmärkte/Absatzort*		●		
6 Interne Hierarchie	●			
7 Nähe zur Landwirtschaft		●		
8 Länge der Produktionsketten		●		
9 Bet. Von (Agrar-)Verbänden				●
10 Bet. Von (halb-)öffentl. Instit.			●	
11 Relative Grösse		●		
12 Alter der Organisation				●

* Kriterium 5: klein = Absatzmarkt in der Region selber
gross = Absatzmarkt international-global

Darstellung 19 d: Merkmalsprofil von RPO-Typen: Typ 4

◆ **Verarbeiter und Vermarkter alter Sorten und Rassen**

Kriterium	Klein / gering	Mittel	Gross / hoch	Indifferent
1 Produktepalette	◆			
2 Spezifität der Produkte			◆	
3 Ökol. Produktionsstandard			◆	
4 Bedeutung von "Region"	◆			
5 Zielmärkte/Absatzort*		◆		
6 Interne Hierarchie				◆
7 Nähe zur Landwirtschaft			◆	
8 Länge der Produktionsketten		◆		
9 Bet. Von (Agrar-)Verbänden		◆		
10 Bet. Von (halb-)öffentl. Instit.			◆	
11 Relative Grösse	◆			
12 Alter der Organisation				◆

Darstellung 19 e: Merkmalsprofil von RPO-Typen: Typ 5

✳ **Innovative Verarbeiter**

Kriterium	Klein / gering	Mittel	Gross / hoch	Indifferent
1 Produktepalette		✳		
2 Spezifität der Produkte		✳		
3 Ökol. Produktionsstandard				✳
4 Bedeutung von "Region"		✳		
5 Zielmärkte/Absatzort*				✳
6 Interne Hierarchie			✳	
7 Nähe zur Landwirtschaft	✳			
8 Länge der Produktionsketten		✳		
9 Bet. Von (Agrar-)Verbänden	✳			
10 Bet. Von (halb-)öffentl. Instit.	✳			
11 Relative Grösse		✳		
12 Alter der Organisation			✳	

* Kriterium 5:   klein = Absatzmarkt in der Region selber
                    gross = Absatzmarkt international-global

Darstellung 19 f: Merkmalsprofil von RPO-Typen: Typ 6

■ **Landwirtschaftl. Selbsthilfeprojekte**

Kriterium		Klein / gering	Mittel	Gross / hoch	Indifferent
1	Produktepalette		■		
2	Spezifität der Produkte				■
3	Ökol. Produktionsstandard				■
4	Bedeutung von "Region"		■		
5	Zielmärkte/Absatzort*		■		
6	Interne Hierarchie	■			
7	Nähe zur Landwirtschaft			■	
8	Länge der Produktionsketten	■			
9	Bet. Von (Agrar-)Verbänden	■			
10	Bet. Von (halb-)öffentl. Instit.			■	
11	Relative Grösse	■			
12	Alter der Organisation	■			

* Kriterium 5: klein = Absatzmarkt in der Region selber
gross = Absatzmarkt international-global

Darstellung 19 g: Merkmalsprofil von RPO-Typen: Typ 7

5.3.4 Typ 4: Die Wertschöpfungsregionalisten

Zentrales Ziel dieses Typus ist es, die Wertschöpfung und damit auch Arbeitsplätze entlang der Produktionskette in der Region zu erhalten. Ausgegangen wird dabei meist von der (traditionellen) Landwirtschaft, die es nicht zuletzt auch aus Gründen des Landschaftsschutzes zu erhalten gelte. Der zunehmenden Konzentration der vorhandenen Verbands- und Marktstrukturen und den Vertretern dieser Strukturen (z.B. nationale Verbände oder Grossverteiler) stehen diese RPO – im Gegensatz zu Typ 1 – misstrauisch gegenüber; sie suchen eine Gegenstrategie zur ablaufenden Öffnung und Internationalisierung der Märkte und wollen die räumliche, zeitliche aber vor allem auch emotionale Bindung von Produzenten, Verarbeitern und Konsumenten wieder stärken. Damit liegen sie auf einer ähnlichen Linie wie regional ausgerichtete Wirtschafts- und Planungsverbände, mit denen sie in vielen Fällen auch eng vernetzt sind.

Im Gegensatz zum Typus 3 möchten Wertschöpfungsregionalisten mit ihren gelabelten Produkten explizit auch ausserregionale Märkte erschliessen (regionale Produkte im weiteren Sinn), wobei sie auf dem guten Image ihrer eigenen Region aufbauen. Ähnlich wie bei Typus 3 ist hingegen der basisorientierte Ansatz, d.h. die (noch) geringe Hierarchisierung und Institutionalisierung der Organisation.

Beispiel Ämmitaler Ruschtig[29]

Die "Ämmitaler Ruschtig[30]" (ÄR) geht auf die Initiative einzelner Landwirte, Konsumenten und Gewerbetreibender aus dem oberen Emmental zurück, welche sich anfangs 90er Jahre zum ersten Mal trafen, um über die Zukunft der Region und insbesondere der Landwirtschaft zu diskutieren. Im Herbst 1992 wurde aus diesem Kreis heraus ein "Verein von KonsumentInnen, ProduzentInnen und Gewerbetreibenden" gegründet, mit der Zielsetzung, (1) die Region Emmental als wertvollen Lebensraum zu erhalten, (2) zu einer sinnvollen landwirtschaftlichen Produktion beizutragen und (3) die Solidarität zwischen den verschiedenen Interessengruppen zu fördern.

Um diese Ziele zu erreichen, wurde einerseits eine Garantiemarke für Emmentaler Produkte geschaffen, andererseits wurde der Wochenmarkt im regionalen Zentrum Langnau wieder belebt und verschiedene Aktivitäten wie z.b. die Organisation von Podiumsdiskussionen machten den Verein weit herum bekannt. Nicht zuletzt auf Grund eines Starthilfebeitrages durch den Kanton Bern in der Höhe von Fr. 25'000.- konnte Ende 1995 eine professionelle Geschäftsstelle am Landwirtschaftlichen Bildungs- und Beratungszentrum in Bärau bei Langnau eingerichtet werden. Gleichzeitig wurde der Verein umstrukturiert, verschiedene Arbeitsgruppen gebildet (z.B. Milch/Käse, Fleisch, Gastronomie) und wichtige regionale Organisationen (Tourismus- und Wirtschaftsförderung, Regionalplanung) nahmen im Vorstand Einsitz. Das Einzugsgebiet wurde auf das gesamte Emmental erweitert und die Reglemente zur Garantiemarke entsprechend angepasst. Heute müssen die gelabelten Produkte zu mindestens 80% aus dem Emmental stammen und mindestens den Anforderungen der integrierten Produktion entsprechen. Um vor allem auch Märkte ausserhalb der Region zu erschliessen, wurde das Marketing ab 1996 kontinuierlich verstärkt und zu diesem Zweck auch ein externer Marketingspezialist herangezogen.

Das ursprüngliche Ziel, bis Ende 1998 selbsttragend zu funktionieren, wurde (wie in vielen anderen RPO auch) bei der ÄR nicht erreicht, obwohl die Zahl der Mitglieder und vor allem der Vertragspartner laufend erweitert werden konnte. In dieser Situation sicherte der Kanton Bern 1998 dem Projekt eine weitere finanzielle Unterstützung von ca. 0,33 Mio Franken für eine Periode von drei Jahren zu. Parallel dazu wurden auch Projekte aus dem Berner Seeland (TouLaRe) und dem Berner Oberland mit ähnlichen Beiträge unterstützt und eine vermehrte Zusammenarbeit und Aufgabenteilung dieser drei RPO (z.B. in der Qualitätskontrolle) in die Wege geleitet.

Ende 1998 verfügte die ÄR über ca. 60 Vertragspartner, welche Lebensmittel aus der gesamten Produktepalette mit dem typischen grün-schwarz-orangen Label auszeichneten. Der mit den Produkten erzielte Jahresumsatz betrug knapp 1,5 Mio Franken und das Jahresbudget des Vereins beläuft sich für 1999 auf Fr. 218'000.- (davon gut die Hälfte durch die öffentliche Hand).

---

[29] Quellen: Diplomarbeit ZIMMERMANN 1998, diverse darin aufgeführte Dokumente zur Ämmitaler Ruschtig und telefonische Rückfrage vom Sept. 99.
[30] Der Mundartausdruck "Ämmitaler Ruschtig" lässt sich nicht ohne weiteres ins Hochdeutsche übersetzen. Er bedeutet soviel wie "Ware, Produkte, Güter aus dem Emmental" und orientiert sich u.a. auch an einem alten Volkslied, in welchem die besondere Qualität, die Verlässlichkeit und die Solidität der Produkte, aber auch der Menschen aus dem Emmental besungen wird.

Damit die ÄR auch nach dem Jahr 2001 (nach dem Auslaufen der kantonalen Unterstützungsbeiträge) funktionieren kann, muss der Umsatz gemäss ZIMMERMANN 1998 bis zu diesem Zeitpunkt auf ca. 10 Mio Franken gesteigert werden. Ob dies gelingen wird, scheint angesichts der Zurückhaltung insbesondere bei Vertretern von Verarbeitung, Detailhandel und z.T. Gastronomie eher fraglich. Gerade das oft ehrenamtliche Engagement an der Basis, welches am Anfang des ÄR-Werdegangs sehr wichtig war, scheint in der letzten Zeit teilweise zu erlahmen. Wichtig für die Zukunft der ÄR wird deshalb unter anderem auch sein, wie sie sich im gegenwärtigen Umbau des Milch- und Käsemarktes gegenüber den lokalen und regionalen Käsereigenossenschaften verhalten wird, d.h. es stellt sich die Frage, ob hier in den nächsten Jahren rund um die Ämmitaler Ruschtig neue Partnerschaften auf der regionalen Ebene aufgebaut werden können.

Eine Besonderheit der ÄR ist das Teilprojekt "Kulturlandschaft Emmental", welches zum Ziel hat, die Qualität der Kulturlandschaft in drei Pilotgemeinden des Emmentals mit gezielten landschaftspflegerischen Massnahmen zu verbessern. Dabei wird eng mit einem privaten Ingenieurbüro, den drei Gemeinden und den regionalen Planungsverbänden zusammengearbeitet. Finanziert ist dieses Teil- oder Partnerprojekt in erster Linie durch Beiträge des Bundes und von NGO im Bereich Landschafts- und Umweltschutz.

5.3.5 Typ 5: Die Verarbeiter und Vermarkter alter Sorten und Rassen

Die Verarbeiter und Vermarkter alter Sorten und Rassen gehen in ihrer Strategie – dies im Gegensatz zu den AOC–Organisationen – nicht von besonderen Verarbeitungsverfahren und der Regionalität der Rohstoffe aus, sondern von der Spezifität ihrer Rohstoffe. Dabei handelt es sich zumeist um alte Züchtungen (Getreidesorten, Nutztierrassen) mit ganz spezifischen Qualitäts- und Geschmacksmerkmalen. Zwar ist die Produktionskette bei diesem Typus nur teilweise regional geführt, aufgrund der Bindung der seltenen Rohstoffe an besondere, regional differierende Produktionsbedingungen kann er aber doch in den meisten Fällen als RPO betrachtet werden. Ähnlich wie Typus 3 suchen Verarbeiter und Vermarkter alter Sorten und Rassen den Kontakt zu Nonprofit-Organisationen aus dem Umwelt-, Landschafts- und Kulturgüterschutz und ihre Zielsetzung geht explizit über den marktlich-erwerbswirtschaftlichen Bereich hinaus (z.B. Erhaltung alter Sorten und Rassen, derer Genetik und derer kulturhistorischen Werte)[31].

---

[31] Die Bedeutung und der besondere (kulturhistorische) Wert alter Pflanzensorten und insbesondere seltener Tierrassen lässt sich vergleichsweise gut kommunizieren. Dies ist für diesen RPO-Typus in zweierlei Hinsicht eine Chance: erstens als Grundlage für das eigene Marketing (emotionale Inhalte der Werbebotschaften) und zweitens sind auch verschiedene Partnerschaften für ein Crossmarketing möglich (z.B. mit Umweltorganisationen oder Stiftungen im Landschafts- und Kulturgüterschutz).

Beispiel IG Dinkel[32]

Die Interessengemeinschaft IG Dinkel wurde 1995 durch Dinkelproduzenten und –verarbeiter gegründet, wobei das Bundesamt für Landwirtschaft quasi als Taufpate amtete, indem es vorher zwei Studien über die Situation des Dinkelmarktes in der Schweiz und zur Förderung des Dinkelanbaus in Auftrag gegeben hatte.

Noch anfangs des Jahrhunderts war Dinkel die wichtigste Getreideart in der Schweiz. Durch neue, ertragreichere und weniger aufwendige Brotgetreidesorten geriet der Dinkel über die Jahrzehnte hinweg zunehmend unter Druck und drohte in den 90er Jahren ganz zu verschwinden. Gleichzeitig zeichnete sich ab, dass der Dinkel als Spezialität mit dem Konsumtrend nach gesunden, authentischen und natürlichen Produkten eine neue Marktchance hat. Um den Dinkelmarkt zu steuern und gleichzeitig zu verhindern, dass die steigende Nachfrage nach Dinkel und Dinkelprodukten in der Schweiz nur den ausländischen Anbietern zu gute kommt, vereinigten sich Vertreter der verschiedenen Dinkel-Produktionsstufen (vor allem Landwirtschaft, dann aber auch Röll- und Handelsmüller), suchten gemeinsam den Kontakt zum Schweizerischen Bäckermeisterverband als wichtigstem Abnehmer und lancierten mit diesem zusammen verschiedene Aktionen zur Promotion des Schweizer Dinkels.

Nach einigen Diskussionen am Anfang beschränkten sich die Aktivitäten der IG Dinkel schon bald auf die Förderung von alten, nicht mit Weizen gekreuzten Dinkelsorten, für welche der geschützte Begriff "UrDinkel" hinterlegt wurde. Nur für diese Sorten werden mit den Produzenten Abnahmeverträge abgeschlossen und nur für diese wird – im Sinne einer Branchenorganisation – Promotion betrieben. Das aus dem UrDinkel hergestellte Mehl, Brot sowie andere Produkte aus UrDinkel werden mit einem speziellen Label bzw. einer Oblate (Brot) gekennzeichnet. Als besonders erfolgreich erwies sich dabei die Kombination "UrDinkel" und "Biodinkel": Im Gegensatz zum konventionellen Dinkel war in diesem Segment in den letzten Jahren ein deutlicher Nachfrageüberhang zu verzeichnen[33].

Im Vordergrund der Aktivitäten der IG Dinkel steht also nicht die Region, sondern ganz klar ein Produkt bzw. eine bestimmte Produktionskette. Trotzdem verfügt die Organisation über eine regionale Verankerung, da (1) fast nur in den Regionen Emmental, Luzerner Hinterland, Beromünster und Aargauer Seerücken überhaupt noch Dinkel (alte Sorten) angebaut wird, (2) der mit dem Label ausgezeichnete Urdinkel aus diesen "angestammten" Gebieten kommen muss und (3) die Distanz zwischen Produzent und der Dinkel verarbeitenden Röllmühle gemäss Reglement nicht mehr als 25 km betragen darf. Die Absatzmärkte für die Dinkelprodukte beschränken sich jedoch nicht auf deren Herstellungsgebiet.

Trotz den in den letzten Jahren teilweise turbulenten Entwicklungen im Schweizer Getreidemarkt hat es die IG Dinkel bisher verstanden, ihre Ziele (Erhaltung bzw.

---

[32] Quellen: Homepage www.sab.ch, diverse Dokumente zur IG Dinkel (unter anderem Businessplan von KURTH 1998) und zwei Interviews mit dem Geschäftsführer T. Kurth.

[33] Im Jahr 1998 hatte das Biosegment einen Anteil von ca. 15% der gesamten durch die IG Dinkel umgesetzten Dinkelmenge. Der Absatz der IG Dinkel betrug total ca. 900 Tonnen, was wiederum 12% der gesamten Dinkelproduktionsmenge in der Schweiz entspricht. Ziel der IG Dinkel ist es, diesen Anteil bis ins Jahr 2000 auf gegen 20% (= ca. 1'200 Tonnen) zu steigern. Ab 2001 ist gemäss nicht veröffentlichten Papieren der IG Dinkel vom Herbst 1998 geplant, auch in den konventionellen Dinkelmarkt einzusteigen, da eine genügende Eigenfinanzierung längerfristig nur mit einer Umsatzerhöhung erreicht werden kann.

Ausbau der Produktion, Steuerung des Marktes und Halten der Preise) mittels den Hauptstrategien "Abnahmeverträge", "Promotion" und "politisches Lobbying" einigermassen zu erreichen. Dies, ohne gross von der öffentlichen Hand abhängig zu werden (vielmehr ist es gerade ein zentrales Anliegen der IG Dinkel, Funktionen, die bisher der Staat im Getreidemarkt wahrgenommen hat, für das Nischenprodukt Dinkel in Eigenregie zu übernehmen).

Ob dies weiter gelingen wird, hängt nicht nur von der Entwicklung des Dinkelmarktes in der Schweiz ab, sondern zunehmend auch von der Konkurrenz aus Osteuropa und den eng verbundenen Märkten im übrigen Brotgetreidebereich (insbesondere Weizen). Mit dem seit 1998 laufenden Rückzug des Bundes aus dem Getreidemarkt wird die Dynamik in diesen Märkten noch zunehmen und damit auch der Druck auf die verschiedenen Stufen der Produktionskette. Dies kann entweder zu einer Stärkung der IG Dinkel als Sortenorganisation für (Ur-) Dinkel führen, es kann aber auch ein Auseinanderdividieren der einzelnen Akteure entlang der Produktionskette zur Folge haben. Im Moment gibt es Belege sowohl für die eine wie auch die andere Perspektive, wobei sich die IG Dinkel in den letzten Jahren im Umgang mit den schwierigen und sich rasch verändernden Rahmenbedingungen als sehr flexibel und kreativ erwiesen hat. Mit diversen Kampagnen in Kooperation mit verschiedenen Partnern[34] ist es ihr dabei gelungen, "UrDinkel" in relativ kurzer Zeit als Begriff für gesunde, bekömmliche und qualitativ hochstehende Produkte beim Publikum und insbesondere auch bei den Bäckern zu verankern.

5.3.6 Typ 6: Die innovativen Verarbeitungsunternehmen

Dieser RPO-Typus unterscheidet sich vor allem bezüglich der Kriterien im organisationalen Bereich recht stark von allen anderen Typen: Es handelt sich um monozentrische Organisationen, die durch ein bestimmtes Unternehmen dominiert und stark auf diese – zumeist auf der Stufe Verarbeitung und Handel tätige – Firma ausgerichtet sind.

Ausgehend von den in der Region zur Verfügung stehenden Rohstoffen und dem eigenen Know-how haben diese innovativen Unternehmen es verstanden, neue, wettbewerbsfähige Produkte zu entwickeln bzw. bestehende Produkte weiter zu entwickeln. Das regionale Label dient dabei als geeignetes Marketinginstrument, um die Einzigartigkeit und Authentizität der Produkte bzw. der verwendeten Rohstoffe zu betonen, wobei der Spezifitätsgrad der hergestellten Lebensmittel wie auch die Zielmärkte[35] recht stark variieren. In den meisten Fällen agiert und argumentiert dieser Typus betont marktlich und die (finanzielle) Beteiligung von Verbänden und (halb-)staatlichen Stellen ist gering.

---

[34] Nebst dem Bäckermeisterverband hat die IG Dinkel beispielsweise auch die Naturfreunde Schweiz oder diverse Regionale Produktorganisationen wie die Ämmitaler Ruschtig als wichtige Partner für gemeinsame Kampagnen gewinnen können.

[35] Dies müsste nicht zwangsläufig so sein. Vielmehr ist ein Ergebnis unserer empirischen Analysen, dass die unter diesem Typus zusammengefassten RPO vor allem in stark touristischen Regionen ansässig sind und von dort aus – unter Verwendung des guten Regions-Image – speziell auch regionsexterne Märkte bearbeiten.

> *Zwei Beispiele: Molkerei Gstaad und Käse aus Seelisberg (Käserei Aschwanden)*[36]
>
> Sowohl die Molkerei Gstaad als Genossenschaft mit einem Jahresumsatz von gegen 10 Mio Franken als auch die Käserei Aschwanden im kleinen Urner Dorf Seelisberg (Jahresumsatz der Einzelfirma ca. 1 Mio Franken) sind Beispiele für innovative Unternehmen auf der Stufe Verarbeitung, welche dem sich bereits länger abzeichnenden Umbruch im Schweizer Milchmarkt nicht untätig entgegensehen wollten.
>
> Beide Unternehmen sind geprägt durch jüngere, innovative Betriebsleiter und beide bilden wichtige Pfeiler des regionalen Wirtschaftssystems: (1) da sie selber Wertschöpfung und Arbeitsplätze im Berggebiet schaffen und (2) indem sie als Abnehmer und Verarbeiter der produzierten Milch einen grossen Einfluss auf das Einkommen und damit auch auf die weitere Entwicklung der Landwirtschaft ihres Einzugsgebietes haben.
>
> Die beiden Molkereien sind insofern keine typischen RPO, als sie stark monozentrische Netzwerke bilden, nur ein bestimmtes Segment der ganzen Produktepalette abdecken (Milch) und in ihrem Sortiment auch nicht-regionale Produkte führen. Trotzdem haben wir sie in unsere Untersuchungen einbezogen, da sie die beiden Leitziele "Marktsegmentierung" und "autonome Strukturen" verfolgen, in ihrer Geschäftsstrategie allgemein sehr stark auf die Region Bezug nehmen und den überwiegenden Teil ihrer eigenen Produkte mit einer Herkunftsbezeichnung versehen.
>
> Die Molkerei Gstaad bzw. die dahinter stehende Käsereigenossenschaft mit weit über 100 Mitgliedern (fast ausschliesslich Landwirte) hat sich bereits ab 1988 von der Schweizerischen Käseunion gelöst, auf deren Beiträge verzichtet und sich – statt einen sog. "Unionskäse" (Greyerzer, Emmentaler) zu produzieren – auf die Herstellung von Saaner Bergkäse und Hobelkäse spezialisiert. Im Laufe der Jahre wurde die Produktepalette stetig erweitert, eine enge Kooperation mit einer anderen regionalen Molkerei eingegangen und für die eigenen Produkte wurden Märkte auf der ganzen Welt erschlossen. Von Anfang an wurde dabei die Zusammenarbeit mit dem Tourismus gesucht; sei es als wichtiger Abnehmer der regionalen Milchprodukte oder sei es als Partner bei gemeinsamen, weltweiten Kampagnen zur Promotion der Tourismusdestination Gstaad-Saanenland und ihrer Produkte. Heute verarbeitet die Molkerei Gstaad – übrigens bereits seit 1996 nach ISO-Norm 9001 zertifiziert – über 3 Mio Liter Milch pro Jahr und ihre Produktepalette ist mit Molkenbädern, Duschmitteln und Kosmetika nicht mehr auf den Lebensmittelbereich begrenzt. Noch immer aber bilden Saaner Bergkäse und Hobelkäse die Leitprodukte des Unternehmens.
>
> Ein eher "kleiner Fisch" ist demgegenüber die Käserei Aschwanden im Dörfchen Seelisberg oberhalb des Vierwaldstättersees. Punkto Milchmenge[37], Produktepalette und Umsatz bewegt sich das Unternehmen eher an der unteren Grenze. Durch eine frühzeitige Spezialisierung auf einige wenige Käsesorten, die Erschliessung spezifischer Absatzkanäle (Delikatessengeschäfte in der gesamten Schweiz) und die Verwendung der geschützten Herkunftsbezeichnung "aus dem Schweizer Berggebiet" der Schweizerischen Arbeitsgemeinschaft für die Berggebiete SAB hat

---

[36] Quellen: Homepage www.sab.ch, diverse Dokumente und Zeitungsartikel über die beiden Unternehmen sowie Interviews im Rahmen der Diplomarbeit HALBEIS 1999 (Molkerei Gstaad) und der 1996/97 durchgeführten Querschnittanalysen von 46 Schweizer RPO.

[37] Total werden ca. 800'000 Liter Milch pro Jahr verwertet und daraus u.a. ca. 50 Tonnen Käse (Seelisberger-, Urner- und Seelisberger Rahmchäsli) hergestellt.

sie es aber bis anhin gut verstanden, sich eine Nische auf dem Käsemarkt aufzubauen und diese auch zu pflegen.

Sowohl die Käserei Aschwanden als auch die Molkerei Gstaad stehen als Beispiele für kleinere und mittlere Unternehmen, welche sich schon früh aus der staatlichen Käseunion mit ihren Unionssorten lösten und auch angesichts der gegenwärtigen Fusionen im Schweizer Milchmarkt versuchen, eigenständig zu bleiben. Zentrales Element ihrer Strategie ist die Regionalität (Einzigartigkeit) ihrer Produkte und sie positionieren sich ganz klar im Spezialitätenbereich.

Diese Konzentration auf eine Nische bedeutet aber nicht, dass sie sich von den Entwicklungen im gesamten Milch- und Käsemarkt vollständig lösen konnten. Über die Verkäsungsbeiträge und über andere Beiträge des Bundes an die Landwirtschaft im Berggebiet sind die beiden Unternehmen nach wie vor stark von der öffentlichen Hand abhängig. Werden diese Beiträge gekürzt (was zum Teil gegenwärtig im Zuge der Neuordnung der Schweizer Agrarpolitik passiert) oder würden sie längerfristig ganz wegfallen, sind (auch) die innovativen Verarbeiter mit ihrer auf den ersten Blick sehr marktlich ausgerichteten Strategie in ihrer Existenz grundlegend bedroht. Aufgrund ihrer klaren Positionierung, ihrer Flexibilität, ihren Partnerschaften (Tourismus, Spezialitätengeschäfte) und ihrer Erfahrung sowohl in der Produktekreation als auch im Erschliessen von (neuen) Absatzkanälen und im Marketing haben sie aber gegenüber anderen Unternehmen auf der Stufe Milchverarbeitung einen ev. entscheidenden Vorsprung.

5.3.7 Typ 7: Die landwirtschaftlichen Selbsthilfeprojekte

Die Gruppe der landwirtschaftlichen Selbsthilfeprojekte umfasst unter anderem die zahlreichen Geschenkkörbe, die in den letzten Jahren in vielen Regionen der Schweiz entstanden sind. Es handelt sich dabei um eine wenig institutionalisierte regionale Kooperation von landwirtschaftlichen Direktvermarktern. Das verarbeitende Gewerbe ist im Allgemeinen nicht vertreten. Punkto Umsatz ist die Bedeutung dieser Initiativen gering, wichtiger für die Beteiligten sind denn auch eher die damit verbundenen Kooperationserfahrungen und Lerneffekte. Viele dieser Projekte sind aus Impulsen der landwirtschaftlichen Beratung hervorgegangen und aus einigen davon sind andere RPO-Typen entstanden.
Der Übergangsbereich zwischen diesem Typus und den zahlreichen anderen Kooperationsnetzen auf der Stufe Landwirtschaft ist fliessend; äusserliches Unterscheidungsmerkmal bildet für uns die Verwendung eines regionalen Labels und die Argumentation mit kollektiven regionalen Zielsetzungen.

Zwei Beispiele: FRIOBA und Wiisstanner Fazenettli

Sowohl "FRIOBA", ein Verein von Freiburger Bäuerinnen, als auch das "Wiisstanner Fazenettli" aus dem Sarganserland (Kanton St. Gallen) sind Beispiele für Kooperationen von Produzentinnen und Produzenten von regionalen bzw. lokalen Spezialitäten.

Zuerst zum FRIOBA[38]:
Auf Initiative der bäuerlich-hauswirtschaftlichen Beratung des Kantons Freiburg trafen sich 15 Bäuerinnen im Frühling 1996 erstmals, um eine gemeinsame Vermarktung von einheimischen, selbst hergestellten Spezialitäten aufzubauen. Das Ziel dabei war einerseits, neue Einkommensquellen zu öffnen, dann aber auch, die Zusammenarbeit unter den Bäuerinnen, ihre Vermarktungskenntnisse und ihr Selbstbewusstsein zu fördern und gemeinsam neue Produkte und Absatzmöglichkeiten zu schaffen. Die Verbindung von wirtschaftlichen und Bildungszielen in dieser Initiative ist ein typisches Element vieler landwirtschaftlicher Selbsthilfeprojekte (auch des Wiisstanner Fazenettli). 1997 wurde dann der Verein "FRIOBA" gegründet, eine Geschäftsführerin mit einem ca. 20% - Mandat angestellt, ein Label geschaffen und Kontakt zu möglichen Partnern und Sponsoren aufgebaut. Das Vereinsbudget für 1997 betrug gut Fr. 17'500.-, wobei die Herstellung und der Verkauf der Produkte darin nicht enthalten sind, sondern direkt durch die Produzentinnen erfolgen, welche dann wiederum einen Teil ihres Ertrages an den Verein abgeben.
Gemäss Homepage vertreiben die FRIOBA-Bäuerinnen nach wie vor um die 30 verschiedene Produkte, welche zumeist in Geschenkkörben zusammengestellt sind und via Direktbezug oder Postversand zu den Konsumenten gelangen.

Das Wiisstanner Fazenettli[39]:
Im Gegensatz zum Projekt FRIOBA, welches einige wenige Bäuerinnen aus dem ganzen Kanton Freiburg zusammengeführt hat, steht der Namen "Wiisstanner Fazenettli" für ein Selbsthilfeprojekt einer kleinen Bergtalschaft mit ca. 300 Einwohnern. Nebst Bäuerinnen und Bauern sind auch andere Personen (v.a. Hausfrauen) am 1996 lancierten Projekt beteiligt und gemeinsam kann – je nach Saison – eine Palette von mehreren Dutzend Produkten angeboten werden. Die Aktivitäten der Projektgruppe beschränken sich aber nicht nur auf die Herstellung und Vermarktung von Spezialitäten. Auch andere Ideen wurden weiterverfolgt, so z.B. im Tourismusbereich und mit dem Bau eines Backhauses als Produktionsort für die vorher von ausserhalb bezogene Backwaren und als wichtiger Treffpunkt im Tal.
Speziell am Weisstannental-Geschenkkorb ist die Verpackung: Via das Hilfswerk HEKS wurde der Kontakt zu Bäuerinnen aus Bangladesch aufgenommen, welche jetzt exklusiv für das Weisstannental die grossen Fazenettli (Schnupftücher) herstellen.

Sowohl FRIOBA als auch Wiisstanner Fazenettli gelten als Vorzeigeprojekte für Innovationen in der Landwirtschaft angesichts des raschen Strukturwandels. Beide Projekte wurden deshalb mit einem Innovationspreis der agrex (Messe zur Herstellung und Vermarktung landwirtschaftlicher Spezialitäten) ausgezeichnet.

---

[38] Quellen: Homepage www.sab.ch, ein Interview vom August 1997 sowie diverse Dokumente und Zeitungsartikel über die Initiative.
[39] Quellen: Homepages www.sab.ch und www.agri.ch/bauern/fazenettli sowie diverse Dokumente und Zeitungsartikel über die Initiative.

5.4 Fazit: Heterogene Szene mit einheitlichem Grundmuster

Aus der Erläuterung der 12 Differenzierungskriterien und der Charakterisierung der sieben RPO-Typen lassen sich folgende Punkte als Fazit festhalten:

- Die Regionalmarketing-Szene der Schweiz ist alles andere als homogen. In vielen charakteristischen Merkmalen unterscheiden sich die untersuchten RPO sehr stark, wobei dies vor allem auf die regionalen Voraussetzungen (z.B. die vorhandenen Strukturen in der Lebensmittelbranche oder die Bedeutung des Tourismus), auf das Alter und die ideelle Ausrichtung der Organisationen[40] zurückgeführt werden kann.

- Bei allen Unterschieden dürfen jedoch die Gemeinsamkeiten nicht aus den Augen verloren werden: Mehr oder weniger allen RPO geht es einerseits darum, mittels einer Marktsegmentierung nach vorwiegend räumlichen Kriterien Absatzmärkte für die eigenen Produkte zu sichern bzw. neue zu schaffen (marktorientierte Zielsetzung), andererseits sollen die bestehenden, regionalen Produktionsstrukturen auf allen Stufen der Produktionskette, aber insbesondere in der Landwirtschaft autonom erhalten bleiben (strukturorientierte Zielsetzung).

- Um diese beiden Ziele zu erreichen, werden vier Vorgehensweisen miteinander verbunden:

    (1) werden die Lebensmittelproduktionsketten durch eine institutionalisierte Kooperation auf der regionalen Ebene verstärkt horizontal und vertikal integriert,

    (2) werden gegenüber den Abnehmern (Konsumenten und/oder Detailhandel sowie Gastgewerbe) anstelle der traditionell in der Ernährung wichtigen nationalen Grenzen regionale Abgrenzungen propagiert,

    (3) wird mit einer gegenüber standardisierten Lebensmitteln höheren Produktequalität argumentiert (wobei die zusätzlichen Qualitätsmerkmale oft im ideellen Bereich liegen und schwierig nachweisbar sind), und

    (4) wird, um die Regionalität und die damit verbundene höhere Qualität nach aussen zu kommunizieren, ein Herkunftslabel verwendet.

- Aufgrund des geringen Alters der meisten RPO ist zu erwarten, dass sich die einzelnen Initiativen, aber auch die gesamte Szene in den nächsten Jahren recht stark verändern werden: Dabei ist bezüglich verschiedener Merkmale sowohl eine Angleichung (z.B. im Hinblick auf die interne Hierarchie oder den Produktionsstandard) als auch eine weitere Differenzierung (z.B. bei der Produktepalette oder den Zielmärkten) zu erwarten.

---

[40] Zum Selbstverständnis und den Zielsetzungen der untersuchten RPO vgl. HOFER, STALDER (1998:29ff).

6. Die Effekte von Regionalen Produktorganisationen

6.1 Einleitung

Wie in Kapitel 4 aufgezeigt, können Regionale Produktorganisationen interpretiert werden als regionale strategische Netzwerke in der Lebensmittelbranche mit der doppelten Zielsetzung "Marktsegmentierung" und "Strukturerhaltung/Autonomie". Oder mit anderen Worten: RPO streben eine – mehr oder weniger weit gehende – (Re-) Regionalisierung der Ernährung an, wobei sie ihre Strategie nicht nur mit wirtschaftlichen, sondern auch mit sozialen, kulturellen, ökologischen und/oder anderen eher ideellen Argumenten begründen.

In diesem Kapitel soll geklärt werden, welche Effekte die verschiedenen RPO-Typen bis anhin mit ihrer Strategie tatsächlich haben. Als Referenzsystem zur Beurteilung dieser Effekte dienen dabei insgesamt 12 potenzielle Wirkungen von RPO. Diese beziehen sich auf beide Zielsetzungen unseres Forschungsprojektes[1], d.h. zum Einen auf das Leitbild der nachhaltigen Entwicklung im Bedürfnisfeld Ernährung (nachhaltigkeitsorientierter Zugang) und zum Anderen auf die RPO selber bzw. auf die von diesen deklarierten Zielsetzungen ihrer Tätigkeit (phänomenorientierter Zugang).

Während das Kapitel 6.2 der Herleitung und Diskussion dieses Referenzsystems gewidmet ist, geht es in Kapitel 6.3 um die Beurteilung der tatsächlichen Effekte der verschiedenen RPO-Typen. In Kapitel 6.4 schliesslich wird ein doppeltes Fazit gezogen: Einerseits bezüglich der Ergebnisse der durchgeführten Beurteilungen und andererseits als Reflexion zum verwendeten Referenzsystem.

6.2 Potenzielle Wirkungen von RPO

Ausgehend vom inzwischen bereits klassischen Nachhaltigkeitsverständnis, das im Vorfeld des Erdgipfels von Rio de Janeiro 1992 entwickelt wurde, geht es beim Leitbild "sustainable development" erstens darum, die Bedürfnisse der Gegenwart zu befriedigen, ohne zu riskieren, dass künftige Generationen ihre eigenen Bedürfnisse nicht werden befriedigen können (nachhaltige Nutzung knapper Ressourcen). Ein zweiter Grundsatz besteht darin, die drei Entwicklungspole wirtschaftliche Leistungsfähigkeit, gesellschaftliche Solidarität sowie Verantwortung für die Umwelt miteinander zu verbinden und die Gegensätze zwischen ökologischen (Schutz-) Zielen, sozialen (Verteilungs-) Zielen und ökonomischen (Wachstums-) Zielen nicht nur kurz-, sondern vor

---

[1] Für die beiden Zugänge vgl. Kapitel 2.2 und 2.3.

allem auch längerfristig zu überwinden. Drittens schliesslich lassen sich im Konzept der nachhaltigen Entwicklung inhaltliche Aspekte einerseits und prozessuale Aspekte andererseits unterscheiden: Nachhaltige Entwicklung ist ein gesellschaftlicher Such-, Lern- und Gestaltungsprozess, bei dem es für die Beteiligten – seien es Individuen, Firmen, Nonprofit Organisationen oder politische Institutionen – immer wieder darum geht, die anzustrebenden Ziele (das "Was") und das dabei sinnvolle Vorgehen (das "Wie") zu klären und der konkreten Handlungssituation anzupassen[2].

Auf das Bedürfnisfeld Ernährung übertragen und gleichzeitig etwas vereinfacht, lassen sich aus diesem Nachhaltigkeitsverständnis vier verschiedene Wertebereiche ableiten, die es bei einer nachhaltigen Entwicklung der Ernährung zu berücksichtigen gilt[3]: (1) eine ökologische, (2) eine ökonomische, (3) eine soziale und – spezifisch für die Ernährung – (4) eine individuell-gesundheitliche Dimension[4] (vgl. Darst. 20).

In verschiedenen Formen und Formulierungen finden sich diese vier Dimensionen und die Aufteilung in inhaltliche und prozessuale Aspekte auch in den von Regionalen Produktorganisationen selber deklarierten Zielen wieder. Unsere 1996/97 durchgeführten Querschnittanalysen ergaben, dass die Schweizer RPO im allgemeinen zwar die ökonomischen (betriebs- aber auch regionalwirtschaftliche) Ziele in den Vordergrund stellen, daneben aber explizit auch ökologische (umwelt- und landschaftsbezogene), soziale (z.B. Solidarität in der Region) und individuell-gesundheitliche Ziele verfolgen. Und obwohl der seit ein paar Jahren vor allem in wissenschaftlichen und politischen Kreisen immer öfters verwendete Begriff der "Nachhaltigkeit" im Sprachgebrauch der RPO (noch) selten gebraucht wird, konnten deutliche Parallelen zwischen dem explizit ganzheitlichen Ansatz der meisten RPO und dem Konzept einer nachhaltigen Entwicklung festgestellt werden[5].

---

[2] Zum Konzept der Nachhaltigen Entwicklung ist seit dessen Aufkommen im Zusammenhang mit dem Erdgipfel von Rio 1992 und dem vorangehenden „Brundtland-Report" (WCED 1987) eine vielfältige und unüberblickbare Literatur entstanden. An dieser Stelle soll darauf nicht näher eingegangen werden. Wir verweisen stattdessen beispielhaft auf BRANDNER et al. 1995 (Überwindung von Entwicklungsblockaden im Skitourismus durch ein 8-Punkte-Programm für eine nachhaltige Entwicklung) MINSCH et al. 1996 (7 umweltökonomische Postulate zu nachhaltiger Entwicklung), KASTENHOLZ et al. (ed.) 1996 (Teilweise auch kritische Beiträge zu Nachhaltigkeit aus Sicht verschiedener wissenschaftlicher Disziplinen), MINSCH et al. 1998 (Neue Institutionen als Weg in Richtung Nachhaltigkeit) sowie HOFER 1999 bzw. RIGENDINGER 1997 (Übertragung des Nachhaltigkeitskonzeptes auf das Bedürfnisfeld Ernährung).

[3] Das Leitbild der Nachhaltigen Entwicklung in der Ernährung und die vier Wertebereiche tauchen bereits in Kap. 3. 5 ein erstes Mal auf. Im folgenden Kapitel werden sie schwerpunktmässig behandelt, um dann in den Kapiteln 10 und 11 wieder aufgegriffen zu werden.

[4] Vgl. auch KOERBER et al. 1994 (48f) und HOFER 1999 (37ff). HOFER begründet eine gesonderte Behandlung der individuell-gesundheitlichen Dimension einerseits mit deren Bedeutung in der Ernährung und der aktuellen Ernährungsdebatte und andererseits mit der grundlegenden Schwierigkeit, die Gesundheit einem der bekannten drei Nachhaltigkeitsbereiche Umwelt, Wirtschaft und Gesellschaft zuzuordnen.

[5] Zu den Zielen von Schweizer RPO (Ergebnissen der Querschnittanalyse) vgl. ausführlicher HOFER, STALDER (1998:29f) oder – anhand des Fallbeispieles "Gemeinsames Agrarmarketing Aargau" – MAIER, SCHULZ, STALDER 1999.

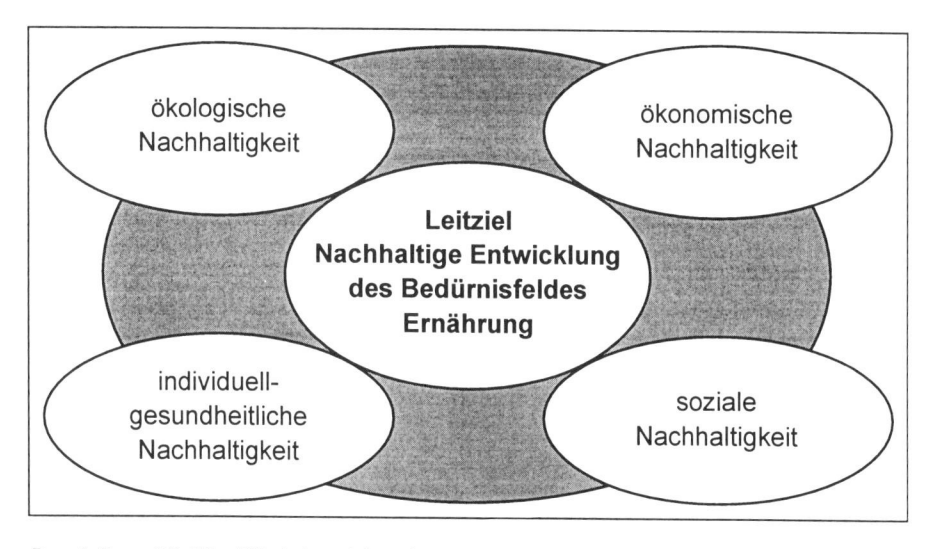

Darstellung 20: Vier Wertebereiche einer nachhaltigen Entwicklung der Ernährung

Getrennt nach den vier Werte-Dimensionen werden in der Folge insgesamt 12 Wirkungspotenziale von RPO postuliert. Diese Wirkungspotenziale bzw. das sich daraus ergebende Referenzsystem ist pragmatisch entstanden: Es hat seine Wurzeln sowohl in den oben genannten theoretischen Konzepten einer nachhaltigen Entwicklung als auch in den schriftlich und mündlich deklarierten Zielsetzungen der RPO und bildet so gewissermassen die Synthese eines deduktiven und eines induktiven Zugangs.

In der Folge werden die 12 Wirkungspotenziale von RPO je als These postuliert und kurz diskutiert, bevor sie anschliessend im Kapitel 6.3 als Referenzsystem zur Beruteilung der sieben RPO-Typen dienen werden[6].

---

[6] Wir sind uns bewusst, dass eine Beurteilung der Effekte von RPO (eine Erfolgskontrolle) auch nach ganz anderen normativen Kriterien als diesen 12 Wirkungspotenzialen geschehen könnte: Z.B. (a) mittels eines differenzierten betriebswirtschaftlichen Beurteilungssystems, (b) im Hinblick auf die Effektivität der staatlichen Mittel, die in RPO einfliessen oder (c) nach den verschiedenen Auswirkungen, welche RPO auf die daran direkt Beteiligten haben. Jede dieser Beurteilungen ergäbe wieder andere Ergebnisse und wäre für jeweils andere Kreise von grossem Interesse.
Vgl. in diesem Zusammenhang z.B. BOLLIGER 1998, welcher in seiner Diplomarbeit am Institut für Agrarwirtschaft der ETH Zürich ein Bewertungssystem zur Beurteilung der Wettbewerbsfähigkeit von regionalen Marketingorganisationen erstellt hat.

Wirkungspotenziale von RPO im Bereich Ökologie	
Potenzial 1:	Energieverbrauch senken
Potenzial 2:	Emissionen vermindern (Beeinträchtigung von Wasser, Boden, Luft sowie Tier- und Pflanzenwelt)
Potenzial 3:	Biodiversität erhalten und Monokulturen vermeiden
Potenzial 4:	Auslagerung ökologischer Risiken vermeiden
Potenzial 5:	Umweltverantwortung fördern
Wirkungspotenziale von RPO im ökonomischen Bereich	
Potenzial 6:	Ressourcen effizient einsetzen
Potenzial 7:	Betriebswirtschaftliche Rendite für RPO insgesamt bzw. für deren Mitglieder generieren
Potenzial 8:	Wertschöpfung erzielen und damit Arbeitsplätze und Einkommen in der Region erhalten bzw. schaffen
Wirkungspotenziale von RPO im sozialen Bereich	
Potenzial 9:	Die (regionale) sozioökonomische Entwicklung bei den Abnehmern zum Thema machen (Solidarität stärken und Vertrauen schaffen)
Potenzial 10:	Horizontale und vertikale Zusammenarbeit verbessern (Solidarität stärken; soziale Kontakte, Partizipation und Verantwortungsübernahme fördern; Macht dezentralisieren)
Wirkungspotenziale von RPO im individuell-gesundheitlichen Bereich	
Potenzial 11:	Transparenz über die Produkteigenschaften erhöhen
Potenzial 12:	Schadstoffgehalt der Produkte und Eingriffstiefe während des Produktionsprozesses vermindern, Gehalt an gesunden und lebensnotwendigen natürlichen Inhaltsstoffen erhöhen

Darstellung 21: Wirkungspotenziale von Regionalen Produktorganisationen bzw. von

---

[7] Die 12 Potenziale sind sowohl auf der Ebene der Stoffflüsse und Produkte als auch auf der organisationalen Ebene anzusiedeln. Einige von ihnen beziehen sich also in erster Linie auf die regional geschlossenen Produktionsketten, d.h. die regionalen Produkte (z.B Pot. 1), während andere (z.B. Pot. 7) vor allem die Organisation, d.h. die RPO betreffen.

6.2.1 Wirkungspotenziale von RPO im Bereich Ökologie

Im ökologischen Bereich lassen sich folgende fünf potenzielle Effekte von RPO identifizieren:

Potenzial 1: Energieverbrauch senken

Eine Verkürzung resp. eine räumlich engere Führung der Produktionsketten im Bedürfnisfeld Ernährung kann (1) den Energieverbrauch für Transporte, aber auch für die Lagerung und die Konservierung von Lebensmitteln senken und damit (2) den Ausstoss von klimarelevanten Schadstoffen wie CO_2 vermindern (vgl. auch Pot. 2)[8].

Diese These leuchtet intuitiv ein und sie wird in den Diskussionen zum Themenkomplex Ernährung und Regionalisierung oft vorgebracht – nicht nur von Umweltverbänden und ihnen nahestehenden Kreisen, sondern auch von RPO selber.

Zur Beantwortung der Frage, ob und wieviel Energie durch eine Regionalisierung der Produktionsketten eingespart werden kann, müssen jedoch nebst den Transportdistanzen auch weitere Faktoren wie die Art der Produkte (ob Fleisch, Gemüse oder Getreide etc.), deren Haltbarkeit (lagerbare oder saisonabhängige Frischprodukte) und deren Verarbeitungsweise (Zwischen- oder Endprodukte) berücksichtigt werden. Ein entscheidender Faktor ist zudem die Art der Transporte: Das Verhältnis von Energieinput einerseits und transportierter Lebensmittelmenge andererseits ist bei regionalen, kleinräumigen Transporten (von jeweils kleinen Mengen) unter Umständen schlechter als bei längeren Transportdistanzen von grösseren Mengen[9].

Potenzial 2: Emissionen, d.h. Beeinträchtigungen von Wasser, Boden, Luft sowie Tier- und Pflanzenwelt vermindern

Regionalisierte Produktionssysteme von Lebensmitteln senken die Immission von Schadstoffen in die drei Umweltsphären Boden, Wasser und Luft. Dies einerseits aufgrund der reduzierten Transporte (vgl. Pot. 1), zum Anderen aufgrund einer ökologischeren Produktions- und Verarbeitungsweise von Lebensmitteln.

Der Bezug zwischen einer regionalisierten Produktionskette einerseits und einer ökologischen Produktionsweise ist nicht zwingend, obwohl er von zwei Seiten oft und gerne gemacht wird: Einerseits von den Konsumenten, für welche Regionalität und Umwelt oft Hand in Hand gehen[10], andererseits aber auch von den RPO und deren Vertretern, die dies entsprechend nach aussen kommunizieren[11]. Oder anders ausgedrückt: Auch die Produktion und Verar-

---

[8] Als Beispiel für die umfangreiche Literatur zu diesem Thema vgl. BUND / MISEREOR 1996.
[9] zu den Ökobilanzen regionaler Produktionskreisläufe und der diese beeinflussenden Faktoren vgl. ausführlich PROBST 1998 (s. Anhang 2) oder JUNGBLUTH 1998 / 1999.
[10] Vgl. dazu NOGER 1999 (s. Anhang 2) oder ARNOLD, TANNER, WÖLFING KAST 1999.
[11] Vgl. dazu SCHLEGEL 1999 oder SEIFERT 1999 (s. Anhang 2).

beitung von regionalen Produkten kann in den drei Sphären Boden (z.B. durch zu hohen Düngereinsatz), Wasser (z.B. Nitrat- und Phosphatauswaschung), Luft (z.B. durch die Emission bestimmter Treibhausgase wie Methan) sowie in der Tier- und Pflanzenwelt (Beeinträchtigung von empfindlichen Lebensräume) negative Folgen haben. Falls aber Regionalität und ökologische Produktionsweise tatsächlich gekoppelt werden und sich diese Verbindung in einem ökologisch höheren Standard von regionalen Produkten äussert, können RPO im Hinblick auf dieses Potenzial eine Wirkung entwickeln.

Potenzial 3: Biodiversität erhalten und Monokulturen vermeiden

> Eine (Re-)Regionalisierung der Lebensmittelproduktion ist eng an dezentral organisierte, stark differenzierte landwirtschaftliche Produktionssysteme gekoppelt[12]. Vielfältig und kleinräumig strukturierte Bodennutzungssysteme sind aber potenziell besser an die naturräumlichen Voraussetzungen angepasst als Monokulturen und können damit wichtige Lebensräume für ganz bestimmte Tier- und Pflanzenarten bilden.

Es gilt jedoch zu differenzieren: nicht jede Dezentralisierung der landwirtschaftlichen Produktion ist sinnvoll bezüglich der Erhaltung von Biodiversität. Auch ein regionalisiertes Nutzungssystem kann zu intensiv oder zu einseitig sein oder in bestimmten Gebieten (z.B. Hochmoorbiotopen) wird sich jede Landwirtschaft negativ auf die Biodiversität auswirken. Zudem ist die Vielfalt der Arten nur ein ökologisches Kriterium, ein anderes ist die Erhaltung ganz bestimmter Arten, die durch eine flächendeckende landwirtschaftliche Nutzung in jedem Fall bedroht sein können (z.B. gewisse Amphibienarten).

Damit RPO dieses Potenzial erfüllen, sollten sie also folgende Voraussetzungen erfüllen: (1) müssen sie zu einer lokal an Umwelt und Landschaft angepassten Produktionsweise beitragen, (2) darf diese Produktionsweise weder zu intensiv noch zu extensiv sein und (3) sollte sie – um die Artenvielfalt zu gewährleisten – mit vielfältigen ökologischen Begleitmassnahmen verbunden sein.

Potenzial 4: Auslagerung ökologischer Risiken vermeiden

> Eine Dezentralisierung der Lebensmittelproduktion hat eine Abnahme globaler Stoffflüsse zur Folge und kann den exogenen, d.h. ausserregionalen Nutzungsdruck auf empfindliche Ökosysteme wie z.B. Regenwälder vermin-

---

[12] Beispiele für diesen Zusammenhang sind auf verschiedenen räumlichen Massstabsebenen zu beobachten: während sich z.B. in einem vorwiegend national funktionierenden "Markt Schweiz" der Anbau von Getreide noch lohnt(e), ist dies auf einem geöffneten, globalen Markt aufgrund der relativen Standortnachteile der Schweiz in der Getreideproduktion nurmehr teilweise der Fall und ein wachsender Anteil des konsumierten Getreides wird importiert. Ähnliches ist auch im Schweizer Seeland zu beobachten, wo gegenwärtig die Milchproduktion oft zu Gunsten eines intensiven Gemüseanbaus aufgegeben wird. Diese Entwicklungen schlagen sich nicht zuletzt in veränderten Kulturlandschaften nieder: In gewissen Regionen der Schweiz werden Getreidefelder seltener, während in anderen Gegenden Mähwiesen und Kühe verschwinden.

dern[13]. Dies trägt (1) zur Erhaltung der Biodiversität in diesen Ökosystemen bei (vgl. Pot. 3) und (2) können diese Ökosysteme dadurch ihre wichtigen Funktionen im Hinblick auf das globale ökologische und klimatische Gleichgewicht besser wahrnehmen. Dezentrale, kleinräumige Stoffkreisläufe haben somit das Potenzial, nicht nur in der eigenen Region (sozusagen "vor Ort") ökologische Probleme zu entschärfen, sondern auch in anderen Regionen und damit auf der globalen Ebene zu einer nachhaltigeren Ressourcennutzung beizutragen[14].

Auch hier darf jedoch nicht idealisiert werden. (1) ist unklar, ob die internationalen Stoffflüsse durch regionalisierte Produktionssysteme effektiv substituiert werden – oder ob sich die beiden Prinzipien nicht vielmehr addieren und es zu einem sowohl als auch kommt[15]. (2) können auch regionalisierte Lebensmittelproduktionssysteme einen steigenden Druck auf Ökosysteme erzeugen, dies nicht zuletzt in Entwicklungsländern mit einer starken Bevölkerungszunahme. Und (3) schliesslich kann eine Regionalisierung der Produktionsketten auf eine weder ökonomisch noch sozial erwünschte Abschottung gegenüber der dritten Welt hinauslaufen. Oder mit anderen Worten: Um bezüglich dieses Potenzials Wirkung zu entfachen, dürfen RPO den Druck auf empfindliche Ökosysteme zumindest nicht erhöhen und deren Nutzen darf nicht auf Kosten anderer Regionen geschehen (vgl. auch Kap. 6.4).

Potenzial 5: Umweltverantwortung fördern

Eine regionalisierte Lebensmittelproduktion fördert das Verantwortungsgefühl der Akteure entlang der Produktionskette und insbesondere der Konsumenten für die Art der Produktion und für deren ökologische, aber auch sozioökonomische Folgen (vgl. Pot. 9 und 10). Konsumenten sind eher bereit, negative Auswirkungen der Lebensmittelproduktion auf die Umwelt bei ihrem Kaufscheid negativ zu sanktionieren, wenn diese Umwelt gleichzeitig ihr Wohn- und Lebensraum – ihre Heimat – darstellt. Negative externe Kosten der Lebensmittelproduktion können weniger verdrängt werden, wenn sie direkt vor den Augen der mitverantwortlichen Öffentlichkeit (statt irgendwo am anderen Ende der Welt) passieren.

---

13 Dies gilt nicht nur für die Tropen, wo die negativen ökologischen (und sozialen) Folgen von Monokulturen, die auf den Weltmarkt ausgerichtet sind, ein bekanntes Phänomen sind. Auch in der Schweiz hat die Landwirtschaft in den letzten Jahrzehnten in Gunstlagen eine starke Intensivierung und in Ungunstlagen eine Extensivierung erlebt. Beide Entwicklungsrichtungen stehen in einem direkten Zusammenhang zum Aufbrechen regionaler Produktionskreisläufe (vgl. dazu z.B. NENTWIG 1995).

14 Ein (fiktives) Beispiel für diesen Zusammenhang: Wenn in Westeuropa der Konsum von Äpfeln zu- und derjenige von Bananen abnimmt, ist damit nicht nur den Apfelproduzenten Europas geholfen, sondern unter Umständen auch dem Regenwald Mittelamerikas, da dort der Nutzungsdruck abnimmt.

15 Zum Innovationsparadoxon, d.h zur Problematik der Substitution bzw. der Addition des Verbrauchs von natürlichen Ressourcen durch Innovationen im Produktionsbereich sowie zur Problematik der Verschiebung von Risiken und ökologischen Problemen vgl. ausführlich MINSCH et al. 1996: 22ff, 33ff, 154ff.

Wie den obigen ist auch diesem Potenzial mit einer gewissen Vorsicht zu begegnen: (1) ist die Bevölkerung der Schweiz heute viel mobiler als früher: Sowohl im täglichen Leben als auch über die verschiedenen Lebensabschnitte hinweg nimmt die Bindung an eine bestimmte Region ab und die Übernahme von Verantwortung wird damit tendenziell erschwert. (2) haben grosse Teile der Bevölkerung im Alltag wenig mit der Lebensmittelproduktion und deren Folgen auf Umwelt und Gesellschaft zu tun: Die Milch kommt aus dem Beutel, und dieser aus dem Supermarkt – was alles dahinter steht, ist vielen Leuten nurmehr wenig vertraut. Und (3) schliesslich sind die Möglichkeiten für einzelne Konsumenten, tatsächlich Verantwortung für den Produktionsprozess von Lebensmitteln zu übernehmen, durch Sachzwänge (Restriktionen wie z.B. fehlende Alternativen oder fehlendes Wissen[16]) stark begrenzt, was im übrigen auch für andere Akteure entlang der Produktionskette gilt.

RPO können in Richtung dieses Potenzials somit nur eine Wirkung entfalten, wenn sie bei den Konsumenten tatsächlich eine erhöhte Umweltverantwortung erzeugen. Angesichts der Tendenz zur Emanzipation weiter Teile der Bevölkerung von ihrem regionalen Lebensraum ist dies über die Regionalität der Lebensmittel nicht ohne weiteres möglich und bedarf zumindest ergänzender Massnahmen (vgl. auch Kap. 6.4).

6.2.2 Wirkungspotenziale von RPO im ökonomischen Bereich

Im wirtschaftlichen Bereich haben RPO bzw. eine regionalisierte Lebensmittelproduktion vor allem drei Potenziale:

Potenzial 6: Ressourcen effizient einsetzen

> Durch regionalisierte Lebensmittelproduktionssysteme kann der Einsatz von Ressourcen effizienter werden. Dies gilt sowohl für die "Ressource" Lebensmittel, die bei langen Transporten Qualitäts- und Quantitätverluste erleiden können, als auch für kurzfristig nicht erneuerbare Ressourcen, insbesondere Energieträger, auf die je nach Organisationsweise der Produktion teilweise verzichtet werden kann (vgl. Pot. 1).

Eine effiziente und damit tendenziell auch nachhaltige Allokation (knapper) Ressourcen ist gleichzeitig Ziel und Charakteristikum eines marktwirtschaftlichen Systems. Gemäss vieler Autoren[17] liegt das Problem einer (zu) geringen Ressourceneffizienz heutiger Produktionssysteme denn auch weniger im theoretisch einleuchtenden marktwirtschaftlichen Prinzip als vielmehr bei den realen Voraussetzungen wie z.B. den Preisen für knappe Ressourcen, die oft weder deren mittel- bis längerfristige Endlichkeit noch die externen Kosten

---

[16] Zu den Einflüssen von ausgewählten Rahmenbedingungen auf das (umweltgerechte) Konsumverhalten im Lebensmittelbereich vgl. diverse Publikationen des Psychologischen Institutes der Uni Bern, so z.B. ARNOLD, TANNER & WÖLFING KAST 1999.

[17] Stellvertretend für die umfangreiche umweltökonomische Literatur seien genannt: SCHELBERT 1996, FREY et al. 1993 oder STEPHAN 1996.

ihrer Verwendung genügend berücksichtigen. Ohne an dieser Stelle weiter darauf eingehen zu können, ist festzuhalten, dass einerseits die seit längerer Zeit sehr tiefen Kosten für Energie einer (effizient) regionalisierten Organisationsweise der Lebensmittelproduktion im Wege stehen und dass sich andererseits die real zu beobachtenden Regionalisierungen der Lebensmittelproduktion in etlichen Fällen nicht durch eine besondere Ressourceneffizienz auszeichnen[18].

Oder mit anderen Worten: Regionale Kreisläufe sind nicht in jedem Fall mit einer erhöhten Ressourceneffizienz gleichzusetzen, sondern es bedarf dazu einer produktespezifischen Optimierung der Produktionsketten unter Berücksichtigung verschiedener Einflussfaktoren (vgl. Pot. 1). Auch für eine aus ökologischer Sicht sinnvolle (Re-)Regionalisierung der Lebensmittelproduktion stellen jedoch die gegenwärtigen Energiepreise ein fast unüberwindbares Hindernis dar.

Potenzial 7: Betriebswirtschaftliche Rendite für RPO insgesamt bzw. für deren Mitglieder generieren

RPO als regionale strategische Netzwerke verfolgen vor allem auch ökonomische – betriebswirtschaftliche – Ziele. Durch (1) die vertikale und horizontale Integration der Produktionsketten, (2) die Externalisierung gewisser Aufgaben an eine zentrale Stelle und (3) eine sich vom Durchschnitt abhebende Produktequalität (und damit einen höheren Preis) sollen sowohl für die RPO als ganzes als auch für die einzelnen Mitglieder eine bessere Rendite erzielt werden können.

Die Frage stellt sich, ob, in wieweit und für wen diese Hoffnung bei den Schweizer RPO bislang in Erfüllung ging. D.h. es ist zu klären, ob einerseits die mit den Punkten (1) und (2) verbundenen Potenziale zur Kosteneinsparung und andererseits der an Punkt (3) gekoppelte Mehrertrag tatsächlich zum Tragen kommen und zu einer höheren Rendite führen. Da die meisten RPO sehr jung sind, ist eine solche Beurteilung jedoch nicht ohne weiteres möglich (vgl. Kap. 5.2).

Potenzial 8: Wertschöpfung und damit Arbeitsplätze und Einkommen erhalten

Wenn es RPO gelingt, mit regionalisierten Produktionsketten gefragte und konkurrenzfähige Lebensmittel auf den Markt zu bringen, können sie dadurch nicht nur eine höhere Rendite erzielen (vgl. Pot. 7); sie generieren damit auch eine zusätzliche direkte und – über den Bezug von Vorleistungen – indirekte Wertschöpfung. Dies wiederum bedeutet im allgemeinen mehr Einkommen und mehr Arbeitsplätze – dies oft in Regionen, in denen

---

[18] Vgl. dazu wiederum PROBST 1998 (s. Anhang 2).

sich der Bevölkerung wenig wirtschaftliche Alternativen zur Lebensmittelproduktion bieten und in denen ansonsten Abwanderungsbewegungen zu verzeichnen sind.

Dieses Potenzial – oft mit dem Begriff einer "nachhaltigen Regionalentwicklung"[19] assoziiert – bildet nebst der betriebwirtschaftlichen Rendite ein weiteres zentrales Ziel von RPO. Im Hinblick auf eine nachhaltige Entwicklung des Bedürfnisfeldes Ernährung muss auf zwei Voraussetzungen hingewiesen werden: (1) darf eine Region nicht von deren Umfeld isoliert betrachtet werden; wenn die wirtschaftliche Entwicklung einer Region auf Kosten anderer Regionen geht (indem z.B. Produkten aus der Nachbarregion oder aus der dritten Welt der Markzutritt verunmöglicht wird), ist sie ebenso wenig nachhaltig, wie wenn (2) mit einer Regionalisierung veraltete, nicht mehr konkurrenzfähige Produktionsstrukturen erhalten und dringend notwendige Innovationen verzögert oder gar blockiert werden.

6.2.3 Wirkungspotenziale von RPO im sozialen Bereich

Potenzial 9: *Die (regionale) sozioökonomische Entwicklung bei den Abnehmern zum Thema machen (Solidarität stärken, Identität und Vertrauen schaffen)*

Aufgrund der von ihnen propagierten regionalen, d.h. räumlichen, zeitlichen und emotionalen Kopplung der Produktionsketten können RPO das Bewusstsein der Konsumenten für die Auswirkungen der Lebensmittelproduktion erhöhen und diese zu einem wichtigen Thema zu machen. Dies gilt nicht nur im Bereich Umwelt (vgl. Pot. 5), sondern auch bezüglich der Auswirkungen auf die regionale Wirtschafts- und Gesellschaftsstruktur (z.B. auf die vorhandenen Arbeitsplätze) und es gilt um so mehr, je mehr sich die Konsumenten selber als Element dieser Wirtschaft und Gesellschaft begreifen. Aus dieser erhöhten Sensibilität kann wiederum eine verstärkte Solidarität, ein gemeinsames Identitätsgefühl und ein gegenseitiges Vertrauen entstehen.

Ähnliche Vorbehalte wie beim Potenzial 5 gilt es auch hier zu berücksichtigen: Die regionale oder gar lokale Bindung der Bevölkerung nimmt tendenziell ab und die überregionalen Vernetzungen nehmen zu, was eine autonome Handlungsweise von regionalen Körperschaften zumindest erschwert. Im Weiteren ist zu beachten, dass die oben genannten Punkte (Solidarität, Identität, Vertrauen) zwar unabdingbare, aber nicht hinreichende Voraussetzungen für Transformationsprozesse in Richtung einer nachhaltigen Entwicklung der Ernährung sind: Auch wenn durch RPO diese Werte gestärkt werden, kann die Reise immer noch in eine andere, z.B. ökologisch gesehen nicht nachhaltige Richtung gehen.

---

[19] Zum Begriff einer nachhaltigen Regionalentwicklung und dessen Verständnis liefern PETERS et al. (1996) sowie MAJER (1997) eine Übersicht. Eine nachhaltige Entwicklung auf regionaler Ebene ist im weiteren eines der zentralen Ziele der revidierten Schweizer Regionalpolitik (vgl. EDMZ 1996 oder EJPD 1996).

Potenzial 10: Horizontale und vertikale Zusammenarbeit verbessern (Solidarität stärken; soziale Kontakte, Partizipation und Verantwortungsübernahme fördern; Macht dezentralisieren)

> Der Netzwerkcharakter von RPO bringt mit sich, dass sich die Beziehungen zwischen den Akteuren durch eine gewisse Ausgewogenheit und Gleichberechtigung auszeichnen[20]. Strategische und operationelle Entscheide werden nicht in erster Linie in hierarchischen Strukturen und Abhängigkeiten getroffen, sondern aufgrund offener (idealer) Aushandlungsprozesse. Dabei nehmen – so die These – das Vertrauen und die Solidarität zwischen den Beteiligten zu, die Partizipation und die Verantwortungsübernahme wird gefördert und ganz generell ein gutes, innovatives Klima geschaffen – eine wichtige Voraussetzung zur Erhaltung des regionalen (autonomen) Produktionssystems.

Auch bei dieser These gilt es etwas zu differenzieren. Sogar unter der Annahme, dass in RPO tatsächlich eine Art "idealer Diskurs"[21] geführt wird und sich die Macht vergleichsweise ausgewogen zwischen den Beteiligten verteilt bzw. nicht missbraucht wird, ist damit nicht unbedingt gesagt, dass z.B. Interessen der Umwelt oder von Nichtbeteiligten angemessen berücksichtigt werden. Zudem ist offen, ob der Netzwerkcharakter von RPO sich nicht nur über eine bestimmte Zeit (insbesondere Gründungsphase) erstreckt und sich diese dann entweder stärker strukturieren müssen oder sich wieder auflösen.

6.2.4 Wirkungspotenziale von RPO im individuell-gesundheitlichen Bereich

Auf einer etwas anderen Betrachtungsebene liegen die folgenden zwei Potenziale. Sie lassen sich zwar auch den drei klassischen Nachhaltigkeitsbereichen Umwelt, Wirtschaft und Gesellschaft zuordnen, gehen dabei aber insbesondere vom Individuum und dessen Bedürfnissen aus. Dahinter steht die Überlegung, dass eine nachhaltige Ernährung für ein Individuum vor allem auch eine gesunde Ernährung bedeutet.

Potenzial 11: Transparenz über Produkteigenschaften erhöhen

> Wie in Kapitel 3 aufgezeigt, hat die Entwicklung des Bedürfnisfeldes Ernährung in den letzten Jahrzehnten zu einer zunehmenden Intransparenz über Organisation, Verfahren und Auswirkungen der Lebensmittelproduktion geführt. Aufgrund ihrer regionalen Kopplung von Rohstoffproduktion, Verarbeitung, Handel und Konsum haben RPO das Potenzial, die Transpa-

---

[20] Stichwort komplex-reziproke, polyzentrische und kooperative Beziehungen (vgl. Kap. 4.3).
[21] Vgl. dazu ausführlich ZIMMERMANN 1998, die in ihrer Diplomarbeit das Konzept des "Vorsorgenden Wirtschaftens" (BIESECKER 1996 und weitere) auf RPO übertragen hat und dabei auch Elemente des "Idealen Diskurses" nach HABERMAS (1981) einbezogen hat.

renz der Lebensmittelherstellung zu verbessern. Damit entsprechen sie (1) einem Grundbedürfnis der Konsumenten nach Authentizität und Vertrauenswürdigkeit der Lebensmittel und (2) können negative Folgen der Lebensmittelherstellung auf Umwelt und Gesellschaft weniger unter den Teppich gekehrt werden (vgl. Pot. 5 und 9).

Eine Regionalisierung der Lebensmittelproduktion ist jedoch nur eine und – wenn sie isoliert erfolgt – eine ungenügende Voraussetzung für eine echte Transparenz; Regionalität muss bzw. müsste hier mit zusätzlichen (Qualitäts-) Angaben verbunden werden.

Auch ist der Einwand, dass die immer zahlreicheren und sich oft überschneidenden Regionalisierungen im Ernährungsbereich – die "Flut" von Herkunftslabeln – die Konsumenten eher verwirren, als dass sie zu mehr Transparenz im BfE beitragen, nicht von der Hand zu weisen.

Potenzial 12: Schadstoffgehalt der Lebensmittel und Eingriffstiefe während des Produktionsprozesses vermindern, Gehalt an gesunden und lebensnotwendigen natürlichen Inhaltsstoffen erhöhen

Gemäss Erkenntnissen der Ernährungswissenschaft sind Lebensmittel, die über einen vergleichweise geringen Verarbeitungsgrad verfügen und denen wenig Zusatzstoffe beigemischt wurden, grundsätzlich gesünder als industriell hergestellte Produkte[22]. Aufgrund der kurzen Transportdistanzen entlang der Produktionsketten sind regionale Produkte potenziell frischer bzw. sie müssen weniger konserviert und verarbeitet werden, um frisch zu bleiben. Dies wiederum geht mit einem höheren Gehalt an wichtigen Inhaltsstoffen wie z.B. Vitaminen, Mineralstoffen, Fettsäuren etc. einher.

Regionale Produkte, so wie sie in Kap. 4.2 eingeführt wurden, sind jedoch nicht zwangsläufig weniger oder anders verarbeitet als konventionelle Produkte. Auch bei diesem Potenzial ist die Regionalität zwar eine wichtige, aber nicht eine hinreichende Voraussetzung für eine kleine Eingriffstiefe in der Lebensmittelproduktion. Nebst der räumlichen gilt es dabei insbesondere die zeitliche Komponente zu berücksichtigen: Auch regionale Produkte können nicht saisongerecht sein und umgekehrt.

---

[22] Vgl. dazu das Konzept der Vollwerternährung nach KOERBER et al. (1994:48ff): Die Autoren unterscheiden zur Bestimmung der Lebensmittelqualität acht Wertbereiche: einen Gesundheitswert, einen Genusswert, einen Eignungswert, einen psychologischen, einen ökologischen, einen soziokulturellen, einen ökonomischen und einen politischen Wert von Lebensmitteln. Vollwertige Lebensmittel bzw. eine vollwertige Ernährung zeichnet sich dadurch aus, dass alle diese Werte berücksichtigt werden.
Aufgrund der Breite des Ansatzes und der Verbindung naturwissenschaftlicher Erkenntnisse mit normativen Überlegungen ist das Konzept der Vollwerternährung für Überlegungen in Richtung einer nachhaltigeren Ernährung von besonderem Interesse (ausführlicher in HOFER 1999).

6.3 Umsetzung der Wirkungspotenziale durch die einzelnen RPO-Typen

Nachdem im Kapitel 5 sieben verschiedene Typen von RPO hergeleitet wurden und es im Kapitel 6 bisher darum ging, ein Referenzsystem zur Beurteilung der realen Wirkungen von RPO zu entwickeln, werden diese beiden Elemente in der Folge einander gegenübergestellt; d.h. die sieben RPO-Typen werden dahingehend beurteilt, wie sie die 12 Wirkungspotenziale (bisher) erfüllen konnten. Vorher muss jedoch auf vier Punkte hingewiesen werden:

(1) werden in der Folge nicht einzelne RPO beurteilt, sondern RPO-Typen.
Dies einerseits aus Gründen des Datenschutzes, dann aber auch deshalb, weil eine Beurteilung einzelner RPO anhand der 12 bewusst breit und allgemein gehaltenen Wirkungspotenziale dem Einzelfall nur bedingt gerecht würde[23]. D. h., um die spezifischen Wirkungen einzelner RPO zu bewerten (und für diese daraus Empfehlungen abzuleiten), müsste das vorliegende Referenzsystem noch spezifiziert werden.
Der Fokus des vorliegenden Buches liegt aber (wie verschiedentlich erwähnt) nicht auf der Einzelfallbeurteilung.

(2) ist die Bewertung als Annäherung zu verstehen.
Das geringe Alter und der schwache Organisationsgrad der meisten RPO und die schwierige Datenlage insbesondere in Bezug auf die nichtökonomischen Wirkungspotenziale verunmöglichen eine andere – vermehrt quantitative – Vorgehensweise.

(3) handelt es sich um keine absolute, sondern eine relative Beurteilung.
Auch wenn einem bestimmten RPO-Typus im Hinblick auf die Umsetzung eines Wirkungspotenzials eine gute Note gegeben wird, heisst dies noch nicht, dass er damit einen entscheidenden Beitrag zur Transformation des gesamten Bedürfnisfeldes Ernährung geleistet hat oder leisten kann.
Da das Leitziel "Nachhaltigkeit" gemäss unserer Vorstellung den Status eines gesellschaftlichen Grundwertes hat und eine nachhaltige Entwicklung im Bedürfnisfeld Ernährung mit einem permanenten gesellschaftlichen Such- und Lernprozess verbunden ist, kann mit wissenschaftlichen Verfahren nicht abschliessend gesagt werden, ob das Ziel Nachhaltigkeit zur Hälfte, zu zwei Dritteln oder zu einem Fünftel erreicht sei. Der Beitrag von RPO an die Transformation des BfE in Richtung Nachhaltgkeit ist deshalb immer nur relativ zu einem momentanen Zustand zu bestimmen.

(4) erfolgt die Begründung der Beurteilungen nicht zuletzt aus Gründen der Lesbarkeit desBuches jeweils nur in einem sehr begrenzten Umfang.
Dahinter stehen jedoch zum Einen die Analysen verschiedener Fallbeispiele durch Diplomarbeiten in unserem Projekt (vgl. Anhang 2) und durch die beiden Dissertationen Hofer und Stalder, dann die Ergebnisse der

---

[23] Das bedeutet, dass eine 1:1 Übertragung der folgenden Beurteilungen auf die im Kapitel 5.3 je mit einem Kasten vorgestellten Fallbeispiele (a) nicht in unserem Sinn und (b) nicht korrekt wäre.

schon mehrfach angesprochenen Querschnittanalyse (vgl. HOFER, STALDER 1998) und schliesslich eine umfangreiche Dokumentation zu RPO, welche in den letzten 3 Jahren aufgebaut wurde.

6.3.1 Effekte von regionalen Verbandskonglomeraten

Verbandskonglomerate besitzen vergleichsweise grosse finanzielle Möglichkeiten und verfügen in der regionalen Lebensmittelbranche zumeist über etablierte Verarbeitungs- und Distributionsstrukturen. Sie verfolgen sowohl bezüglich Produktepalette als auch bezüglich Mengen (Marktanteilen) einen breiten Ansatz; ihr Ziel sind weniger die Nischen als vielmehr der Massenmarkt des täglichen Bedarfs[24].

Aufgrund dieser Ausrichtung und einem dementsprechend geringen Spezifizierungsgrad der vertriebenen Lebensmittel sind Verbandskonglomerate noch stärker als andere PRO auf eine hohe Wettbewerbsfähigkeit angewiesen. Diese ergibt sich nicht aus dem "Nichts", sondern es bedingt ein hartes Kostenmanagement und entsprechend effiziente Strukturen in der regionalen Lebensmittelbranche (insbesondere Stufe Verarbeitung und Vertrieb). Wenn diese Voraussetzungen vorhanden sind, erzeugen Verbandskonglomerate nicht zuletzt auf Grund ihrer Grösse und den ihnen zur Verfügung stehenden Ressourcen vergleichsweise grosse Effekte in Richtung einer nachhaltigen Entwicklung der Ernährung, wobei eher Breiten- denn Tiefenwirkungen zu erwarten sind: Es geht diesem Typus in erster Linie um die Erhaltung und die ökonomisch-ökologische Optimierung vorhandener Strukturen und Produktionsverfahren und nicht um einen grundsätzlichen Umbau des Bedürfnisfeldes Ernährung in Richtung Nachhaltigkeit.

Relativ (d.h. im Vergleich zu den anderen RPO-Typen) grosse Effekte entwickeln Verbandskonglomerate insbesondere in Bezug auf folgende Nachhaltigkeitspotenziale[25]: Wertschöpfung generieren (Pot. 8), regionale sozioökonomische Entwicklung zum Thema machen (Pot. 9) sowie horizontale und vertikale Zusammenarbeit verbessern (Pot. 10)[26].

6.3.2 Effekte von AOC - Organisationen

AOC-Organisationen sind charakterisiert durch ihre konsequente Ausrichtung auf ein bestimmtes Produkt inkl. dessen Filière. Es geht ihnen um die Abgrenzung ihrer Produkte von der grossen Masse der übrigen Lebensmittel mittels (1) einer regional begrenzten, klar definierten Rohstoffbasis, (2) einer

---

[24] An dieser Stelle werden die Typen nurmehr kurz skizziert, ausführlicher vgl. Kapitel 5.3.
[25] Quelle der Beurteilung: Insbesondere die Untersuchungen zum Gemeinsamen Agrarmarketing Aargau GMA (vgl. auch MAIER, SCHULZ & STALDER 2000) und über das Projekt TouLaRe Seeland (FRICK 1997).
[26] Vgl. auch Darstellung 22, in der die Effekte für alle RPO-Typen tabellarisch zusammengestellt sind.

spezifischen, schwer kopierbaren Qualität und (3) derer Gewährleistung durch eine geschützte Ursprungsbezeichnung (inkl. Pflichtenheft zu Herkunft der Rohstoffe und Verarbeitungsweise). Ihre Produkte sind somit ganz klar dem Spezialitätenbereich zuzuordnen.

Für ihre Region können AOC–Organisationen sowohl sozioökonomisch als auch ökologisch ein Segen sein, indem sie dort einen Beitrag zur Erhaltung von Arbeitsplätzen, Wertschöpfung und darüber hinaus von traditionsreichen und u. U. ökologisch wertvollen Kulturlandschaften leisten. Ihre Effekte hinsichtlich einer nachhaltigeren Ernährung beschränken sich jedoch auf bestimmte Wirkungspotenziale und in anderen Belangen ist die Beurteilung von AOC–Organisationen vor allem aus zwei Gründen eher negativ: (1) können nicht alle Regionen auf AOC-Produkte setzen (der Spezialitätenmarkt ist begrenzt) und (2) ist ihr Erfolg in den meisten Fällen an eine Erhöhung der Transportwege und -volumen gebunden (Ausrichtung auf externe Märkte).

Vergleichsweise grosse Effekte haben AOC-Organisationen in Bezug auf die Potenziale 7 (betriebswirtschaftliche Rendite), 8 (Wertschöpfung generieren), 10 (Zusammenarbeit verbessern) und 11 (Transparenz erhöhen)[27].

6.3.3 Effekte von Ökoregionalisten

Die konsequent verfolgten kleinen regionalen Kreisläufe (regionale Produkte im engeren Sinn), der hohe ökologische Produktionsstandard sowie die laterale und polyzentrische Organisationsstruktur lassen Ökoregionalisten als quasi idealtypische RPO erscheinen und dementsprechend hohe Wirkungen in Richtung Nachhaltigkeit erwarten. Unter den gegenwärtigen Rahmenbedingungen (vgl. Kap. 7) haben Ökoregionalisten jedoch nur geringe Marktanteile, ihre Wettbewerbsfähigkeit ist offensichtlich begrenzt.

Ihre Effekte in Richtung Nachhaltigkeit begrenzen sich dadurch auf kleine Nischen, wobei sie dort wenn auch nicht eine breite, so doch eine zumindest im Vergleich mit anderen RPO-Typen tiefere[28] Wirkung erzielen können[29]. Dies insbesondere bezüglich der Wirkungspotenziale 3 (Erhaltung der Biodiversität), 4 (Auslagerung ökologischer Risiken vermindern), 5 (Umweltverantwortung fördern), 9 (regionale sozioökonomische Entwicklung zum Thema machen), 11 (Transparenz verbessern) und 12 (Eingriffstiefe vermindern).

---

[27] Quelle der Beurteilungen: Diverse Untersuchungen im Rahmen der Querschnittanalyse (HOFER, STALDER 1998) sowie Unterlagen zu den RPO Casalp (s. Kap. 5.3.2 und Anh. 3).
[28] Tief insofern, als dass sich die Effekte von Ökoregionalisten zwar nur auf einen kleinen Teil der gesamten regionalen Lebensmittelproduktion beschränken, dort aber eine deutliche Verbesserung der Situation herbeiführen. Das Gegenbeispiel sind die Verbandskonglomerate, deren Effekte weite Teile des regionalen Produktionssystems erreichen, aber dort nur zu jeweils kleinen Veränderungen führen.
[29] Quelle der Beurteilungen: Diverse Untersuchungen im Rahmen der Querschnittanalyse (HOFER, STALDER 1998) und Unterlagen zu den RPO "Ökomarkt Graubünden".

6.3.4 Effekte von Wertschöpfungsregionalisten

Zentrales Ziel der Wertschöpfungsregionalisten ist – wie es der Namen sagt – die Erzeugung von regionaler Wertschöpfung und die Erhaltung der Strukturen in der Landwirtschaft und dem verarbeitenden Gewerbe. Bezüglich Produktepalette und Beteiligten wird im Allgemeinen ein breiter Ansatz verfolgt; die horizontale und auch vertikale Integration der Produktionsketten von Lebensmitteln geht bei diesem Typus vergleichsweise weit, wobei die regional gelabelten Lebensmittel auch ausserhalb der eigenen Region vertrieben werden.

Insbesondere in Bezug auf die Produktespezifizierung hat dieser Typus ein etwas schwammiges Profil und er stellt in vieler Hinsicht einen Kompromiss dar; z.B. ist die Länge der Produktionsketten, die tatsächlich in der Region stattfinden, unterschiedlich und auch die Beteiligung nicht wirtschaftlicher Akteure (Lateralität des Netzes) variiert je nach RPO. Dies führt dazu, dass die Effekte dieses Typus ziemlich stark differieren können und eine pauschale Beurteilung schwierig ist.

Vergleichsweise grosse Effekte haben Wertschöpfungsregionalisten in Bezug auf die Potenziale 5 (Umweltverantwortung fördern) und 9 (regionale sozioökonomische Entwicklung zum Thema machen), bspw. aber nicht bezüglich Pot. 8 (Wertschöpfung generieren)[30].

6.3.5 Effekte von Verarbeitern und Vermarktern alter Sorten und Rassen

Im Zentrum dieses RPO-Typus stehen besondere landwirtschaftliche Rohstoffe, d.h. alte Pflanzensorten und Nutztierrassen, die den hohen Exklusivitätsgrad der daraus hergestellten Lebensmittel prägen. Die Ursprungsregion ist vor allem insofern von Bedeutung, als die Produktion der speziellen Rohstoffe zumeist an bestimmte landschaftsökologische und klimatische Bedingungen gebunden ist bzw. in bestimmten Regionen traditionell verankert ist[31].

Ähnlich wie die Ökoregionalisten besetzen Verarbeiter und Vermarkter alter Sorten und Rassen im Lebensmittelmarkt einige wenige Nischen und entwickeln dabei bis anhin wenig Breitenwirkung. In diesen Nischen sind sie aber durchaus wettbewerbsfähig und leisten – nebst den unten erwähnten Effekten – insbesondere auch indirekte Beiträge in Richtung einer nachhaltigen Entwicklung. Dies durch ihre allgemein sensibilisierende Informationsar-

---
[30] Quelle der Beurteilungen: Fallbeispiele Ämmitaler Ruschtig (ZIMMERMANN 1998), Obersimmental - Saanenland (SCHLEGEL 1999) und Appenzellerland – rundum gesund, sowie diverse Untersuchungen im Rahmen der Querschnittanalyse (HOFER, STALDER 1998).
[31] Verarbeiter und Vermarkter alter Sorten und Rassen können jedoch ohne weiteres auch international tätig sein: Die Fairtrade-Bewegung oder Initiativen zur Erhaltung tropischer Regenwälder fahren mit ihren Produkten eine in vielen Punkten ähnliche Strategie. Eine Strategie notabene, die nicht an bestimmte räumlich-regionale Grenzen gebunden ist und damit das in

beit und durch ihre Kooperation mit ideellen Organisationen im Umwelt- und Kulturgüterschutz[32].

Einen relativ grossen Effekt haben Verarbeiter und Vermarkter alter Sorten und Rassen im Hinblick auf die Potenziale 3 (Biodiversität erhalten), 5 (Umweltverantwortung fördern) und 11 (Transparenz verbessern). Da sie zumeist traditionelle, wenig technisierte Verarbeitungsverfahren anwenden, ist auch ihr Beitrag an das Potenzial 2 (Emissionen vermindern) und 12 (Eingriffstiefe vermindern) vergleichsweise hoch[33].

6.3.6 Effekte von innovativen Verarbeitungsunternehmen

Der RPO-Typus „innovative Verarbeitungsunternehmen" ist – wie es der Name ausdrückt – dominiert durch ein bestimmtes Unternehmen, welches auf der Stufe Verarbeitung und/oder Handel angesiedelt ist und sich einen Kreis von (regionalen) Lieferanten und Partnern aufgebaut hat. Charakteristische Merkmale sind der monozentrische Aufbau, die starke Ausrichtung auf wirtschaftliche Ziele und die vergleichsweise geringe Beteiligung von Verbänden und öffentlichen Institutionen. Der Spezifitätsgrad der hergestellten Lebensmittel wie auch die Zielmärkte variieren bei diesem RPO-Typus recht stark. Eine allgemeingültige Beurteilung bezüglich seiner Nachhaltigkeitseffekte lässt sich deshalb aus unseren empirischen Befunden nur begrenzt ableiten, hier spielen weitere, vom konkreten Fall abhängige Faktoren eine speziell wichtige Rolle[34].

Immerhin lassen sich vergleichsweise grosse Effekte feststellen bezüglich der Potenziale 6 (effizienter Ressourceneinsatz), 7 (Betriebswirtschaftliche Rendite), 8 (Wertschöpfung erhalten) und 10 (regionale Zusammenarbeit). Wenn die beiden Strategien "Bio" und "Regio" kombiniert werden[35], ergeben sich auch Effekte bezüglich der Potenziale 5 (Umweltverantwortung), 11 (Transparenz verbessern) und 12 (Eingriffstiefe vermindern)[36].

Kap. 6.2 angesprochene Problem der unausgeglichenen interregionalen Entwicklung zuungunsten ferner Regionen vermeidet.

[32] Für die Schweiz zu nennen insbesondere die Stiftung Pro Spezie Rara, die sich die Erhaltung und angepasste Nutzung alter, vor dem Aussterben stehenden Nutztier- und Pflanzenarten zum Ziel gesetzt hat.

[33] Quelle der Beurteilungen: Untersuchungen zu den RPO "IG Dinkel" (vgl. Kap. 5.3.5) und gran alpin (PROBST 1998) sowie diverse Untersuchungen im Rahmen der Querschnittanalyse (HOFER, STALDER 1998).

[34] Zu nennen insbesondere (a) die Zielmärkte bzw. das Distributionssystem, (b) die Art und Weise der Verarbeitung bzw. das Segment in dem man tätig ist (ob Milch, Fleisch, Gemüse etc.) sowie (c) die Art und Weise der Rohstoffproduktion.

[35] Ein Beispiel ist die Aargauer Zentralmolkerei AZM in Suhr, welche – parallel zum Regionalmarketingprojekt "Gemeinsames Agrarmarketing Aargau" – verschiedene Anstrengungen zur Herstellung und Vermarktung von regionalen Bioprodukten unternommen hat. Weitere Beispiele unter den von uns untersuchten RPO: Biokäserei San Carlo, Bio-Service Interlaken, Appenzeller Biobier, Bio-Emmentaler aus dem Emmental sowie Bio-Appenzeller (letztere zwei gehören jedoch nur teilweise zum Typus innovative Verarbeitungsunternehmen).

[36] Quelle der Beurteilungen: Diverse Untersuchungen im Rahmen der Querschnittanalyse (HOFER, STALDER 1998) und Unterlagen zur RPO Molkerei Gstaad (vgl. Kap. 5.3.6).

6.3.7 Effekte von landwirtschaftlichen Selbsthilfeprojekten

Unter den Typus "landwirtschaftliche Selbsthilfeprojekte" fallen Projekte bzw. Organisationen im Übergangsbereich von der Direktvermarktung zu eigentlichen regionalen Kooperationen entlang der Produktionsketten. Es handelt sich dabei um kleine, vorwiegend horizontale Kooperationen auf Stufe Landwirtschaft, welche versuchen, die im Verlauf der letzten Jahrzehnte tendentiell immer länger und komplexer gewordenen Produktionsketten stark zu vereinfachen und eine direkte – regionale – Brücke zwischen Rohstoffproduzenten (Landwirtschaft) und Konsumenten zu schaffen. In vielen Fällen sind im Übrigen (halb-) öffentliche Institutionen aus dem Landwirtschaftsbereich beteiligt.

	Wirkungspotenziale 1 - 12												Art der Wirkungen	
Typ	1	2	3	4	5	6	7	8	9	10	11	12	B	T
1 Verbands-Konglomerate	1	1	1	1	1	–	1	–	–	1	0	–	X	
2 AOC-Organisationen	0	0	1	0	1	0	–	–	1	–	–	1	x	x
3 Öko-Regionalisten	–	–	–	–	–	–	1	1	0	–	0	–		X
4 Wertschöpfungs-regionalisten	1	1	1	1	–	1	1	1	–	1	1	1	x	
5 Verarbeiter/Vermarkter alter Sorten und Rassen	0	–	–	1	–	0	1	1	1	0	–	–		X
6 Innovative Verarbeitungs-Unternehmen	0	0	1	1	1	–	–	1	–	1	1	–	(X)	(X)
7 Landwirtschaftliche Selbsthilfeprojekte	0	0	1	0	1	0	1	1	–	0	–	–	x	

0: keine bzw. negative Effekte
1: schwache Effekte (bzw. Effekte nur im Einzelfall oder vorübergehend)
2: (im Vergleich aller Typen) relativ grosse Effekte

B: Effekt in die Breite (vergleichsweise grosse Reichweite der begrenzten Wirkugen)
T: Wirkung in die Tiefe (vergleichsweise geringe Reichweite der an sich grossen Wirkungen)
(vgl. auch Kap. 6.3.1 und Fussnote 28).

Darstellung 22: Nachhaltigkeitseffekte verschiedener RPO – Typen

Die Nachhaltigkeitseffekte landwirtschaftlicher Selbsthilfeprojekte beschränken sich auf gewisse Nischen und sind auch dort begrenzt. Diesem (harten) Urteil muss jedoch entgegengestellt werden, dass eine Transformation des BfE in jedem Fall ein Bewusstseinswandel bei allen Beteiligten und insbesondere auch bei den Konsumenten erfordert. Hier leistet dieser basisorientierte, oft idealistisch agierende und argumentierende RPO-Typus viel Sensibilisierungsarbeit; er ist gewissermassen ein Wegbereiter für andere, quantitativ bedeutendere Strategien. Vergleichsweise grosse Effekte hat er in Bezug auf die Potenziale 9 (regionale sozioökonomische Entwicklung zum Thema machen), 11 (Transparenz verbessern) und 12 (Eingriffstiefe vermindern)[37].

6.4 Fazit der Beurteilungen

6.4.1 Begrenzte und oft schwierig nachzuweisende Effekte der untersuchten RPO

Regionale Produktorganisationen bzw. die von diesen verfolgten Strategien zur (Re-) Regionalisierung der Lebensmittelproduktion verfügen über insgesamt 12 Wirkungspotenziale, die sowohl ökologische als auch ökonomische, gesellschaftliche und individuell-gesundheitliche Aspekte einer nachhaltigen Entwicklung im Bedürfnisfeld Ernährung abdecken.

Nach der Herleitung und der kritischen Diskussion der verschiedenen Wirkungspotenziale und der Beurteilung der sieben RPO-Typen sind folgende Punkte als Fazit festzuhalten:

* *Begrenzte Effekte*
  Die ökologischen, ökonomischen, sozialen und individuell-gesundheitlichen Effekte der RPO in der Schweiz sind bis zum heutigen Zeitpunkt klar begrenzt. Sie beschränken sich in vielen Fällen auf bewusstseinsbildende und damit eher qualitative, schwierig nachzuweisende Wirkungen (insbesondere Potenziale 11: Transparenz erhöhen, 9: regionale sozioökonomische Entwicklung zum Thema machen und 5: Umweltverantwortung fördern).

* *Eher Tiefen- denn Breitenwirkung*
  Im Weiteren haben RPO eher eine Tiefen- denn eine Breitenwirkung. Das heisst, ihre Ausstrahlung geht – mit Ausnahme der oben genannten bewusstseinsbildenden Wirkungen – nicht über die direkt Beteiligten und deren unmittelbares Umfeld hinaus. Die Durchdringung des gesamten (regionalen) Bedürfnisfeldes Ernährung ist im allgemeinen gering[38].

---

[37] Quelle der Beurteilungen: Diverse Untersuchungen im Rahmen der Querschnittanalyse (HOFER, STALDER 1998) und die Arbeit von BLÖTH 1999.
[38] Ausnahmen sind am ehesten bei den beiden Typen Verbandskonglomerate und innovative Verarbeitungsunternehmen zu verzeichnen.

* *Geringer Marktanteil*
Die begrenzte Breitenwirkung hängt vor allem auch damit zusammen, dass die meisten RPO sich auf dem Markt nur bedingt durchsetzen konnten und ihr Marktanteil bis anhin klein ist.

* *Weitere Einflussfaktoren relevant*
Weiter hat sich gezeigt, dass die konstituierenden Merkmale von RPO[39] im Hinblick auf die 12 potenziellen Nachhaltigkeitseffekte zwar hilfreiche und z.T. notwendige, aber nie hinreichende Voraussetzungen sind. Dass die RPO bis anhin keine grösseren Effekte haben, liegt nicht nur an ihnen bzw. an der von ihnen gewählten Strategie, sondern vor allem auch an ihrem (politischen, wirtschaftlichen und allgemein gesellschaftlichen) Umfeld. Dieses Umfeld bzw. die sich daraus ergebenden Chancen und Hindernisse für RPO unter die Lupe zu nehmen, ist im Übrigen das Ziel von Kapitel 7.

* *Achtung Problemverschiebung!*
Ein Problem, welches sich bei den durchgeführten Beurteilungen des öfteren manifestierte und in diesem Fazit nicht unter den Tisch fallen sollte, ist die mit RPO verbundene Gefahr der räumlichen und zeitlichen Problemverschiebung: Auch wenn RPO in ihrer Region Nachhaltigkeitseffekte erzeugen, ist damit nicht gesagt, dass diese positiven Wirkungen nicht auf Kosten anderer Regionen oder späterer Generationen gehen (vgl. Wirkungspotenziale 4 und 8). Diese Problematik betrifft übrigens auch andere Regionalisierungsstrategien in der Ernährung oder Ansätze wie lokale Agenda 21-Prozesse.

Zusammengefasst gesehen ist das Ergebnis unserer Beurteilungen doppelt ambivalent: Sowohl im Hinblick auf die Erreichung der eigenen Ziele (→phänomenorientierter Zugang) vermögen die Schweizer RPO bis anhin wenig zu überzeugen[40], als auch im Hinblick auf die Effekte in Richtung einer nachhaltigen Entwicklung des Bedürfnisfeldes Ernährung (→nachhaltigkeitsorientierter Zugang) fällt das Urteil eher zwiespältig aus.

Nach der Umfeldanalyse im Kapitel 7 wird es in den Teilen IV und V darum gehen, strategische Ansatzpunkte zur Verbesserung dieser Situation zu identifizieren und daraus Vorschläge im Hinblick auf (1) eine erhöhte Leistungsfähigkeit der RPO in der Schweiz sowie (2) eine Transformation des Bedürfnisfeldes Ernährung in Richtung Nachhaltigkeit zu entwickeln.

Gewissermassen als Einschub soll jedoch vorher das Referenzsystem, welches für die durchgeführten Beurteilungen verwendet wurde, noch einer kurzen Reflexion unterzogen werden.

---

[39] Konstituierende Merkmale von RPO sind (1) der Netzwerkcharakter mit einer horizontalen, vertikalen und lateralen Kooperation von Akteuren auf regionalem Massstab, (2) die beiden Leitziele "Marktsegmentierung" und "autonome Strukturen", (3) die kurz geführte, regionalisierte Produktionskette sowie (4) die Kommunikation mittels eines Labels (vgl. Kap. 4).
[40] Wobei die vorhandenen Ausnahmen nicht unter den Tisch gewischt werden sollen.

6.4.2 Beurteilungsysteme für eine nachhaltige Entwicklung im Bedürfnisfeld Ernährung (eine kritische Reflexion)

Im Verlauf des Buches wurde verschiedentlich darauf hingewiesen, dass sich die Zielsetzungen der untersuchten RPO und die durch diese entwickelten Strategien einerseits und das Ziel der Transformation des Bedürfnisfeldes Ernährung in Richtung Nachhaltigkeit andererseits nicht gänzlich decken (vgl. Darst. 1 und 2 in Kapitel 2). Unser Ziel war es, mit dem in diesem Kapitel entwickelten Referenzsystem als Grundlage unserer Beurteilungen beide Äste unseres Forschungsprojektes – den phänomenorientierten und den nachhaltigkeitsorientierten Zugang – zu verbinden.

Welche Erfahrungen haben wir damit gemacht? Wie ist das verwendete Referenzsystem im Rückblick zu beurteilen?

Dazu fünf Punkte:

- Die Differenzierung in vier Kategorien von Wirkungspotenzialen (ökologischer, ökonomischer, sozialer und individuell-gesundheitlicher Bereich) erwies sich zwar als analytisch hilfreich. Bei der Beurteilung der Effekte von RPO zeigte sich aber deutlich die enge Abhängigkeit der verschiedenen Bereiche.

- Diese Abhängigkeit kann grundsätzlich in zwei Richtungen gehen: Entweder als positive oder als negative Korrelation. D.h. es gibt Wirkungspotenziale, die sich gegenseitig stützen (z.B. "Ressourceneffizienz steigern" und "Energieverbrauch senken"), dann gibt es aber auch solche, die normaler weise konfliktuös zueinander stehen (z.B. "betriebswirtschaftliche Rendite generieren" und "Auslagerung von ökologischen Risiken vermeiden").

- Damit sind wir bei der Frage, wie mit den Zielkonflikten zwischen den verschiedenen Wirkungspotenzialen umgegangen werden soll. Dies ist nicht mehr ein Problem des "Was" (der inhaltlichen Aspekte von Nachhaltigkeit) sondern vor allem des "Wie" (wie die verschiedenen Inhalte von Nachhaltigkeit, welche in den 12 Potenzialen festgehalten sind, miteinander verbunden und Zielkonflikte dabei soweit möglich überwunden werden können).

- Bezüglich dem "Wie", d.h. den prozessualen oder verfahrensbezogenen Aspekten von Nachhaltigkeit, sagen die 12 Wirkungspotenziale aber wenig aus. Diese Lücke gilt es nicht zuletzt im Hinblick auf eine Erhöhung der Nachhaltigkeitseffekte von RPO in den folgenden Kapiteln soweit möglich noch zu schliessen.

- Ein zentraler Ausgangspunkt zum Verständnis des "Wie" ist der Status der Nachhaltigkeit als gesellschaftlicher Grundwert: Nachhaltigkeit bedeutet unseres Erachtens vor allem auch, Grundregeln des gesellschaftlichen Zusammenlebens und damit die Werte Gerechtigkeit, Freiheit, Gleichheit und Solidarität zu beachten (vgl. Kap. 2.2.2). Dies sowohl innerhalb einer Organisation (d.h. im Umgang der Mitglieder einer RPO miteinander) als auch im Verhältnis einer Organisation zu deren Umfeld (d.h. zwischen den Mitgliedern einer RPO und ihren Transaktionspartnern im politisch-rechtlichen, ökonomischen und übrigen gesellschaftlichen Umfeld).

Die Verbindung von inhaltlichen ("Was"-) und prozessualen ("Wie"-) Komponenten von Nachhaltigkeit (vgl. Darst. 23) ist im Übrigen nicht unproblematisch: Einerseits bedingen sich die beiden wie zwei Seiten einer Medaille, andererseits stehen sie auch in einem grundsätzlichen Widerspruch zueinander. Weshalb dies so ist und welche Probleme dies nicht zuletzt auch für die Nachhaltigkeitsforschung mit sich bringt, werden wir im Kapitel 11 noch etwas ausführlicher behandeln.

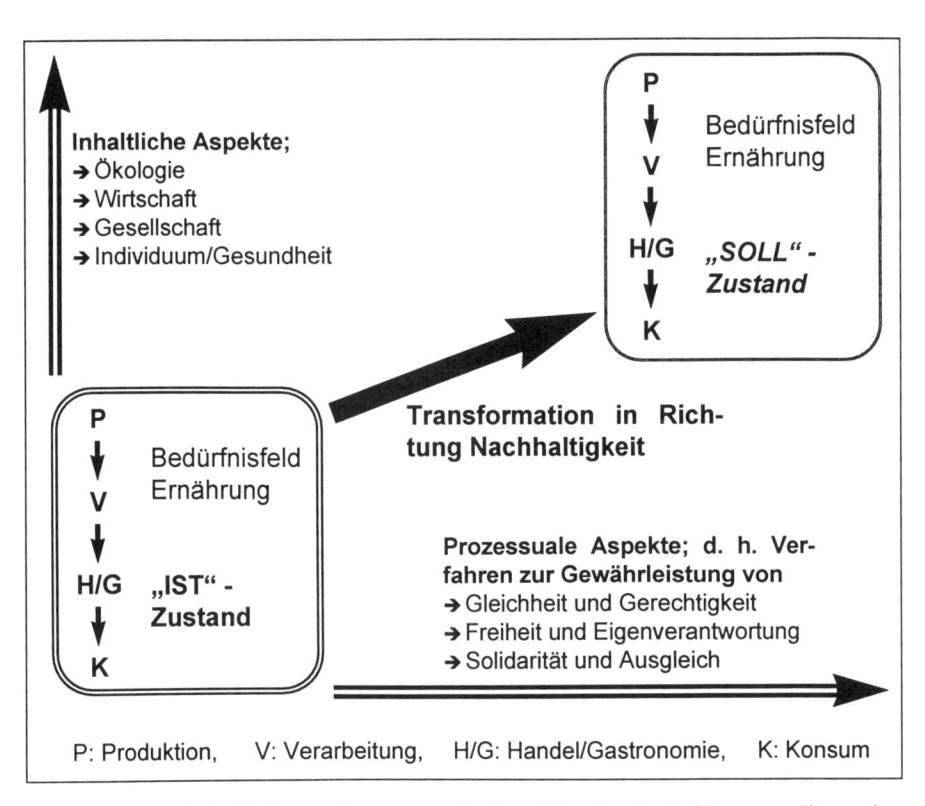

Inhaltliche Aspekte;
→ Ökologie
→ Wirtschaft
→ Gesellschaft
→ Individuum/Gesundheit

P ↓ V ↓ H/G ↓ K   Bedürfnisfeld Ernährung   „SOLL"- Zustand

P ↓ V ↓ H/G ↓ K   Bedürfnisfeld Ernährung   „IST"- Zustand

Transformation in Richtung Nachhaltigkeit

Prozessuale Aspekte; d. h. Verfahren zur Gewährleistung von
→ Gleichheit und Gerechtigkeit
→ Freiheit und Eigenverantwortung
→ Solidarität und Ausgleich

P: Produktion,   V: Verarbeitung,   H/G: Handel/Gastronomie,   K: Konsum

Darstellung 23: Inhaltliche und prozessuale Aspekte als die beiden grundlegenden Komponenten von Nachhaltigkeit

7. Position von Politik, Detailhandel und Konsumenten gegenüber RPO

In den vorangegangenen Kapiteln wurden Merkmale, Wirkungspotenziale und tatsächliche Effekte von RPO beschrieben und bewertet. Es hat sich gezeigt, dass regionale Produkte bisher eine weitgehend unbedeutende Rolle spielen im BfE. Dieser Sachverhalt kann auf zwei Dinge hinweisen: Dass sie vorhandene Chancen zu wenig wahrnehmen oder aber, dass sie vom Umfeld in der Entfaltung ihrer Potenziale gehemmt werden. Deshalb soll in der Folge genauer analysiert werden, wie sich Politik, Detailhandel und Konsumenten zu RPO stellen und welche Chancen und Hindernisse hieraus resultieren. Diese drei Akteurgruppen, so die dahinter liegende These, haben entscheidenden Einfluss auf den Erfolg von RPO. Die Leitfrage dieses Kapitels lautet: *Wie positionieren sich Politik, Detailhandel und Konsumenten gegenüber RPO bzw. regionalen Produkten[1] und welche Chancen und Hindernisse ergeben sich daraus für diese?*

7.1 Einleitung

Wie wir in Kapitel 3 gesehen haben, hat der gegenwärtige Wandel im BfE eine produktive, eine regulative und eine signifikative Dimension. Oder anders gesagt: Er umfasst ebenso neue Produkte, Produktionsmittel und Herstellungsverfahren (produktive Dimension), wie neue gesetzliche Bestimmungen, Verträge und implizite Normen (regulative Dimension) und neue Werthaltungen, Einstellungen und Präferenzen (signifikative Dimension); letzteres nicht zuletzt auf Seiten der Konsumenten.

RPO können einerseits als Promotoren dieses Wandels verstanden werden. Umgekehrt besteht aber auch kaum Zweifel daran, dass das Aufkommen von RPO direkt in Zusammenhang mit sich verändernden Rahmenbedingungen im BfE steht: Die Initianten und Promotoren von RPO versuchen auf zweckmässige Weise auf den laufenden Wandel zu reagieren wollten. So fällt die Gründung der meisten RPO in eine Zeit, in welcher der seit längerem prognostizierte Restrukturierung des BfE konkrete Formen anzunehmen begann. Zusammen mit neuen produktionstechnischen Möglichkeiten und nachfrageseitigen Entwicklungen entstand damit eine Situation, welche teilweise völlig neuartige Anforderungen an die Akteure entlang der ganzen Produktionskette stellt und entsprechend angepasste Strategien verlangt.

In der Betriebswirtschaftslehre werden drei verschiedene Gruppen von Akteuren unterschieden, mit welcher Unternehmen im Austausch stehen und

---

[1] Während im Falle der Politik RPO als neue Organisationen/Institutionen im Vordergrund (ihrer und unserer) Beurteilung stehen, sind es bei den Konsumenten die Produkte. Im Falle des Detailhandels wird in der Folge beides thematisiert.

auf die sie in adäquater Weise eingehen müssen, nämlich (1) politische, (2) marktliche sowie (3) öffentliche Anspruchsgruppen[2]. Diese bedienen sich wiederum bestimmten gesellschaftlichen "Lenkungssystemen", um ihre Ziele durchzusetzen: Dem Markt, der Politik und der Öffentlichkeit"[3]. Auch wenn RPO ihrer Struktur nach nicht gleichgesetzt werden können mit einer Unternehmung, so sind sie doch wie diese mit den verschiedenen Anspruchsgruppen konfrontiert. Die spezifische Position politischer, marktlicher und öffentlicher Anspruchsgruppen gegenüber RPO kommt vor allem in (1) der neuen Landwirtschaftsgesetzgebung (Lenkungssystem Politik), (2) im Verhalten des Lebensmitteldetailhandels (Lenkungssystem Markt) und (3) in Einstellungen und Kaufhandlungen der Konsumenten (alle drei Lenkungssysteme) zum Ausdruck (Darst. 24).

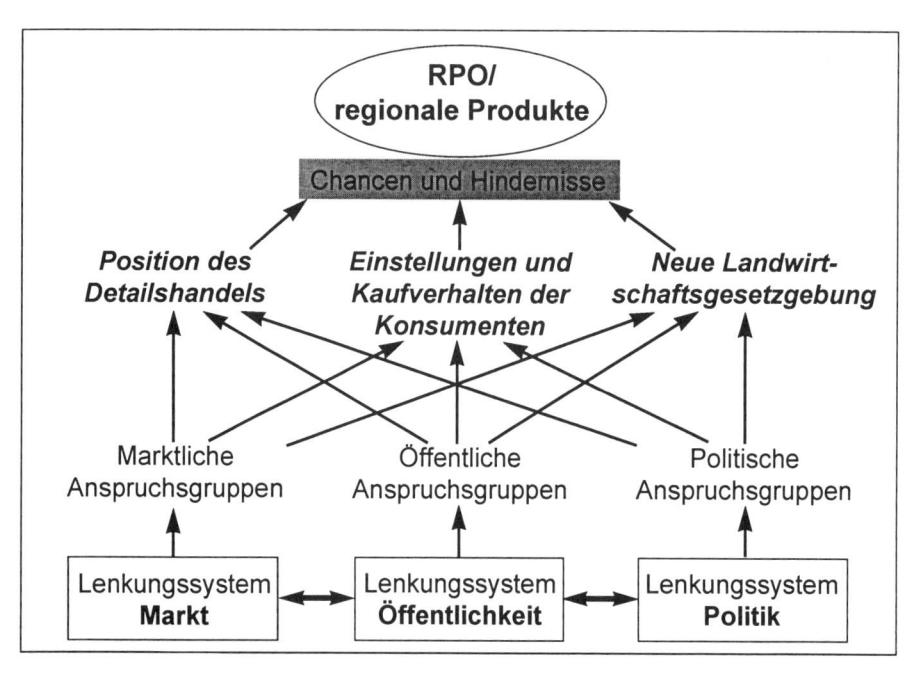

Darstellung 24: Chancen und Hindernisse für RPO bzw. regionale Produkte aus der Positionierung verschiedener Anspruchsgruppen

Landwirtschaftsgesetzgebung, Lebensmitteldetailhandel und Konsumenten repräsentieren also einen wichtigen Teil der gesellschaftlichen Rahmenbedingungen, mit denen sich RPO konfrontiert sehen. Während in der neuen Landwirtschaftsgesetzgebung explizit Bezug genommen wird auf RPO bzw. regionale Produkte, kommt dem Detailhandel – seiner Funktion entsprechend

---

[2] Vgl. u.a. BELZ 1995.
[3] So bedienen sich bspw. Umwelt- oder Konsumentenorganisationen des Lenkungssystems Öffentlichkeit, Unternehmen des Marktes und Politiker politisch-rechtlichen Mitteln bzw. dem Lenkungssystem Politik.

– anerkannterweise die Rolle des Gatekeepers zwischen Angebot und Nachfrage zu[4].

Die Reaktionen und Massnahmen dieser drei Anspruchsgruppen gegenüber RPO bzw. regionalen Produkten sollen in der Folge genauer ausgeführt werden: Wie werden RPO bzw. regionale Produkte in der Landwirtschaftsgesetzgebung behandelt (7.2), welche Argumente und Signale pro und kontra regionale Produkte kommen vom Lebensmitteldetailhandel und insbesondere von den Grossverteilern (7.3) und welche Einstellungen und Verhaltensweisen zeigen die Konsumenten (7.4)?

7.2 Neue Landwirtschaftsgesetzgebung

7.2.1 Nationale Gesetzgebung

Das Reformkonzept des siebten Landwirtschaftsberichts von 1992 sieht u.a. vor, zur Stützung der Einkommen der Bauern spezielle Rahmenbedingungen zur Förderung von Spezialitäten und Produkten "hoher Qualität" zu schaffen. Das revidierte Landwirtschaftsgesetz von 1995 (Einführung des neuen Artikels 18) enthält deshalb (1) eine Beschreibung "ökologischer Qualität" für besondere Umweltleistungen, die zur Einführung einer Bioverordnung diente, (2) eine Definition spezifischer Eigenschaften zur Kennzeichnung von Handelsklassen[5] und (3) eine Verordnung zum Schutz geographischer Ursprungsbezeichnung AOC/GUB bzw. geographischer Angaben (GGA/IGP) (siehe Kasten).

> *GUB/AOC und GGA/IGP – vier Kürzel für geographischen Ursprungsschutz*
>
> GUB, AOC, GGA und IGP heissen vier Kürzel für verschiedene Formen des geographischen Ursprungsschutzes. GUB oder "Geographische Ursprungsbezeichnung" lautet die deutsche Übersetzung für "Appellation d'origine contrôlée", kurz AOC. GGA oder "Geografische Angabe" ist die deutsche Form des französischen Indication géographique protégée oder IGP. Seit 1. Juli 1997 bestehen in der Schweiz die nötigen gesetzlichen Grundlagen, um Produkte, die im staatlichen Register für Ursprungsschutz Eingang gefunden haben, als GUB/AOC oder GGA/IGP-Erzeugnis kennzeichnen lassen zu können. Damit schliesst man in der Schweiz an eine Tradition an, die besonders in Frankreich seit vielen Jahren bekannt ist und in letzter Zeit auch in anderen EU-Staaten Verbreitung gefunden hat. Die staatlich geschützten Zeichen sollen dazu dienen, Lebensmittel, deren Qualität "im wesentlichen oder ausschliesslich" in Beziehung mit ihrer geographischen Herkunft steht, als Exklusivität kennzeichnen und gegen unliebsame Konkurrenz schützen zu können. Der geforderte Bezug zwischen Produkt und Herkunft kann dabei sowohl auf natürlichen Einflussfaktoren (Bodenbeschaffenheit, Klima

---

[4] Zur Rolle des Lebensmitteldetailhandels im BfE vgl. BELZ 1995, BELZ 1997, BELZ & VILLIGER 1997 sowie BELZ et al. 1997.

[5] Die Handelsnormen waren bislang in der Schweizerischen Lebensmittelverordnung festgelegt.

etc.), wie besonderen menschlichen Fähigkeiten und Fertigkeiten beruhen.

Für eine GGA/IGP-Kennzeichnung reicht es bereits, wenn ein einzelner Produktionsschritt (Urproduktion, Verarbeitung oder Endfertigung) innerhalb der bezeichneten Region erfolgt, im Falle von GUB/AOC dagegen muss sich die ganze Produktionskette nachweisbar in diesem Raum befinden. Die Anforderungen, welche an GGA/IGP-Produkte gestellt werden, sind also weniger hoch im Vergleich zu GUB/AOC. In beiden Fällen muss aber geltend gemacht werden können, dass innerhalb der bezeichneten Region eine repräsentative Gruppe von Produzenten und/oder Verarbeitern in die geschützte Produktion eingebunden ist. Dadurch soll der Gemeinschaftscharakter von GUB/AOC– bzw. GGA/IGP-Produkten - eine weitere Bedingung für das Recht auf Registrierung - garantiert werden[6].

Im Oktober 1999 veröffentlichte das Bundesamt für Landwirtschaft die ersten Eintragungsgesuche für GUB/AOC- und GGA/IGP-Kennzeichnungen. Dabei handelt es sich um die zwei Käsesorten "L'Etivaz" und "Gruyère", die Sprituose "Eau-de-vie de poire du Valais" und das Getreideprodukt "Rheintaler Ribel (alle GUB/AOC) sowie "Bündnerfleisch" (GGA/IGP). Rund 20 weitere Kennzeichnungen befanden sich zum gleichen Zeitpunkt im Anerkennungsverfahren[7].

Die Gründung vieler RPO fiel zeitlich zusammen mit dem Beginn der öffentlichen und politischen Diskussionen im Rahmen von Agrarpolitik 2002. Inzwischen hat die Strategie regionale Produkte bzw. Regionale Produktorganisationen selber Eingang gefunden in die Landwirtschaftsgesetzgebung. Sowohl auf nationaler wie – teilweise – auf kantonaler Ebene sind in den letzten Jahren rechtliche Bestimmungen entstanden, die auf die Produktion und Vermarktung von regionalen Produkten im Rahmen von RPO abzielen. So werden nach dem neuem schweizerischen Landwirtschaftsgesetz, welches seit 1. Januar 1999 in Kraft ist[8], Branchenorganisationen einzelner Produkte oder Produktgruppen mittels Qualitäts- und Absatzförderungmassnahmen bei der Vermarktung unterstützt. Während "Qualitätsförderung" in erster Linie auf das Erlassen spezifischer Vorschriften und die Durchführung entsprechender Kontrollen abzielt, soll die Absatzförderung dazu dienen, "nationale oder regionale Massnahmen der Produzenten, der Verarbeiter oder des Handels" zur Förderung des Absatzes Schweizerischer Landwirtschaftsprodukte (...) mit finanziellen Beiträgen zu unterstützen" (LwG 1998; Art. 12, Absatz 1). Es ist also explizit geplant, eine Doppelstrategie zu fahren: Während die national

---

[6] BRAND 1996. Im Februar 1999 wurde die "Schweizerische Vereinigung zur Förderung der geschützten Ursprungsbezeichnungen (GUB) und der geschützten geographischen Angaben GGA" geschaffen. Zweck des Vereins mit Sitz in Verbier (CH) ist "die allgemeine produktspezifische Förderung" von GUB/AOC und GGA/IGP in der Schweiz. Geplant sind insbesondere verschiedene Kommunikations- und Koordinationsmassnahmen. So soll in absehbarer Zukunft ein gesamtschweizerisch einheitliches Label für entsprechende Erzeugnisse geschaffen werden. Mitglied des neuen Vereins können alle schweizerischen Branchenorganisationen werden, welche die GUB/AOC- bzw. GGA/IGP-Bedingungen erfüllen (GRANDJEAN 1999).

[7] BAUERNZEITUNG vom 8. 10. 1999.

[8] Das neue Landwirtschaftsgesetz bildet die Grundlage für insgesamt 37 Verordnungen. Im Gegensatz zum übrigen Bereich traten die neuen Bestimmungen im Milchbereich erst am 1. Mai 1999, also nach Abschluss des "Milchjahres" in Kraft (LwG 1998).

ausgerichteten Fördermassnahmen auf Basismarketing für Schweizer Landwirtschaftsprodukte im In- und Ausland abzielen, sollen regional differenzierte Unterstützungsleistungen via Vermarktungsinitiativen besonders strukturschwachen, landwirtschaftlich geprägten Regionen zugute kommen. Schliesslich können Kennzeichnungsvorschriften für besonders umweltschonende und/oder tiergerecht produzierte Lebensmittel und Erzeugnisse besonderer Herkunft erlassen werden. Diese dritte Strategie bildet somit eine Art Bindeglied zwischen Qualitäts- und Absatzförderung und soll insbesondere zur Förderung der Glaubwürdigkeit der Produkte beitragen.

Die Bestimmungen zur Absatzförderung auf *regionaler* Ebene einerseits und Herkunftskennzeichnungen andererseits stehen in engem Bezug zu regionalpolitischen Zielen, wie sie bis anhin mehrheitlich im Kompetenzbereich des "Bundesbeschlusses über die Unterstützung des Strukturwandels im ländlichen Raum" (Regio Plus) lagen, so dass kürzlich spezifische Vollzugsinstrumente geschaffen werden mussten. Diese regeln u.a. die Zuständigkeit der beiden betroffenen Bundesämter Bundesamt für Wirtschaft und Arbeit BWA, welches für die Umsetzung von Regio Plus zuständig ist, und Bundesamt für Landwirtschaft BLW, welches verantwortlich zeichnet für die landwirtschaftliche Absatzförderung[9].

Gemäss spezieller Wegleitung für den Vollzug der Absatzförderung im regionalen Bereich auf Grundlage der Landwirtschaftlichen Absatzförderungsverordnung sollen ab 1. Januar 1999 regionale Vermarktungsprojekte, die sich ausschliesslich oder vorwiegend "auf die Landwirtschaft beziehen", im Rahmen des Landwirtschaftsgesetzes unterstützt werden[10]. Insgesamt 10% der gesamten Mittel des BLW, die zur Absatzförderung vorgesehen sind, sollen Projekten zur Verfügung gestellt werden, die auf regionaler Ebene tätig sind. Voraussetzung ist u.a. eine spezielle Trägerschaft, die unter gemeinsamer Projektleitung "mehrere, aus einer Region stammende (Landwirtschafts-)Produkte zusammenfasst" und vermarktet. Ziel ist der Aufbau und die Entwicklung von "regionalen Aktivitäten zur Förderung des Absatzes von regionalen Spezialitäten". Um dies zu erreichen, sollen die entsprechenden regionalen Potentiale ermittelt und die Projektträger maximal vier Jahre bei ihrer In-Wert-Setzung unterstützt werden. Dies, indem in erster Linie Vorhaben im Bereich der Marketing-Kommunikation[11] und Marktforschung bis zu 50% finanziell mitgetragen werden. Mit entsprechenden Massnahmen soll eine nachweisbar

---

[9] Gemäss Artikel 13 der "Verordnung über die Unterstützung der Absatzförderung für Landwirtschaftsprodukte" im Rahmen des neuen Landwirtschaftsgesetzes sind "Gesuche für regionale Vorhaben" an das Bundesamt für Wirtschaft und Arbeit BWA zu richten. Von da werden sie gegebenenfalls an das Bundesamt für Landwirtschaft weiter geleitet bzw. in enger Absprache mit diesem beurteilt. Es besteht ein einheitliches Eingabeverfahren, welches vorsieht, dass ein einheitlicher Fragebogen beim zuständigen Regionssekretär/Regionalberater bzw. – falls nicht existent – bei der entsprechenden kantonalen Stelle eingereicht wird.

[10] BWA/BWL 1999.

[11] Darin eingeschlossen sind Werbung, Verkaufsförderung, Produkte PR, Sponsoring, Direkt-Marketing sowie ein Teil der damit verbundenen indirekten Aufwendungen (inklusive Entlöhnung). Explizit ausgenommen sind Produkte- und Verpackungsentwicklungen und die visuelle Produkte- bzw. Verpackungsgestaltung (BWA/ BLW 1999).

positive Wirkung auf Absatzmenge oder Produzentenpreise (quantifizierbare Wertschöpfungswirksamkeit) erzielt wird. Voraussetzungen für die Beitragsberechtigung sind deshalb Wirkungskontrollen und "angemessene" Organisationsstrukturen. Zudem darf keine vergleichende Werbung gegen andere schweizerische Landwirtschaftsprodukte erfolgen.

7.2.2 Kantonale Gesetzgebung

Ergänzend zu Fördermassnahmen auf Grundlage des neuen Landwirtschaftsgesetzes haben verschiedene Kantone in den letzten Jahren damit begonnen, eine Förderungspolitik umzusetzen. Drei Kantone, die in den letzten Jahren diesbezüglich besonders Schlagzeilen gemacht haben, sind Bern, Freiburg sowie Aargau[12].

- Im *Kanton Bern* wurde per 1. Januar 1998 ein neues Landwirtschaftsgesetz in Kraft gesetzt. Ähnlich wie auf gesamtschweizerischem Niveau sollen damit vor allem die notwendigen Rahmenbedingungen für eine stärkere marktwirtschaftliche Ausrichtung der Landwirtschaft geschaffen werden. Als wichtigste Strategien hierfür gelten die Senkung von Kosten durch Strukturanpassungen, überbetriebliche Zusammenarbeit oder Rationalisierungsmassnahmen, die marktliche Profilierung durch Herkunftsschutz, Qualitätssicherung und regionale Vermarktung sowie die Aufnahme eines Nebenerwerbs[13]. Mit insgesamt 10 Massnahmen sollen diese Ziele erreicht werden. Eine davon ist die "Förderung von Innovationsprojekten/ regionale Vermarktung", mit welcher die "Wettbewerbsfähigkeit der Landwirtschaft und des vor- und nachgelagerten Gewerbes einer Region" erhalten und gefördert werden sollen. Zu diesem Zweck soll die Etablierung "neuer Produktefamilien, Verarbeitungsverfahren und Absatzkanäle, die zur Erhaltung oder Steigerung der Wertschöpfung in der Region dienen", unterstützt werden. Auf Grundlage dieser Bestimmung bewilligte der Regierungsrat des Kantons Bern inzwischen 1 Million Franken, die zu je einem Drittel an die drei grössten RPO (Ämmitaler Ruschtig, Berner Oberland Original Produkte und TouLaRe Seeland) verteilt wurden[14]. Überdies beteiligt sich der Kanton Bern zusammen mit den Kantonen Tessin, Waadt, Wallis, Neuenburg, Genf, Jura und Freiburg an der Gründung einer interkantonalen Zertifizierungsstelle für Landwirtschaftsprodukte mit einer Herkunftsbezeichnung gemäss neuer Landwirtschaftsgesetzgebung[15].

- Die Verbesserung der Wettbewerbsfähigkeit der Landwirtschaft innerhalb des eigenen Kantonsgebiets ist auch das Ziel eines vergleichbaren Geset-

---

[12] Es handelt sich hierbei um eine selektive Auswahl der Autoren. Selbstverständlich wurden diesbezüglich auch andere Kantone, etwa Graubünden oder Wallis aktiv.
[13] BAUERNZEITUNG vom 12. 12 1997.
[14] BAUERNZEITUNG vom 12. 7. 1998.
[15] Gemäss Artikel 18 des Landwirtschaftsgesetzes müssen Erzeugnisse mit einer GUB-oder GGA-Kennzeichnung von einer unabhängigen, eigens dafür akkreditierten Kontrollstelle zertifiziert werden (CLAEYMANN 1999).

zes des Kantons Freiburg. Dies indem "Qualität, Kennzeichnung, Verwertung und Absatz der landwirtschaftlichen Erzeugnisse" gefördert werden[16]. Zu diesem Zweck sollen jährlich bis zu Fr. 300'000.- gesprochen werden können für die Einführung von Qualitätssicherungsystemen, die Produktekennzeichnung, Marktstudien oder Meinungsumfragen, Informationskampagnen und die Herstellung von typischen oder neu kreierten Spezialitäten. Unterstützt werden sollen in erster Linie Projekte von Kooperationen und Branchenorganisationen. Der Kanton will aber nicht nur finanziell unterstützend wirken, sondern stellt via kantonale Dienststellen explizit auch Sachwissen und Arbeitszeit für Koordinationsaufgaben oder die Einführung von Kontroll- und Zertifizierungsystemen zur Verfügung.

- Im Kanton Aargau wurde im Anschluss an einen politischen Vorstoss anfangs der 90er Jahre ein Leitbild für eine erneuerte aargauische Landwirtschaftspolitik entwickelt. Parallel zum Start des kantonsweiten Regionalmarketingprojektes Gemeinsames Agrarmarketing Aargau GMA wurde dann das kantonale Landwirtschaftsgesetz revidiert, was es u.a. rechtlich möglich machte, das GMA ab 1996 mit einem Starthilfebeitrag von Fr. 250'000.- zu unterstützen. Die Fördergelder sollten vor allem dazu dienen, ein professionelles Marketing (Kommunikation, Werbung, Messen etc.) aufzubauen, welches es später auch möglich machen sollte, dass sich das GMA selber finanzieren kann. In einer zweiten Phase (1997) sagte das Kantonsparlament zu, für zwei Jahre zusätzlich Fr. 250'000.- zur Verfügung zu stellen, damit ein Qualitätssicherungssystem eingeführt werden konnte, welches durch eine private Firma betreut wird und vor allem den Warenfluss kontrolliert.

Diese Ausführungen machen deutlich, dass regionale Produkte bzw. RPO innerhalb weniger Jahre nach ihrem breiten Aufkommen sowohl auf nationaler wie kantonaler Ebene direkt oder indirekt Eingang gefunden haben in die revidierte Landwirtschaftsgesetzgebung. Offenbar handelt es sich also um eine Strategie, die von den meisten politischen Anspruchsgruppen als konform erachtet wird mit dem eingeleiteten Systemwechsel in der Agrarpolitik in Richtung mehr Markt und weniger politischer Intervention. Gleichzeitig verspricht sie, auch anderen politischen Zielen wie Umweltschutz, Kulturlandschaftspflege, Stärkung der Wertschöpfung, Erhaltung von Arbeitsplätzen etc. gerecht zu werden. Der Umfang der entrichteten öffentlichen Mittel ist jedoch bescheiden, gemessen an den gesamten staatlichen Aufwendungen für die Schweizerische Landwirtschaft. Gesprochen werden die entsprechenden Gelder in erster für verschiedene Marktbearbeitungsmassnahmen. Sie sind überdies an eine kooperative Organisationsweise der Trägerschaft sowie Massnahmen zur Qualitätssicherung und -förderung geknüpft. Dadurch soll u.a. sichergestellt werden, dass nicht nur einzelne Unternehmen, sondern Akteurkooperationen unterstützt werden. Die mit der Hoffnung, dass durch überbetriebliche Organisationen Marktbearbeitungsmassnahmen getätigt werden können, die auf betrieblicher Ebene häufig nicht möglich sind.

---
[16] BAUERNZEITUNG vom 28. 11. 1997.

7.2.3 Einschätzung der politisch-rechtlichen Rahmenbedingungen durch RPO-Akteure

Die beschriebenen Gesetze haben mehr oder weniger direkte Auswirkungen auf RPO, die daran beteiligten Akteure und deren Handlungsweise. Deshalb ist danach zu fragen, wie die politisch-rechtlichen Rahmenbedingungen wahrgenommen werden und welche Schlüsse sie gezogen werden. Eine empirische Untersuchung mit dieser Fragestellung ergab, dass derzeit in Landwirtschaft und Lebensmittelverarbeitung (befragt wurden Käser) eine grosse Unsicherheit besteht über die konkreten Folgen der neuen Agrarpolitik[17]. Hinzu kommen verschiedene gesetzliche Bestimmungen mit indirekten Wirkungen auf die Tätigkeit von RPO und die daran beteiligten Akteure, insbesondere Tierschutz, Gewässerschutz, Raumplanung und Lebensmittelhygiene. Ihre Wirkung wird häufig als Einschränkung der Handlungsfreiheit wahrgenommen. In einzelnen Fällen zwingen entsprechende neue Auflagen gar zur Aufgabe von Betrieben.

Je nach bisheriger Strategie werden die veränderten Rahmenbedingungen aber auch als Chance wahrgenommen. Hauptsächlich ins Auge gefasst werden eine gesteigerte Wertschöpfung durch Weiterverarbeitung sowie verstärkte Kommunikationsanstrengungen zur Produktevermarktung; beides Strategien, die dem Postulat nach "mehr Markt und weniger Politik" entsprechen. Allfälligen Massnahmen zur professionellen Qualitätssicherung oder –steigerung massen die Befragten RPO-Akteure dagegen eine kleinere Bedeutung bei. Die vorhandenen Unsicherheiten in Bezug auf die Rahmenbedingungen sind jedoch nicht allein auf die sich wandelnde politisch-rechtliche Situation zurückzuführen. Viele Betroffene nennen auch die (veränderten) Präferenzen der Konsumenten und Unklarheit über die zukünftige Strategie der Grossverteiler als bedeutende Quellen von Unsicherheit.

7.3 Die Position des Detailhandels

Leistungsfähigkeit und Breitenwirkung der Strategie regionale Produkte hängen direkt davon ab, wie sich der Detailhandel[18] dazu positioniert. Dieser gestaltet den Lebensmittelmarkt massgeblich, sei es durch Sortimentsgestaltung, Angebotsform und Vermarktungsweise oder Werbe- und PR-Strategie. Deshalb wird in der Folge näher auf den Detailhandel eingegangen. Ein besonderes Augenmerk wird dabei auf die beiden marktbeherrschenden Grossverteiler Migros und Coop[19] gerichtet.

Erzeugnisse mit einem regionalen Label werden vom Lebensmitteldetailhandel ambivalent beurteilt. Einerseits kann eine gezielte Sortimentserweiterung

---

[17] Vgl. HALBEIS 1999.
[18] Vgl. u.a. BELZ in HOFER, STALDER 1998.
[19] Im Lebensmittelbereich verfügt Coop derzeit über 19,7% Anteile am gesamten Schweizer Markt und Migros über 24,1% (DER BUND vom 24. 4. 1998). Zur Entwicklung des Lebensmitteldetailhandels in der Schweiz vgl. LEDERMANN 1996.

durch regionale Produkte ein erfolgsversprechendes Element der Diversifizierung und Profilierung mit Produkten sein, die bei vielen Konsumenten ein gutes Image besitzen[20]. Eine Umsatzsteigerung durch regionale Produkte als spezifische strategische Erfolgsposition erwarten Kenner der Szene hingegen nur durch ausgesuchte Spezialitäten. Hohe Transaktionskosten aufgrund von Mengen-, Qualitäts- und Kontrollproblemen sowie eine eingeschränkte Lieferungsflexibilität der regionalen Anbieter[21] seien Nachteile, welche es weitgehend verhinderten auch Produkte des täglichen Bedarfs vermehrt regional ("von der Region für die Region") zu beziehen. Insbesondere Coop und Migros verweisen auf grössenbedingte Schwierigkeiten einer Regiostrategie, die den intensivierten Rationalisierungsbestrebungen im Hinblick auf die künftige Marktöffnung teilweise diametral entgegen stehe. Regionale Sonderzüge in der Beschaffung sollen angesichts dieser Situation soweit möglich vermieden werden[22].

Aus Sicht der Grossverteiler sind RPO somit praktisch nur da interessante Verhandlungspartner, wo sie durch ihr Angebot und ihre Dienstleistung entweder als Imageträger dienen und/oder innerhalb des Segments der Exklusivitäten bzw. Spezialitäten positioniert werden können und Qualitäts-, Kontroll- und Mengenfragen von den Anbietern günstig gelöst werden können. Spezifität und Sicherheit der Produkte, Flexibilität und Liefergarantie sind somit – nebst einem tiefen Preis – die entscheidenden Voraussetzungen, um als RPO für den Detailhandel einen interessanten Marktpartner abzugeben. Die Herkunft der Produkte muss sich also nachweislich günstig auf mindestens einen dieser Faktoren auswirken, soll sie überhaupt ein relevantes Kriterium darstellen[23]. Dass dieses Entscheidungsverhalten nicht nur auf Grossverteiler zutrifft, sondern auch auf kleiner Anbieter, wird durch die Tatsache deutlich, dass in der Regel selbst bei kleineren Detailhändlern regionale Produkte nur dann zu finden sind, wenn es sich entweder um eine bekannte Spezialität handelt oder aber – wie im Falle von Früchten und Gemüse – sie als Frischprodukte gerade Saison haben.

Fusionen von regionalen Genossenschaften der Grossverteiler bringen Schwierigkeiten für RPO

Das Gemeinsame Agrarmarketing Aargau GMA war eine jener (wenigen) RPO, die sich in den letzten Jahren intensiv um Aufnahme ihrer Produkte in das Sortiment der beiden Schweizer Grossverteiler bemühte. Die einstige Hoffnung der Projekt-

---

[20] Vgl. Regionale Produkte aus Sicht des Lebensmittelhandels: Systematisierung und wettbewerbsstrategische Beurteilung: Vgl. BELZ in HOFER, STALDER 1998.
[21] Vgl. BELZ in HOFER, STALDER 1998.
[22] So argumentiert etwa der Grossverteiler Coop, das Unternehmen sei bereits heute zu klein strukturiert im europäischen Vergleich. Deshalb sei es nötig, Partnerschaften einzugehen, die insbesondere eine stärker globalisierte Beschaffung ermöglichen (BAUERNZEITUNG vom 12. 6. 1999).
[23] Dass dabei u.a. das Produkteimage eine wichtige Rolle spielt, zeigt das Beispiel Fleisch, wo seit der BSE-Krise die Herkunft der Schlachttiere – gerade auch für den Detailhandel – zu einem wichtigen Entscheidungskriterium geworden ist.

träger, in Kürze über einen Grossabnehmer zu verfügen, erfüllte sich aber nicht. Ein herber Rückschlag für die Initianten war die 1998 erfolgte Fusion der beiden Migros-Genossenschaften Bern und Aargau/Solothurn zur neuen Migros Aare. Die neu geschaffene Genossenschaft deckt heute mit ihren 203 Verkaufsstellen mit 7100 MitarbeiterInnen ein Einzugsgebiet zwischen dem Berner Oberland, dem Bielersee, der Grenze zu Deutschland und der östlichen Kantonsgrenze des Aargau ab und reicht damit weit über das Regionsgebiet des GMA – den Kanton Aargau – hinaus. Die Bekanntgabe dieser Fusion erfolgte nur knapp drei Monate nach der Zusammenlegung der Genossenschaften St. Gallen und Winterthur/Schaffhausen zur Migros Ostschweiz. Während im Falle von Migros Ostschweiz jährliche Einsparungen von 20 Millionen Franken als Effekt dieser Massnahme budgetiert wurden, soll das Synergiepotential bei Migros Aare gar bei 50 Millionen liegen[24]. Nur ein Jahr später denkt der Geschäftsführer der neuen Migros Aare jedoch darüber nach, alle Migrosgenossenschaften zu einer einzigen zu fusionieren: "Wir müssen überlegen, wie wir diesen engen Markt Schweiz mit möglichst kleinem Aufwand bewirtschaften können". Letztlich zähle für die Konsumenten "die Marktleistung". Beschaffung, Distribution und Marketing sollten deshalb in Zukunft national abgewickelt werden[25]. Dass man bei den Grossverteilern dezentralen Lösungen nicht in jedem Fall negativ gegenüber steht, beweist das Beispiel Fleisch aus dem Simmental, welches seit kurzem in Migros-Filialen des Berner Oberlandes angeboten wird[26].

Auch bei Coop sind seit Jahren Zusammenschlüsse angesagt. So fusionierte Anfang 1996 Coop Bern mit Biel-Seeland zur neuen Coop Bern-Biel. Inzwischen wurde gar angekündigt, dass per 1. Januar 2001 sämtliche 15 regionalen Coop-Genossenschaften mit Coop Schweiz fusionieren wollen, so dass ein zentral geführter Konzern entsteht. Vor allem Administration und Distribution werden zusammengelegt[27].

7.4 Einstellungen und Verhalten der Konsumenten

Die Position des Detailhandels gegenüber der Strategie regionale Produkte hängt unter anderem mit Einstellungen und – noch mehr – dem Kaufverhalten der Konsumenten zusammen. Verschiedene Studien der letzten Jahre zeigen, dass eine Mehrzahl der Konsumenten sehr positiv eingestellt ist gegenüber landwirtschaftlichen Produkten aus der näheren Umgebung ihres eigenen Wohnortes[28]. So erbrachte eine kürzlich im Berner Oberland durchgeführte Konsumentenbefragung[29], dass die regionalen Milch- und Fleischprodukte ein gutes Image haben. Dabei wurde insbesondere geschmackliche Vorzüge geltend gemacht. Aber auch Preisgünstigkeit, Umweltfreundlichkeit

---

[24] DER BUND, 20. 6. 98.
[25] BERNER ZEITUNG 21. 6. 1999.
[26] Migros Aare führt seit September 1999 versuchshalber in vier Berner Oberländer Filialen "Pure-Simmental-Fleisch". Erklärte Absicht ist es, mit der Bekanntgabe von Herkunft und Rasse des Fleisches vertrauensbildend zu wirken, da der Fleischkonsum mit der BSE-Krise gesunken ist (BAUERNZEITUNG vom 3. September 1999).
[27] DER BUND 24. 8. 1999.
[28] Vgl. u.a. HENSCHE et al. 1993, HOFER 1995, NOGER 1999.
[29] Zu Methodik und besonderen Merkmalen der befragten Stichprobe vgl. NOGER 1999.

aufgrund kurzer Transportwege, persönliches Vertrauen in die Produzenten bzw. Anbieter und die hygienische Qualität der Produkte waren wichtige Argumente. Schliesslich spricht für viele auch die direkte Unterstützung der (landwirt-)wirtschaftlichen Entwicklung in der engeren räumlichen Umgebung für den Kauf regionaler Produkte. Skepsis gegenüber regionalen Lebensmitteln – wie anderen gegenüber allerdings auch – konnten dagegen bezüglich ihrer gesundheitlichen Unbedenklichkeit und der Umweltfreundlichkeit der Produktion festgestellt werden[30]. So zweifelt eine überwiegende Mehrheit der befragten Konsumenten daran, ob regionale Produkte in besonderem Mass "frei von unerwünschten/schädlichen Chemikalien" sind[31]. Das trotz allem insgesamt positive Image regionaler Produkte, scheint eine Entsprechung in der einer Landschaft beigemessenen Ästhetik zu haben. D.h., ist ein Landschaftsbild bei Konsumenten positiv besetzt, sind es in der Regel auch die Produkte, die dort hergestellt werden. Die signifikanten Korrelationen zwischen Produkte- und Landschaftsimage lassen vermuten, dass eine Image-Übertragung von der Landschaft auf die regionalen Lebensmittel erfolgt[32].

Die allgemeine Sympathie, die regionalen Produkten von vielen Konsumenten entgegengebracht wird, gilt für viele RPO als wichtiges Argument für den erhofften längerfristigen (wirtschaftlichen) Erfolg ihrer Strategie[33]. Verschiedene Studien der letzten Jahre zeigen aber, dass sehr häufig eine Kluft besteht zwischen Einstellungen und Verhaltensweisen von Personen[34]. Geäusserte Präferenzen können demnach allenfalls als Indiz für ein bestimmtes menschliches Handeln dienen. Ihre Kenntnis erlaubt jedoch nicht, das tatsächliche Verhalten vorauszusagen.

In der erwähnten Untersuchung zum Verhalten der Konsumenten gegenüber Berner Oberländer Produkten wurde denn auch eine auffällige Diskrepanz zwischen Einstellung und tatsächlichem Verhalten ermittelt[35]. So wird den (vorgegebenen) Einstellungsvariablen "einheimische Wirtschaft unterstützen", "artgerechte Tierhaltung", "gesunde Ernährung" sowie "Vertrauen in Kleinbetriebe" von den Befragten weit mehr Gewicht eingeräumt als anderen Faktoren, insbesondere dem Genusswert der Produkte; das tatsächliche (von den Befragten ebenfalls selber beschriebene) Handeln widerspricht diesem Sachverhalt aber teilweise diametral: Die befragten Konsumenten achten bei Alltagseinkäufen in erster Linie auf den guten Geschmack der Produkte. Ebenfalls wichtig sind zudem allgemeine Angaben zur Herkunft der Lebensmittel. Alle anderen Faktoren rücken dagegen in den Hintergrund. Die Autorin kommt deshalb zum Schluss, dass "das alltägliche Einkaufsverhalten viel stärker genussorientiert zu sein scheint, als die Antwortenden es selber wahr-

---

[30] Vgl. NOGER 1999.
[31] Vgl. HOFER 1995 sowie NOGER 1999.
[32] Vgl. HOFER 1995 sowie NOGER 1999.
[33] Vgl. bspw. HOFER 1995 oder Tagungsunterlagen zur Regionalmarke Hessen im Rahmen des "Qualitätszirkels für regionale Produkte" vom 30. Juni 1999 im Inforama Hondrich/BE.
[34] Vgl. u.a. ARNOLD et al.1999.
[35] Vgl. NOGER 1999.

haben wollen"[36]. Dem Geschmack der Produkte kommt offenbar die absolut zentrale Rolle zu beim Kaufentscheid. Regionale Produkte werden denn auch massgeblich wegen ihres Spezialitätencharaktes gekauft[37].

Verschiedene Untersuchungen zum Konsumentenverhalten ergaben, dass Kauf und Verzehr von regionalen Produkten generell stark mit einem emotionalen Bezug zu diesen verbunden ist[38]. Kognitive Argumente scheinen dagegen häufiger weniger relevant zu sein. Diese Tatsache bringt es aber umgekehrt mit sich, dass in Abhängigkeit des unmittelbaren Kontextes beim Einkaufen andere Entscheidungen gefällt bzw. Optionen gewählt werden. Offenbar werden einzelne Produktmerkmale je nach Kaufsituation anders wahrgenommen und beurteilt[39]. So kann eine besondere Produktpräsentation oder Werbung bei Konsumenten plötzlich ein Handeln bewirken, welches so nicht geplant war und möglicherweise sogar erst mit dem Auftreten einer spezifischen Situation überhaupt in Betracht gezogen wurde[40]. Wichtige situative Einflussfaktoren des Kaufs von regionalen Produkten scheinen der persönliche Eindruck bezüglich den hygienischen Bedingungen in einem Laden sowie die "Freundlichkeit" des Verkaufspersonals zu sein[41], wobei vermutet werden kann, dass ersteres aufgrund der erhöhten Sensibilität vieler Konsumenten für die untersuchten Produktgruppen Milch und Fleisch in besonderem Masse zutrifft.

Regionale Produkte bilden häufig lediglich eine mögliche Kaufoption in einem zunehmend differenzierten Angebot. Bei der Entscheidungsfindung für oder gegen einen Kauf können verschiedenste internale und externale Faktoren ausschlaggebend sein können. Sollen die Konsumenten in Zukunft mehr zu regionalen Produkten greifen, muss also einerseits der Gestaltung der Einkaufssituation besondere Beachtung geschenkt werden. Andererseits spielt der besonderen Genusswert bzw. Spezialitätencharakter der Produkte eine wichtige Rolle. Regionale Herkunft alleine dürfte dagegen kaum genügen, um die längerfristige Aufmerksamkeit der Konsumenten gewinnen zu können.

Angesichts der wachsenden Sensibilität und Verunsicherung vieler Konsumenten über die mit der Ernährung verbundenen Folgewirkungen könnte es in Zukunft schliesslich notwendig sein, zusätzlich insbesondere die gesund-

---

[36] Betreffend möglicher Gründe für die Diskrepanz zwischen Einstellung und Verhalten liegen verschiedene Thesen vor: Einerseits wird darauf verwiesen, dass vielfach (unbewusst) nach der vermuteten sozialen Erwünschtheit einer bestimmten Handlungsweise geantwortet wird und Einstellungen demnach in erster Linie Idealisierungen repräsentierten. Andere Autoren verweisen auf die Parallelität verschiedenster Entwicklungstrends. In konkreten Alltagssituationen stehe dann einmal dieser, einmal ein anderer Faktor im Vordergrund und bestimme das Handeln (NOGER 1999).
[37] NOGER 1999.
[38] Vgl. u.a. NOGER 1999 oder WÖLFING KAST et al.1998.
[39] So wirken offenbar Aktionsangebote, die Präsentationsweise, das plötzliche Verlangen nach einem Produkt, der vorhandene Zeitdruck und der Einkaufszweck (Alltagsessen versus Festessen) sehr stark auf das jeweilig gezeigte Kaufverhalten (ARNOLD 1999).
[40] ARNOLD et al. 1999 konnten etwa zeigen, dass in solchen Situationen häufig weniger umweltfreundliche Produkte bevorzugt werden, als ohne diese Einflussfaktoren.
[41] NOGER 1999.

heitliche und ökologische Unbedenklichkeit der gekauften Produkte garantieren zu können[42]. Welche Rolle der Faktor Preis spielt, konnte in keiner der bekannten Studien schlüssig beantwortet werden. Auch hier scheint jedoch ein Widerspruch zwischen Einstellungen eines wünschbaren und des tatsächlich gezeigten Verhaltens vorzuliegen[43]. In einer kürzlich durchgeführten Umfrage zeigte sich überdies, dass die Meinung des sozialen Umfeldes beim Thema regionale Produkte prägender für die eigene Einstellung ist als dies bei den Themenkreisen Umweltschutz oder soziale Gerechtigkeit der Fall ist, wo stattdessen Medien eine grössere Rolle spielen. Gleichzeitig konnte festgestellt werden, dass sich viele Leute überdurchschnittlich identifizieren mit Personen, mit welchen sie sich über regionale Produkte austauschen[44]. Regionale Produkte scheinen also mehr als andere Produkte innerhalb des Freundeskreises weiterempfohlen zu werden. Gezieltes Netzwerkmarketing könnte deshalb ein vielversprechender Ansatzpunkt sein zur erfolgreichen Vermarktung regionaler Produkte.

7.5 Fazit

Die verschiedenen Anspruchsgruppen stellen sich unterschiedlich zu regionalen Produkten bzw. RPO. Für die Landwirtschaftspolitik bilden regionale Produkte eine wichtige Chance, um das deklarierte Hauptziel nach "mehr Markt" mit anderen politischen Zielen wie Umweltschutz, Kulturlandschaftspflege, Erhaltung der regionalen Wertschöpfung, Erhaltung von dezentralen Arbeitsplätzen etc. zu verbinden. Die gesprochenen öffentlichen Mittel sollen in erster Linie für Massnahmen der Absatzförderung, Qualitätssicherung und -förderung eingesetzt werden. Voraussetzung ist zudem, dass eine gut abgestützte Trägerschaft besteht. Um die jeweils "eigene" Landwirtschaft optimal unterstützen zu können, wird die staatliche Förderung regionaler Produkte häufig durch kantonale Instrumente ergänzt. Auch wenn die gesprochenen Mittel sehr bescheiden sind im Vergleich mit den landwirtschaftlichen Direktzahlungen, eröffneten sie in den letzten Jahren vielen RPO die Chance, ihre Ziele professioneller angehen zu können.

Ob die staatliche Unterstützung auch in den folgenden Jahren fliessen wird, hängt in erster Linie davon ab, ob der Erfolg der eingeleiteten Massnahmen belegt werden kann. Wenn nicht, dürfte die gegenwärtige politische Legitimation rasch dem Argument zum Opfer fallen, es handle sich bei den geleisteten Zahlungen lediglich um alten Wein – sprich versteckten Subventionszahlungen – in neuen Schläuchen.

---

[42] Vgl. NOGER 1999.
[43] Zur Frage der Preissensibilität der Konsumenten gegenüber Lebensmitteln vgl. u.a. HOFER 1995, TANNER et al. 1998 sowie wiederum NOGER 1999.
[44] "Ist eine Netzwerkperson die Informartionsquelle, so führt eine hohe Identifikation – also ein starkes Zugehörigkeitsgefühl – zu einem wesentlich grösseren Zusammenhang zwischen wahrgenommener Information und eigener Einstellung in Bezug auf das Thema regionale Produkte" (WOELFING KAST et al. 1998).

Das längerfristige Überleben der einzelnen Organisationen hängt aber nicht nur von der staatlichen Unterstützung ab, sondern mindestens ebenso von den Ansprüchen von Detailhandel und Konsumenten. Bislang stehen die grossen Hoffnungen und vergleichsweise schnellen Taten von politischer Seite aber in deutlichem Gegensatz zur zurückhaltenden Haltung der Abnehmer. Insbesondere die Grossverteiler erachten regionale Produkte als nicht konform mit Rationalisierungsmassnahmen, die derzeit umgesetzt werden und (zusammen mit der Öffnung der Grenzen) in den nächsten Jahren weiter vorangetrieben werden sollen. Das Interesse des Detailhandels konzentriert sich deshalb in der Regel auf einzelne Produkte aus dem Spezialitätenbereich, während die Zweckmässigkeit einer (Re-)Regionalisierung des Beschaffungsmarktes insgesamt in Frage gestellt wird. Möglicherweise noch zu wenig genutzte Chancen bestehen insbesondere für professionelle Anbieter von (regionalen) Spezialitäten sowie kleinere Detaillisten, die unter Umständen flexibler agieren können.

Für die Konsumenten schliesslich sind regionale Produkte eine Option unter vielen. Sie wählen sie vor allem dann, wenn sie sich emotional angesprochen fühlen und/oder wenn ein entsprechendes Produkt neben seiner regionalen Herkunft weitere Vorzüge verspricht. Der Spezialitätencharakter ist dabei ein wichtiges Entscheidungskriterium.

Derzeit besteht also eine deutliche Diskrepanz der Positionierung politisch-rechtlicher einerseits und marktlicher Anspruchsgruppen andererseits. Während Erstere RPO bzw. regionale Produkte als förderungswürdig erachten, begegnet ihnen insbesondere der Detailhandel mit weniger Sympathie. Die Konsumenten schliesslich handeln zunehmend multioptional.

Sollte die Unterstützung durch die öffentliche Hand in absehbarer wegfallen ohne dass in der Zwischenzeit die nötigen Absatzkanäle aufgebaut werden konnten, dürften viele RPO in einen akuten finanziellen Engpass geraten. Wo müsste angesetzt werden, damit dies nicht geschieht und die Bedeutung von RPO stattdessen ausgeweitet werden kann? Diese Frage steht im Zentrum der folgenden zwei Kapitel (Teil IV), in welchen es um mögliche strategische Ansatzpunkte zur Transformation des BfE durch RPO geht.

Teil IV:

Strategische Handlungsfelder zur Transformation von Bedürfnisfeldern und Erfolgselemente von Regionalen Produktorganisationen im Rahmen des Bedürfnisfeldes Ernährung

> Im vorangehenden Kapitel wurde gezeigt, wie sich verschiedene Akteurgruppen im BfE gegenüber RPO bzw. regionalen Produkten positionieren. Es wurde festgestellt, dass RPO aus politischen Überlegungen derzeit Unterstützung erfahren, die Bedeutung auf marktlicher Seite jedoch (bisher) hinter den Hoffnungen und Erwartungen von Projektträgern und Promotoren zurückliegen. Können RPO damit definitiv keine Transformation des BfE in Richtung Nachhaltigkeit bewirken? Wenn doch, wo müsste angesetzt werden?
>
> Die Leitfragen dieses vierten Teiles lauten:
>
> • *Über welche Handlungsfelder kann eine Transformation des Bedürfnisfeldes Ernährung bewirkt werden? (Kapitel 8)*
>
> • *Wo liegen die strategischen Erfolgselemente von RPO, um das BfE in Richtung Nachhaltigkeit zu transformieren? (Kapitel 9)*

8. Handlungsfelder zur Transformation des Bedürfnisfeldes Ernährung - eine theoriegestützte Herleitung

8.1 Einleitung

Um die Möglichkeiten und Grenzen der Transformation des Bedürfnisfeldes Ernährung durch RPO abschätzen und Empfehlungen abgeben zu können, müssen in diesem Kapitel einige theoretische Überlegungen eingeschoben werden. Diese erfolgen zunächst losgelöst von RPO, Ernährung und Nachhaltigkeit und zielen darauf ab, auf einer generellen Ebene zu einem besseren Verständnis von gerichteten Transformationsprozessen in Bedürfnisfeldern zu kommen. Darauf aufbauend erfolgt dann eine Konkretisierung für das BfE.

Die Leitfrage dieses Kapitels lautet: *Über welche Handlungsfelder kann eine gerichtete Transformation des Bedürfnisfeldes Ernährung erreicht werden?* Es geht also um das "Wie" eines spezifischen gesellschaftlichen Veränderungsprozesses. Zunächst wird erläutert, was unter dem Begriff der Transformation zu verstehen ist (8.2). Daran anschliessend werden mögliche strategische Handlungsfelder zur gerichteten Transformation eines Bedürfnisfeldes aus der Theorie hergeleitet (8.3) und schliesslich auf das Bedürfnisfeld Ernährung übertragen (8.4).

8.2 Vom ungerichteten Wandel zur gerichteten Transformation eines Bedürfnisfeldes

Gesellschaftliche Veränderungsprozesse werden in den Sozialwissenschaften aus zwei unterschiedlichen Blickwinkeln beschrieben[1]: (1.) Aus der Perspektive struktureller Rahmenbedingungen und deren Wirkungsweise auf die verschiedenen Akteure oder (2.) aus einer Akteurs- oder Handlungsperspektive. Im ersten Fall wird von einem Gesellschaftsverständnis ausgegangen, welches Veränderungsprozesse als Wechselspiel verschiedener, sich mehr oder weniger konkurrenzierender oder stützender Beziehungen zwischen verschiedenen gesellschaftlichen Akteuren versteht; im Falle des BfE beispielsweise zwischen Landwirtschaft und Verarbeitung, Angebot und Nachfrage oder Produktion und Politik.

Unter dieser Perspektive kann der Eindruck entstehen, gesellschaftlicher Wandel erfolge ohne eigenes Zutun. Wenn dem aber so wäre, gäbe es kaum echte Möglichkeiten, durch eigenes Handeln Veränderungen mitzugestalten und in eine bestimmte Richtung zu lenken. Es bliebe also nur die Rolle des

---
[1] Vgl. u.a. TREIBEL et al. 1997.

duldsamen Opfers von scheinbar übermächtigen Veränderungen in einem Aussen mit dem Namen "die Gesellschaft".

In der Folge wird jedoch - in Gegensatz zu dieser Perspektive – die Ansicht vertreten, gesellschaftliche Akteure seien in jedem Fall zumindest auch Mitgestalter oder "(Mit-) Täter" von Veränderungsprozessen. In der Folge soll deshalb auf die Handlungstheorie des bekannten englischen Soziologen Antony GIDDENS (1988) eingegangen werden, die unseres Erachtens in besonderer Weise zur Beantwortung der Frage nach möglichen Wegen zur Transformation eines Bedürfnisfeldes bzw. des Bedürfnisfeldes Ernährung geeignet ist. GIDDENS beantwortet die Frage nach Opfer oder Täter mit "sowohl... als auch...". Demnach entstehen gesellschaftliche Veränderungen immer als Wechselwirkung von Handeln einerseits und strukturellen Rahmenbedingungen andererseits. Rahmenbedingungen werden demnach immer durch Handeln erzeugt[2]. Andererseits bilden sie unabdingbare Grundvoraussetzung für jedes Handeln. GIDDENS selber nennt diese Wechselbeziehung "Dualität von Handlung und Struktur". Ihre Charakteristik bildet das eigentliche Kernelement der GIDDENS'schen Gesellschaftskonzeption.

Obwohl die gesellschaftliche Wirklichkeit nach GIDDENS als Folge der Dualität von Handlung und Struktur andauernd neu konstituiert wird, sind sich die Akteure dessen nicht unbedingt bewusst[3]. Aufgrund der eingeschränkten Bewusstheit der Akteure einerseits und der komplexen Wechselwirkungen zwischen Handlungen und Folgewirkungen in Raum und Zeit andererseits, kommt es nicht nur zu beabsichtigten, sondern immer auch zu unbeabsichtigten Handlungsfolgen. Diese wiederum haben ihre Wurzeln in der Regel in unerkannten Bedingungen des Handlungskontextes. Dieser Kontext prägt Handlungsweisen und -folgen unbewusst mit[4]. GIDDENS wehrt sich jedoch vehement dagegen, Akteure als strukturell determiniert anzusehen. In seinem Verständnis ist Handeln in aller Regel durch ein "gerichtet sein" gekennzeichnet. Je nach Intention werden spezifische physisch-materielle, sozialkulturelle und individuell-bewusstseinsmässige Bereiche der Wirklichkeit ein- oder (andere) ausgeklammert[5]. Es wird also eine bestimmte Brille aufgesetzt, durch die gezielt bestimmte Aspekte aus dem Bewusstsein ausgeblendet werden. Je nach Brille resultieren andere beabsichtigte und unbeabsichtigte Folgewirkungen. Diese können sowohl unmittelbar/sofort wie mittelbar/lang-

---

2 So sind heutige technische Entwicklungen nicht denkbar, wenn nicht auf zuvor entwickelte Techniken und Instrumente zurückgegriffen werden könnte.

3 Vgl. auch SCHNEIDWIND (1997).

4 So ist es ein wesentlicher Unterschied, ob jemand allein in seinem Namen oder in jenem eines Staates, eines Unternehmens oder einer halböffentlichen Interessenorganisation handelt. Je nach Kontext sind andere Handlungsweisen nötig/sinnvoll und können andere Folgen daraus resultieren.

5 "Physisch-materielle Wirklichkeitsbereiche" umfassen die gesamte materielle Umwelt, sei diese "natürlichen" (Wasser, Boden, Pflanzen, Tiere) oder menschlichen ("künstlichen") Ursprungs (Bauten, Verbrauchsgüter etc.). Zwischen diesen bestehen lediglich graduelle Unterschiede, die dadurch zustande kommen, dass der Mensch (beabsichtigt oder unbeabsichtigt) auf die natürliche Umwelt einwirkt. Umgekehrt dient ihm diese als unerlässliche Quelle von Ressourcen für Produktionsprozesse, Regeneration etc.

fristig, in kleinsten und/oder grössten Raumeinheiten wirksam werden. Entsprechend ist der Auslösende selber von den Folgen seines Tuns wieder persönlich betroffen oder – wenn sich diese zeitlich oder räumlich entfernt von ihm bemerkbar machen – auch nicht.

Von einer idealtypischen gerichteten Transformation wird in der Folge dann gesprochen, wenn ein Handlungsergebnis in vollem Umfang beabsichtigt war. Der Transformationsbegriff steht also für den Idealtyp eines bewusst herbeigeführten Veränderungsprozesses. Geht man – in Anlehnung an GIDDENS – aber davon aus, dass menschliches Bewusstsein immer mehr oder weniger begrenzt ist, bestehen zwischen ungerichtetem Wandel und gerichteter Transformation immer "nur" graduelle Unterschiede. Die reine Form des Einen oder des Anderen existiert also in der Realität nicht. Die Transformationswirkung eines Akteurs in eine bestimmte Richtung steht und fällt deshalb mit dessen konsequentem Bemühen, sein Handeln kritisch zu reflektieren und danach zu Fragen, welche Folgen durch Einbezug oder Ausgrenzung welcher Wirklichkeitsbereiche zustande kamen[6]. Zwischen Intention und Handlungsfolgen können grundsätzlich drei Beziehungen bestehen: (1.) Beabsichtigte Folgen werden im wesentlichen in der geplanten Form erreicht, (2.) neben den beabsichtigten treten in beträchtlichem Mass unbeabsichtigte Folgen auf oder (3.) an Stelle der angestrebten treten gänzlich andere Wirkungen auf.

Je besser sich in einer Gesellschaft Handlungsziele und – intendierte und nicht intendierte – Ergebnisse des Handelns entsprechen, umso berechtigter ist es, von einem Transformationsprozess zu sprechen. In dem Maasse, wie dagegen unbeabsichtigte Nebenfolgen in Raum und Zeit auftreten, wurden bestimmte (physisch-materielle, sozial-kulturelle und/oder individuell-bewusstseinsmässige) Wirklichkeitsbereiche "unsachgemäss" ein- bzw. ausgeklammert[7]. Darstellung 25 versinnbildlicht gesellschaftliche Veränderungsprozesse analog dazu als Resultat einer Vielzahl von Einzelhandlungen mit jeweils unterschiedlichen Verhältnis zwischen beabsichtigten und unbeabsichtigten Handlungsfolgen.

Mit "sozial-kulturellen Wirklichkeitsbereichen" sind alle Formen gesellschaftlicher Normen und Regeln gemeint. Diesen dienen dazu, Verhaltensweisen, Sachverhalte, Produkte usw. einzuordnen, was zu bestimmten "Standardisierungen" und Differenzierungen führt. In beiden Fällen (Standardisierung oder Differenzierung) ist eine selektierende Bewertung ("ja" bzw. "nein", "mehr" bzw. "weniger" usw.) nötig. Im Falle der Differenzierung interessieren primär Unterschiede, bei der Standardisierung dagegen Übereinstimmungen bzw. Ähnlichkeiten.
Individuell-bewusstseinsmässige Wirklichkeitsbereiche schliesslich umfassen sowohl kognitive wie affektive Aspekte, welche Wissensstrukturen, Erleben, Erfahrungen, Wertorientierungen und Einstellungen prägen. Je nach individueller Ausprägung wird das Handeln durch andere Motive geprägt, werden andere Interpretationen vorgenommen und andere Schlüsse gezogen.

[6] So fordert HIRSCH (1993), sogenannt "ökologisches Handeln" immer auch auf beabsichtigte und unbeabsichtigte soziale Nebenfolgen zu hinterfragen.
[7] In der Ökonomie bezeichnet die Folgen des Ausklammerns einzelner Wirklichkeitsbereiche auch als Externalisierung von Kosten.

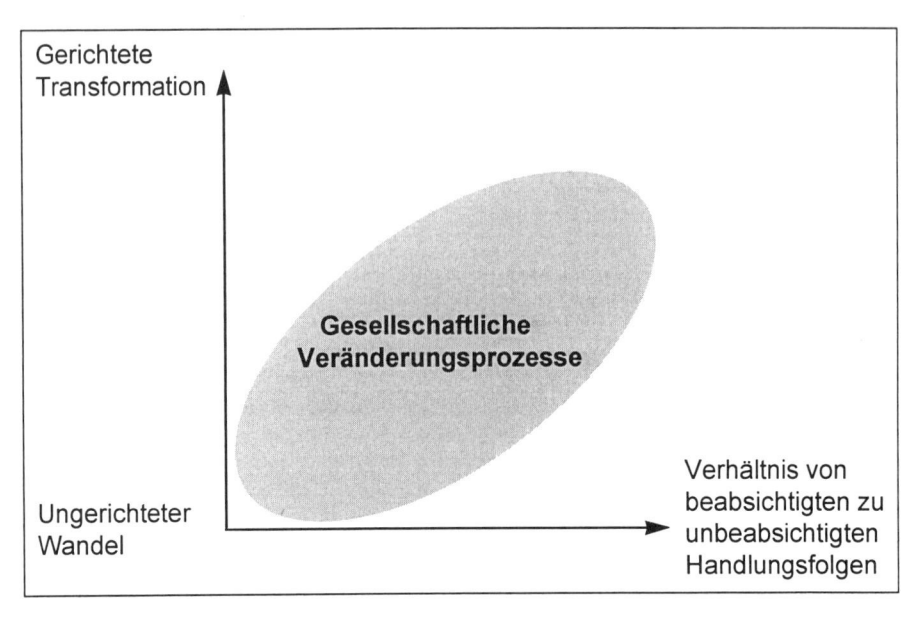

Darstellung 25: Gesellschaftliche Veränderungsprozesse zwischen ungerichtetem Wandel und gerichteter Transformation

8.3 Strategische Handlungsfelder zur Transformation eines Bedürfnisfeldes

Die Handlungstheorie nach GIDDENS geht also davon aus, dass Gesellschaft als Struktur aus der Gesamtheit intendierter und nicht intendierter Folgewirkungen gerichteter Handlungen in Raum und Zeit gebildet wird. Je nach Intention einer Handlung werden spezifische Wirklichkeitsbereiche ein- und (andere) ausgeklammert und dadurch verändert. In Kapitel 3 wurde für das BfE zwischen produktiver, regulativer und signifikativer Dimension des Wandels unterschieden. Diese drei Dimensionen und ihr Ineinanderwirken gilt es auch für eine Transformation zu beachten: Fokussiert ein Akteur die Intention seines Handelns bspw. auf die produktive Dimension des gesellschaftlichen Wandels (Produkte, Produktionsmittel, Produktionsprozesse), wird er über einen anderen Weg zu Veränderungen beitragen, als wenn er sich die regulative (rechtliche Bestimmungen, Verträge oder stille Abmachungen) oder die signifikative Dimension (Werthaltungen, Einstellungen und Präferenzen) bezieht[8]. Produktive, regulative und signifikative Dimension des Wandels in einem Bedürfnisfeld bilden damit je unterschiedliche "strategische Handlungsfelder"[9] für mehr oder weniger gerichtete Veränderungen[10]. Je nach stra-

---

[8] Zu den Dimensionen gesellschaftlichen Wandels vgl. Kap. 3.
[9] Der Begriff des Handlungsfeldes wird in der Sozial- und -wirtschaftswissenschaft sehr unterschiedlich und meist wenig spezifisch verwendet.
[10] Es ist anzunehmen, dass es sich hierbei nicht um ein spezifisches Phänomen des BfE handelt, sondern um einen generellen Ausdruck eines umfassendes gesellschaftlichen Struktur-

tegischem Handlungsfeld geht es dabei um andere Ziele. Im Fall der produktiven Dimension steht die (Re-)Organisation von Produktionsprozessen im Vordergrund, im Falle der regulativen Dimension sind es Normen, die entwickelt oder durchgesetzt werden sollen und bei der signifikativen geht es um Informationen und Botschaften, die vermittelt werden sollen. Aufgrund der engen Beziehung zwischen den drei Dimensionen gilt immer, alle drei "Eckpunkte" im Auge zu behalten. Je besser es gelingt, alle drei gezielt zu verändern, umso grösser ist die gesamthaft erreichte Transformationswirkung (vgl. Darst. 26).

Dimension des Wandels	Strategisches Handlungsfeld...	... gerichtet auf:
Produktiv	(Re-)Organisation von Produktionsprozessen	Produkte, Produktionsmittel und Produktionsprozess
Regulativ	Entwicklung und Durchsetzung von Normen	rechtliche Bestimmungen, Verträge und stille Abmachungen
Signifikativ	Vermittlung von Informationen und Botschaften	Werthaltungen, Einstellungen und Präferenzen

Darstellung 26: Strategische Handlungsfelder in Bezug zu den unterschiedlichen Dimensionen des Wandels von Bedürfnisfeldern

8.4 Transformation des Bedürfnisfeldes Ernährung

Die vorgängigen Ausführungen hatten zum Ziel, verschiedene strategische Handlungsfelder für eine gerichtete Transformation eines Bedürfnisfeldes zu ermitteln. In der Folge soll nun der Frage nachgegangen werden, wie diese drei Handlungsfelder für eine Transformation des Bedürfnisfeldes Ernährung spezifiziert werden können. Dazu werden wichtige Aspekte der einzelnen strategischen Handlungsfelder des BfE herausgearbeitet, wobei der Fokus auf marktlichen Akteuren, also Unternehmen entlang der Produktionskette von Lebensmitteln inklusive strategischen Netzwerken wie RPO liegt. Kapitel 8.4 dient damit als Brücke zur Beurteilung der Transformationswirkung von RPO in Kapitel 9. Nachhaltigkeit als mögliche Transformations*richtung* wird ebenfalls in Zusammenhang mit RPO wieder aufgegriffen und steht nicht im Zentrum der Erörterungen in diesem Unterkapitel.

---

wandels. In jedem Bedürfnisfeld lassen sich derzeit sowohl in regulativer wie in produktiver und signifikativer Hinsicht tiefgreifende Wandlungsprozesse finden.

8.4.1 Strategisches Handlungsfeld (Re-)organisation von Produktionsprozessen

Das erste strategische Handlungsfeld zur Transformation des Bedürfnisfeldes Ernährung – die Reorganisation von Produktionsprozessen von Lebensmitteln – ist auf Produkte, Produktionsprozesse und Produktionsmittel gerichtet. Für eine Transformation des BfE müssen Produkte, Produktionsprozesse und Produktionsmittel so gestaltet und eingesetzt werden, dass das Verhältnis von beabsichtigten zu unbeabsichtigten Folgen so gross wie möglich ist. Untersucht man die Praxis der Lebensmittelproduktion, findet sich dieses Ziel unter der in den letzten Jahren sehr viel verwendeten begrifflichen Klammer "Qualitätsmanagement" oder "QM-System". Je nach System stehen dabei die Eigenschaften des Endproduktes, das Herstellungsverfahren oder das Unternehmensleitbild im Zentrum. Immer geht es jedoch um die bestmögliche Erreichung eines definierten Zieles[11] (vgl. Kasten).

QM, UM und TQM – Kürzel für akkreditierte Kontrollverfahren von Produktion und Distribution

Qualitätsmanagement(QM-)systeme werden eingesetzt, um mögliche betriebliche Schwachstellen systematische zu ermitteln und allfällig notwendige Gegenmassnahmen einzuleiten. Grundlage dazu bilden die Festlegung, Kontrolle und Dokumentation von Arbeitsabläufen, Zuständigkeitsbereichen und Verantwortlichkeiten. Akkreditierte Kontrollstellen kontrollieren und zertifizieren entsprechende QM-Systeme. Bedeutendste Zertifizierungsstelle ist die "Internationale Organisation für Standardisierung" ISO[12]. Innerhalb der EU haben in den letzten Jahren überdies Qualitätssicherungsverfahren nach europäischen Normen stark an Bedeutung gewonnen.

Eine erweiterte Form von Qualitätsmanagement findet sich im *Umweltmanagement*. Hierbei werden technische und organisatorische Lösungen gesucht, die die Ressourceneffizienz (minimaler Ressourcenverbrauch bei maximalem wirtschaftlichem Output) verbessern, indem Stoff- und Energieströme pro Produktionseinheit gesenkt werden. Der Fokus liegt also ganz auf ökologischen Verbesserungen beim Einsatz von Rohstoffen, Verarbeitungstechnologien, Lagerungs- und Zubereitungsformen etc.[13]

Total Quality Management (TQM) schliesslich ist ein Verfahren, in welchem versucht wird, "alle Strukturen, Abläufe, Vorschriften, Regeln, Anweisungen und Mass-nahmen" so zu verbessern, dass "die Qualität von Produkten und Dienstleistungen einer Unternehmung in allen Funktionen (Entwicklung, Konstruktion, Fertigung etc.) und in allen Ebenen durch die Mitwirkung aller Mitarbeiter termingerecht und zu günstigsten Kosten gewährleistet und kontinuierlich verbessert werden, um eine optimale Bedürfnisbefriedigung der Konsumenten und der Gesellschaft zu ermöglichen"[14].

---

[11] SCHNEIDER 1996.
[12] Diese vergibt unter anderem Zertifizierungen der sogenannten 9000er Reihe (ISO 9001 – 9004) sowie der 14000er Reihe für Umweltmanagementverfahren.
[13] Beispiele sind potenziell umweltschonendere landwirtschaftliche Produktionsweisen, Verpackungssysteme, Kühlaggregate, Verfahrenstechniken, Reinigungsverfahren etc.
[14] SCHNEIDER 1996.

> Als spezifische Form des Qualitätsmanagements können schliesslich Efficient Consumer Response-Konzepte (ECR) verstanden werden, welche in den letzten Jahren auch in der Lebensmittelproduktion starke Verbreitung gefunden haben. Als Besonderheit von ECR gilt die Verbindung von Qualitätsmanagement und Kooperationen zwischen Produktion und Handel zwecks Optimierung von Stoff- und Informationsflüssen einerseits und der Steigerung der Wettbewerbsfähigkeit andererseits. Der Impuls für ECR geht nach Absicht seiner "Erfinder" von den Bedürfnissen der Endverbraucher aus[15]. Zugleich sollen Ineffizienzen in der Logistik (Waren-, Informations- und Geldfluss) und im Marketing (Sortimentsgestaltung, Produktentwicklung, Werbung) soweit möglich eliminiert werden. ECR wird in der Managementliteratur auch als "interdisziplinäre Marketing-, Logistik- und Informationsaufgabe" bezeichnet.[16]

Im Bedürfnisfeld Ernährung steht die Kontrolle des Produktionsprozesses häufig in Zusammenhang mit der Grundeigenschaft von Lebensmitteln zu verderben, sofern nicht geeignete Massnahmen dagegen ergriffen werden. Was man heute als Qualitätsmanagement bezeichnet, hat deshalb im BfE in der einen oder anderen Form eine lange Tradition. Insbesondere zur Senkung des Hygienerisikos von Lebensmitteln werden seit der Einführung grosstechnischer Produktionsverfahren spezielle Kontrollsysteme eingesetzt. Mit Abstand am bekanntesten ist das HACCP-Konzept (Hazard Analysis and Critical Control Point), ein spezifisches Qualitätsmanagement-Konzept für Lebensmittelindustrie und -handel. Nicht alle Produktklassen weisen jedoch gleiche hygienische Risikopotentiale auf. Entsprechend unterscheiden sich Art, Umfang und Schärfe der Regelungen. Besonders kritisch sind tierische Erzeugnisse (Fleisch und Milch). Für die Schweizer Milchproduzenten und milchverarbeitende Unternehmen gelten zum Beispiel seit 1996 obligatorische Qualitätsmanagementsysteme nach EU-Richtlinien[17]. Schweizer Milchprodukte ohne EU-Zertifikat bleiben vom europäischen Markt ausgeschlossen.

Der Einsatz von Qualitätsmanagementsystemen wird in den letzten Jahren immer mehr zu einem "sine qua non" für Unternehmen, die (als Produzenten oder Verarbeiter) in der Lebensmittelherstellung tätig sind. Dies insbesondere dann, wenn die Erzeugnisse in die Kanäle der marktbeherrschenden Grossverteiler fliessen sollen. QM-Systeme verbreiten sich aber nicht nur aufgrund des Drucks von Abnehmern und/oder Gesetzgeber. Vielmehr hat sich gezeigt, dass richtig eingesetzte QM-Systeme zu Kostensenkung, erhöhter Produkt- und Liefersicherheit und Effizienz beitragen können. Entsprechende Konzepte müssen jedoch betriebsspezifisch angepasst und umgesetzt werden, wobei in Abhängigkeit von Produkt, Produktions- und Distributionsstruk-

---

[15] Dazu FIESSER (1998): "Die Idee des ECR verspricht allen nur Gutes: Den Kunden, dass sie optimal versorgt werden, den Herstellern, dass die Endverbraucher Präferenzen für ihre Produkte entwickeln, dem Handel, dass die Endverbraucher Präferenzen für seine Einkaufsstätten entwickelt".

[16] DANTZER 1996 sowie FIESSER 1998.

[17] vgl. HOFER K. 1998.

turen und Leistungsnehmer/Nachfrage andere Lösungen nötig sind[18]. Die Zweckmässigkeit misst sich dabei an der Optimierung der Ziel-/Mittelrelation von Produktions- und Distributionsprozessen.

Anstatt mittels QM-Systemen den Mitteleinsatz zu optimieren, kann die Relation von Zielen und Mitteln aber auch durch eine Eingrenzung des Zielsystems verbessert werden. Dies indem die Anzahl Produkte und/oder Distributionskanäle gezielt reduziert wird. Mit einer solchen Konzentration auf einen Kernbereich der Produktion kann einerseits die Übersicht über den Produktionsprozess verbessert werden, so dass auch dessen Management einfacher wird. Gleichzeitig können die vorhandenen produktionstechnischen Anlagen und Kompetenzen unter Umständen gezielter genutzt und verbessert werden. Ein möglicher Indikator für die Ziel-/Mittelrelation im Rahmen der Produktion von Lebensmitteln ist die Vielfalt an Produktklassen[19] im Verhältnis zu den verfügbaren Ressourcen.

Eine Transformation des BfE im Rahmen des strategischen Handlungsfeldes "(Re-)Organisation von Produktionsprozessen" bedarf also der gezielten Lenkung und Kontrolle von Produktions- und Distributionsprozessen, namentlich mittels spezifisch angepasster QM-Systeme und/oder über eine Eingrenzung der Produktionstätigkeit auf einen klaren Kompetenzbereich (z.B. einzelne Produktklassen).

In den letzten Jahren etablieren sich zunehmend überbetriebliche Qualitätsmanagementsysteme. Mit diesen soll nicht mehr nur ein Betrieb, sondern, ganze Produktionsketten koordiniert und kontrolliert werden. Ausgangspunkt bilden dabei die Ansprüche und Bedürfnissen der Nachfrage, wobei nach Möglichkeit neue Marktsegmente bzw. Absatzkanäle erschlossen werden sollen. Ein Beispiel eines solchen Systems ist der Coop-Natura-Plan, der aus einer strategischen Allianz zwischen dem Grossverteiler und der Bio-Suisse (damals VSbLO) hervorging. Während Coop dadurch sein Angebot um ein viel beachtetes Segment erweitern konnte, gelang es den Bioproduzenten, ihre Absatzkanäle entscheidend auszubauen. Bioprodukte – lange Zeit das Beispiel einer Nische im Lebensmittelmarkt – gewinnen seither unter den Konsumenten kontinuierlich an Beachtung. Dieses Beispiel macht deutlich, dass das Handlungsfeld (Re-)Organisation von Produktionsprozessen unmittelbar mit der Entwicklung und Durchsetzung von Normen in Zusammenhang steht.

---

[18] Interview mit einem Qualitäts- und Umweltmanagementberater im Rahmen der Milchverarbeitung.
[19] Unter Produktklasse sind Gruppen von Lebensmitteln gemeint, wie sie im Rahmen der Lebensmittelkunde und Lebensmittelgesetzgebung unterschieden werden, also z.B. Fleisch/Wurst, Fische/Meerestiere, Eier, Milch, Käse, Fette, Gewürze, Süsswaren, Süssgebäcke, Getreide, Brot, Obst, Gemüse etc. (vgl. z.B. VOLLMER et al. 1990).

8.4.2 Strategisches Handlungsfeld Entwicklung und Durchsetzung von Normen

Das strategische Handlungsfeld "Entwicklung und Durchsetzung von Normen" ist auf rechtliche Bestimmungen, Verträge und stille Abmachungen gerichtet. Dies indem neue Normen entwickelt und durchgesetzt werden.

Ein Beispiel, welches zeigt, wie sich in den letzten Jahren im BfE eine Produktionsweise und Produktkategorie als wichtige Norm durchsetzen konnte, ist Bio. Während mehrerer Jahrzehnte wurden Bioprodukte auf dem Markt angeboten, ohne dass gesetzlich festgelegt war, was unter dieser Art der Differenzierung zu verstehen ist. Dann begannen sich wie erwähnt marktmächtige Grossverteiler für Bioprodukte zu interessieren und sie in ihr Sortiment aufzunehmen. Dies wäre jedoch kaum je der Fall gewesen, wenn sich NGO's wie Umweltschutz- oder Konsumentenorganisationen oder das Forschungsinstitut für biologischen Landbau nicht seit Jahren um eine Anerkennung von Bioprodukten bemüht hätten. Inzwischen hat sich diese Anerkennung auch in Form eines Gesetzesartikels niedergeschlagen. Heute sind in der Landwirtschaftsgesetzgebung Anforderungen festgelegt sind, die es bei der Produktion und Verarbeitung zu erfüllen gilt. "Bio" wurde damit zur gesetzlich geschützten Norm erhoben.

Das Beispiel der zunehmenden Verbreitung von Bioprodukten zeigt, dass verschiedenste Faktoren zusammenkommen müssen, damit sich eine Differenzierung wie beabsichtigt breiter durchsetzen kann[20]. Am Anfang steht eine Idee für eine bestimmte Differenzierungsstrategie, die verfolgt werden soll. Entspricht sie einem Nachfragebedürfnis, setzt sie sich unter Umständen sofort durch oder bildet allenfalls die Saat für einen späteren Erfolg. Dabei spielt die Spezifität der Produkte bzw. der Produktionsweisen eine grosse Rolle. Entspricht diese weiter verbreiteten Einstellungen und Präferenzen, weitet sich der – anfänglich unter Umständen noch sehr kleine Kreis – an Kunden bald einmal aus. Sind die Anbieter in der Lage und gewillt, ihre Produkte so herzustellen und zu vertreiben, dass sie auf einem Massenmarkt angeboten werden können, besteht die Chance, eine Differenzierung zu einer Norm zu machen, die dann unter Umständen auch vom Gesetzgeber als solche definiert wird.

Die von einem Akteur im Rahmen des strategischen Handlungsfeldes "Entwicklung und Durchsetzung von Normen" erzielte Transformation des BfE hängt somit wesentlich von zwei Punkten ab: (1.) Der Spezifität seiner Produkte oder Produktionsweise und (2.) davon, wie sich die Konsumenten, der Detailhandel und die staatliche Gesetzgebung gegenüber dieser Art der Differenzierung bzw. Differenzierungsstrategie verhalten. Je nach dem setzt sich eine Differenzierung als Norm durch oder sie verbleibt in einer Nische.

Um die Spezifität einer Differenzierungsstrategie bekannt zu machen und sie

---

[20] Der Verbreitung der Bioproduktion bzw. des Konsums von Bioprodukten ist ein von den biologischen Landbauorganisationen seit Jahrzehnten verfolgtes Ziel.

allenfalls als gesetzlich geschützte Norm zu etablieren, braucht es erhebliche Kommunikationsanstrengungen. Dies umso mehr, als die Sättigung des Marktes die Anbieter zunehmend zu Werbemassnahmen zwingt, um sich gebührend im Gespräch zu halten. Aber auch von Seiten der Nachfrage stieg in den letzten Jahren das Informationsbedürfnis an und Lobbyorganisationen aus Konsumentenschutz, Umweltschutz und Entwicklungshilfe fordern eine umfassende Produktedeklaration[21]. Damit führt das Handlungsfeld "Entwicklung und Durchsetzung von Normen" direkt in jenes der "Vermittlung von Informationen und Botschaften" über.

8.4.3 Strategisches Handlungsfeld Vermittlung von Informationen und Botschaften

Das strategische Handlungsfeld "Vermittlung von Informationen und Botschaften" ist auf Werthaltungen, Einstellungen und Präferenzen gerichtet, die geprägt werden sollen. Wiederum geht es darum, möglichst gezielte Veränderungen des BfE zu bewirken und unbeabsichtigte Nebenfolgen zu vermeiden.

In den letzten Jahren haben sich die Bedürfnisse der Konsumenten stark differenziert. So fliessen gemäss Konsumentenbefragungen immer mehr auch ökologische und/oder soziale Überlegungen in die Beurteilung ein und ergänzen traditionell wichtige Kriterien wie Gesundheit, Geschmack, Frische, Aussehen oder Hygiene[22]. Viele Produktinformationen zielen deshalb darauf, entsprechende Eigenschaften anzupreisen und so die Wahrnehmung und Beurteilung des Angebotes zu beeinflussen. Informationen zu Produkteigenschaften werden einerseits über das Produkt selber vermittelt, sei es in Form von Textelementen, Labels oder Bildern. Verschiedene Medien, seien dies Radio, Fernsehen, Presse oder – immer mehr – Internet dienen der zusätzlichen Verbreitung, wobei verschiedene Formen der Kommunikation wie klassische Werbung, Public Relations, Product-Placement etc. unterschieden werden können. Die Adressaten solcher Botschaften, namentlich die Konsumenten, nehmen die Inhalte aber nur sehr selektiv wahr[23]. Je stärker die Handlungsanweisungen am Lebensalltag der Rezipienten (sprich: Konsumenten) ansetzen, umso grösser ist die Wahrscheinlichkeit, dass eine erkennbare Reaktion erfolgt[24].

---

[21] Vgl. u.a. HOFER 1999.
[22] Vgl. NOGER 1999.
[23] So hat sich in einer kürzlich durchgeführten Studie zur Wahrnehmung von Medieninformationen bezüglich Lebensmitteln gezeigt, dass je nach Konsument bzw. Konsumententyp andere Informationen aus Medienquellen herausgelesen werden, so dass jeweils eine andere Wirklichkeit reproduziert wird. Beispielsweise liest, hört und betrachtet eine Konsumentin mit hoher Sensibilisierung für ökologische Fragen tendenziell entsprechend ausgerichtete Informationen und Botschaften, während Personen mit wenig "ökologischem Handlungswissen" der gleichen Quelle andere Inhalte entnehmen (WOELFING et al. 1999). Zu verschiedenen Konsumententypen aufgrund personaler und verhaltensbezogener Unterschiede aus psychologischer Sicht vgl. TANNER et al. 1999.
[24] Vgl. WOELFING KAST et al. 1998.

Eine wichtige Rolle bei der Bildung "ernährungsbezogener" Einstellungen und Handlungen spielen Informationen und Meinungen aus dem persönlichen Umfeld einer Person (Familie, Freundeskreis, ArbeitskollegInnen etc.). Persönliche (Face-to-Face-)Informationen gelten häufig als vertrauenswürdiger als medial vermittelte Werbebotschaften und wirken nachhaltiger. Im Marketing wird deshalb persönlichen Werbegeprächen eine besonders hohe Wirksamkeit für die Präferenzbildung zugeschrieben[25]. Für die Anbieter von Produkten kann Face-to-Face-Kommunikation andererseits interessant sein, um eine gewisse Kundenbindung zu erzielen sowie aus erster Hand Rückmeldungen über das Angebot und geänderte Bedürfnisse zu erhalten.

Face-to-Face-Kommunikation kann die Grundlage schaffen, um Medienbotschaften überhaupt aufzunehmen oder umgekehrt. Persönliche Gespräche und medial vermittelte Informationen sind deshalb – gerade beim Thema Ernährung – nur begrenzt gegeneinander austauschbar[26]. Je nach Sachinhalt, Konsumententyp etc. ist ein anderes Vorgehen und eine andere Mischung erfolgsverprechend. Konsumenten mit einer hohen inneren Beteiligung ("High-Involvement") etwa lassen sich leichter und mit anderem Mitteln ansprechen, als Personen mit einem geringen Interesse[27]. Die Form der Kommunikation und deren Inhalt müssen also immer so aufeinander abgestimmt sein, dass sie beim anzusprechenden Adressaten ankommen. Somit lässt sich folgendes Fazit ziehen:

Der Erfolg oder Misserfolg zur Transformation des Bedürfnisfeldes Ernährung im Rahmen des strategischen Handlungsfeldes "Vermittlung von Informationen und Botschaften" ("Kommunikationsstrategie[28]") hängt wesentlich von der Adäquatheit von kommuniziertem Inhalt und Kommunikationsform ab. Face-to-Face-Kommunikation hat einen besonders starken Einfluss auf ernährungsbezogene Einstellungen und Handlungsweisen.

8.5 Transformationswirkung als Ergebnis von Produktions-, Differenzierungs- und Kommunikationsstrategie

In den vorgängigen Ausführungen wurde ein Bogen geschlagen vom ungerichteten gesellschaftlichen Wandel zur gerichteten Transformation eines Bedürfnisfeldes über die drei strategischen Handlungsfelder (1) (Re-)Organisation von Produktionsprozessen (Produktionsstrategie), (2) Entwicklung und Durchsetzung von Normen (Differenzierungsstrategie) und (3) Vermittlung von Informationen und Botschaften (Kommunikationsstrategie). Namentlich

---

[25] Vgl. HAMM 1991.
[26] Vgl. WOELFING KAST et al. 1998.
[27] Vgl. SEIFERT 1999.
[28] In der Marketingliteratur wird hierfür auch der Begriff der Kommunikationspolitik verwendet (vgl. HAMM 1991).

marktliche Akteure können das BfE über diese Strategien transformieren. Darst. 27 zeigt deshalb das Dreieck des Wandels, wie es in Kapitel 3 eingeführt worden war, neu als "Strategiedreieck" zur Transformation des BfE durch marktliche Akteure.

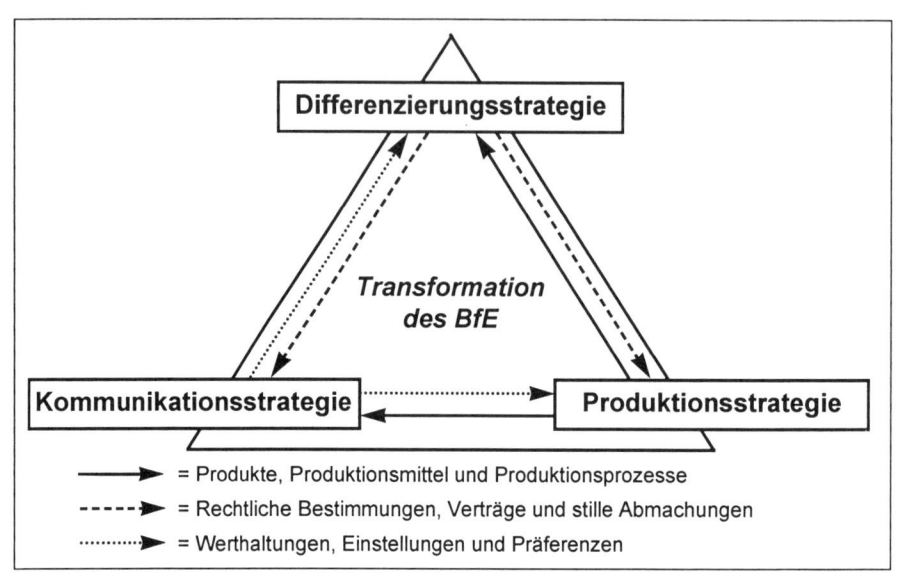

```
                    Differenzierungsstrategie

                         Transformation
                            des BfE

    Kommunikationsstrategie  ←——→  Produktionsstrategie

    ——————▶ = Produkte, Produktionsmittel und Produktionsprozesse
    ------▶ = Rechtliche Bestimmungen, Verträge und stille Abmachungen
    ·······▶ = Werthaltungen, Einstellungen und Präferenzen
```

Darstellung 27: Strategiedreieck zur Transformation des Bedürfnisfeldes Ernährung durch marktliche Akteure

Von den einzelnen strategischen Handlungsfeldern ausgehend, konnten wichtige Erfolgsfaktoren einer Transformation des BfE herausgearbeitet werden. Dies sind (a) der Einsatz angepasster QM-Systeme bei Produktion und Distribution (Produktionsmanagement), (b) die Vielfalt hergestellter Produktklassen, (c) die Spezifität von Produkten und Produktionsweisen, (d) das Verhalten von Konsumenten, Detailhandel und Gesetzgeber gegenüber einer bestimmten Differenzierungsstrategie, (e) die Adäquatheit von kommuniziertem Inhalt und Kommunikationsform und (f) Gelegenheiten für Face-to-Face-Kommunikation zu Ernährungsfragen im weiteren Sinn.

Gelingt es also einem Akteur, seine Produktion und Distribution mittels angepasster Qualitätsmanagementsysteme oder einer Eingrenzung des Produktionsprozesses auf spezifische Kompetenzbereiche gezielt zu optimieren, eine spezifische Differenzierungsstrategie einzuschlagen, die in der Folge die Aufmerksamkeit anderer Akteure auf sich zieht und sich so auf breiterer Ebene als Norm durchsetzen lässt oder via Medien oder gar über persönliche Kommunikation Werthaltungen, Einstellungen und/oder Präferenzen gezielt zu prägen, bewirkt er damit die Transformation des BfE. Je mehr Ressourcen ihm dafür zur Verfügung stehen, umso grösser wird auch die unmittelbare Transformationswirkung sein. Diese Erkenntnis dient in der Folge dazu, um die strategischen Erfolgslemente von RPO für eine Transformation des BfE zu ermitteln.

9. Regionale Produktorganisationen als Transformatoren des BfE in Richtung Nachhaltigkeit?

9.1 Einleitung

Sämtliche Akteure des BfE, von der kleinen Bäckerei über den Lebensmittelmulti bis zu politischen und wissenschaftlichen Organisationen und Institutionen, beteiligen sich an Veränderungen im BfE und prägen diese durch ihre Handlungsweise mehr oder weniger bewusst und gerichtet mit. Eine gerichtete Transformation kann über die strategischen Handlungsfelder (1.) (Re-)organisation von Produktionsprozessen (Produktionsstrategie), (2.) Entwicklung und Durchsetzung von Normen (Differenzierungsstrategie) und (3.) Vermittlung von Informationen und Botschaften (Kommunikationsstrategie) erreicht werden. Die Leitfrage dieses Kapitels lautet: *Wo liegen die strategischen Erfolgselemente von RPO, um das BfE in Richtung Nachhaltigkeit zu transformieren?*

In der Folge wird das Erreichen der RPO-eigenen Leitziele (autonome Strukturen erhalten und Marktsegmentierung bewirken) explizit mit der Umsetzung ihrer Nachhaltigkeitspotenziale gleichgesetzt[1]. D.h. wir gehen von der Grundannahme aus, dass wirtschaftliche Überlebensfähigkeit von RPO und Effekte in Richtung Nachhaltigkeit und unmittelbar miteinander verbunden sind und ersteres (die wirtschaftliche Überlebensfähigkeit) notwendige, wenn auch nicht immer hinreichende Voraussetzung für letzteres darstellt[2]. Die folgende Beurteilung orientiert sich an den drei Strategien und jeweiligen Erfolgsfaktoren. Sie wird soweit möglich auf einzelne RPO-Typen zugespitzt (Darst 28). Der Fokus liegt dabei auf der Handlungsweise von RPO. Umfeldfaktoren fliessen dagegen nur indirekt ein und werden erst in den abschliessenden Empfehlungen wieder explizit aufgegriffen.

---

[1] Die Begriffe Wirkungspotenziale (in Richtung Nachhaltigkeit) und Nachhaltigkeitspotenziale werden jeweils als Synonyme verwendet.

[2] Gemäss Kapitel 6 verfügen RPO in vier Bereichen (Ökologie, Ökonomie, Soziales und Individuum/Gesundheit) über total 12 Nachhaltigkeitspotenziale. Im Bereich Ökologie sind dies: (1) Energieverbrauch senken Emissionen vermindern, (2) Biodiversität erhalten und Monokulturen vermeiden, (3) Auslagerung ökologischer Risiken vermeiden, (4) Umweltverantwortung fördern; im Bereich Ökonomie (5) Ressourcen effizient einsetzen, (6) Betriebswirtschaftliche Rendite für RPO insgesamt bzw. für deren Mitglieder generieren, (7) Wertschöpfung erzielen und damit Arbeitsplätze und Einkommen in der Region erhalten bzw. schaffen; im Bereich Soziales (8) die (regionale) sozioökonomische Entwicklung bei den Abnehmern zum Thema machen, (9) die horizontale und vertikale Zusammenarbeit verbessern und im Bereich Individuum/Gesundheit (10) Transparenz über die Produkteigenschaften erhöhen, (11) Schadstoffgehalt der Produkte und Eingriffstiefe während des Produktionsprozesses vermindern sowie (12) Gehalt an gesunden und lebensnotwendigen natürlichen Inhaltsstoffen erhöhen.

Strategien	Erfolgsfaktoren
(1.) Produktionsstrategie	Einsatz angepasster QM-Systeme bei Produktion und Distribution (Produktionsmanagement)
	Vielfalt an Produktklassen
(2.) Differenzierungsstrategie	Spezifität von Produkten und Produktionsweisen
	Verhalten von Konsumenten, Detailhandel und Gesetzgeber gegenüber der Differenzierungsstrategie
(3.) Kommunikationsstrategie	Adäquatheit von kommuniziertem Inhalt und Kommunikationsform
	Gelegenheiten für Face-to-Face-Kommunikation zu Ernärungsfragen i. w. S.
Beurteilung der Transformationswirkung von RPO	
Strategische Erfolgselemente der verschiedenen RPO-Typen	

Darstellung 28: RPO als Transformatoren des BfE? Schematische Übersicht zu Begriffen und Vorgehensweise.

Welche Merkmale von RPO als strategische Erfolgslemente wirken, hängt einerseits vom Zusammenspiel der verschiedenen strategischen Handlungsfelder bzw. Strategien ab. Soll eine möglichst breite Transformationswirkung erzielt werden, müssen sich die einzelnen Strategien bis zu einem gewissen Grad ergänzen. Die Transformationswirkung hängt aber auch davon ab, wieviele Ressourcen (Sachmittel, Geldmittel, Autorität, Beziehungen etc.) auf eine Strategie verwendet werden können. So sind erhebliche finanzielle Aufwendungen nötig, um via Massenmedien Botschaften und Informationen zu verbreiten. Soll eine Differenzierungsstrategie zu einer Qualitätsnorm führen, muss sich diese gegenüber den bestehenden Normen durchsetzen oder sich zumindest – wie im Falle von Bioprodukten gegenüber konventionellen Erzeugnissen – erfolgreich neben diesen positionieren lassen. Dazu bedarf es ebenfalls mobilisierbarer Ressourcen. Schliesslich ist auch ein professionelles Produktionsmanagement, namentlich über mehrere Produktklassen hinweg, nur möglich, wenn die nötigen Mittel dazu zur Verfügung stehen.Um die strategischen Erfolgslemente verschiedener RPO-Typen ermitteln und vergleichbar machen zu können, werden deshalb die eingeschlagenen Strategien in Bezug gesetzt zu den dafür verfügbaren Ressourcen.

9.2 Beurteilung der Transformationswirkung von RPO

9.2.1 Produktionsstrategie

Zur Beurteilung der Transformationswirkung im Rahmen der Produktionsstrategie von RPO sind besonders zwei Erfolgsfaktoren zu bedenken: Der Einsatz angepasster QM-Strategien zur Optimierung des Mitteleinsatzes bei Produktion und Distribution und die Vielfalt an hergestellten bzw. gelabelten Produktklassen. Beide Faktoren sind entscheidend, um einen Produktionsprozess gezielt lenken und kontrollieren zu können. Wo bezüglich dieser beiden Faktoren liegen strategische Erfolgselemente der verschiedenen RPO-Typen?

Um dies beurteilen zu können, müssen wir uns noch einmal einige Besonderheiten der Organisationsstruktur von RPO in Erinnerung rufen wie sie in Kap. 4 ausführlich dargestellt wurden: RPO sind regionale strategische Netzwerke. Die Beziehungen unter den Beteiligten sind in der Regel nur wenig formalisiert und hierarchisiert. Ein Grossteil der anfallenden Arbeiten wird dabei von einigen wenigen Personen wahrgenommen. Jene Organisationen, die es sich finanziell leisten können, unterhalten eine eigene Geschäftsstelle, die die operativen Tätigkeiten – hauptsächlich Koordinations- und Motivationsaufgaben, aber auch Marketing und Public Relations – im Auftrag eines strategischen Ausschusses oder Vereinsvorstandes übernimmt. Darüber hinaus haben die meisten RPO produkt- und/oder themenspezifische Arbeitsgruppen ins Leben gerufen, in welchen sich neben Geschäftsleitung und Vorstand auch Mitglieder aktiv beteiligen.

RPO sind also von ihrer Struktur her nur begrenzt mit einem Unternehmen gleichzusetzen. Insbesondere hat keine der untersuchten RPO ein Produktionsmanagement, welches über die beteiligten Unternehmen hinaus reicht und bspw. über spezielle Weisungsbefugnisse verfügt. Deshalb ist auch nicht überraschend, dass nur in wenigen Fällen spezielle Managementverfahren wie QM, TQM oder ECR auf überbetrieblicher Ebene bestehen. Es scheint schwierig zu sein, die unterschiedlichen Akteure und Produkte in ein zweckmässiges überbetriebliches Produktionsmanagement einzubinden. Bei den RPO-Typen der AOC-Organisationen und der innovativen Verarbeitungsunternehmen scheint dies, gemessen am aktuellen Stand betreffend Einsatz von QM-Systemen, am ehesten möglich.

Von den anderen erfassten RPO haben nach unseren Erkenntnissen bisher einzig das "Gemeinsame Agrarmarketing Aargau" GMA[3], das Ostschweizer Projekt "Pro Pane Natura" sowie zum Teil die IG Dinkel ein überbetriebliches QM-System eingeführt. Schliesslich sind im Kanton Bern die drei grössten RPO (Ämmitaler Ruschtig, TouLaRe sowie Original Berner Oberland) damit beschäftigt, gemeinsam entsprechende Richtlinien zu erarbeiten. Alle anderen von uns untersuchten RPO haben bisher keine Massnahmen in diese Richtung realisiert. Vielfach bleiben Zertifizierungen auf Einzelbetriebe beschränkt, so dass die Aktivitäten auf überbetrieblicher Stufe nicht systematisch koordiniert und kontrolliert werden. Das Nicht-Erreichen der eigenen Ziele scheint unter anderem mit diesem Manko in Verbindung zu stehen. Insbesondere neuere, kooperationsorientierte Verfahren wie ECR sollten deshalb in Zukunft auf ihre Realisierbarkeit im Verhältnis von Aufwand und Ertrag überprüft werden. Erweist sich dieser Weg nicht als gangbar, bleibt unter Effizienzüberlegungen längerfristig wohl nur der Rückzug auf ein Kerngeschäft. Dies, indem bspw. die Produktepalette auf einige wenige Erzeugnisse eingegrenzt wird.

Das vergleichsweise ernüchternde Bild, welches RPO im Rahmen dieses ersten strategischen Handlungsfeldes abgeben, erklärt bis einem gewissen Grad, weshalb sie die von uns in Kap. 6 postulierten Wirkungspotenziale nachhaltiger Entwicklung nicht umzusetzen vermögen[4]: Alle postulierten Wirkungspotenziale von RPO im ökonomischen Bereich (effizienter Ressourceneinsatz, betriebswirtschaftliche Rendite und regionale Wertschöpfung) stehen in mehr oder weniger direktem Bezug zur Ziel-/Mittelrelation des Produktionsprozesses. Darüber hinaus können aber auch verschiedene Wirkungspotenziale im Bereich Ökologie, insbesondere die erwartete Senkung des Energieverbrauchs bzw. der Emission von Schadstoffen nur höchst begrenzt umgesetzt werden. Verschiedene ökologische Risiken werden damit weiterhin ausgelagert. Sollte eine Verbesserung der Situation im Rahmen der bestehenden Organisationen nicht möglich sein, müssten möglicherweise straffere, stärker differenzierte und spezialisierte Organisations- und Managementstrukturen geschaffen werden, welche die ganze Produktionskette (und nicht nur einzelne Produktionsschritte) umfassen. Dies würde jedoch bedeuten, dass RPO in Zukunft mehr wie Firmen und weniger als loses Netzwerk gleichberechtigter Partner geführt werden müssten und die Beteiligten unter Umständen gezwungen wären, ihre Eigenständigkeit bis zu einem gewissen Punkt aufzugeben.

Insbesondere Wirkungspotenziale im sozialen Bereich (soziale Kontakte, Partizipation und Veranwortungsübernahme) leben jedoch von der speziellen Organisationsstruktur von RPO. Dieser Sachverhalt wiederum steht in unmittelbarer Verbindung mit Stärken von RPO im Rahmen ihrer speziellen Kom-

---

[3] D.h. mittels Kontrollen nach EN 45004 und einer entsprechenden Betriebszertifizierung nach EN 45011 wird der Warenfluss im Rahmen der GMA-Reglemente geregelt.

[4] Für eine vollständige Beurteilung müssen selbstverständlich alle Handlungsfelder bzw. Strategien berücksichtigt werden.

munikationsstrategie (vgl. 9.2.3). Die gegenwärtig zu beobachtende Entwicklung von RPO in Richtung stärker hierarchisierter und differenzierter Organisationen (vgl. 5.2) führt also in Zukunft möglicherweise zu einer verbesserten Umsetzung der Wirkungspotenziale aus dem ökonomischen Bereich. Darunter könnten jedoch die sozialen Wirkungspotenziale leiden, so dass der insgesamt erzielte Fortschritt fragwürdig werden kann.

Grundsätzlich kann davon ausgegangen werden, dass die bestehenden RPO ihre Produktionsstrategien immer schon zu optimieren versuchten. Das Ergebnis dieser Bemühungen hängt aber entscheidend von der Breite bzw. Konzentration der Produktion ab, die ein mehr oder weniger professionelles Produktionsmanagement erlaubt. Hierbei zeigen sich erhebliche Differenzen zwischen den einzelnen RPO-Typen:

- RPO vom Typ Verbandskonglomerate verfügen in der Regel über ein vergleichsweise professionelles Produktionsmanagement. Ausgehend vom Wissen und den Strukturen ihrer (Verbands-)Mitglieder, sind sie seit ihrem Bestehen um ein überbetriebliches QM-System bemüht. Ziel ihres Vorgehens ist insbesondere ein lückenlose Warendeklaration, so dass allfällige Trittbrettfahrer erkannt werden könnten. Im Falle des GMA stellten die kantonalen Behörden gar die Bedingung für staatliche Unterstützungsbeiträge, dass ein professionelles QM-System eingerichtet wird. Dasselbe gilt auch für viele Wertschöpfungsregionalisten, die allerdings insgesamt über weniger Ressourcen verfügen. Verbandskonglomerate und Wertschöpfungsregionalisten haben aber nicht nur Ähnlichkeiten in Bezug auf staatlich unterstützte QM-Systeme, sondern auch bezüglich einer grossen Vielfalt an Produktklassen, die ihr Label tragen. Sie sind explizit darum bemüht, möglichst für alle Produktklassen Platz zu bieten. Diese beiden Typen können deshalb auch als "Kämpfer an allen Fronten" bezeichnet werden. Nur noch Organisationen vom Typ landwirtschaftlicher Selbsthilfeprojekte arbeiten mit einer ähnlich grosse Zahl an Produktklassen. Dies allerdings mit erheblich geringeren Mitteln als beiden anderen Typen, erfahren sie doch praktisch keine (projektspezifische) staatliche Unterstützung. Die Transformationswirkung der drei Typen nimmt deshalb von den Verbandskonglomeraten über die Wertschöpfungsregionalisten zu den landwirtschaftlichen Selbsthilfeprojekten ab.

- Alle anderen Typen (Verarbeiter alter Sorten und Rassen, Innovative Verarbeitungsunternehmen, AOC-Organisationen und Ökoregionalisten) beherbergen eine insgesamt kleinere Zahl an Produktklassen, konzentrieren sich also mit ihrer Produktionsstrategie stärker auf eine Kernkompetenz. Über die besten Karten verfügen dabei die AOC-Organisationen, die sich in der Regel um ein einziges Produkt gruppieren und sämtliche Ressourcen für dessen Erfolg einsetzen. Eine entsprechend grosse Transformationswirkung können sie hier auch entfalten. Insbesondere Verarbeitern alter Sorten und Rassen und kleinen innovativen Verarbeitungsunternehmen fehlt es dagegen häufig an den nötigen Mitteln, um die Produktion zu professionalisieren. Dasselbe trifft auch auf Organisationen vom Typ der Ökoregionalisten zu, wo die Vielfalt an Produktklassen vor allem dadurch bestimmt wird, welche Produkte die ökologischen Auflagen erfüllen.

Während der Einsatz von QM-Systemen lediglich eine fallspezifische Ja-/Nein-Differenzierung erlaubt, ermöglicht also das Verhältnis von Produktklassen zu verfügbaren Ressourcen einen qualitativen Vergleich der Transformationswirkung der verschiedenen RPO-Typen im Rahmen der Produktionsstrategie. Darst. 29 fasst die Aussagen tabellarisch zusammen. Die Vielfalt an Produktklassen wird dazu in die drei Klassen "gross" (Wert 1), "mittel" (Wert 2) und "klein" (Wert 3) und die Verfügbarkeit eigener Ressourcen für das Produktionsmanagement in "viele" (Wert 3), "mittel" (Wert 2) und "wenige" (Wert 1) unterteilt. Die Multiplikation aus den beiden Achsen, spiegelt die Transformationswirkung wieder. Diese nimmt also von unten links (Feldwert 1) nach oben rechts (Feldwert 9) zu.

		Vielfalt an Produktklassen		
		gross (1)	mittel (2)	klein (3)
Ressourcen für Produktionsmanagement	viele (3)	(3) Verbandskonglomerate	(6)	(9)
	mittel (2)	(2) Wertschöpfungsregionalisten	(4)	(6) AOC-Organisationen Innovative Verarbeitungsunternehmen
	wenige (1)	(1) Landwirtschaftliche Selbsthilfeprojekte	(2) Ökoregionalisten	(3) Verarbeiter und Vermarkter alter Sorten und Rassen

Darstellung 29: Vergleich der Transformationswirkung verschiedener RPO-Typen im Rahmen ihrer Produktionsstrategien (zunehmende Wirkung von unten links nach oben rechts)

9.2.2 Differenzierungsstrategie

Als zweites Handlungsfeld muss die Differenzierungsstrategie beurteilt werden. Dazu müssen insbesondere zwei Faktoren beachtet werden: Die Spezifität der Produkte und Produktionsweisen und das Verhalten von Konsumenten, Detailhandel und Gesetzgeber gegenüber dieser Art der Differenzierung.

Auch zur Beurteilung der strategischen Erfolgslemente der Differenzierungsstrategien von RPO, muss zunächst rekapituliert werden: Im Zentrum der Differenzierungsstrategie von RPO steht definitionsgemäss die regionale Herkunft der Rohstoffe bzw. Endprodukte. Diese ist häufig nur eine Art der Differenzierung. Hinzu kommen vielfach spezielle geschmackliche Eigenschaften. Verbindliche Qualitätskonzepte, die über das Argument der Regionalität und gesetzlich vorgeschriebene Mindeststandards hinausgehen, fehlen aber in vielen Fällen. Nur ganz wenige Organisationen verfügen über eigene Qualitätsrichtlinien, die auf die Produktionsweise und/oder besondere Qualitätseigenschaften des Endproduktes abzielen, insofern sie nicht indirekt über eine andere Organisation – etwa die Vereinigung biologischer Landbauorganisationen – eingebracht werden. Andere Prioritätensetzung, fehlende finanzielle Mittel und mangelndes Know-How bezüglich Qualitätsfragen scheinen für diesen Umstand verantwortlich zu sein.

Obwohl also häufig keine speziellen Qualitätsrichtlinien festgelegt werden, ist es doch so, dass RPO andere Differenzierungen in die öffentliche Diskussion einbringen. Um die strategischen Erfolgselemente der einzelnen RPO-Typen im Rahmen der Differenzierungsstrategie genauer eruieren zu können, wird die Spezifität der Produkte und Produktionsweisen in der Folge in Bezug gesetzt zu den verfügbaren Ressourcen zur Durchsetzung der jeweiligen Differenzierung:

- *AOC-Organisationen* definieren sich explizit über staatliche Richtlinien und damit Autorität[5]. Die AOC-Verordnung schreibt vor, dass eine geographische Angabe bzw. Ursprungsbezeichnung durch ein spezielles Qualitätskonzept gerechtfertigt sein muss (vgl. 7.2.1). AOC-Produkte lassen sich in der Regel zu einem exklusiven Kreis von international gehandelten Spezialitäten zählen. Für die Spezifität können nach Gesetz sowohl natürliche Produktionsbedingungen, ein spezielles – meist traditionelles – Herstellungsverfahren oder menschliche Fähigkeiten und Fertigkeiten verantwortlich sein. Neben der politischen Legitimation im Rahmen des neuen Landwirtschaftsgesetzes, erfahren AOC-Organisationen teilweise auch Unterstützung von naturwissenschaftlicher Seite. So etwa im Falle des Greyerzer-Käses, wo es gelang, spezifische Inhaltsstoffe nachzuweisen, durch welche sich Alp- von Tal-Erzeugnissen unterscheiden lassen[6]. AOC-Organisationen verfügen somit in der Regel nicht nur über sehr spezifische Qua-

---

[5] Ebenfalls auf staatliche Richtlinien stützen sich Bio- und IP-Produzenten. Diese Bestimmungen bilden jedoch nicht die Grundlage der Organisationen wie im vorliegenden Fall.
[6] BOSSET et al. 1998.

litätskonzepte, sondern aufgrund ihres politischen Markenschutzes auch über ein gewisses (Macht-)Potential für deren Durchsetzung.

- Ebenfalls eine vergleichsweise hohe Spezifität liegt beim Typ der *Verarbeiter und Vermarkter alter Sorten und Rassen* vor. Hier ist es - wie bereits die Typenbezeichnung festhält – zunächst die genetische Grundlage von Pflanzen und Tieren aus der landwirtschaftlichen Produktion, welche die Spezifität begründet. Darüber hinaus kommen häufig traditionelle Verarbeitungsverfahren zum Einsatz, durch welche unter Umständen eine weitere Qualitätsdifferenzierung erfolgt. Trotz der Unterstützung, die diese RPO bei Umwelt- und Konsumentenorganisationen geniessen, können ihre Qualitätsnormen kaum breiter durchgesetzt werden. Dies aus drei Gründen: (1) Die Produktionsformen sind mit hohem Aufwand verbunden, so dass entsprechend hohe Preise resultieren, (2) die natürliche Ressourcengrundlage oder aber (3) die Nachfrage ist eng begrenzt, da es sich nicht um eigentliche Alltagsprodukte handelt, besondere Zubereitungseigenschaften bestehen etc. Abgesehen von diesen "nicht können" muss aber auch das "nicht wollen" bedacht werden: Die engagierten Personen oder Unternehmen haben unter Umständen ein Interesse daran, dass mit einem Produkte (weiterhin) eine exklusive Nische besetzt werden kann (vgl. Typ innovative Verarbeitungsunternehmen). Häufig sind es kleinere Unternehmen, für welche solche Erzeugnisse ein wichtiges Standbein darstellen.

- Ein dritter Typ mit vergleichsweise hohem Spezifitätsgrad der Produkte sind *innovative Verarbeitungsunternehmen.* Diese profilieren sich ebenfalls durch den Exklusivitätscharakter ihrer Produkte, der sowohl auf den Rohstoffen wie deren Verarbeitungsweise beruhen kann. Ähnlich wie die Verarbeiter und Vermarkter alter Sorten und Rassen ist die Wahrscheinlichkeit eher gering, dass sie ihre Qualitätsnorm auf breiterer Ebene durchsetzen können und/oder wollen. Auch hier wirkt unter anderem die Betriebsgrösse begrenzend und/oder besteht kein Interesse an einer breiteren Profilierung[7]. Schliesslich lässt sich auch vermuten, dass kein Interesse besteht, das Rezept für eine besondere Spezialität an potentielle oder reale Marktkonkurrenten abzutreten, da ja gerade der Spezialitätencharakter sich schlecht verträgt mit einer allgemeinen Verbreitung.

- Beim Typ der *Ökoregionalisten* kann ebenfalls ein hoher Spezifitätsgrad der Produkte vorliegen, der vor allem durch die besonders ökologische Urproduktion gekennzeichnet ist. Daneben haben ihre Produkte häufig ähnliche Qualitätsmerkmale, wie sie auch für die drei vorgängigen Typen kennzeichnend sind. Die Durchsetzung entsprechender Qualitätsnormen auf breiter Ebene wäre in der Regel mit einschneidenden Konsequenzen für die Organisationsform und die Tätigkeiten entlang der ganzen Produktionskette verbunden. Die bestehenden wirtschaftlichen Strukturen (Distribution, Produktion und Verarbeitung auf hohem technischem Niveau, Lagerungsort und -form etc.) müssten dazu weitgehend aufgegeben und durch öko-regionale

---

[7] In den meisten Fällen handelt es sich um KMUs.

Strukturen ersetzt werden. Unter den gegebenen wirtschaftspolitischen Rahmenbedingungen ist jedoch nicht zu erwarten, dass sich bspw. die Grossverteiler in naher Zukunft wieder in die ursprünglichen regionalen Genossenschaften aufteilen.

* Einen vergleichsweise hohen Spezifitätsgrad erreichen in der Regel auch Produkte aus *landwirtschaftlichen Selbsthilfeprojekten*. Dieser wird erreicht durch – auf dem eigenen Hof erzeugte – Rohstoffe, die in kleinen Mengen und unter Anwendung von haushalttechnischen und handwerklichen Hilfsmitteln zum Endprodukt weiterverarbeitet werden. Eine breite Durchsetzung ist allerdings nicht zu erwarten, ist doch der spezielle handwerkliche Charakter ihrer Entstehung wenig effizient.

* Der Typ der *Wertschöpfungsregionalisten* deckt bezüglich Produktspezifität eine grosse Bandbreite ab. Die grosse Vielfalt an Produkten und Akteuren erlaubt einerseits nur vergleichsweise niederschwellige und wenig differenzierte Qualitätsnormen. Gleichzeitig ist man aber auf Mitglieder angewiesen, deren Produkte aufgrund ihrer Beliebtheit einen hohen Wertschöpfungseffekt haben, was u.a. dann der Fall ist, wenn es sich um bekannte regionale Spezialitäten handelt. Die grosse Bandbreite der Aktivitäten und Produkte dieses RPO-Typs steht meist in Widerspruch zu einer klaren strategischen Ausrichtung. Da die verfügbaren Mittel für verschiedenste Bereiche parallel eingesetzt werden müssen, ist das Durchsetzungspotential klein bis mittelmässig.

* Durchschnittlich eine kleinere Spezifität als alle anderen Typen weisen Erzeugnisse von *Verbandskonglomeraten* auf. Wie die Typisierung bereits zeigte, handelt es sich hierbei um einen strategischen Zusammenschluss verschiedener Verbände, der den beteiligten Akteuren dadurch ein grösseres marktliches und politisches Gewicht verleiht. Da das Ziel von Verbandskonglomeraten explizit nicht Nischenmärkte sind, hat man auch wenig Interesse, die Erzeugnisse qualitativ über ein gewisses Minimum zu spezifizieren. Stattdessen lehnt man sich an gängige Normen an, die die Mitglieder bereits verfolgen. Man geht also von einem mehrheitsfähigen Konzept aus und reproduziert dieses. Entsprechend gross ist deshalb die erzielte Breitenwirkung (vgl. Kapitel 6).

Es zeigt sich also, dass fünf der sieben Typen eine vergleichsweise hohe Spezifität ihrer Produkte geltend machen können. Dies ist deshalb nicht überraschend, weil RPO eine Differenzierungsstrategie im Hinblick auf das Ziel einer Marktsegmentierung verfolgen. Das zweite Leitziel, die (autonome) Erhaltung der Produktionsstrukturen wird damit in vielen Fällen aber gerade verfehlt, da in den meisten Fällen die notwendigen (Macht-)Mittel fehlen für eine breite Durchsetzung. Insgesamt am erfolgreichsten sind AOC-Organisation sowie Verbandskonglomerate. Beide verfügen im Quervergleich über recht viele Ressourcen. Misst man diese jedoch an Mitteln wirklich mächtiger Akteure im BfE auf nationalem oder internationalem Niveau, sind auch deren Möglichkeiten bescheiden.

Wie in Kapitel 7 ausführlich dargelegt wurde, hängt die bislang geringe Durchsetzungsfähigkeit der Differenzierung "regional" unmittelbar mit der zurückhaltenden Position des Detailhandels einerseits und dem schwer berechenbaren Verhalten der Konsumenten andererseits zusammen. Gerade für Grossverteiler sind regionale Produkte nur dann interessant, wenn es sich um bekannte Spezialitäten handelt, deren Beschaffung und Vermarktung im Rahmen der zunehmend national ausgerichteten Distributionsstrukturen erfolgen kann. Einzig Produkte von AOC-Organisationen und allenfalls von Verarbeitern und Vermarktern alter Sorten und Rassen erfüllen diese Anforderungen. Alle anderen Anbieter (Wertschöpfungsregionalisten, Innovative Verarbeitungsunternehmen, Ökoregionalisten und landwirtschaftliche Selbsthilfeprojekte) sind entweder zu klein oder die Produkte gelten nicht als national gesuchte Spezialität.

		Spezifität der Produkte		
		klein (1)	mittel (2)	gross (3)
Ressourcen zur Durchsetzung der Differenzierungsstrategie	viele (3)	(3) Verbandskonglomerate	(6)	(9)
	mittel (2)	(2)	(4)	(6) AOC-Organisationen
	wenige (1)	(1)	(2) Wertschöpfungsregionalisten	(3) Verarbeiter und Vermarkter alter Sorten und Rassen Innovative Verarbeitungsunternehmen Ökoregionalisten Landwirtschaftliche Selbsthilfeprojekte

Darstellung 30: Vergleich der Transformationswirkung verschiedener RPO-Typen im Rahmen ihrer Differenzierungsstrategien (zunehmende Wirkung von unten links nach oben rechts)

Darst. 30 fasst die Transformationswirkung der Differenzierungsstrategie der verschiedenen RPO-Typen tabellarisch zusammen. Die Spezifität der Produkte wird dazu in die drei Klassen "klein" (Wert 1), "mittel" (Wert 2) und "gross" (Wert 3) und die Verfügbarkeit an Ressourcen zur Durchsetzung der eigenen Differenzierungsstrategie in „viele" (Wert 1), „mittel" (Wert 2) und „wenige" (Wert 3) unterteilt. Die Werte in den einzelnen Feldern, Resultat der Multiplikation der beiden Achsenwerte, spiegeln die Transformationswirkung wider. Diese nimmt von unten links (Feldwert 1) nach oben rechts (Feldwert 9) zu.

9.2.3 Kommunikationsstrategie

Das dritte Handlungsfeld, welches es hinsichtlich strategischer Erfolgselemente einzelner RPO-Typen zu diskutieren gilt, ist die Vermittlung von Informationen und Botschaften bzw. die Kommunikationsstrategie. Hierbei gilt es besonders zwei Faktoren zu berücksichtigen: Die Adäquatheit von kommuniziertem Inhalt und Kommunikationsform sowie Gelegenheiten für Face-to-Face-Kommunikation zu Ernährungsfragen im weiteren Sinn.

Auch an dieser Stelle wollen wir uns zunächst einige Charakteristika von RPO in Erinnerung rufen: Die meisten Schweizer RPO bezeichnen sich selber als Regionalmarketing-Vereinigungen, wobei sich insofern eine von anderen Ländern unterscheidende Konnotation dieses Begriffs herausgebildet hat, als damit nicht Standortmarketing gemeint ist, sondern die Vermarktung von Lebensmitteln mit einem regionalen Label im Dienste von Marktsegmentierung und autonomen Strukturen[8]. Die operative Tätigkeit richtet sich dabei wesentlich auf Kommunikation: (Potentielle) Mitglieder entlang der ganzen Produktionskette, politische Akteure, Interessenorganisationen und – ganz besonders – Konsumenten sollen von den Zielsetzungen der Organisation überzeugt und zur aktiven Unterstützung angeregt werden. Entsprechend viele Gelder werden zur Entwicklung, Vorbereitung und Durchführung von Kommunikationsmassnahmen investiert. Wichtiges Instrument der Kommunikation ist dabei – definitionsgemäss – das Herkunftslabel, welches in der Regel in jeder Form von Werbe- und PR-Materialien eine prominente Rolle einnimmt[9].

Neben medial vermittelten Informationen spielt in den meisten RPO auch das direkte Gespräch eine wichtige Rolle, sei es innerhalb der Organisation selber, im Laden mit einem speziellen regionalen Angebot, auf dem Wochenmarkt usw.. Die strategischen Netzwerke RPO sind deshalb immer auch (kommunikativ geprägte) soziale Netzwerke, wo zwischen verschiedenen Personen Informationen, Interessen, Präferenzen etc. über Ernährungsfragen im weitesten Sinn ausgetauscht werden. Diese Beziehungen bzw. Netzwerke sind aber, wie wir in Kap. 7.4 gesehen haben, wichtige Quellen für Aenderungen von Einstellungen und Präferenzen der Konsumenten sowie

---

[8] Vgl. Kapitel 4, HOFER, STALDER (1998: 29) oder SCHERRER 1999. Die starke Marketingorientierung kommt immer wieder an Tagungen, Ausstellungen, in Pressemitteilungen usw. zum Ausdruck.
[9] Vgl. SEIFERT 1999.

eine stärkere Kopplung von Einstellung und Verhalten. Wenn persönliche Beziehungen mit den Produzenten und/oder emotionale Botschaften zusätzlich mit unabhängig kontrollierten Qualitätskennzeichen wie z.b. der Knospe der Schweizer Bioproduzenten verbunden werden, ist die Nachfrage noch grösser. Während persönliche Beziehungen und Bildbotschaften vor allem die emotionale Seite der Konsumenten anspricht, erreichen kontrollierte Qualitätskennzeichen eher die kognitive Seite.

Die Kommunikationssituation über Ernährungsfragen in und um RPO ist insofern speziell, als mit dem Wandel des BfE während der letzten Jahre persönliche Kontakte zwischen Produzenten und Nachfrage, teilweise auch innerhalb der Produktionskette zunehmend durch medial vermittelte Kommunikation ersetzt wurde. Diese Anonymisierung von Akteurbeziehungen und eine damit einhergehende steigende Verunsicherung von Konsumentenseite dürfte in den nächsten Jahren weiter ansteigen, so dass ein wachsender Bedarf nach persönlicher Kommunikation über Ernährungsfragen zu erwarten ist. Die Begegnungen und Beziehungen rund um RPO werden deshalb zu einer zunehmend gefragten "Mangelware". Zusammen mit wenigen anderen Akteuren des BfE füllen RPO also ein latentes Defizit an vertrauensvermittelnder persönlicher Kommunikation. Besonders sogenannte "High-Involvement-Konsumenten", die besonders reflektiert einkaufen und konsumieren, lassen sich relativ leicht für die Anliegen und Ziele der RPO-Akteure sensibilisieren[10]. Das Handlungsfeld "Vermittlung von Informationen und Botschaften" kann deshalb im Quervergleich mit den beiden anderen als dasjenige gesehen werden, in welchem RPO die potenziell grösste Transformationswirkung entfalten können. Wenn sich Nachhaltigkeit (auch) im BfE als gesellschaftlicher Grundwert etablieren soll, müssen ökonomische, soziale, ökologische und individuell-gesundheitliche Folgen der aktuellen Ausgestaltung des BfE immer stärker in den öffentlichen Diskurs einfliessen. RPO gehören zu den wenigen Akteuren im BfE, die den Diskurs in dieser Richtung vorantreiben.

Zur Untersuchung typenspezifischer Unterschiede soll in der Folge die "Kundennähe" als Voraussetzung für persönliche Kommunikation mit der Verfügbarkeit von finanziellen Ressourcen für medial vermittelte Kommunikationsmassnahmen in Bezug gesetzt werden.

- Über besondere Kundennähe verfügen jene RPO, die vergleichsweise klein strukturiert sind und bei denen Einkaufssituationen entstehen, in welchen ein persönliches Gespräch zwischen Anbieter und Konsumenten entstehen kann. Dies sind zunächst die drei Typen *Landwirtschaftliche Selbsthilfeprojekte*, die *Ökoregionalisten* sowie *Verarbeiter und Vermarkter alter Sorten und Rassen*. Alle drei verfügen jedoch über vergleichsweise wenig finanzielle Mittel für anderweitige Kommunikationsmassnahmen.

---

[10] Vgl. SEIFERT 1999.

- Über bedeutend mehr Mittel verfügt dagegen der Typ der *Verbandskonglomerate*. Diese setzt er ein, um via Presse, Radio und Fernsehen auf sich und seine Produkte aufmerksam zu machen. Die Kundennähe ist dabei allerdings bedeutend weniger gross und wird allenfalls etwas verbessert in konkreten Einkaufssituationen. Teilweise kompensiert wird dieser Nachteil von Verbandskonglomeraten durch gute Beziehungen zu halbstaatlichen und staatlichen Institutionen. Diese können als Garant für eine besondere Vertrauenswürdigkeit geltend gemacht werden, so dass zusätzlich zu emotionalen (Werbe-)Botschaften auch die kognitive Ebene der Kommunikationspartner angesprochen werden kann.

- In einem mittleren Bereich, sowohl bezüglich Kundennähe als auch Mittelverfügbarkeit, sind die *Wertschöpfungsregionalisten* anzusiedeln, wobei Pauschalisierungen fehl am Platz wären. D.h. ähnlich wie bei den Verbandskonglomeraten ist die Kundennähe im Rahmen der verschiedenen Tätigkeiten der Organisationen sehr unterschiedlich und reichen vom persönlichen Gespräch auf dem Wochenmarkt bis zu Radiowerbung zwecks Imageförderung. Während die Ressourcen in der Regel reichen, um gewisse Kernbotschaften über Medien zu verbreiten, ist dies für die einzelnen Produkte aufgrund der grossen Angebotsvielfalt schwierig.

- Tendenziell mittlere bis grosse Kundendistanz (bzw. kleine Nähe) weisen auch *AOC-Organisationen* auf. Diese kompensieren sie jedoch mit einem breit anerkannten Kennzeichen und breit angelegten, stark emotional gefärbten Werbekampagnen[11]. Sie verfügen in der Regel (selber oder via Detailhandel) über die notwendigen Mittel, um professionelle Werbeauftritte finanzieren zu können. Ihre eigene finanzielle Potenz kann deshalb (zumindest) im mittleren Bereich angesiedelt werden.

- Über durchschnittlich grössere Kundennähe aber weniger Mittel für Werbung verfügen dagegen innovative Verarbeitungsunternehmen, wobei es vor allem bezüglich Kundennähe zu unterscheiden gilt, ob der Verkauf an die Konsumenten selber getätigt oder verarbeitete Produkte an andere Abnehmer weiterverkauft werden.

Zusammenfassend zeigt sich, dass die Typen (1) Verarbeiter und Vermarkter alter Sorten und Rassen, (2) Ökoregionalisten und (3) Landwirtschaftliche Selbsthilfeprojekte das Vakuum an persönlicher Kommunikation am besten zu füllen vermögen. Zu diesen drei Typen gehören jedoch vielfach kleine und kleinste Organisationen, die über geringe finanzielle Möglichkeiten für weiter gehende Kommunikationsmassnahmen verfügen. Es braucht deshalb längere Zeit, bis überhaupt eine gewisse Breitenwirkung ihres Engagements sichtbar werden kann. Die Organisationen mit breiterer Abstützung und grösseren finanziellen Mitteln dagegen setzen das Schwergewicht auf medial vermittelte Informationen und Botschaften. Auf diese Weise können zwar mehr Personen angesprochen werden. Die entsprechenden Botschaften drohen aber in der allgemeinen Informationsflut unterzugehen.

---

[11] Vgl. Seifert 1999.

Darst. 31 fasst die Transformationswirkung der Kommunikationsstrategie der verschiedenen RPO-Typen wiederum tabellarisch zusammen. Die Kundennähe als Voraussetzung für persönliche Kommunikation wird dazu in die drei Kategorien „klein" (Wert 1), „mittel" (Wert 2) und „gross" (Wert 3) und die Ressourcenverfügbarkeit für mediale Kommunikation in „viele" (Wert 3), „mittel" (Wert 2) und „wenige" (Wert 1) unterteilt. Die Werte in den einzelnen Feldern als Ergebnis der Multiplikation der beiden Achsenwerte, geben die Transformationswirkung wider. Diese nimmt wie in den beiden vorangehenden Tabellen zur Produktions- und Differenzierungsstrategie von unten links (Feldwert 1) nach oben rechts (Feldwert 9) zu.

		Kundennähe		
		klein (1)	mittel (2)	gross (3)
Ressourcen für mediale Kommunikation	viele (3)	(3)	(6) Verbandskonglomerate	(9)
	mittel (2)	(2)	(4) AOC-Organisationen Wertschöpfungsregionalisten	(6)
	wenige (1)	(1)	(2)	(3) Verarbeiter und Vermarkter alter Sorten und Rassen Öko-regionalisten Landwirtschaftliche Selbsthilfeprojekte

Darstellung 31: Vergleich der Transformationswirkung verschiedener RPO-Typen im Rahmen ihrer Kommunikationsstrategien (zunehmende Wirkung von unten links nach oben rechts)

9.3 RPO als Transformatoren des Bedürfnisfeldes Ernährung? – eine zusammenfassende Beurteilung

In den vorangehenden Ausführungen (9.1 und 9.2) wurde nach der Transformationswirkung von Produktions-, Differenzierungs- und Kommunikationsstrategien von RPO gefragt. Zusammenfassend ergibt sich folgendes Bild:

1. *Produktionsstrategie:* Die Produktionsstrategie muss insgesamt als Schwäche von RPO bezeichnet werden. Nur wenige Organisationen verfügen bislang über spezifisch angepasste QM-Systeme. Zudem ist die Produktion oft nicht auf klare Kompetenzbereiche eingegrenzt, so dass die wenigen Mittel verzettelt zu werden drohen. Als strategische Netzwerke von gleichberechtigten Partnern haben RPO aber soziale Vorteile, die diese Schwäche teilweise kompensieren.

2. *Differenzierungsstrategie:* In der Differenzierungsstrategie halten sich Stärken und Schwächen von RPO in etwa die Waage. Die Spezifität der Produkte, einer von zwei wichtigen Erfolgsfaktoren, ist im Durchschnitt recht hoch. Den Organisationen fehlen jedoch im Rahmen ihres regionalen Ansatzes die Ressourcen, um mit ihren Nischenprodukten – soweit dies überhaupt ihr Ziel ist – auf grösseren Märkten eine gewisse quantitative Bedeutung zu erlangen. Soll dies in Zukunft gelingen, müsste insbesondere das Interesse des Detailhandels geweckt werden können.

3. *Kommunikationsstrategie:* Die Kommunikationsstrategien kann durchschnittlich gesehen als dasjenige Handlungsfeld bezeichnet werden, in welchem RPO über die meisten Stärken verfügen und wo sie längerfristig auch die grösste transformierende Wirkung entfalten können. Mit ihrer Nähe zu den Konsumenten füllen sie ein wachsendes Bedürfnis nach vertrauenswürdiger persönlicher Kommunikation. Ein gewisser Nachteil bleiben allerdings auch hier die beschränkten finanziellen Ressourcen, diesmal für mediale Kommunikation.

Das Verhältnis von Stärken zu Schwächen von RPO, um im BfE überhaupt eine transformierende Wirkung in Richtung Nachhaltigkeit zu entfalten, nimmt somit von der Produktions-, über die Differenzierungs- zur Kommunikationsstrategie zu (Darst. 32).

Produktionsstrategie	Differenzierungsstrategie	Kommunikationsstrategie
	Schwächen von RPO	
	Stärken von RPO	

Darstellung 32: Stärken und Schwächen von RPO zur Transformation des BfE im Rahmen der verschiedenen strategischen Handlungsfelder

Unabhängig davon, welcher Anteil der verfügbaren Ressourcen auf welches Handlungsfeld verwendet wird[12], stecken RPO in einem Grundkonflikt, welcher in Anlehnung an Begrifflichkeiten des Philosophen Jürgen Habermas auch als Dilemma zwischen "Lebenswelt" einerseits und "System" andererseits bezeichnet werden kann. Während die Lebenswelt den (selbstverständlichen aber unerlässlichen) Bezugspunkt der zwischenmenschlichen Verständigung und des Alltagshandelns darstellt, gehören Unternehmen oder die Politik dem "System", hauptsächlich charakterisiert durch Zweckrationalität, an[13].

Im Falle der Produktionsstrategien zeigt es sich als Konflikt zwischen partnerschaftlicher Organisationsstruktur in einem breiten Netzwerk und einer grossen Vielfalt an Produktklassen (Lebenswelt) einerseits und einem straffen Produktionsmanagement in einem begrenzten Tätigkeitsfeld andererseits (System); im Falle der Differenzierung im Spannungsfeld zwischen spezifischen Nischen (Lebenswelt) und breit durchsetzbaren Normen (System) und im Rahmen der Kommunikationsstrategie zwischen persönlicher Kommunikation (Lebenswelt) und medial vermittelten Informationen und Botschaften (System). Während also an einem Pol partnerschaftliche Regelungen, Nischen und persönliche Kontakte im Vordergrund stehen, sind es am anderen politische und/oder wirtschaftliche Machtmittel (Darst. 33).

Statt vom Dilemma zwischen "Lebenswelt" und "System", sprechen wir in der Folge vom Spannungsfeld Ideale (zu) leben einerseits und Ressourcen (und

---

[12] Wie die Tabellen zur Transformationswirkung im Rahmen der verschiedenen Strategien zeigen, werden die verfügbaren Ressourcen teilweise auf einzelne Handlungsfelder konzentriert. So liegen die von innovativen Verarbeitungsunternehmen für das Produktionsmanagement verfügbaren Ressourcen im mittleren Bereich, für Kommunikationsmassnahmen dagegen im unteren Drittel.

[13] TREIBEL 162 f. Dieser Vergleich mit Habermas dient primär zur näheren Charakterisierung des ermittelten Dilemmas. Es kann und soll an dieser Stelle aber nicht darum gehen, die kontroverse theoretische Diskussion um die sehr uneinheitliche Verwendung der Begriffe "Lebenswelt" und "System" aufzunehmen bzw. weiterzuführen.

damit auch Macht) zu haben andererseits. Diese beiden Pole bilden in unserem Verständnis die Bezugspunkte zur Lebenswelt bzw. zum System.

	Bezugspunkt „Ideale leben"	Bezugspunkt „Ressourcen haben"
Produktion	partnerschaftlich	auf Effizienz ausgerichtet
Differenzierung	nischenorientiert	normorientiert
Kommunikation	persönlich	medial vermittelt
	Lebenswelt	**System**

Darstellung 33: RPO im Dilemma zwischen "Ideale leben" (Lebenswelt) und "Ressourcen haben" (System)

Die verschiedenen RPO-Typen gehen unterschiedlich mit diesem Dilemma um (vgl. Darst. 34):

1. *Verbandskonglomerate* profilieren sich im Quervergleich am deutlichsten auf der Seite der Ressourcen. Diese nutzen sie gleichzeitig, um ihre vergleichsweise wenig differenzierten Qualitätsziele möglichst breit zu kommunizieren. Verbandskonglomerate sind also relativ "systemkonform".

2. Auch *AOC-Organisationen* verfügen über recht viel marktliche und politische Macht. Zudem weisen ihre Produkte in der Regel eine hohe Spezifität auf, wobei Traditionalität oder Genuss im Zentrum der externen Kommunikation stehen. AOC-Organisationen haben also sozusagen zwei Gesichter, ein systemkonformes und ein lebensweltliches, die beide einen spezifischen Vorteil bringen.

3. *Ökoregionalisten* stellen das Ideal der ökologischen Kreislaufwirtschaft ins Zentrum ihrer Tätigkeit. Damit erreichen sie aber nur soviel Bedeutung, als sich andere damit solidarisieren. Seit dem Abklingen der Ökowelle der 80er Jahre scheinen dazu nur mehr wenige bereit. Ökoregionalisten sind deshalb heute wenig systemkonform.

4. *Verarbeiter und Vermarkter alter Sorten und Rassen* verfügen selber nur über wenig Ressourcen. Da sich aber insbesondere NGO's und NPO's aus Landwirtschafts- und Umweltkreisen mit ihren Idealen identifizieren, kann dieses Manko bis zu einem gewissen Grad wettgemacht werden. Verarbeiter und Vermarkter alter Sorten und Rassen sind also teilweise recht systemkonform, in anderen Bereichen dagegen sehr lebensweltlich. Auch sie spielen das Spiel zwischen System und Lebenswelt recht geschickt.

5. Bei *Wertschöpfungsregionalisten* kommt das Dilemma von Ressourcen und Idealen wohl am deutlichsten zum Ausdruck. Weder verfügen sie über besondere Machtmittel, noch gelingt es ihnen, ihre verschiedenen Ziele

besonders erfolgreich zu kommunizieren. Da sie an allen Fronten gleichzeitig erfolgreich zu sein versuchen, drohen sie zwischen Ansprüchen und Erfordernissen des Systems einerseits und der Lebenswelt andererseits zerrieben zu werden.

6. Das „Ideal" *innovativer Verarbeitungsunternehmen* ist es, den Bedürfnissen der eigenen Kundschaft gerecht zu werden. Damit bilden sie eine Brücke zwischen dem System, dem sie selber angehören und der Lebenswelt, ohne die sie nicht existieren könnten. Je grösser ein Unternehmen ist, umso stärker orientiert es sich am System.

7. *Landwirtschaftliche Selbsthilfeprojekte* orientieren sich in besonderem Mass an Idealen der Lebenswelt. Im Quervergleich verfügen sie derzeit über die geringsten Machtmittel und sind am wenigsten systemkonform.

Da sich das Dilemma zwischen Lebenswelt und System in alllen drei Handlungsfeldern äussert, kann die Transformationswirkung als Funktion von gelebten Idealen einerseits und Machtressourcen andererseits dargestellt werden (Darst. 34). Da die einzelnen Typen andere strategische Schwerpunkte setzen und diese mit unterschiedlicher Konsequenz verfolgen, nehmen sie auf den beiden Achsen Ressourcen haben bzw. Ideale leben andere Positionen ein. Je weiter entfernt ein Typ von den beiden Achsen ist, umso stärker ist die von ihm erreichte Transformationswirkung. Gesamthaft gesehen lassen sich auf diese Weise drei Gruppen von RPO mit je unterschiedlicher Transformationswirkung gegeneinander abgrenzen:

1. Eine erste Gruppe von drei RPO-Typen mit vergleichsweise grosser Transformationswirkung. Dazu gehören *Verbandskonglomerate*, *AOC-Organisationen* sowie *Verarbeiter und Vermarkter alter Sorten und Rassen*.

2. Eine zweite Gruppe von RPO mit "mittlerer" Transformationswirkung, insbesondere die Typen *innovative Verarbeitungsunternehmen* und *Wertschöpfungsregionalisten*.

3. RPO mit vergleichsweise geringer transformierender Wirkung. Dazu zählen die beiden Typen *Ökoregionalisten* sowie *Landwirtschaftliche Selbsthilfeprojekte*.

Ressourcen haben

── vglw. grosse Transf.wirkung
── mittlere Transf.wirkung
── vglw. geringe Transf.wirkung

Ideale leben

RPO-Typen
❶ Verbandskonglomerate
❷ AOC-Oganisationen
❸ Ökoregionalisten
❹ Vermarkter alter Sorten und Rassen
❺ Wertschöpfungsregionalisten
❻ Innovative Verarbeitungsunternehmen
❼ Landwirtschaftliche Selbsthilfeprojekte

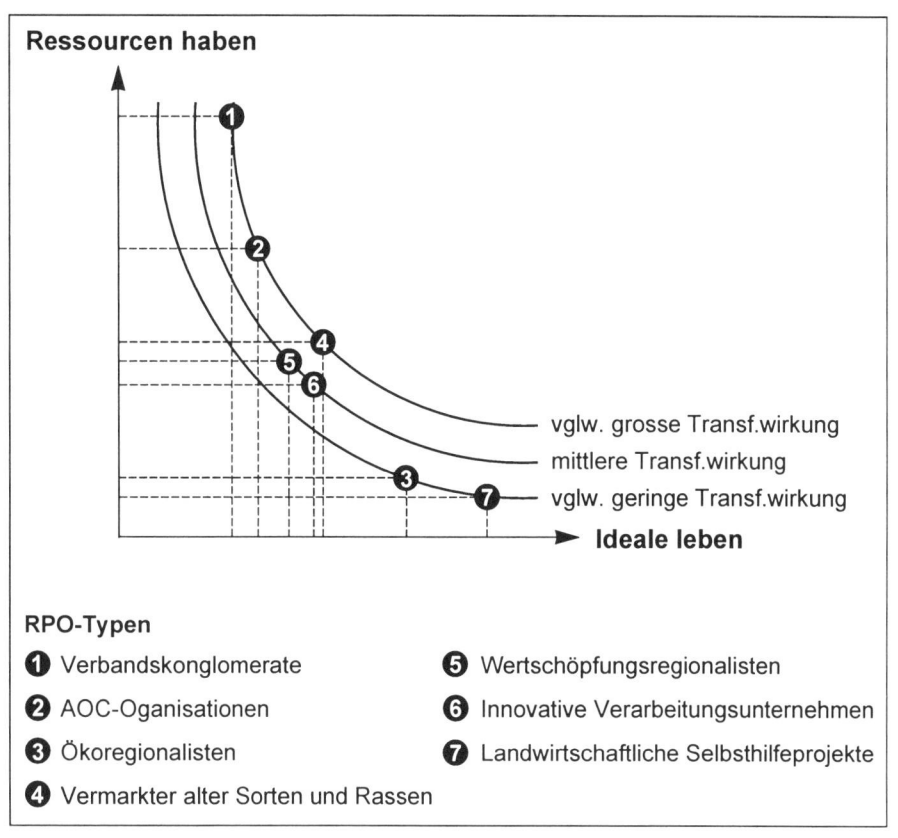

Darstellung 34: Transformationswirkung der verschiedenen RPO-Typen im Dilemma zwischen System ("Ressourcen haben") und Lebenswelt ("Ideale leben")

9.4 Fazit

Gesamthaft gesehen nimmt das Verhältnis von Stärken zu Schwächen von RPO zur Transformation des BfE in Richtung Nachhaltigkeit von der Produktionsstrategie über die Differenzierungsstrategie zur Kommunikationsstrategie zu. Die grössten Stärken liegen in der persönlichen Kommunikation. Bei der Differenzierungsstrategie halten sich Stärken und die Schwächen etwa die Waage und in der Produktionsstrategie überwiegen insgesamt die Schwächen. In allen drei Fällen, so zeigte die typenspezifische Analyse, befinden sich RPO jedoch in einem Dilemma zwischen der Verfügbarkeit wirtschaftlicher und/oder politischer Ressourcen einerseits und Idealen der Lebenswelt andererseits. Aus dem Zusammenspiel von Ressourcen und Idealen resultiert die insgesamt erzielte Transformationswirkung.

Um in Zukunft eine stärker transformierend zu wirken und die Nachhaltigkeitspotenziale ausschöpfen zu können, müssen RPO die beiden Pole "Ideale der Lebenwelt leben" und "Ressourcen haben" so kombinieren, so dass sie sich stärker als bisher gegenseitig stützen. Dazu müssen je nach Typ primär die Ideale weiterentwickelt oder die Ressourcenbasis erweitert werden. Die Empfehlungen im folgenden Kapitel sollen aufzeigen, wie ein solches "Upgrading" erfolgen könnte und welcher Handlungsbedarf bei verschiedenen RPO-Typen im speziellen besteht.

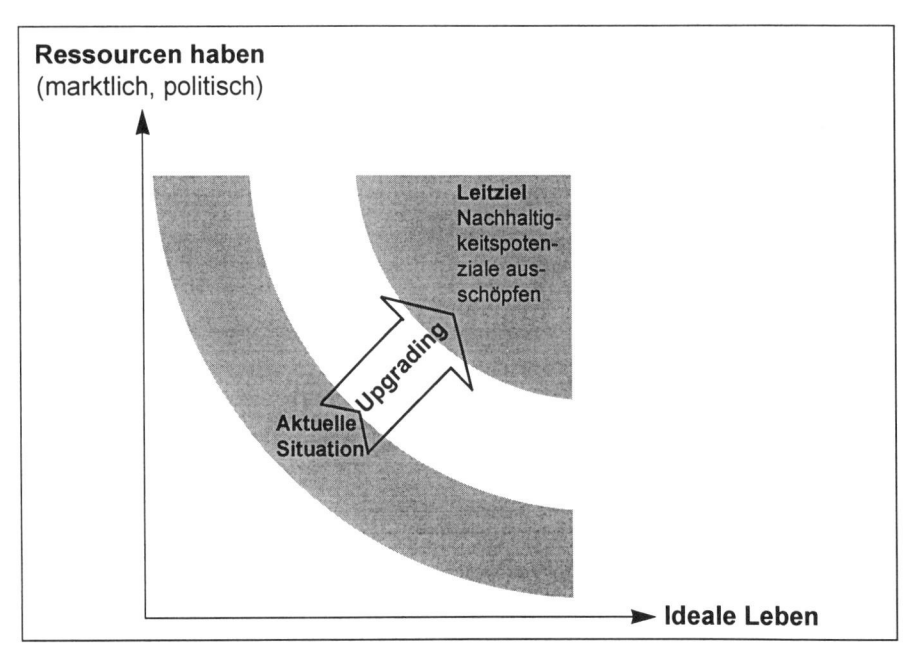

Darstellung 35: Ausschöpfen der Nachhaltigkeitspotenziale von RPO als "Upgrading" der aktuellen Situation

TEIL V:

EMPFEHLUNGEN UND SCHLUSSWORT

> Aus unserer Untersuchung gehen verschiedenste Aussagen hervor, wie RPO sich auf dem Lebensmittelmarkt behaupten und wie sie und ihr Umfeld in der Lebensmittelproduktion, Politik, Verwaltung, Beratung etc. in Richtung Nachhaltigkeit wirken könnten. In diesem letzten Teil werden diese Ergebnisse zu Empfehlungen verdichtet. Sie sollen interessierten Praxisakteuren aus den oben genannten Bereichen als Leitfaden dienen, um die wichtigen Punkte noch einmal durchgehen und konkrete Massnahmen prüfen zu können. Die Leitfrage dabei lautet:
>
> • *Was ist zu tun, damit Regionale Produktorganisationen bzw. regionale Produkte in Zukunft mehr Erfolg haben?*
>
> Ganz zum Schluss werfen wir zudem einen Blick zurück auf die vergangenen gut drei Jahre Forschungsarbeit. Unsere Erfahrungen und Erkenntnisse zu transdisziplinärer Nachhaltigkeitsforschung münden in 10 Postulate zuhanden künftiger, ähnlich gelagerter Forschungsprojekte.

10. Empfehlungen

10.1 Einleitung

Dieses Buch fokussiert auf Regionale Produktorganisationen RPO in der Ernährung vor dem Hintergrund ihres Beitrages zu einer nachhaltigeren Ernährung. Der seit Anfang der 90er Jahre zu beobachtende RPO-Boom wird dabei als spezifischer Ausdruck eines tiefgreifenden Wandels des Bedürfnisfeldes Ernährung BfE und der Gesellschaft insgesamt verstanden. Dieser Wandel, so wurde einleitend konstatiert, ist mit vielfältigen ökologischen, sozialen, ökonomischen und gesundheitlichen Problemen verbunden, die wiederum mit der laufend zunehmenden räumlich-zeitlichen Entkopplung von Produktion und Konsum in Zusammenhang stehen. RPO als regional organisierte strategische Netzwerke, so die Hoffnung, seien ein Weg, wie die negativen Folgen dieses Wandels verhindert werden könnten.

Zu diesem Zweck haben wir eine Anzahl Schweizer RPO genauer unter die Lupe genommen und folgende Fragen gestellt: Wodurch charakterisieren sie sich? Welche Formen (Typen) lassen sich unterscheiden? Wie ist ihr Aufkommen zu verstehen? Welche Ziele werden verfolgt? Was haben die Initianten bisher erreicht bzw. was nicht? Wie stellen sich Politik, Detailhandel und Konsumenten zu diesen Organisationen und ihren Produkten?

Von dieser Situationsanalyse ausgehend, widmeten wir uns der Frage, wie RPO zu einer Transformation des BfE in Richtung Nachhaltigkeit beitragen könn(t)en: Welche potenziellen Wirkungen in ökologischer, sozialer, wirtschaftlicher und individuell-gesundheitlicher Sicht haben RPO? Weshalb sind die realen Effekte bislang nicht grösser? Wie könnte die Wirkung verbessert werden? Welche Stärken und welche Schwächen gilt es besonders zu beachten? etc.. Um all diese Punkte ausführlich zu beleuchten, wurden die vorangehenden Kapitel je einer spezifischen Leitfrage untergeordnet[1].

Die folgenden Empfehlungen basieren auf den zentralen Erkenntnissen zu den verschiedenen Leitfragen. Sie setzen aber besonders bei Kapitel 9 an, in welchem es darum ging, spezifische Erfolgselemente bzw. Stärken und Schwächen zu eruieren, die RPO als Transformatoren des BfE in Richtung Nachhaltigkeit haben. Demnach befinden sich RPO in einem schwierigen Dilemma zwischen "Ressourcen haben" und "Ideale leben". Die Analyse zu den verschiedenen RPO-Typen zeigt, dass sie sich in diesem Spannungsfeld unterschiedlich positionieren lassen. Während sich die Einen vor allem am Ressourcenpol orientieren und hier nach Optimierungen suchen, stellen andere lebensweltliche Ideale wie partnerschaftliche Organisationsweise, persönliche Kommunikation etc. in den Vordergrund. Je nach Position eines bestimmten RPO-Types ist seine transformierende Wirkung grösser oder

---

[1] Die Leitfragen der einzelnen Kapitel sind am Ende von Kapitel 2.3 übersichtsartig aufgelistet.

kleiner und empfehlen sich andere Pfade, um die Nachhaltigkeitspotenziale besser ausschöpfen zu können.

Angesichts des relativen Misserfolgs vieler RPO und künftig knapper werdender Mittel von Seiten der öffentlichen Hand, werden viele Organisationen gezwungen sein, eine Standortbestimmung vorzunehmen. Je nach künftiger Ausrichtung müssen dabei andere Rahmenbedingungen beachtet, andere Instrumente eingesetzt und andere Partner gesucht werden. Die folgenden Empfehlungen können als Entscheidungsgrundlagen für diesen Entscheidungsprozess dienen. Die RPO-Verantwortlichen sind also aufgefordert, zunächst den RPO-Typ/die RPO-Typen zu ermitteln, zu welcher/n ihr Organisation zu zählen ist[2]. Das letzte "Wegstück", jenes zwischen (idealem) RPO-Typ und ihrer real existierenden Organisation können und wollen wir den RPO-Akteuren allerdings nicht abnehmen.

Wie die Ausführungen in den vorangehenden Kapiteln deutlich zeigen, wäre es unzureichend, würde man sich mit Empfehlungen alleine an RPO wenden und so tun, als operierten sie frei von Umfeldentwicklungen. Im Gegenteil resultieren viele Chancen wie Hindernisse für RPO unmittelbar aus strukturellen Rahmenbedingungen, die durch andere Akteure des BfE (mit-)geprägt werden, und auf die RPO häufig kaum direkten Einfluss haben. Politik, Verwaltung, (Ernährungs-)Wirtschaft, Beratung, Marketing, NGO's, NPO's etc. können aber quasi vom Umfeld her Brücken bauen zu RPO. So etwa, indem politische Akteure die empfohlenen Strategien mit zweckmässigen rechtlichen Instrumenten unterstützen oder seitens des Detailhandels zusammen mit RPO-Vertretern nach gangbaren Lösungen für eine Erweiterung des Sortiments mit regionalen Produkten gesucht wird. RPO bzw. regionale Produkte verfügen über vielfältige Nachhaltigkeitspotenziale im ökologischen, sozialen, wirtschaftlichen oder individuell-gesundheitlichen Bereich[3]. Derartige Kooperationen stellen somit fast in jedem Fall einen Beitrag in Richtung einer nachhaltigen Entwicklung des Bedürfnisfeldes Ernährung dar.

Das weitere Vorgehen folgt dem Motto "vom allgemeinen ins Konkrete": Zunächst werden auf einer generellen Ebene zwei grundsätzliche Stossrichtungen zur besseren Ausschöpfung der Nachhaltigkeitspotenziale von RPO aufgezeigt (10.2). Danach werden Empfehlungen für typenspezifische Pfade abgegeben, die sich an RPO selber richten (10.3). Ausgangspunkt dazu bilden die drei Handlungsfelder (1.) Produktionsstrategie, (2.) Differenzierungsstrategie und (3.) Kommunikationsstrategie. Im Kapitel 10.4 schliesslich werden einige Hinweise an die Politik, an den Detailhandel und an die Konsumenten als wichtigste Stakeholder im Umfeld der RPO formuliert.

---

[2] Zu den verschiedenen RPO-Typen und ihren Charakteristika vgl. 5.3 und 5.4 (Fazit) sowie 9.2 und 9.3 (Fazit).
[3] Vgl. Kap. 6.2.

10.2 Zwei Stossrichtungen mit dem gleichen Leitziel

RPO bewegen sich in einem Spannungsfeld von verfügbaren Ressourcen (v.a. finanzielle Mittel, Sachmittel, Arbeitskräfte, Know-how und Beziehungen) einerseits und den Idealen partnerschaftlicher Organisationsstruktur, persönlicher Kommunikation und Nischenbesetzung andererseits. Verbandskonglomerate resp. landwirtschaftliche Selbsthilfeprojekte sind jene beiden RPO-Typen, die sich am stärksten auf die eine oder andere Seite hin orientieren. Beide Ausgangspunkte sind je mit spezifischen Vor- und Nachteilen verbunden, so dass andere Schritte empfohlen werden müssen, wie die verschiedenen RPO-Typen selber ihre Nachhaltigkeitspotenziale besser als bisher ausschöpfen und gleichzeitig wirtschaftlich erfolgreicher sein können: Während sich vergleichsweise ressourcenreiche Organisationen wie Verbandskonglomerate stärker als bisher an der Achse der Ideale orientieren sollten, um eine vertiefte Transformationswirkung zu erzielen, mangelt es landwirtschaftlichen Selbsthilfeprojekten vor allem an der nötigen Ressourcenbasis. Damit sind die beiden grundsätzlichen Stossrichtungen angesprochen, die zum angestrebten Upgrading führen. Es sind dies (1) "Ideale weiterentwickeln" und (2) "Ressourcenbasis erweitern" (Darst. 36).

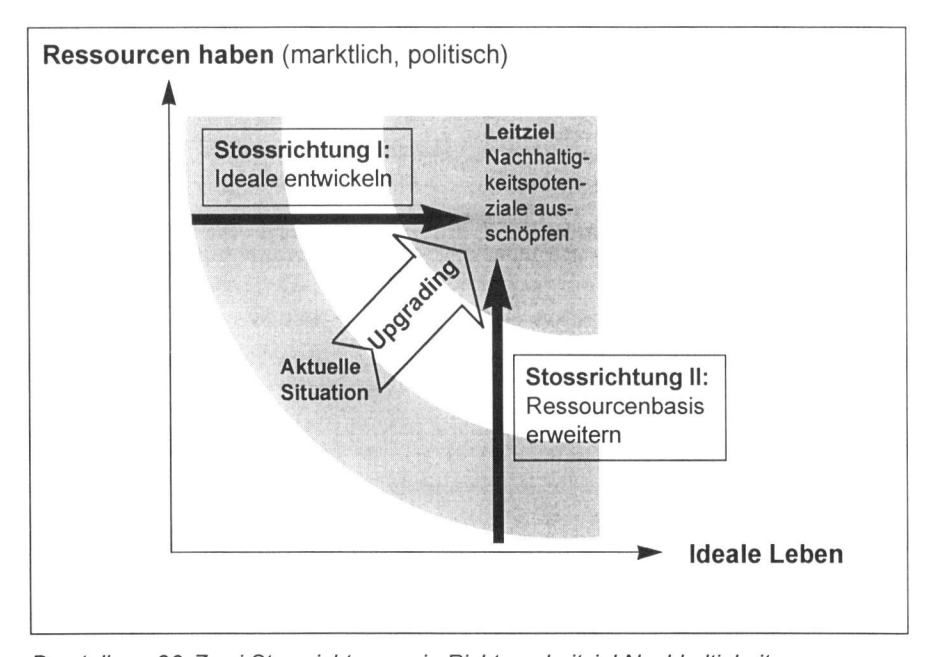

Darstellung 36: Zwei Stossrichtungen in Richtung Leitziel Nachhaltigkeit

10.3 Typenspezifische Pfade zum Leitziel Nachhaltigkeit

Die beiden Stossrichtungen sind idealtypische, weitgehend theoretische Konstrukte, die in der Praxis ineinander übergehen. Oder bildlich gesprochen: In der Realität geht es nicht um eine Stossrichtung in vertikaler und einer in horizontaler Richtung, wie Darst. 36 vorgibt, sondern um ein "mehr oder weniger" vom Einen und vom Anderen. Je nach dem muss in erster Linie bei der Produktions-, der Differenzierungs- oder der Kommunikationsstrategie angesetzt werden. Eine kleine Organisation, deren bereits entwickelte Differenzierungsstrategie nachfrageseitig auf grossen Anklang stösst und gut kommuniziert wird, wird dabei in ihrer Stossrichtung (II) ebenso zum Erfolg kommen, wie eine grössere und effizientere Organisation, die sich in direkter Konkurrenz zu anderen (grossen) Anbietern befindet und in dieser Situation neue, idealorientierte Differenzierungen entwickelt. Während es also bspw. bei einer RPO darum geht, ein angepasstes Qualitätsmanagement einzuführen und die vorhandenen Ressourcen im Rahmen der Produktionsstrategie effizienter einzusetzen, steht bei anderen ein besser auf die Konsumenten ausgerichtetes Marketing oder die Entwicklung einer innovativen Differenzierung (ev. in Zusammenarbeit mit dafür geeigneten Partnern) im Vordergrund.

Anstatt idealtypische Stossrichtungen werden deshalb in der Folge typenspezifisch angepasste "Pfade" vorgeschlagen, wobei die im Kapitel 9 aufgezeigten strategischen Erfolgselemente der verschiedenen RPO-Typen im Rahmen ihrer Produktions-, Differenzierungs- und Kommunikationsstrategie herangezogen werden. Als Illustration werden diese Pfade teilweise mit fiktiven Beispielen ergänzt (vgl. Kästen).

10.3.1 Produktionsstrategien

Die Beurteilung der Produktionsstrategien von RPO hat gezeigt, dass das Produktionsmanagement in der Regel eine Schwäche von RPO darstellt. Nur wenige Organisationen verfügen bisher über spezifische QM-Systeme. Zudem sind ihre Tätigkeitsbereiche nicht auf klare Kompetenzbereiche konzentriert, so dass die wenigen verfügbaren Mittel verzettelt zu werden drohen. Als strategische Netzwerke von gleichberechtigten Partnern haben RPO zwar einige "lebensweltliche" Vorteile (vgl. Kap. 9.3), welche die Nachteile auf der Ressourcenseite bis einem gewissen Punkt zu kompensieren vermögen. Wenn ihre Produktionsstrategien aber nicht eine minimale „System"konformität in Form z.B. von Liefersicherheit, einheitlich hoher Produktqualität oder einem vernünftigen Preis/Leistungsverhältnis erreichen, dürften regionale Produkte entweder in kleinsten Nischen verbleiben oder bald wieder vom Lebensmittelmarkt verschwinden.

Es gilt deshalb, im Rahmen der Produktionsstrategie permanent nach Möglichkeiten zur Optimierung und Vereinfachung zu suchen. Dabei müssen alle Stufen der Produktion in die Überlegungen einbezogen werden. Ansatzpunkte für Verbesserungen in der Produktionsstrategie von RPO sind nicht nur die Produktions- und Verarbeitungsverfahren, sondern beispielsweise auch neue Distributionsformen wie Hauslieferung mit Online-Bestellung, Wagenverkauf etc..

Die Optimierung der Ziel-/Mittelrelation darf jedoch nicht nur bezüglich der Mittel und deren Einsatz geschehen; vielmehr müssen die Überlegungen immer auch die Ziele einbeziehen: Wie kann mit den vorhandenen Mittel mehr erreicht werden? Wie können die eigenen Qualitätsstandards bezüglich Produktion, Verarbeitung, Distribution und Verkauf der Lebensmittel mit den zur Verfügung stehenden Ressourcen verbessert werden? Wo besteht die Möglichkeit, neue Qualitätsstandards zu setzen[4]?

Um die Nachhaltigkeitspotenziale von RPO im Rahmen der Produktionsstrategie bestmöglich auszuschöpfen empfehlen wir, durch angepasstes Qualitätsmanagement und/oder die Eingrenzung der Produktionstätigkeit auf einen klaren Kompetenzbereich (ein Produkt, eine Stufe der Produktionskette, eine besondere Produktionsweise etc.) die Ziel-/ Mittelrelation der Produktion von regionalen Produkten gezielt zu verbessern.

Im Bereich Produktionsstrategie können den verschiedenen RPO-Typen folgende Pfade empfohlen werden:

* *Verbandskonglomerate* und *Wertschöpfungsregionalisten* stehen vor der Aufgabe, vermehrt QM-Systeme einzusetzen bzw. die entsprechenden Bemühungen zu intensivieren. Dabei geht es jedoch nicht um irgendwelche QM-Systeme, sondern es müssen solche Systeme aufgebaut werden, die sich für die eigenen Zwecke und für die eigene Organisationsstruktur eignen. Wenn immer möglich sollte nicht "das Rad neu erfunden", sondern bestehende Ansätze wie z.B. die Biokontrollen einbezogen werden.
Daneben stellt sich die Frage, ob die im allgemeinen hohe Zahl an Produktklassen nicht eingegrenzt werden müsste. Die "sowohl... als auch"-Strategie dieser beiden Typen droht andernfalls längerfristig zu einem Bumerang des "Weder... noch" zu werden.

Ein fiktives Beispiel

Das Verbandskonglomerat "Basler Lebensmittel für Basler KonsumentInnen" ist daran, zusammen mit den regionalen IP- und Bio-Produzentenverbänden ein einheitliches Controlling-System zu entwickeln. Darin enthalten ist nicht nur eine lückenlose Warenflusskontrolle gemäss EN 45011, sondern auch eine EDV-gestützte Warenbörse, mit der Angebot und Nachfrage koordiniert, Transportdistanzen reduziert und unnötige Lagerungen vermieden werden können. Gleichzeitig haben interessierte Organisationsmitglieder auf Stufe Detailhandel begonnen,

---

[4] Mit dieser letzten Frage kommen wir bereits in den Strategiebereich der Differenzierung (vgl. unten). Dies verdeutlicht, dass sich die drei Strategiebereiche ergänzen müssen und nur bedingt unabhängig voneinander entwickelt werden können (vgl. auch Kästen).

gemeinsam, einen Lieferdienst für das Gastgewerbe und Privathaushalte aufzuziehen. Auch hier stützt man sich auf die Möglichkeiten, die das Internet heute im Rahmen von E-commerce bietet.

- Bei *landwirtschaftlichen Selbsthilfeprojekten* ist die Situation ähnlich: Auch hier gilt es, die Ziel-/Mittelrelation zu verbessern, die internen Abläufe zu optimieren und die Kräfte zu konzentrieren. Dabei stehen jedoch weniger QM-Systeme oder andere Management-Instrumente im Vordergrund, sondern eher betriebsinterne Abläufe und Rollenverteilungen. Insbesondere stellt sich die Frage, ob die Bäuerinnen, die diese Projekte in den meisten Fällen vorantreiben, nicht in anderen Aufgabenbereichen entlastet werden können und ob gewisse Zweige auf dem eigenen Landwirtschafts betrieb zugunsten des verstärkten Engagements in der Vermarktung aufgegeben werden können. Dies im Sinne eines haushälterischen, "nachhaltigen" Einsatzes der persönlichen Ressourcen.

- *Verarbeiter alter Sorten und Rassen, Innovative Verarbeitungsunternehmen* und *Ökoregionalisten* konzentrieren sich mit ihrer Produktionsstrategie bereits heute stärker auf Kernkompetenzen. Insbesondere kleineren Organisationen fehlt es dabei aber häufig an den nötigen Mitteln, um die Produktionsprozesse zu professionalisieren. Dies kann allenfalls durch gezielte Kooperationen wettgemacht werden. Im Vordergrund stehen insbesondere Partnerschaften mit ähnlich gelagerten RPO aus anderen Regionen und mit branchenspezifischen Institutionen in der Forschung und Entwicklung.

- Für *AOC-Organisationen* können im Rahmen der Produktionsstrategie keine spezifischen Empfehlungen abgeben werden. Bezüglich Qualitätsmanagement und Eingrenzung der Produktepalette ist dieser Typus bereits weit fortgeschritten und eine Optimierung ist in vielen Fällen nurmehr in Details möglich. Dies ist einerseits ein Trumpf, es hat aber auch eine heikle Seite: AOC-Organisationen laufen längerfristig Gefahr, sich aufgrund ihrer strikt definierten Produktions- und Verarbeitungsweisen und den starren Regionsgrenzen in einem goldenen Käfig wiederzufinden. Die eigene Entwicklung ist sowohl qualitativ als auch quantitativ begrenzt; so etwa, wenn die Produktionsmenge in der eigenen Region nicht dem Bedarf entsprechend erhöht werden kann, oder wenn die eigenen Reglemente notwendige Anpassungen bei Produktions- und Verarbeitungsverfahren verhindern bzw. erschweren. Diese "freiwillige" Einschränkung in den quantitativen und qualitativen Entwicklungsmöglichkeiten kann sich für AOC-Organisationen insbesondere dann als Nachteil erweisen, wenn die eigene Differenzierungsstrategie – z.B. aufgrund vieler anderer AOC-Produkte – plötzlich zu einem allgemeinen Standard wird und unter starken Preisdruck kommt[5].

---

[5] Eine ähnliche Entwicklung ist in den letzten Jahren z.B. im Biomarkt zu beobachten: In gewissen Segmenten ist der Nachfrageüberhang nurmehr gering und die Preise stehen zunehmend unter Druck (vgl. VILLIGER et al. 1999).

10.3.2 Differenzierungsstrategien

Bezüglich Differenzierungsstrategien, so zeigte die Bewertung in Kap. 9.2.2, halten sich Stärken und Schwächen von RPO weitgehend die Waage: Die Spezifität der Produkte aus RPO, ein wichtiger Erfolgsfaktor zur Transformation des BfE im Rahmen dieser Strategie, ist in den meisten Fällen recht hoch. Häufig fehlt es aber an den nötigen Ressourcen, um auf grösseren Märkten eine gewisse quantitative Bedeutung zu erlangen. Das bislang geringe Durchsetzungsvermögen der Differenzierung "regional" hängt unmittelbar mit der zurückhaltenden Position des Detailhandels und dem Verhalten der Konsumenten zusammen. Für Grossverteiler sind regionale Produkte nur dann interessant, wenn es sich hierbei um bekannte Spezialitäten handelt, deren Beschaffung und Vermarktung im Rahmen der zunehmend nationalisierten Distributionsstrukturen erfolgen kann.

Unabhängig davon, ob „System"konformität oder Ideale der „Lebenswelt" im Vordergrund stehen (vgl. Kap. 10.2), müssen RPO u. E. eine Qualitätsführerschaft anstreben, um sich auf dem gesättigten Lebensmittelmarkt behaupten zu können. Als recht erfolgreich hat sich hierbei die kombinierte Anwendung von regionalen Herkunftszeichen, emotional gefärbten Bildbotschaften und breiter bekannter Labels wie etwa der Bioknospe erwiesen. Differenzierungen, die sich ausschliesslich auf die regionale Herkunft der Rohstoffe beschränken, reichen in der Regel nicht aus, um längerfristig Erfolg zu haben. Vielmehr braucht es eine Spezialitätenstrategie, die sowohl die emotionale wie die kognitive Seite der zunehmend kritischen und anspruchsvollen Konsumenten anspricht. Nur wenn dies gelingt, werden regionale Produkte auch für Detailhandelsunternehmen attraktiv und erlangen auch auf dem Massenmarkt eine gewisse quantitative Bedeutung.

Das Problem kann etwa wie folgt formuliert werden: Die Differenzierung "regional" kann sich unter den gegebenen Rahmenbedingungen nur dann breiter durchsetzen, wenn sie mit anderen Differenzierungen (z.B. in den Bereichen Rohstoffproduktion, Verarbeitung, Distribution, Art des Verkaufs) kombiniert wird. Dies wiederum geht aber in vielen Fällen über die Möglichkeiten und Fähigkeiten der RPO hinaus und es braucht Kooperationen; zum Einen mit anderen RPO (mit ähnlichen Herausforderungen) und zum Anderen mit Organisationen und Institutionen, welche über die fehlenden Ressourcen und das nötige Know-how verfügen. Beispiele für solche Partner wären etwa die BioSuisse (für biologische Regio-Produkte), Umwelt- und Tierschutzorganisationen (bezüglich einer nachhaltigen Nutzung bestimmter alter Sorten und Rassen) oder auch Forschungsinstitute (für die Entwicklung von neuen Qualitätsstandards und/oder neuen Kontrollverfahren auf den verschiedenen Stufen der Lebensmittelproduktion[6]).

Denkbar wäre in diesem Zusammenhang auch eine Interessengemeinschaft für ein gesetzlich geschütztes Zertifikat für regionale Produkte ("Regio

---

[6] vgl. MEIER-PLOEGER & VOGTMANN 1991.

Suisse")[7] oder ein Forschungs-, Bildungs- und Informationszentrums für regionale Produkte (ein "Forschungsinstitut für regionale Produkte") ähnlich dem renommierten Forschungsinstitut für biologischen Landbau FibL in Frick.

Um die Nachhhaltigkeitspotenziale von RPO im Rahmen der Differenzierungsstrategie bestmöglich auszuschöpfen, empfehlen wir, Produktspezifizierungen zu verfolgen, die über die regionale Herkunft der Produkte hinaus reichen und die Aufmerksamkeit von wichtigen Anspruchsgruppen im BfE (v.a. Detailhandel, Konsumenen und Politik) auf sich ziehen können. Dazu wird es in vielen Fällen nötig sein, Kooperationen mit ausgewählten (auch regionsexternen) Partnern aufzubauen.

Den verschiedenen RPO-Typen können bezüglich Differenzierungsstrategie folgende Pfade empfohlen werden:

- *AOC-Organisationen* können mit ihrer Differenzierungsstrategie als eine Art Fahnenträger für alle anderen RPO-Typen bezeichnet werden. Dieser RPO-Typ verfügt in der Regel bereits heute über hoch spezifische Qualitätskonzepte und gleichzeitig die nötigen Ressourcen, um den eigenen Zielen politisch und marktlich Nachdruck zu verleihen. Bereits oben wurde aber auch auf die Gefahr hingewiesen, dass der heute hohe Grad der Produktdifferenzierung (das "Spezielle") von AOC-Organisationen längerfristig zum normalen Standard auf dem Lebensmittelmarkt werden könnte. Hier muss u.E.bereits jetzt weitergedacht werden, wobei wir künftige Differenzierungen am ehesten in der Art der Distribution und des Verkaufs sehen (z.B. unter Einsatz von Internet und ähnlichen Technologien).

- Auch die *Verarbeiter und Vermarkter alter Sorten und Rassen* verfolgen eine sehr weit entwickelte Differenzierungsstrategie. Im Vergleich zu den AOC-Organisationen verfügen sie jedoch über weniger Ressourcen. Dies kompensieren sie teilweise über Partnerschaften mit NGO's im Umwelt- und Landschaftsschutz. Hier gilt es glaubwürdig zu bleiben: Beispielsweise hat es sich als wenig tragbare Strategie erwiesen, alte Getreidesorten mit neuen, ertragsreicheren zu kreuzen, da dabei der Kerngedanke der eigenen Strategie unterlaufen wird. Offene Entwicklungsmöglichkeiten sehen wir am ehesten auf den Produktionsstufen Verarbeitung, Distribution und Verkauf. Ausgehend von der schwerkopierbaren Differenzierung auf Stufe Rohstoffproduktion ("alte Sorten und Rassen") können z.B. neue Produkte kreiert oder – ähnlich wie oben erwähnt – neue Distributions- und Verkaufskanäle erschlossen werden.

---

[7] Seit 1999 besteht bereits eine ähnliche Vereinigung von AOC-Organisationen in der Schweiz (vgl. GRANDJEAN 1999).

> *Ein fiktives Beispiel*
>
> Der Verein der Halter von Appenzeller Kristallziegen (VAKZ) hat anfangs der 90er Jahre einem Forschungsteam des Universitätsspitals Zürich den Auftrag gegeben, die seit alters her vermutete lindernde Wirkung der Wolle dieser Ziegen bei Rheumabeschwerden zu überprüfen. Die Forschungen haben ergeben, dass nicht nur die Wolle, sondern auch die Milch dieser uralten Ziegenrasse bei Rheuma eine heilende und eine vorbeugende Wirkung hat.
>
> Seither haben die Appenzeller Kristallziegen sprunghaft zugenommen. Eine Vertriebsorganisation wurde gegründet und heute werden Milch und Wolle, aber auch Joghurts, Käse, Rheumadecken etc. weit herum an Altersheime, Krankenhäuser und auch Private geliefert. Eine unabhängige Qualitätskommission wacht darüber, dass (1) die vermarkteten Produkte wirklich von Appenzeller Kristallziegen stammen und (2) gemäss strengen ökologischen Richtlinien hergestellt werden.
> Darüber hinaus wurden zwei Stiftungen geschaffen: Die eine finanziert weitere Forschungsprojekte zu den Wirkungen von Milch, Fleisch und Wolle der Kristallziegen und die andere ist darum bemüht, die Appenzeller Kulturlandschaft als "Heimat" der Kristallziegen punktuell aufzuwerten. Dabei wird eng mit der Land- und Forstwirtschaft zusammengearbeitet.

- Die Differenzierungsstrategie von *Ökoregionalisten* trifft bei den Konsumenten und beim Detailhandel bis anhin nur begrenzt auf ein Bedürfnis: Dass die Regionalität der Produkte allein für eine echte Differenzierung nicht genügt, zeigt sich bei diesem Typus besonders stark. Es gilt deshalb, zusätzliche (kommunizierbare) Qualitätsmerkmale aufzubauen. Möglichkeiten sehen wir dabei am ehesten in der Produktionsweise (Stichwort "bio"), in der Art der Rohstoffe (Stichwort "alte Sorten und Rassen"), in der Convenience oder im Erlebnisgehalt des Einkaufs (Stichwort "Hauslieferungen" oder "Wochenmarkt"). Der Handlungsspielraum bleibt aufgrund der starren Beschränkung auf die eigene Region allerdings gering. Vergleichsweise günstige Voraussetzungen für kleinräumig angelegte Ökoregionalisten finden sich am ehesten noch in grossen Agglomerationen oder in Tourismusregionen, in denen eine grosse Kaufkraft vorhanden ist[8].

- *Landwirtschaftliche Selbsthilfeprojekte* verfolgen mit ihrer speziellen Art des Verkaufs (Stichworte ab Hof, auf dem Markt, per Versand) und teilweise der Verpackung (Stichwort Geschenkkörbe) eine Differenzierungsstrategie, die sich nur begrenzt kopieren lässt. Allerdings lässt sie sich auch nur begrenzt ausweiten, da sie direkt von der Nähe und dem persönlichen Kontakt zwischen Produzenten (Bauern und Bäuerinnen) und Konsumenten lebt. Diesen Kontakt zu pflegen und neue Kontakte zur nicht-landwirtschaftlichen Bevölkerung zu suchen sehen wir als wichtigste Aufgaben für die Träger landwirtschaftlicher Selbsthilfeprojekte.
Dazu kommt sozusagen als Grundlage die Gewährleistung einer gleichblei-

---

[8] Auch dort stellt sich die Frage, ob die Strategie "regional geschlossene, kleine Kreisläufe" nicht eher für einzelne Unternehmen denn für ganze Regionale Produktorganisationen geeignet ist.

bend hohen Qualität der vermarkteten Lebensmittel. Hier besteht sicher bei vielen landwirtschaftlichen Selbshilfeprojekten noch ein gewisser Nachholbedarf, zumal die entsprechenden Projekte in den letzten Jahren teilweise wie Pilze aus dem Boden schossen.

> *Ein fiktives Beispiel*
>
> In der mittelgrossen Gemeinde H. im Berner Mittelland ist vor gut einem Jahr ein 3-M eröffnet worden. Dabei handelt es sich allerdings nicht um eine besonders grosse Filiale des Grossverteilers Migros, sondern um ein kleines Verkaufslokal, welches die drei initiativen Bäuerinnen Martha X., Marianne Y. und Melanie Z. im ehemaligen Schalterraum des örtlichen Bahnhofs eröffnet haben.
>
> Hier, wo täglich mehrere 100 Pendler aus M. und Umgebung den Zug in die benachbarte Agglomeration besteigen bzw. von der Arbeit zurückkehren, ist das neue 3-M genau am richtigen Platz, um das Bedürfnis der Pendlerinnen und Pendler nach raschem Einkauf von Frischprodukten zu befriedigen. Entsprechend sind auch die Öffnungszeiten etwas unkonventionell: von 6.30 bis 8.30 Uhr und von 16.30 bis 19.30 Uhr. Die drei Frauen teilen sich sowohl die Herstellung und Beschaffung der Lebensmittel als auch den Verkauf gemäss ihren Fähigkeiten und zeitlichen Ressourcen ein. Dabei kommt ihnen zu gute, dass sie Erfahrungen aus dem Gastgewerbe (Martha X.) bzw. dem Verkauf (Melanie Z.) und aus dem Bäckergewerbe (Marianne Y.) mitbringen und mittlerweile auf ein gut funktionierendes Netz von Lieferantinnen aus dem regionalen Landfrauenverein zählen können.
>
> Zuerst wurden die neuen Konkurrentinnen vom örtlichen Gewerbe mit ziemlich viel Misstrauen beobachtet. Seit jedoch zunehmend auch Produkte aus der Molkerei und der Metzgerei im neuen "Shopville" von H. verkauft werden, ist die Stimmung wieder besser. Auch bei den Lieferantinnen mussten zuerst einige Probleme gemeistert werden; die Qualität der Produkte war teilweise ungenügend und manchmal gab es Engpässe bei gewissen Gemüsesorten. Jetzt, im zweiten Jahr, scheinen aber die meisten dieser Kinderkrankheiten überwunden zu sein. Melanie Z.: "Es war schon hart, neben dem eigenen Landwirtschaftsbetrieb noch so etwas aufzubauen. Es machte aber auch immer wieder Freude zu sehen, auf welchen Anklang das 3-M bei der Dorfbevölkerung stösst. Im Moment sind wir daran, unseren Hof gründlich umzustellen, so dass ich künftig mehr Zeit für den Laden zur Verfügung habe. Zum Glück hat meine Familie keine Probleme mit der Hausarbeit und hat mich hier stark entlastet."

- *Wertschöpfungsregionalisten* und *Verbandskonglomerate* verfolgen als breit angelegte, zumeist staatlich gestützte Organisationen über vergleichsweise niederschwellige, wenig differenzierte Qualitätsstrategien. Um möglichst systemkonform zu sein und niemanden zum Vornherein von einer Teilnahme auszuschliessen, ist der Spezifizierungsgrad ihrer Produkte gering. Sollen sie ihre Nachhaltigkeitspotenziale besser ausschöpfen können als bisher, müssen sie in den nächsten Jahren eine klar abgrenzbare Differenzierungsstrategie verfolgen[9].

---

9   Vgl. dazu die ausführliche Auseinandersetzung mit einem RPO des Typs Verbandskonglomerat in MAIER, SCHULZ, STALDER 1999. Darin empfehlen die Autoren dem Gemeinsamen Agrarmarketing "Natürlich Aargau" namentlich eine vermehrte Konzentration und Profi-

- Auch für *innovative Verarbeitungsunternehmen* ist eine echte Differenzierung nicht nur über Regionalität möglich, sondern es bedarf zusätzlicher Qualitätsmerkmale. Ein charakteristisches Merkmal dieses Typus ist, dass die Verarbeitung zentral über ein einzelnes Unternehmen läuft. Damit hat er die Chance, diese Stufe der Produktionskette in einem besonderen Ausmass zu kontrollieren und hier auch mit der eigenen Differenzierungsstrategie anzusetzen. Sei es eine besonders schonende Verarbeitungsweise, eine traditionelle Rezeptur, eine spezielle Technik oder Verpackungsweise – Möglichkeiten gibt es einige, wie sich RPO dieses Typus von Massenprodukten absetzen können. Dabei ist klar, dass die Rohstoffe, die aus der Region bezogen werden, über die zur speziellen Verarbeitung notwendigen Eigenschaften verfügen müssen.

10.3.3 Kommunikationsstrategien

Die Kommunikationsstrategie ist dasjenige Handlungsfeld von RPO, in welchem sie über die grössten Stärken verfügen und wo sie längerfristig auch die grösste transformierende Wirkung entfalten können. Mit ihrer Nähe zu den Konsumenten erfüllen RPO ein wachsendes Bedürfnis nach vertrauenswürdiger persönlicher Kommunikation. Es gilt, sich in Zukunft den daraus resultierenden Chancen noch vermehrt bewusst zu werden und gezielt nach neuen Formen des persönlichen Austausches zu suchen. So können Messenbesuche, Marktstände, Dorf- und Quartierfeste etc. dazu genutzt werden, das bestehende Netzwerk gezielt zu erweitern und Botschaften zu vermitteln, die unter Umständen weit über dieses hinausreichen können und auch langfristig wirken. Durch die persönliche Kommunikation mit den Konsumenten können RPO-Vertreter jedoch nicht nur das gegenseitige Verständnis und die emotionale Verbundenheit mit ihren Anliegen erhöhen. Darüber hinaus können diese Begegnungen auch zur Bewusstseinsbildung über die zunehmende raum-zeitliche Entkopplung von Produktionsprozess und Konsum im Bedürfnisfeld Ernährung und deren Folgen anregen.

Häufig bedarf die persönliche Kommunikation der Ergänzung durch medial vermittelte Informationen und Botschaften in Form von Informationsbroschüren, Radiowerbung etc.. Medienkommunikation muss aber professionell geplant und umgesetzt werden, um die erwünschte Wirkung zu erzielen. Die meisten RPO verfügen über die dazu nötigen finanziellen Ressourcen nur in einem beschränkten Mass. Es gilt deshalb, diese wenigen Mittel bestmöglich auf ihre Ergänzungsfunktion zur persönlichen Kommunikation auszurichten.

Um die Nachhaltigkeitspotenziale von RPO im Rahmen der Differenzierungsstrategie bestmöglich auszuschöpfen, empfehlen wir, wo immer möglich die persönliche Kommunikation mit den Konsumenten zu suchen und medial vermittelte Informationen und Botschaften ergänzend dazu einzusetzen.

---

lierung der eigenen Strategie, was wiederum neue, interessante Kooperationsmöglichkeiten eröffnet.

Folgende Pfade können den einzelnen RPO-Typen empfohlen werden:

* *Verarbeiter und Vermarkter alter Sorten und Rassen, Ökoregionalisten* und *Landwirtschaftliche Selbsthilfeprojekte* konnten als jene drei RPO-Typen ermittelt werden, die das Vakuum an persönlicher Kommunikation im BfE derzeit am besten zu füllen vermögen. Wenn sie diese Chance gezielt nutzen, die bereits aufgebauten Beziehungen festigen und stetig erneuern sowie ihre (geringen) finanziellen Möglichkeiten ergänzend für kleine, aber professionell und ansprechend gestaltete Informationsblätter einsetzen, geht von ihnen längerfristig eine nicht zu unterschätzende Transformationswirkung in Richtung Nachhaltigkeit aus. Gleichzeitig sind damit auch zentrale Voraussetzungen für die Wettbewerbsfähigkeit dieser kleinen Organisationen geschaffen.

* Die Organisationen mit breiterer Abstützung und grösseren finanziellen Mitteln wie *Verbandskonglomerate* und *AOC-Organisationen* setzen bislang ein Schwergewicht auf medial vermittelte Informationen und Botschaften, mit welchen mehr Personen angesprochen werden können. Die entsprechenden Inhalte drohen allerdings in der allgemeinen Informationsflut zu verhallen. Um "nachhaltig" zu wirken, ist deshalb auch ihnen zu empfehlen, der persönlichen Kommunikation mehr Gewicht einzuräumen. Verkaufs- und Promotionsanlässe in Filialen von Grossverteilern, gemeinsame Märkte, koordinierte Aktionen von und mit Lebensmitteldetaillisten, Gastro-Wochen (z.B. auch in Betriebskantinen), gemeinsame Events mit regionalen Nonprofit Organisationen aus dem Kultur- oder Naturschutzbereich – dies sind einige Stichworte für Kommunikationsstrategien, die (auch) diesen beiden Typen offen stehen[10].
Zusätzlich haben sie aufgrund ihrer Grösse aber auch die Möglichkeit, "konventionelle" Marketingaktionen (z.B. Inserate, Werbespots) ev. gemeinsam mit Partnern zu lancieren. Generell ist dabei auf zwei Dinge besonders zu achten: (1) sollte der Auftritt unter dem regionalen Label sowohl in Symbolik als auch in den Inhalten mit einer einheitlichen Linie erfolgen[11] und (2) gilt es, das eigene Label – wie bereits öfters erwähnt – mit echten, sowohl emotional als vor allem auch kognitiv vermittelbaren Inhalten zufüllen. Oder mit anderen Worten: Nicht die Etikette ist längerfristig wichtig, sondern der besondere Inhalt, der hinter dieser Etikette steckt.

* Die beiden Typen *innovative Verarbeitungsunternehmen* und *Wertschöpfungsregionalisten* sind sowohl bezüglich Kundennähe als auch in Hinsicht auf die Ressourcen, die ihnen zur Verfügung stehen, zwischen den bisher besprochenen Typen anzusiedeln. Die ihnen empfohlene Kommunikations strategie muss sich deshalb – noch vermehrt als bei den anderen Typen – aus verschiedenen Elementen zusammensetzen: Einerseits gilt es, sich an ausgewählten, sorgfältig gepflegten Kundensegmenten zu orientieren,

---

[10] Ein nicht zu vernachlässigender Vorteil einer solchen "eventorientiertnr" Kommunikationsstrategie ist, dass die Medien (Presse, Regionalradios) bei der Berichterstattung eingespannt werden können.
[11] Vgl. z.b. SCHLEGEL 1999 und SEIFERT 1999.

anderseits kann auch versucht werden, eine breitere Öffentlichkeit anzupeilen und grössere Märkte zu beliefern. Beides parallel zu versuchen kann jedoch auch zu einem "Weder-noch" führen. Im Normalfall ist es u. E. erfolgsversprechender, klein zu beginnen und die Kommunikation auf ein ausgewähltes Kundensegment auszurichten. Nicht das Giesskannenprinzip wird zum Erfolg führen, sondern der gezielte Einsatz der knappen Ressourcen. Ev. kann dabei auch mit Partnern im Sinne eines Crossmarketings zusammengearbeitet werden[12].

Ein fiktives Beispiel

Die Molkerei Verbier – Bagnes ist die einzige Herstellerin des bekannten Halbhartkäses "Couronne du Grand Combin". Zusammen mit Verbier Tourismus und dem Verein zur Pflege des kulturellen Erbes im Val de Bagnes hat sie vor zwei Jahren drei Personen aus dem Tal für Promotionsanlässe für die "Produits du Terroire" angestellt. Mehrtägige Events in Einkaufszentren in der ganzen Schweiz machen den grössten Teil der Aktivitäten aus. Dazu kommen Aktionen in Verbier selber und – zusammen mit anderen RPO – gezielte Aktionen im Ausland.

Bei diesen PR – Events wird von den Verantwortlichen sehr darauf geachtet, den Kunden nicht ein "Disney-Land-Image" des Val de Bagnes zu vermitteln. Vielmehr hat man eine Strategie entwickelt, die sowohl die emotionalen als auch die kognitiven Seiten der Kunden ansprechen soll. Zur Sammlung und professionellen Aufbereitung von Themen und Informationen rund um das Val de Bagnes und dessen Käse arbeitet man eng mit dem regionalen Ecomusée und mit Kulturhistorikern und Ethnologen der Universität Lausanne zusammen. Zudem klärt man gegenwärtig ab, ob und wie eine Partnerschaft mit jungen Kulturschaffenden aus der Romandie sinnvoll sein könnte. Zielgruppen der Aktivitäten sind denn auch einerseits die "X-Generation"; jüngere, gut ausgebildete Schichten aus urbanen Agglomerationen mit einem relativ hohen Einkommen. Andererseits richtet man sich an Familien. Für beide Zielgruppen hat Verbier Tourismus spezielle Angebote entwickelt.

Die Partnerschaft zwischen Lebensmittelbranche, Tourismus, Kulturschaffenden und Wissenschaft hat sich als relativ erfolgreich erwiesen. Dies nicht nur in Bezug auf das Marketing, sondern insbesondere auch, weil dabei Grenzen des eigenen Bewusstseins überwunden werden konnten. So z.B. Yvonne B., eine der drei Mitarbeiterinnen des PR-Teams: "Ich komme ursprünglich aus dem Hotelfach und habe einige Zeit als Animatorin im Wintersport gearbeitet. Käse, Landwirtschaft, alte Bräuche – dies waren für mich bis vor kurzem Symbole einer rückwärtsorientierten, "künstlich" gewordenen Heimatfilm-Folklore. In den vergangenen Monaten hat sich dies grundlegend verändert; heute sehe ich, dass in diesen Themen auch sehr viel Aktualität vorhanden ist. Eigentlich geht es um den Umgang mit den eigenen Wurzeln und den eigenen Werten: Wie wollen wir leben und was wollen wir essen? Wie soll unser Lebensraum in Zukunft aussehen? Wie können wir uns gegenüber der sich globalisierenden Welt öffnen, ohne unsere Identität zu verlieren? Diese Fragen in einer spielerischen, kreativen, nicht spiessigen oder moralisierenden Weise am Beispiel des Val de Bagnes und dessen Käse zu behandeln – und gleichzeitig "nachhaltig" für unser Tal und dessen Produkte zu werben – dies ist die grosse Herausforderung unseres Teams."

---

[12] Diese Möglichkeit steht selbstverständlich auch den anderen RPO-Typen offen.

> Kürzlich haben die Initianten aus dem Val de Bagnes für ihr Promotionsprojekt die "goldene Weintraube", den bedeutendsten Preis für innovative Projekte in der Lebensmittelbranche der Westschweiz, entgegennehmen können. Auch im benachbarten Ausland stösst das Projekt auf Interesse; gegenwärtig laufen Abklärungen, wie vermehrt über die Grenze hinweg unter dem Titel "Mont Blanc – Tête de l'Europe" zusammen gearbeitet werden könnte.

10.4 Empfehlungen an das Umfeld von RPO

Im Kapitel 7 wird relativ ausführlich auf die drei zentralen Anspruchsgruppen Politik, Detailhandel und Konsumenten aus dem Umfeld von RPO eingegangen. Dabei wird deutlich, dass RPO seitens der Politik viel Wohlwollen und auch finanzielle Unterstützung geniessen, dass aber die Konsumenten und vor allem der Detailhandel als wichtiger Gatekeeper im Bedürfnisfeld Ernährung regionalen Produkten bzw. regionale Produktorganisationen eher skeptisch gegenüber stehen. Diese gleichgültige bis ablehnende Einstellung von weiten Kreisen im marktlichen Umfeld von RPO hat ihre Gründe (vgl. Kap. 7), und es braucht seitens der RPO gewisse Anpassungen, um „system"konformer zu werden.

Trotzdem kann der "Schwarze Peter" nicht allein den RPO zugeschoben werden: Auch seitens des Detailhandels, der Politik und schliesslich auch der Konsumenten – uns allen – sind neue Handlungsweisen nötig, damit regionale Produktorganisationen ihre Nachhaltigkeitspotenziale vermehrt umzusetzen vermögen.

In der Folge werden deshalb einige Empfehlungen an das Umfeld formuliert, aufgeteilt in die drei bereits in Kapitel 7 unterschiedenen Anspruchsgruppen Politik, Detailhandel und Konsumenten.

10.4.1 Empfehlungen an die Politik

In den letzten Jahren wurde ein beachtliches politisches Instrumentarium zur Förderung von RPO entwickelt, wobei ein "Bottom-up"-Weg zu beobachten war: Zuerst wurden regionale Organisationen wie z.B. Planungsverbände aktiv, später Kantone und seit 1999 auch der Bund im Rahmen der neu organisierten Absatzförderung für Landwirtschaftsprodukte (vgl. Kap. 7.2). Die Unterstützung erfolgte dabei zumeist auf zwei Ebenen, einerseits mittels finanzieller Beiträge und andererseits in Form von Arbeitskraft und Know-how insbesondere von Seiten regionaler Planungsverbände und der landwirtschaftlichen Beratung.

Mit den verschiedenen Instrumenten zur Förderung von RPO soll die Innovationstätigkeit der wirtschaftlich bedrohten Landwirtschaft und (indirekt) der Lebensmittelbranche im ländlichen Raum angekurbelt werden. Regionale

Landwirtschaftsprodukte sollen dazu beitragen, die regionalen Entwicklungspotenziale besser auszuschöpfen. Diese Konzeption brachte es mit sich, dass relativ wenig Auflagen an die Unterstützung gekoppelt wurden. In Zukunft werden diese offenen Förderungsinstrumente sowohl innerhalb der Schweiz als auch von extern (Stichwort WTO) unter Druck kommen. Dabei wird sich die Frage stellen, was die Förderung von RPO im Rahmen der Agrar- und Regionalpolitik eigentlich bringt und ob die Mittel von den Empfängern sinnvoll und effizient eingesetzt werden[13].

Damit das Förderinstrumentarium für RPO nicht dem Rotstift zum Opfer fällt, müssen in naher Zukunft wichtige Punkte geklärt und gelöst werden:

Ziele klären und damit Legitimität der staatlichen Förderung erhöhen;
Wie angesprochen ist die Förderung von RPO durch die Politik bisher auf ein eher diffuses, z.T. auch in sich widersprüchliches Zielsystem ausgerichtet. Hier besteht Klärungsbedarf: Zu welchen politischen Zielsetzungen (z.B. im Umweltbereich, in der Wirtschaftsförderung oder der Regionalpolitik) sollen RPO einen Beitrag leisten? Wie können diese Beiträge kontrolliert und bestmöglich unterstützt werden?
Die Tatsache, dass in RPO Akteure aus einer Region vermehrt kooperieren und dabei ein Innovationspotenzial entsteht, kann eine Förderung durch öffentliche Gelder u. E. höchstens in einer Startphase legitimieren. Bereits nach kurzer Zeit braucht es wahrnehm- und belegbare Leistungen. Diese sollen durchaus auch im nichtökonomischen Bereich liegen (vgl. die in Kap. 6.2 aufgezeigten Nachhaltigkeitspotenziale von RPO).

- *Leistungsvereinbarungen;*
  Die Klärung der Ziele von RPO, die durch öffentliche Gelder finanziert werden, sollte u. E. in Leistungsvereinbarungen zwischen den Subventionsempfängern (RPO) einerseits und den Finanzgebern (verschiedene Ebenen des Staates) andererseits münden. Hierzu gilt es nebst den Zielsetzungen, geeignete Indikatoren zur Messung der Leistungen festzuhalten.

- *Realistische Erfolgskontrollen;*
  Eine beidseitig anerkannte Leistungsvereinbarung ist eine zentrale Grundlage für ein Controlling: Welche Ziele konnten erreicht werden und welche nicht? Wo liegen die Gründe und wo bestehen möglicherweise ungenutzte Handlungsspielräume? Welche Rahmenbedingungen gilt es künftig vermehrt zu berücksichtigen? Überlegungen zu diesen Fragen fallen in der Hektik des Tagesgeschäftes gerne unter den Tisch. Partnerschaftlich organisierte Erfolgskontrollen von Finanzgebern und RPO können für alle Beteiligten wertvoll sein: Für die RPO zur Klärung ihrer Strategien und für die Verwaltung zur Weiterentwicklung der Förderungs- und Steuerungsinstrumente.

---

[13] Vgl. dazu MAIER, SCHULZ, STALDER 1999, JÄGER 1998, RIEDER 1998, NZZ 1999 oder auch bereits ein Beitrag in FACTS Nr. 27 / 1997, in dem unter dem Titel "Viel Rauch, aber wenig Feuer" moniert wird, dass angesichts der mageren Ergebnisse der Förderung zu viele öffentliche Gelder ins Regionalmarketing gesteckt würden.

- *Abstimmung der verschiedenen politischen Ebenen, keine Ressourcenverschleuderung durch eine nicht angebrachte Dezentralisierung von Aufgaben und Vollzug;*
Mit den verschiedenen Förderungsinstrumenten von Kantonen und Bund (vgl. Kap. 7.2) ist innerhalb recht kurzer Zeit ein umfangreiches und unübersichtliches Förderungsinstrumentarium für RPO entstanden, welches in nächster Zeit der Vereinfachung und Entflechtung bedarf.
Um den Dschungel agrar- und regionalpolitischer Massnahmen nicht noch zu verdichten, braucht es u. E. eine stärkere Koordination der Förderung von RPO unter Federführung des Bundes. Eine unkoordinierte Dezentralisierung von Aufgaben, Instrumenten und Vollzug, wie sie heute teilweise propagiert wird, kann deren Praktikabilität und Effizienz nicht in jedem Fall verbessern. Stattdessen besteht die Gefahr, dass die Spiesse der einzelnen RPO – da unterschiedlich gefördert durch die öffentliche Hand – ungleich lang werden, während gleichzeitig die Staatsquote unnötig erhöht wird.

- *Dynamische Weiterentwicklung des Instrumentariums;*
Da noch wenig Erfahrungen in der Förderung von RPO bestehen, wird es in den nächsten Jahren darum gehen, die vorhandenen Instrumente auf ihre Wirksamkeit hin zu prüfen und daraus Schlüsse zu ziehen. Dabei sollte bedacht werden, dass es bei der Förderung von RPO nicht nur um wirtschaftspolitische Ziele geht: Wie aufgezeigt, haben RPO in verschiedenen Bereichen (Nachhaltigkeits-) Potenziale. Dies gilt es auch bei der Weiterentwicklung der Förderinstrumente zu beachten und diese mit verwandten Politikbereichen wie z.B. der Umweltpolitik sinnvoll zu koordinieren.

Die öffentliche Hand wirkt aber nicht nur mittels ihres Förderinstrumentariums auf RPO. Die Politik ist daneben auch (mit-)verantwortlich für viele andere Rahmenbedingungen, die für RPO Entwicklungsoptionen öffnen oder Restriktionen bedeuten[14]. Namentlich folgende drei Steuerungsbereiche sind hier wichtig:

- *Deklarationsverordnung;*
Um eine klarere Deklaration sowohl der Herkunfts- als auch der Verarbeitungsregion von Lebensmitteln zu erreichen, muss die Deklarationsverordnung entsprechend weiterentwickelt werden. Dies nicht nur im Interesse der Anbieter – im unseren Fall der RPO – sondern auch der Konsumenten und generell im Hinblick auf eine erhöhte Transparenz im Bedürfnisfeld Ernährung.
Die Schweiz hat dabei jedoch nicht einen unbegrenzten Handlungsspielraum (vgl. u.a. NZZ 1999); vielmehr gilt es auch auf internationalem Niveau Widerstände zu überwinden und zusammen mit geeigneten Koalitionspartnern zu einheitlichen und WTO-kompatiblen Regelungen zu kommen.

---

[14] Vgl. dazu nebst Kapitel 7.2 recht ausführlich die Publikation von BERNET et al. 1998.

* *Hygiene- und andere Vorschriften auf den Stufen Produktion und Verarbeitung;*
 Die Hygienevorschriften wurden in den letzten Jahren für alle Akteure entlang der Lebensmittelproduktionskette verschärft und die Regelungsdichte hat zugenommen. Für die einzelnen Produzenten und Verarbeiter hatte dies einen recht hohen Investitionsdruck zur Folge: Kosten, die insbesondere kleine und junge Unternehmen nicht selten an den Rand der Existenz brachten. Statt die staatlichen Regelungen in Zukunft noch mehr auszubauen, stellt sich die Frage, ob nicht vermehrt andere Kontrollmechanismen und –institutionen wie z.B. der halbprivate Konsumentenschutz gestärkt werden müssten.

* *Energie- und Transportkosten;*
 Die Energie- und Transportkosten sind – nicht nur in der Schweiz – seit längerer Zeit ein Politikum und eine Vielzahl von Studien zeigen, welche ökologischen und teilweise auch sozialen Kosten die (viel zu tiefen) Preise nicht erneuerbarer Energieressourcen verursachen. Im Kapitel 3 kam zum Ausdruck, dass die nicht nachhaltigen räumlichen und zeitlichen Entkopplungsprozesse im Bedürfnisfeld Ernährung unter anderem eine Folge der tiefen Energiekosten sind. Viele Nachhaltigkeitspotenziale von regionalen Produkten haben umgekehrt direkt mit verkürzten Transportdistanzen entlang der Produktionskette zu tun.
 Kleine Kreisläufe bei den Produktionsketten werden künftig nur konkurrenzfähig sein, wenn die Transportkosten erhöht werden. Ein politisches Instrument, welches hier wichtige Rahmenbedingungen setzen könnte, ist u.E. die ökologische Steuerreform[15]. Auch hier gilt jedoch, dass die Schweiz künftig nur begrenzt einen Sonderzug wird fahren können und entsprechende Anstrengungen sowohl auf nationalem wie internationalem Niveau vorangetrieben werden müssen.

10.4.2 Empfehlungen an den Detailhandel

Bis anhin sind regionale Produkte für die Grossverteiler als dominante Akteure auf der Stufe Detailhandel mit Ausnahme von national bekannten Spezialitäten nicht interessant. Aber auch unabhängige Detaillisten wie etwa primo/vis-a-vis oder Volg sind zurückhaltend. Für eine Transformation des Bedürfnisfeldes Ernährung in Richtung Nachhaltigkeit wird man jedoch u.E. nicht am Detailhandel mit seiner Gatekeeperfunktion vorbeikommen[16].

Um die Nachhaltigkeitspotenzialen von RPO bzw. von regionalen Produkten vermehrt ausschöpfen zu können, kann der Detailhandel insbesondere in folgenden vier Punkten aktiv werden:

---

[15] Vgl. dazu nebst vielen anderen MEIER et al. 1998.
[16] Vgl. Kapitel 7.3 und VILLIGER et al. 1999.

* *Deklaration;*
In den letzten Jahren wird in den Geschäften nebst Produktions- und Verarbeitungsweise (z.B. Bio) vermehrt auch die Herkunft von Lebensmitteln deklariert, sei es direkt am Produkt oder zumindest an den Gestellen. Eine Lücke besteht jedoch bspw. noch in Bezug auf die Stufe Distribution: Für den Konsumenten ist nicht ersichtlich, welche Transporte und Transportdistanzen ein Produkt auf dem Weg vom Rohstoffproduzenten bis in den Laden zurückgelegt hat. Diese wichtige Lücke zu schliessen, ist zweifellos mit einem grossen Aufwand verbunden, gleichzeitig bietet sich hier auch eine Möglichkeit zur Profilierung.

* *Chancen geben im Sortiment ("regionale Ecken");*
In vielen Fällen kann ein Lebensmitteldetaillist nicht unbegrenzt regionale Spezialitäten in sein Sortiment aufnehmen. Dagegen spricht – nebst dem knappen Platz in den Regalen – vor allem auch die begrenzte Nachfrage. Evt. wäre es aber möglich, "regionale Ecken" in den Geschäften einzurichten, wo eine Mischung aus klar deklarierten regionalen Spezialitäten und Produkten des täglichen Bedarfs angeboten werden, verbunden mit der Möglichkeit für Konsumenten, sich über Ernährungsfragen, die Herkunftsregion der Produkte und Besonderheiten der Produktion informieren zu können.
Wenn man sich als Detaillist nicht auf die eigene Region, d.h. auf regionale Produkte im engeren Sinn begrenzen will, könnten auch "Gastregionen" eingeladen werden: Z.B. zwei Monate Appenzell, zwei Monate Emmental, zwei Monate Vinschgau etc.. Teilweise finden bereits ähnliche Aktionen statt. Häufig laufen sie aber lediglich unter dem Label "Folklore" und lösen beim Publikum wenig Assoziationen zu einer nachhaltigeren Ernährung aus.

* *Breit angelegte Nachhaltigkeitsstrategie;*
Im Moment ist das Biosegment dasjenige, in welchem insbesondere die beiden Grossverteiler Migros und Coop um die Gunst des gesundheits- und umweltbewussten Konsumenten buhlen. Sobald der Biomarkt jedoch gesättigt sein wird, stellt sich die Frage, was "nach Bio" kommt. Das komplexe Feld der Nachhaltigkeit, in dem sich Aspekte der sozialen Gerechtigkeit ("Fair trade") und der Umwelt ("ökologische Produkte") treffen, bietet eine Vielzahl von Profilierungsmöglichkeiten und damit auch von Wettbewerbsfeldern, die für eine Nachfolge bzw. Ergänzung in Frage kommen. Hier ist der Detailhandel in Zukunft herausgefordert. Dabei sprechen mindestens drei Faktoren dafür, dass sich der Schweizer Lebensmittelmarkt besonders eignet für innovative Strategien in Richtung mehr Nachhaltigkeit: (1) die Erfahrungen, welche der Schweizer Detailhandel in den letzten Jahren im Biobereich sammelte, (2) das relativ hohe Umwelt- und Gesundheitsbewusstsein der Schweizer Konsumenten und (3) deren vergleichsweise grosse Kaufkraft. Da u. E. eine nachhaltige Ernährung nicht möglich sein wird, ohne die Transportdistanzen entlang der Produktionsketten teilweise massiv zu senken, werden regionale Produkte und damit auch RPO

einer der Bereiche sein, die auf jeden Fall ihren Platz und ihre Bedeutung haben werden in einer künftigen Nachhaltigkeitsstrategie des Detailhandels.

* *Strategische Partnerschaften zwischen Detailhandel und RPO;*
Die Palette von Möglichkeiten, in denen eine Partnerschaft zwischen Detailhandel und RPO für beide Seiten Sinn machen könnte, ist breiter als man auf Anhieb denkt: Sie reicht von der gemeinsamen Kommunikationskampagne zur Förderung bestimmter regionaler Spezialitäten über gemeinsame Aktionen im Bereich Umweltschutz und Landschaftspflege, Massnahmen zur Qualitätssicherung und –verbesserung bis hin zur gemeinsamen Produktelancierung im Rahmen spezieller Forschung und Entwicklung. Bis anhin ist es den meisten RPO nur begrenzt gelungen, die angestrebte Kooperation mit dem Detailhandel auch wirklich als Win-win-Strategie auszugestalten. Gemäss MAIER, SCHULZ, STALDER (1999) wird eine solche Partnerschaft durch zwei Faktoren erleichtert: (1) eine Konzentration der RPO auf ihr jeweiliges Kerngeschäft sowie (2) eine verstärkte Profilierung der regional zertifizierten Lebensmittel. Nicht "alles ein wenig versuchen" muss die Devise sein, sondern "Weniges gut machen". Dann werden RPO auch für den Detailhandel – zum Beispiel im Sinne der oben kurz erwähnten Möglichkeiten – zum interessanten Partner. Interessant vor allem deshalb, weil RPO zumeist über eine gute Verankerung in ihrer Region, eine grosse Nähe zu den Konsumenten und damit über eine hohe Glaubwürdigkeit verfügen.

10.4.3 Empfehlungen an die Konsumenten

Noch nie hatte der durchschnittliche Konsument in den westlichen Industrieländern ein derart breites Spektrum an Lebensmitteln zur Verfügung wie heute und die Wahlmöglichkeiten nehmen in vielen Belangen[17] noch zu. Dies betrifft nicht nur die Produktepalette, sondern bspw. auch die Produktionsweisen (Stichworte Bio, IP, konventionell) oder die Einkaufsmöglichkeiten (Stichwort Internet).

Diese Wahlmöglichkeiten sind speziell für bewusste Konsumenten oft auch eine Qual: Für welche Produkte soll man sich entscheiden? Welche Vor- und Nachteile z.B. in Bezug auf die menschliche Gesundheit sind mit den verschiedenen Produkten verbunden? Welche Folgen haben die unterschiedlichen Produktions- und Verarbeitungsweisen auf die Mitwelt, d.h. auf Umwelt und Gesellschaft? Hier einigermassen die Übersicht zu behalten und nicht vorschnell vor der Informationsflut und der Vielfalt zu kapitulieren, ist gewiss nicht leicht und wir wissen aus unserer eigenen täglichen Erfahrung, dass die

---

[17] Es sei allerdings nochmals erwähnt, dass dies nicht für alle Produkteigenschaften gilt: Die Industrialisierung der Lebensmittelproduktion und –verarbeitung hat in einigen Belangen auch zu einer Standardisierung geführt. So wurden Pflanzen- und Tierarten auf relativ wenige leistungsstarke, produktive Arten reduziert, was wiederum zu einer Begrenzung der Vielfalt bei den Rohstoffen führte (vgl. Kap. 3).

guten Vorsätze und das eigentlich vorhandene Wissen in der konkreten Einkaufssituation oft nicht beachtet werden.

In Kapitel 7.4 wurde ausführlicher auf die teilweise etwas widersprüchliche Haltung der Konsumenten gegenüber regionalen Produkten eingegangen. Was ist den Konsumenten und den Konsumentenorganisationen zu raten – ohne sie zum Vornherein hoffnungslos zu überfordern – wenn es darum geht, den Nachhaltigkeitspotenzialen von RPO bzw. von regionalen Produkten vermehrt zum Durchbruch zu verhelfen?

- *Lebensmittel: Saisonal, regional, ökologisch und unter fairen Bedingungen hergestellt;*
  Diese Grundsätze des Einkaufens sind nicht neu und sie werden in vielen Ratgebern und Merkblättern von Konsumentenorganisationen und anderen Meinungsmachern im BfE wie z.B. Bildungsinstitutionen immer wieder genannt.
  Im Sinne des Sprichwortes "steter Tropfen höhlt den Stein" gilt es u. E., sie immer wieder zu wiederholen, wobei dies mehr oder weniger geschickt geschehen kann: Als weniger geschickt erweist sich je länger je mehr die moralisierende, schulmeisterliche Weise, als geschickter die erlebnis- und genussorientierte Art, wie sie z. T. durch RPO und/oder in der Gastronomie versucht wird.

- *Transparenz entlang der gesamten Produktionsketten suchen und fordern;*
  Die Herkunft und die Produktionsweise von Lebensmitteln werden heute zwar besser deklariert als noch vor einigen Jahren. Dies trotz teilweise starkem Widerstand gewisser Kreise der Lebensmittelindustrie das Beispiel der Deklaration gentechnisch veränderter Organismen jüngst deutlich gemacht hat. In anderen Bereichen wie z.B. den Transporten gilt es jedoch noch Lücken zu schliessen. Mit konventionellen Arten der Deklaration mittels Texten und Labeln wird man bei den Konsumenten allerdings sehr schnell an Grenzen der Aufnahmefähigkeit kommen.
  Hier gilt es für die Konsumenten und deren Interessensverbände in zwei Richtungen aktiv zu werden: (1) durch einen verstärkten Druck auf die Politik und den Detailhandel, dass die Deklarationspflicht ausgedehnt und verschärft wird (vgl. oben) und (2) in der (gemeinsamen) Entwicklung von neuen Deklarationssystemen, die sowohl den Bedürfnissen der Konsumenten, als auch denjenigen der anderen Akteure entlang der Produktionsketten gerecht werden – dies immer unter dem Leitstern einer nachhaltigeren, d.h. umwelt- und sozialverträglicheren, gesünderen Ernährung.
  Ähnliches wie bereits oben bei den Empfehlungen an den Detailhandel (Punkt "breit angelegte Nachhaltigkeitsstrategie") bereits angetönt, gilt auch hier: Nebst regionalen Produkten gibt es auch andere Lebensmittel, welche aus Sicht einer nachhaltigeren Ernährung wünschbar sind und nicht alle regionalen Produkte tragen zu mehr Nachhaltigkeit im Bedürfnisfeld Ernährung bei (vgl. Kap. 6 und 9). Gerade deshalb bieten regionale Produkte bzw. RPO aber viele Ansatzpunkte: Sowohl bezüglich der Inhalte und

der Breite eines neuen nachhaltigkeitsorientierten Deklarationsystems (vgl. dazu die 12 Nachhaltigkeitspotenziale von RPO im Kapitel 6) als auch in Bezug auf dessen Form (so etwa der Umstand, dass über die Hülse "Region" und über den persönlichen Kontakt den Konsumenten bestimmte Werte und Inhalte übermittelt werden können[18]).

- *Die persönliche Kommunikation nutzen;*
  WOELFING KAST et al. (1999) und auch SEIFERT (1999) haben darauf hingewiesen, wie wichtig in Bezug auf den Einkauf regionaler Produkte der persönliche Kontakt ist. Der Entscheid, ob, wann und welche regionalen Lebensmittel eingekauft werden, wird demzufolge nicht (nur) durch Medien und mediale Werbung, sondern vor allem auch durch Vertrauenspersonen aus dem persönlichen Umfeld beeinflusst.
  Dies ergibt für den einzelnen Konsumenten zusätzliche Handlungsmöglichkeiten: Nicht nur kann er selber sich darum bemühen, nachhaltiger produzierte Lebensmittel vermehrt zu berücksichtigen; er kann zudem versuchen, sein persönliches Umfeld für die Problematik der räumlichen und zeitlichen Entkopplungsprozesse in der Ernährung, für Nachhaltigkeit und für regionale Kreisläufe zu sensibilisieren. Dies jedoch nicht unbedingt als Missionar (vgl. oben), sondern eher durch ein lust- und erlebnisbetontes Einkaufen, Zubereiten und Konsumieren entsprechender Produkte.

10.5 Transformation in Richtung Nachhaltigkeit als ein Miteinander

Soll das Leitbild der nachhaltigen Entwicklung für die Akteure im Bedürfnisfeld Ernährung in Zukunft verstärkt zu einem "leitenden Bild" werden, müssen diese – das heisst schlussendlich wir alle – bereit sein, das eigene Handeln kritisch zu reflektieren. Die Reflexion allein wird allerdings nicht reichen, vielmehr wird eine tiefgreifende Transformation des BfE in Richtung Nachhaltigkeit nur über ein neues Miteinander erreicht werden können. Je mehr Ressourcen ein Akteur dabei zur Verfügung hat, umso grösser ist sein Einfluss auf die Spielregeln – und damit auch seine Verantwortung.

Häufig sind ressourcenreiche Akteure aber gleichzeitig diejenigen, die wenig Interesse an Veränderungen haben, da solche mit einem Machtverlust verbunden sein können. Kleine Akteure dagegen haben in vielen Fällen weniger zu verlieren und viel zu gewinnen. Deshalb haben sie ein sehr vitales Interesse daran, dass ihre Arbeit Erfolg zeigt. Sind RPO solche "kleine Akteure" bzw. - unter Verwendung des Bildes von VILLIGER et al. 1999 - "Davids", die mit ihren Innovationen eine Transformation des BfE in Richtung Nachhaltigkeit vorantreiben können?

In diesem Buch haben wir uns bemüht, diese Frage aus verschiedenen Blickwinkeln zu behandeln und sind dabei zur Antwort gekommen, dass RPO nicht in jedem Fall als Transformatoren wirken können bzw. wollen. Bei einigen unter ihnen ist der Vorwurf, lediglich neuen Wein in alten Schläuchen zu pro-

---

[18] SCHLEGEL 1999, NOGER 1999 und SEIFERT 1999 (vgl. Anhang 2).

pagieren, nicht von der Hand zu weisen: Ihre Strategie beschränkt sich auf den Versuch, Märkte, die bis anhin durch die Politik national geschützt waren, auf regionalem Niveau abzuschotten und bisherige Subventionsmechanismen durch neue, aber nicht unbedingt bessere, zu ersetzen.

Es gibt aber auch die anderen: Die RPO, die echt darum bemüht sind, ihre Nachhaltigkeitspotenziale auch wirklich umzusetzen. Unter den gegenwärtigen Rahmenbedingungen ist dies nicht leicht und es wird ihnen nur gelingen, wenn sie aus dem Umfeld vermehrt unterstützt werden. Politik, Detailhandel sowie Konsumenten sind hier die wichtigsten Anspruchsgruppen, die aufgerufen sind, Brücken in der oben skizzierten Weise zu bauen und Entwicklungsoptionen für nachhaltigkeitsorientierte RPO zu öffnen. Aber auch Wissenschaft, Medien, Bildung etc. haben in Bezug auf eine Transformation der Ernährung eine grosse Aufgabe.

Einzelne Schritte auf diesem Weg der Ernährung in Richtung Nachhaltigkeit – etwa eine umweltgerechtere Produktions- und Verarbeitungsweise von Lebensmitteln, oder die Verteuerung der Energiekosten – sind mittlerweile bereits eingeleitet oder werden hoffentlich nicht mehr lange auf sich warten lassen. Nächste Schritte wie z.B. die Entwicklung neuer Deklarationssysteme für mehr Transparenz stehen noch aus, sind aber als Notwendigkeit bereits weitherum anerkannt. Und übernächste Schritte in Richtung einer nachhaltigeren Ernährung werden – hoffentlich! – folgen.

Die von uns untersuchten Regionalen Produktorganisationen sind ein Kind unserer Zeit: Eine Reaktion auf die gegenwärtigen zeitlichen und räumlichen Entkopplungsprozesse im Bedürfnisfeld Ernährung und eine Folge des Umbaus der Agrarpolitik in der Schweiz. Sie werden es sich nicht leisten können, in dieser Zeit des Wandels stehen zu bleiben. Vielmehr gilt es (auch) für RPO, sich nach vorne zu orientieren und neue Wege auszuprobieren. Das Leitbild der nachhaltigen Entwicklung bietet ihnen und den daran Beteiligten dabei zwar keine einfachen Patentrezepte, dafür aber einige neue Entwicklungs- und Innovationsmöglichkeiten. Wir hoffen (und sind eigentlich aufgrund unserer Erfahrungen überzeugt), dass jene, die wirklich und mit Nachdruck nach neuen Wegen suchen, diese Chance packen werden!

11. Ein Schlusswort

Ausgehend von einem Zitat von REICHERT, ZIERHOFER 1993 haben wir zu Beginn dieses Buches darauf hingewiesen, dass transdisziplinäre Nachhaltigkeitsforschung immer eine Gratwanderung zwischen verschiedenen Interessen darstellt; eine Gratwanderung, welche unseres Erachtens nur gelingen und befriedigen kann, wenn (1) die Zielkonflikte, welche sich während des Forschungsprozesses immer wieder ergeben, reflektiert und nicht unter den Tisch gewischt werden und (2) die forschungsleitenden Werte durch die Wissenschafter soweit möglich transparent gemacht werden.

Zum Abschluss des vorliegenden Buches gehen wir noch einmal auf diese beiden Postulate ein. Dabei werden wir in einem ersten Teil einige unserer Erfahrungen in diesem Zusammenhang festhalten und anschliessend 10 Forderungen an künftige transdisziplinäre Forschungsprojekte formulieren.

11.1 Erkenntnisse zu Nachhaltigkeit und zu Transdisziplinarität

11.1.1 Transdisziplinäre Nachhaltigkeitsforschung ist mit Konflikten verbunden

Im Verlauf des vorliegenden Buches kam verschiedentlich zum Ausdruck, dass das Leitbild der nachhaltigen Entwicklung für uns nicht (mehr) unproblematisch ist und in den letzten Jahren einiges an Unschuld verloren hat. Ähnlich wie andere Wissenschafter stimmen wir nicht mehr uneingeschränkt ein in das Loblied über das Konzept der Nachhaltigkeit als Strategie, mit dem die brennenden Konflikte zwischen Ökologie und Ökonomie, zwischen Norden und Süden, zwischen heutigen und künftigen Generationen überwunden werden können[1]. Der Begriff der nachhaltigen Entwicklung ist vor allem auch von den Mächtigen und Privilegierten dieser Welt in die öffentliche Diskussion eingebracht worden: Von Politikern, von Wissenschaftern, von Führern globaler Unternehmen. Schon allein dies muss einem misstrauisch machen, und dieses Unbehagen wird noch erhöht, wenn man sieht, wie oft und wie unbedarft die Begriffe "Nachhaltigkeit" und "nachhaltige Entwicklung" heute verwendet werden[2].

Erkenntnis 1: Nachhaltigkeit ist in sich konfliktuell und bleibt ein nicht abschliessend realisierbares Idealziel.

Dieses Buch geht von einem Nachhaltigkeitsverständnis aus, welches auf die drei gleichwertigen Bereiche "Gesellschaft", "Wirtschaft" und "Ökologie/Um-

---
[1] Vgl. Kap. 2.1, 2.2 und 6.4.
[2] Vgl. dazu z.B. den bereits in Kap. 2.2.2 erwähnten Kommentar von BURGER in "Der Bund".

welt" Bezug nimmt und zwischen prozessualen und inhaltlichen Aspekten von Nachhaltigkeit differenziert (vgl. Kap. 2.2 und 6.2).

Zu Beginn unseres Forschungsprojektes sind wir davon ausgegangen, dass es bei einer nachhaltigen Entwicklung gelte, (1) diese drei Bereiche und (2) die prozessualen und die inhaltlichen Aspekte von Nachhaltigkeit miteinander zu verbinden. Dafür müssten geeignete, d.h. einer konkreten Handlungssituation angepasste Leitbilder und Strategien entwickelt werden und wir waren der Ansicht, dass dies (z.B. in Bezug auf RPO) auch möglich sei.

Nach über drei Jahren wissenschaftlicher Beschäftigung mit Regionalen Produktorganisationen und dem Konzept der nachhaltigen Entwicklung im Bedürfnisfeld Ernährung sind wir je länger je weniger überzeugt, dass dieser Anspruch realistisch ist: RPO wird es nicht gelingen, gleichzeitig:

(a) Sich partizipativ und verständigungsorientiert zu entwickeln (d.h. den prozessualen Komponenten des Leitbildes Nachhaltigkeit entsprechend),

(b) reale Wirkungen in Richtung einer ökologischeren, sozialeren und zudem noch wirtschaftlich effizienteren Ausgestaltung der Ernährung zu entfalten (d.h. in Richtung aller 12 von uns in Kapitel 6 postulierten Nachhaltigkeitspotenziale zu wirken) sowie

(c) sich erfolgreich auf dem Markt zu behaupten.

Oder etwas anders formuliert: Ein "Sowohl-als-auch" ist im Hinblick auf die in sich konfliktuellen Ziele von Nachhaltigkeit – wenn überhaupt – nur vorübergehend und in wenigen Ausnahmefällen möglich. Vielmehr müssen immer wieder Entscheide gefällt werden, die auf ein "Entweder-oder" und damit auf Konzessionen in diese oder jene Richtung hinauslaufen, ansonsten eine Organisation innerhalb kurzer Zeit wieder von der Bildfläche verschwinden wird[3]. Dieses grundlegende, dem Konzept der nachhaltigen Entwicklung immanente Dilemma gilt im Übrigen nicht nur für RPO, sondern für alle Akteure im Bedürfnisfeld Ernährung (und darüber hinaus), seien es einzelne Individuen, Firmen, NGO oder auch der Staat.

Daraus folgt, dass Nachhaltigkeit im Sinne einer gleichwertigen Berücksichtigung ökologischer, wirtschaftlicher und sozialer Anliegen unserer Ansicht nach tatsächlich ein Idealziel bleiben muss; ähnlich wie die Grundwerte Freiheit, Gleichheit, Gerechtigkeit und Solidarität zwar anzustreben, aber auf dieser Welt nicht vollständig zu erreichen.

---

[3] Ein Beispiel für RPO: Konsequent regionale Kreisläufe (im Sinn des RPO-Typus Ökoregionalist) haben offensichtlich in der Realität nur unter speziellen Voraussetzungen und nur für gewisse Nischen eine Chance und wenn RPO sich auf dem Markt behaupten wollen, sehen sie sich gezwungen, ihre regionalen Spezialitäten auch ausserhalb der Herstellungsregion zu vermarkten.

Erkenntnis 2: *Auch für die (transdisziplinäre) Wissenschaft ist das Konzept der Nachhaltigkeit mit Konflikten verbunden und es müssen Entscheide gefällt werden.*

Auch die Wissenschaft und insbesondere die transdisziplinäre Wissenschaft steht in Bezug auf das Konzept einer nachhaltigen Entwicklung vor einem Dilemma. In unserem Forschungsprojekt drückt sich dies aus im Unterschied zwischen dem phänomenorientierten Zugang einerseits und dem nachhaltigkeitsorientierten Zugang andererseits. Diese beiden Forschungsansätze stehen nicht nur für die Haltung, die wir als Wissenschafter gegenüber unserem Forschungsgegenstand einnehmen, sie stehen - wie in der Folge kurz aufgezeigt - auch für den Konflikt zwischen prozessualen und inhaltlichen Aspekten von Nachhaltigkeit.

Wie in Kap. 2.2.2 dargelegt, stellen wir mit dem nachhaltigkeitsorientierten Ansatz unseres Projektes die Frage in den Mittelpunkt, wie die Transformationswirkung der RPO in Richtung einer nachhaltigen Ernährung erhöht werden könnte. Dies bedeutet, dass wir als Wissenschafter im Endeffekt eine präskriptive[4] Rolle einnehmen: Wir sagen (1) was Nachhaltigkeit ist, (2) dass RPO in diese Richtung wirken sollen und (3) wie sie dies machen könn(t)en. Der andere Ansatz (vgl. Kap. 2.2.1) ist der phänomenorientierte: Hier gehen wir davon aus, dass wir uns in unserer wissenschaftlichen Diagnose an den Zielen der RPO zu orientieren haben und es – in einer dienenden Weise – gelte, die Erreichung dieser RPO-eigenen Ziele zu verbessern. Für diesen Ansatz kann ein Argument angeführt werden, welches auf einer prozessualen Sicht von Nachhaltigkeit beruht und besagt, dass nur aus einem autonomen, partizipativ-demokratischen und verständigungsorientierten Entscheidungsprozess heraus echte Schritte in Richtung Nachhaltigkeit hervorgehen können und es für uns als Wissenschafter gelte, diesen Prozess in RPO (oder in anderen Organisationen) zu fördern, ohne unser Verständnis von Nachhaltigkeit als Ziel vorzugeben[5].

Eine Verbindung dieser Ansätze ist gemäss unseren Erfahrungen – ähnlich wie oben bereits für RPO dargelegt – auch für die Wissenschaft nur beschränkt möglich: Auch die (transdisziplinäre) Wissenschaft steht in Bezug auf Nachhaltigkeit vor einem Dilemma und muss sich entscheiden, in welcher Situation sie welche Rolle spielen will. Bildlich gesprochen reichen die Möglichkeiten dabei von der Wissenschaft als dem Elternteil, welcher das unmündige Kind "Praxis" bei der Hand nimmt und ungefragt in Richtung eines – seines – Zieles reisst, bis hin zum umgekehrten Fall der Wissenschaft als unselbständiges Kind, welches sich ohne Fragen und Widerstände von der Praxis (Politik, Wirtschaft, Medien etc.) in Richtung derer Zielen führen lässt.

---

4 Vgl. HIRSCH 1999 oder auch MOGALLE 1999 (IP-Diskussionspapier Nr. 1a).
5 Beispielhaft für diesen Ansatz siehe im Übrigen das Teilprojekt Roux, Heeb im IP Ernährung (vgl. Anhang 1b).

Erkenntnis 3: *Ein Dilemma besteht zudem zwischen Forschung und Umsetzung als den beiden zentralen Ästen transdisziplinärer Forschung*

Auf das Dilemma transdisziplinärer Forschung zwischen wissenschaftlichen Interessen (und den dahinter stehenden Erwartungen, Normen und Regeln des gesellschaftlichen Subsystems Wissenschaft) einerseits und Umsetzung (bzw. den Erwartungen von Praxis, Politik, Wirtschaft etc.) andererseits sind wir in Kapitel 2.1 bereits eingegangen. Dieser Gegensatz zwischen Wissenschaftsorientierung und Praxisorientierung hat zwar einen Zusammenhang zum oben beschriebenen Dilemma zwischen einem präskriptiven und einem dienenden Ansatz, kann jedoch nicht damit gleichgesetzt werden.

Vielmehr ist es so, dass hier eine zweite Achse und damit ein Fadenkreuz aufgespannt wird, in der es gilt, sich als transdisziplinärer Wissenschafter zu positionieren (vgl. Darst. 37).

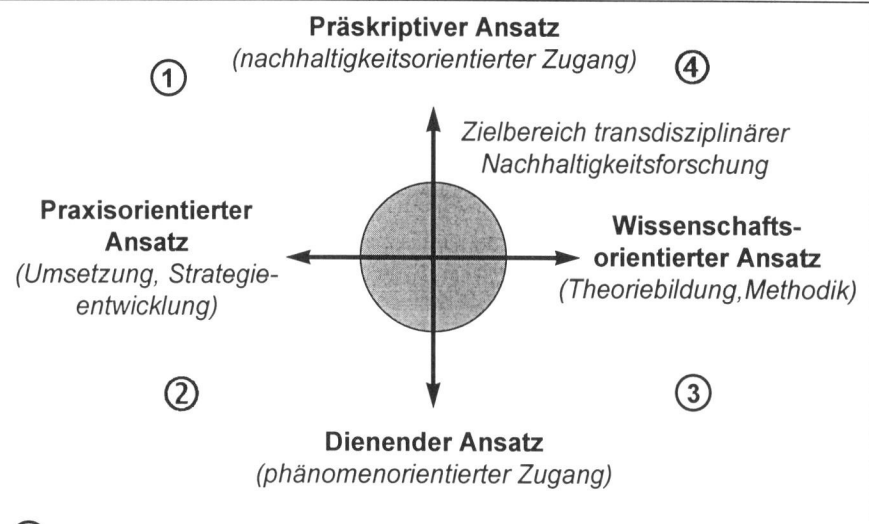

Präskriptiver Ansatz
(nachhaltigkeitsorientierter Zugang)

① ④

Zielbereich transdisziplinärer Nachhaltigkeitsforschung

Praxisorientierter Ansatz
(Umsetzung, Strategieentwicklung)

Wissenschaftsorientierter Ansatz
(Theoriebildung, Methodik)

② ③

Dienender Ansatz
(phänomenorientierter Zugang)

① präskriptiv-praxisorientierter Ansatz: Wissenschaft legt fest, wie, d.h. mit welchen Strategien und Instrumenten die Praxis z.B. in Bezug auf Nachhaltigkeit zu handeln habe ("Anweisungsforschung").

② dienend-praxisorientierter Ansatz: Wissenschaft entwickelt die Instrumente und das Wissen, welches bestimmte Akteure der Praxis von ihr fordern ("Auftragsforschung").

③ dienend-wissenschaftsorientierter Ansatz: wissenschaftliche Theorie- und Methodenentwicklung im Interesse bestimmter gesellschaftlicher Gruppen ("Theorie auf Bestellung", im Extremfall z.B. Rolle gewisser Wissenschafter im Dritten Reich).

④ präskriptiv-wissenschaftsorientierter Ansatz: Theorien und Konzepte (wie z.B. Nachhaltigkeit) dienen der Wissenschaft dazu, bestimmte gesellschaftliche Entwicklungsrichtungen durchzusetzen ("Theorie als Macht- und Disziplinierungsinstrument").

Darstellung 37: Das Fadenkreuz transdisziplinärer Nachhaltigkeitsforschung

11.1.2 Transdisziplinäre Nachhaltigkeitsforschung ist mit Kompromissen und Konzessionen verbunden

Die Umweltphilosophin HIRSCH fordert in einem Arikel im GAIA 1/99 einen mittleren Weg der transdisziplinären Nachhaltigkeitsforschung zwischen einer "präskriptiven" und einer "dienenden Rolle". Leider wird u.E. im Artikel nicht sehr deutlich, was man sich unter einem solchen kritisch-konstruktiven und gleichzeitig partnerschaftlichen "dritten Weg" vorstellen kann[6].

---

[6] HIRSCH 1999 plädiert in ihrem Artikel für eine partizipative Zusammenarbeit von Praxis und Wissenschaft und verwendet dazu den Begriff der partnerschaftlichen Kollaboration. Nun ist

Erkenntnis 4: Konzessionen in zwei Richtungen nötig

Diesen dritten Weg zu finden und zu gehen – und dies bestätigen unsere Erfahrungen der letzten Jahre[7] – ist zweifellos nicht einfach. Die Verbindung von nachhaltigkeitsorientiertem und phänomenorientiertem Ansatz bzw. von disziplinär-wissenschaftlichen und praxisorientierten Interessen erfordert Konzessionen. Dies insbesondere in zwei Richtungen:

(1) Praxistauglichkeit der erarbeiteten Konzepte und Empfehlungen
Die transdisziplinär erarbeiteten Erkenntnisse sind – etwa im Vergleich zu den Dienstleistungen von Beratungsunternehmen – für die Praxis oft nicht direkt anwendbar und verlangen nach einer zusätzlichen Übertragungsleistung (gerade wenn es wie in unserem Fall um den komplexen Zielhorizont der nachhaltigen Entwicklung im Bedürfnisfeld Ernährung geht).

(2) Disziplinär-wissenschaftlichen Wert der gewonnenen Erkenntnisse und Theorien
Diese erfüllen oft nicht die Kriterien, welche z.B. an eine Publikation in einer international anerkannten wissenschaftlichen Zeitschrift gestellt werden bzw. es bedarf einer gezielten wissenschaftlichen Weiterbearbeitung, um sie auf dieses Niveau anzuheben.

Erkenntnis 5: Sehr grosse, oft nicht besonders befriedigende persönliche Belastung der Forschenden

Der doppelte Spagat im Fadenkreuz der transdisziplinären Nachhaltigkeitsforschung bedeutet für die einzelnen Forschenden eine sehr grosse Belastung. Dies nicht nur zeitlich, sondern auch emotional, indem man sich dauernd auf die Ansprüche verschiedener Interessengruppen einlassen muss und diesen schlussendlich trotzdem nicht immer gerecht werden kann. In unserem konkreten Fall äusserte sich dies z.B. daran, dass unsere wichtigsten Forschungspartner aus der Praxis, die RPO-Vertreter, es oft nicht verstanden, wieso wir uns nicht in erster Linie mit ihren drängenden Problemen beschäftigten, sondern daneben auch mit einem solch abstrakten, theoretischen und "weltfremden" Konzept wie Nachhaltigkeit.

---

der Begriff der Kollaboration bekanntlich historisch nicht unbelastet und vielleicht wird gerade an diesem Begriff deutlich, wo das Problem liegt: Wer kollaboriert mit wem und auf Kosten von wem? Um was geht es bei der Kollaboration von Wissenschaft und Praxis? Um die Veränderung der Gesellschaft oder um die Erhaltung der eigenen Legitimität und Macht? Wer bringt welche Ziele in diese Ehe ein?

[7] Dabei handelt es sich nicht nur um die Erfahrungen transdisziplinärer Forschung, welche wir im Projekt "Regionale Produktorganisationen und nachhaltige Ernährung" sammeln konnten, sondern auch um Erfahrungen von U. Stalder im mehrjährigen Forschungsprojekt "Zukunft Skitourismus" (vgl. dazu BRANDNER et al. 1995).

Erkenntnis 6: *Wenn Transdisziplinarität "sowohl-als-auch" bedeuteten soll, ist sie nicht nachhaltig und wird (zu) oft in einem "Weder-noch" enden.*

Wenn die beschriebenen Konzessionen und der grosse Mehraufwand, der mit dem Aushalten des oben dargestellten doppelten Spannungsfeldes verbunden ist, von den Promotoren transdisziplinärer Forschung (aus welchen Gründen auch immer) nicht erkannt werden, wird sich die transdisziplinäre, d.h. interdisziplinäre, umsetzungsorientierte und partizipative Forschung unserer Ansicht nach nicht erfolgreich und "nachhaltig" entwickeln können. Vielmehr werden transdisziplinäre Projekte mit dem expliziten Anspruch eines "Sowohl-als-auch" sehr häufig – zu häufig – in einem "Weder-noch" enden und statt einer "Win-win-" ergibt sich schlussendlich eine "Lose-lose-Situation": Für die Praxis, aber auch für die Wissenschaft selber. Dilettantische Umsetzungsversuche von Wissenschaftern, die dieses Metier nicht beherrschen, ein Imageverlust der transdisziplinären Wissenschaft als alleinige "Dienerin der Mächtigen", eine ob der Konkurrenz durch staatlich finanzierte Universitätsinstitute erzürnte Beratungsbranche, eine enttäuschte Praxis und nicht zuletzt überforderte und frustrierte Wissenschafter sind nur einige Stichworte für mögliche negative Folgen von unreflektierter und falsch verstandener transdisziplinärer Forschung[8].

11.2 Zehn Forderungen an Verantwortliche und Bearbeiter transdisziplinärer Forschungsprojekte

Ist also transdisziplinäre Forschungsarbeit ein unergiebiger Zwitter, weder Fisch noch Vogel und für die direkt darin Engagierten nur mit Mühsal und persönlichen Opfern (z.B. auch in Bezug auf eine wissenschaftliche Karriere) verbunden? Wir denken in vielen Fällen ist die Antwort tatsächlich ja: *Gute Umsetzung, interdisziplinäre Vorgehensweise und wissenschaftliche Spitzenleistungen in ein und demselben Forschungsprojekt zu vereinen, ist unserer Ansicht nach tatsächlich in den allermeisten Fällen nicht möglich, und dies gilt es auch einzugestehen!*

---

[8] HÄBERLI 1995 und HÄBERLI, GROSSENBACHER-MANSUY 1998, MOGALLE 1999 und andere Autoren aus dem Schwerpunktprogramm Umwelt SPPU des Schweizerischen Nationalfonds haben den Begriff der "transdisziplinären Forschung" bei verschiedenen Gelegenheiten ausgeleuchtet und dabei versucht, ihn genauer zu fassen. Das Ergebnis ist zumeist das Gleiche; nämlich dass Transdisziplinarität auf ein "Sowohl-als-auch" hinausläuft: Sowohl disziplinäre Theorie- und Methodenbildung als auch problemorientierte Umsetzung, sowohl kritische Distanz und Unabhängigkeit der Wissenschaft als auch deren Instrumentalisierung für die Praxis.
Auf die Probleme, die sich aus einem solchen Verständnis sowohl für die alltägliche Forschungsarbeit als auch auf erkenntnistheoretischer Ebene ergeben, wurde dabei u. E. zuwenig Platz und Bedeutung eingeräumt. Auch fehlt zumindest im Moment noch eine abgrenzende, eigenständige Definition von transdisziplinärer Forschung im Sinne eines "Weder das noch dies, sondern jenes".

Zum Schluss dieses Buches möchten wir jedoch nicht bei dieser negativen Sichtweise stehen bleiben, sondern versuchen, aus unseren Erfahrungen heraus neue Wege zu skizzieren: Wege, mit denen das Kind der Transdisziplinarität nicht mit dem Bade ausgeschüttet wird, d.h. mit denen zwar gewisse negative Aspekte dieser Art Wissenschaft eliminiert, aber gleichzeitig die zweifellos vorhandenen positiven Aspekte gestärkt werden können.

Dabei unterscheiden wir zwischen Forderungen (1) bezüglich Konzeption, Management und Controlling transdisziplinärer Forschung, (2) bezüglich Bearbeitung und Vorgehen sowie (3) bezüglich Kommunikation nach aussen.

11.2.1 Konzeption, Management und Controlling transdisziplinärer Forschung

Die Forderungen zur Ausgestaltung, zum Management aber auch zur Evaluation von transdisziplinären Forschungsprojekten richten sich in erster Linie an die Projekt-Verantwortlichen, dann aber auch an die leitenden Gremien von transdisziplinären Forschungsprogrammen (Nationalfonds, Expertengruppen, Programmleitung).

(1) *Kooperationen über disziplinäre Grenzen vermehrt aus inhaltlichen, d.h. problembezogenen Gründen (und nicht von oben verordnet)*
Die Zusammenarbeit über disziplinäre Grenzen hinweg kann – zahlreiche Erfahrungen bestätigen dies – bereichernd sein und zu neuen, innovativen Erkenntnissen und Lösungen von anstehenden Problemen führen[9]. Eine erste zentrale Bedingung erfolgreicher Interdisziplinarität ist jedoch, dass sich die verschiedenen Partner mit der gleichen Leitfrage, dem gleichen (lebensweltlichen oder auch theoretischen) Problem auseinandersetzen und dass diese gemeinsame Fragestellung im Vergleich zu den diszplinären Forschungszielen auch eine gewisse Verbindlichkeit hat bzw. im Lauf des Projektes entwickelt.
Diese Forderung ist nicht neu (vgl. z.B. HÄBERLI 1995), im Falle des IP Ernährung im SPP Umwelt wurde sie u. E. jedoch zu wenig ernst genommen, was zumindest teilweise auf eine quasi von den Geldgebern "verordnete", nicht problemorientierte Kooperation hinauslief.

(2) *Sinnvolle Zielreduktion und Eingrenzung der Fragestellungen am Anfang, aber auch im weiteren Verlauf eines Projektes*
Die Verlockung, am Anfang eines Forschungsprojektes den Finanzgebern und den Forschungspartnern in der Praxis alles, d.h. sowohl disziplinäre Spitzenleistungen als auch Interdisziplinarität und Umsetzung zu versprechen, ist gross. Sie ist in vielen Fällen nicht nur auf die Überschätzung der eigenen Fähigkeiten, sondern auch auf eine Unterschätzung der mit Transdisziplinarität verbundenen Probleme und eine generelle Anfangseuphorie zurückzuführen.

---

[9] Vgl. z.B. BRANDNER et al. 1995 oder auch MAIER, SCHULZ, STALDER 1999.

Man sollte aber auch gescheiter werden dürfen: Eine reflektierte Reduktion der Ziele und eine auch nach aussen kommunizierte Eingrenzung der Fragestellung sollte im Rahmen transdisziplinärer Forschung nicht nur möglich sein, sondern in den ersten Phasen eines Projektes sogar zur Pflicht werden.

(3) *Rollende Planung und ein kompetentes prozessorientiertes Management, um bei Bedarf (z.B. aufgrund neuer Erkenntnisse) Kurswechsel vornehmen zu können*
Aus diesem Prozess der Eingrenzung und der Komplexitätsreduktion heraus ergibt sich die Notwendigkeit einer rollenden Planung und eines kompetenten, prozessorientierten Managements. Gerade transdisziplinäre Projekte mit vielen Beteiligten und vielen Interessen können unserer Ansicht nach nur erfolgreich durchgeführt werden, wenn genügend Managementressourcen und -kompetenzen zur Verfügung stehen. Dazu braucht es jedoch Fähigkeiten, die in einer wissenschaftlichen Karriere im Normalfall nicht oder nur ungenügend erworben werden können (z.B. Sozialkompetenz und Führungserfahrung) – und es braucht viel Zeit und damit zusätzliche Mittel.
Ein (ausnahmsweise einmal umgekehrter) Transfer von Managementfähigkeiten aus der Praxis (wo sie tagtäglich erworben und benötigt werden) in die Wissenschaft hinein könnte u. E. hier viel bewirken!

(4) *Misserfolge nicht nur zulassen, sondern daraus lernen*
Die Fähigkeiten unserer Gesellschaft, aus den eigenen Fehlern zu lernen, ist bekanntlich gering. Dies gilt leider auch für die Wissenschaft: Im Normalfall sind Umwege und Misserfolge nicht vorgesehen, werden unter den Tisch gewischt und (da ev. Karriere schädigend) möglichst nicht thematisiert. Dies ist unserer Ansicht nach schade(gerade wenn es um transdisziplinäre Umweltforschung geht), da man in diesem jungen Forschungszweig auf weiterführende Erfahrungen angewiesen ist. Die oft verlangten "best practices" in Ehren, aber oft würde man aus den nicht so erfolgreichen Strategien eigentlich mehr lernen. Im persönlichen Bereich ist dies eine alte Weisheit, aber im wissenschaftlichen Milieu scheint sie uns noch (zu) oft verdrängt zu werden.

11.2.2 Bearbeitung und Vorgehen

Die Forderungen in diesem Abschnitt sind in erster Linie für die Wissenschafter gedacht, die sich direkt im transdisziplinären Forschungsprozess engagieren (z.B. Dissertanden, Assistenten, weitere Mitarbeiter).

(5) *Sich auf andere Weltbilder einlassen und dabei Widersprüche aushalten*
Erfolgreiche Transdisziplinarität bedeutet, Gräben zwischen den verschiedenen wissenschaftlichen Disziplinen, aber auch zwischen Wissenschaft einerseits und Praxis (d.h. Wirtschaft, Politik, Bildung etc.) andererseits zu überwinden. Die Ausführungen im ersten Teil dieses Kapitels

machen klar, dass wir skeptisch sind, ob dies in jede Richtung gleichzeitig gelingen kann. Ein Austausch zumindest über ausgewählte Gräben hinweg ist gemäss unserer Überzeugung im Hinblick auf neue Erkenntnisse jedoch möglich und auch lohnend.

Die Voraussetzung dafür ist allerdings, dass sich die Forschenden nicht in ihrem Elfenbeinturm verkriechen, sondern sich auf andere Weltbilder einlassen und sich mit diesen vertieft auseinandersetzen. Dies nicht im Sinne einer präskriptiven Haltung ("Wir sagen den anderen, was es zu tun gilt"), aber auch nicht aus einer rein dienenden Position heraus ("wir liefern alles, was von uns verlangt wird").

Transdisziplinäre Forschung verlangt vielmehr eine zwar selbstbewusste, gleichzeitig aber auch offene Haltung und dabei auch den Mut, einmal "nein" zu sagen und falsche bzw. überhöhte Erwartungen entweder seitens der Praxis oder auch seitens der Wissenschaft zurückzuweisen.

(6) *Kommunikation mit der Praxis suchen, bewusst gestalten und dabei Grenzen setzen*
Transdisziplinäres Arbeiten erfordert nicht nur eine offene und unvoreingenommene Haltung gegenüber den Forschungspartnern und der Praxis, sondern auch ein besonderes Geschick in der Kommunikation. Bereits zwischen verschiedenen wissenschaftlichen Disziplinen erfordert Kommunikation viel Zeit und Geduld, viel Sozialkompetenz und gewisse Normen des "miteinander Umgehens". Dies gilt nach unseren Erfahrungen noch mehr, wenn man versucht, den Graben zwischen Wissenschaft und Praxis zu überbrücken[10].

(7) *Komplexität und den Umgang damit als Lernfeld erkennen*
Je mehr Partner und damit Interessen in einem Forschungsprojekt mitspielen, umso anspruchsvoller ist nicht nur dessen Management (s. oben), sondern auch die zielgerichtete persönliche Arbeit im Rahmen eines solchen Projektes. Um sich nicht laufend ablenken zu lassen – und damit man den eigenen Kurs nur dann wechselt, wenn dies auch wirklich etwas bringt – müssen die Forschenden in transdisziplinären Projekten eine hohe Kompetenz im Umgang mit Komplexität erlangen.

Gerade dieser Umgang mit Komplexität, dieses "Selbstmanagement", ist aber u. E. auch eine der lohnenden Erfahrungen, die in solchen Projekten erworben werden können. Transdisziplinäre Forschungsprojekte sind deshalb vor allem auch Ausbildungsprojekte für den akademischen Nachwuchs[11], wobei dieser Aspekt von den Verantwortlichen (leider) relativ wenig kommuniziert und oft wohl auch gar nicht wirklich erkannt wird.

(8) *Ev. auf Erkenntnisse der Erkenntnistheorie zurückgreifen*
Die Gefahr ist gross – und hier sprechen wir wieder von eigenen Erfahrungen – dass man angesichts der Komplexität transdisziplinärer For-

---
[10] Vgl. dazu MAIER, SCHULZ, STALDER 1999.
[11] Dies gilt insbesondere für junge Forscher, die nicht im wissenschaftlichen Milieu Karriere machen wollen.

schungsvorhaben zeitweise etwas den Kopf verliert und nicht mehr weiss, wo man selber eigentlich steht und wohin man gehen will. Eine Portion Erkenntnistheorie – das heisst eine Beschäftigung mit der Frage, was man sich unter Wissenschaft überhaupt vorstellen kann, und was es (nicht) bedeutet, wenn man wissenschaftlich tätig ist – kann hier sehr hilfreich sein. Gleichzeitig möchten wir aber auch warnen: In einer zu grossen Dosierung genossen kann Wissenschaftstheorie auch vom eigentlichen Ziel ablenken und dazu führen, dass man nur noch über Transdisziplinarität reflektiert und sie nicht mehr wirklich betreibt.

Transdisziplinarität ist unserer Ansicht nach ein Forschungszweig, in dem nebst theoretischen Erkenntnissen vor allem auch Praxis nötig ist: Es gilt sie zu leben, sie auszuprobieren und aus (ev. missglückten) Versuchen zu lernen, um hier weiterzukommen[12].

11.2.3 Kommunikation nach aussen

Die folgenden zwei Forderungen ergeben sich teilweise aus dem bisher Gesagten. Sie betreffen jedoch weniger das Management oder das Vorgehen transdisziplinärer Forschung, sondern vor allem die Öffentlichkeitsarbeit. Damit richten sie sich generell an die Vertreter einer transdisziplinären Wissenschaft; d.h. sowohl an Projektverantwortliche als auch an die Projektbearbeiter und die forschungspolitischen Exponenten dieses Ansatzes.

(9) *Transparenz schaffen und die Rolle der Wissenschaft klären*
Noch (zu) häufig wird der von HIRSCH 1999 erstmals in dieser Art thematisierte Konflikt zwischen einer präskriptiven und einer dienenden Rolle transdisziplinärer Forschung gegenüber der allgemeinen Öffentlichkeit und auch gegenüber den Forschungspartnern aus der Praxis nicht (oder höchstens am Rande) thematisiert. Unserer Ansicht nach ist aber die Klärung der Möglichkeiten und Grenzen sowie der eigenen Rolle als transdisziplinärer Wissenschafter nicht nur eine Frage der Moral und der Ehrlichkeit, sondern es gibt auch ganz handfeste Gründe, wieso das Verhältnis zwischen Forschern, Beforschten, Finanzgebern und weiteren direkt Engagierten am Anfang eines Projektes und während des Projektverlaufs immer wieder geklärt werden sollte[13].

---

[12] In diesem Zusammenhang haben wir gewisse Befürchtungen, dass die Erfahrungen, die in den verschiedenen integrierten Projekten des SPP Umwelt gesammelt wurde,n zwar wissenschaftlich begleitet und reflektiert werden, dabei aber das Erfahrungswissen, welches nur bedingt vom konkreten Fall abstrahierbar ist, etwas unter den Tisch fällt, während dem abstrakten, schriftlich fassbaren Wissen zuviel Bedeutung zugemessen wird.
Zu den beiden Arten von Wissen vgl. im Übrigen den interessanten Artikel von NOPPENEY 1997, indem der Autor zwischen zwei Wissenssystemen (dem X- und dem Y-Wissen) differenziert, die je eine andere Form haben und über andere Prozesse und Mechanismen weitergegeben werden können.

[13] Vgl. zu den negativen Folgen einer Überhöhung transdisziplinärer Forschung die in Kap. 11.1 genannten Stichworte: (1) Dilettantische Umsetzungsversuche, (2) Imageverlust der transdisziplinären Wissenschaft, (3) eine erzürnte Beratungsbranche, (4) eine enttäuschte Praxis sowie (5) frustrierte Wissenschafter. Dazu kommt das bisher nicht erwähnte Problem, dass

(10) *Rénommée der Wissenschaft nicht missbrauchen und nicht ein X für ein U verkaufen*

Mit dem Punkt 9 eng zusammen hängt die Frage nach dem Image, das die Wissenschaft in der Öffentlichkeit hat bzw. das sie sich zu geben versucht. Dieses Image ist – wie wir alltäglich spüren – weit herum zwiespältig: Einerseits werden von der Wissenschaft wie wohl noch nie zuvor Lösungen zur Bewältigung der anstehenden gesellschaftlichen und ökologischen Probleme dieser Welt erwartet. Andererseits ist man dem heutigen Expertentum und der Weltferne der Wissenschaft gegenüber sehr kritisch eingestellt, was sich nicht zuletzt am finanziellen Druck äussert, unter dem viele Wissenschaftsinstitute heute stehen.

Dieser Druck wird aber unserer Ansicht nach mittel- und längerfristig nicht kleiner, wenn die Wissenschaft weiter versucht, den bereits öfters angeprangerten "Sowohl-als-auch"-Kurs zu steuern. Es wäre vielleicht ein besserer Weg, wenn sich das System Wissenschaft künftig vermehrt ausdifferenzieren würde. Für die wissenschaftlich tätigen Institutionen (Universitäten, Fachhochschulen, private Forschungsinstitute etc.) würde dies bedeuten, sich noch verstärkt im Sinne eines "Entweder oder"[14] zu spezialisieren – und dies auch nach aussen zu kommunizieren[15]!

11.3 Ein Blick in die Zukunft

In Kapitel 2.2 haben wir postuliert, dass Nachhaltigkeit im guten Sinn des Wortes ähnlich wie Freiheit, Gleichheit, Gerechtigkeit und Solidarität den Statut eines gesellschaftlichen Grundwertes hat. Ein Grundwert, aus dem sich die Verpflichtung ableitet, die Anliegen der Umwelt, aber auch Aspekte der intergenerativen Gerechtigkeit sowie der Verteilung zwischen Arm und Reich bzw. zwischen Nord und Süd vermehrt zu berücksichtigen und in die Entscheide jedes Individuums, aber auch von Organisationen, Firmen, politischen und anderen Institutionen einzubeziehen.

Damit die globale Gesellschaft tatsächlich Fortschritte in Richtung einer umwelt- und sozialverträglicheren Zukunft machen kann, ist unseres Erachtens jedoch nicht nur Wissen und Erkenntnis, sondern vor allem auch Ehr-

---

Medien und auch Exponenten anderer Forschungsrichtungen wie z.B. der Grundlagenforschung teilweise nur darauf warten, am glänzenden Lack des Begriffes Transdisziplinarität zu kratzen und zu schauen, was darunter zum Vorschein kommt.

14 Das in Darst. 37 dargestellte Fadenkreuz oder auch eine ähnliche Darstellung in HÄBERLI 1995, in welcher der Autor auf die Unterschiede zwischen Grundlagenforschung und angewandter Forschung bzw. zwischen freier Forschung und orientierter Forschung eingeht, können hier nicht nur wissenschaftsintern, sonder auch nach aussen wichtige Orientierungshilfen geben.

15 Vielleicht wird die gegenwärtig in der Schweiz laufende Trennung der Hochschulen in Universitäten einerseits und Fachhochschulen andererseits dazu beitragen, hier eine gewisse Differenzierung zu ermöglichen und damit auch helfen, das Image der Wissenschaft als neutrale, wertfreie Wissensproduzentin (endlich) den Erkenntnissen des post-positivistischen Zeitalters anzupassen (vgl. Kap. 2.1).

lichkeit, Bescheidenheit und Respekt nötig: Sich selbst gegenüber, aber vor allem auch gegenüber der Mitwelt. Dies gilt für alle, insbesondere aber auch für die in vielen Dingen privilegierte Wissenschaft und damit schliesslich auch für jeden einzelnen Wissenschafter.

Zum Schluss dieses Buches möchten wir unserer Hoffnung Ausdruck verleihen, dass diese moralisch-ethischen Forderungen künftig vermehrt zum Thema und damit auch zum "besonderen Wert" transdisziplinärer Nachhaltigkeitsforschung im Spannungsfeld verschiedener Interessen wird.

Erst dann ist eine echte Überbrückung der oft erlebten Gräben innerhalb der Wissenschaft und zwischen Wissenschaft und Praxis (Wirtschaft, Politik, Bildung etc.) durch Transdisziplinarität möglich. Dass die Überwindung dieser Gräben für eine nachhaltige Entwicklung unserer Gesellschaft dringend nötig ist und die "Suche nach dem Gral" der nachhaltigen Entwicklung nicht einfach der Wissenschaft oder einem anderen gesellschaftlichen Subsystem wie etwa der Politik delegiert werden kann – davon sind wir nach Abschluss unseres Forschungsprojektes "Regionale Produktorganisationen und nachhaltige Entwicklung" mehr denn je überzeugt.

Literaturverzeichnis

AEBERHARDT, W., 1998: L' impact de la politique agricole sur les comportements des consommateurs. In: Vierter Schweizerischer Ernährungsbericht. Bundesamt für Gesundheit, EDMZ Bern.

AGLIETTA, M., 1979: A Theory of Capitalist Regulation: The U.S. Experience. London: New Left Books.

AGM (AG für Marktbearbeitung) et al., 1995: Detailhandel Schweiz, 1995. Analysen, Strukturen, Adressen. Orell Füssli.

ANWANDER PHAN-HUY, S. 1998: Wahrnehmung von neuen Technologien im Ernährungsbereich. In: Agrarforschung Nr. 5 (11-12/98): 495-498. Bundesamt für Landwirtschaft. Bern.

ARBEITSGRUPPE RESTRIKTIONEN & OPTIONEN (Hrsg.), 1998: Restriktionen und Optionen: eine transdisziplinäre Heuristik zur Untersuchung und Gestaltung von Prozessen nachhaltiger Entwicklung im Bedürfnisfeld Ernährung. Schwerpunktprogramm Umwelt, IP Gesellschaft 1, Diskussionsbeitrag Nr. 3. Institut für Wirtschaft und Ökologie, Universität St. Gallen.

ARNOLD, S., TANNER, C., WÖLFING KAST, S. 1999: Die Wirkung ausgewählter Kontextbedingungen auf das ökologische nachhaltige Einkaufsverhalten: Resultate einer Tagebuchstudie. Forschungsberichte aus dem Psychologischen Institut der Universität Bern. Nr. 4/1999.

AZM (Aargauer Zentralmolkerei) 1998: Unser Standort ist unser Standpunkt! Image-Prospekt der Aargauer Zentralmolkerei AG, Suhr.

BARJOLLE D., SILAURI A., 1994: Regionalmarketing für landwirtschaftliche Produkte. Marketingdokumentation. LBL Lindau / IAW-ETH Zürich.

BARJOLLE, D., 1996: AOC-IGP: Einsatzziele für Produzenten, Betriebsberater und Kantone. Referat anlässlich des LBL/SAB-Kurses vom 26./27.11.1996, Zollikofen.

BAUERNZEITUNG vom 28. 11. 1997: Kantonaler Kick für Freiburger Agrarprodukte.

BAUERNZEITUNG VOM 12.12. 1997: Mit einem neuen Gesetz ins neue Jahr.

BAUERNZEITUNG vom 12. 6. 1998: "Die Grossverteiler sind zu klein" von J. Scherer.

BAUERNZEITUNG vom 12. 7. 1998: Kanton Bern unterstützt drei Labelprojekte mit 1 Million Franken.

BAUERNZEITUNG vom 20.11.1998: Aus Toni und Säntis wird die „Swiss Dairy Food".

BAUERNZEITUNG vom 18.12.1998: Skepsis weicht positiverer Beurteilung. Bilaterale Verhandlungen mit der Europäischen Union (EU) abgeschlossen. Bundesrat Pascal Couchepin betont Chancen für die Landwirtschaft. Auch Bauernverband und Gemüseproduzenten sprechen von einem "ausgewogenen" Ergebnis.

BAUERNZEITUNG vom 24.12.1998: Noch immer wird der Konsument getäuscht. Klare Deklaration gefordert: Gemeinsame Eingabe von Bauernverband, Konsumenten- und Tierschutzorganisationen an das Bundesamt für Gesundheitswesen.

BAUERNZEITUNG vom 22.01.1999: Die Branchen organisieren sich. Die Förderung der Qualität und des Absatzes sowie die Anpassung der Produktion und des Angebotes an die Erfordernisse des Marktes sind neu Sache der Organisationen der Produzenten oder der entsprechenden Branchen.

BAUERNZEITUNG vom 8. 10. 1999: Erste vier AOC-Gesuche (Rubrik "Nachrichten").

BAUERNZEITUNG vom 3. 9. 1999: Pure Simmental, neu auch in der Migros.

BAUMGARTNER, A., SCHWAB, H., 1998: Lebensmittelassoziierte, mikrobiell bedingte Erkrankungen. In: Vierter Schweizerischer Ernährungsbericht. Bundesamt für Gesundheitswesen BAG (Hrsg.). EDMZ, Bern.

BECHER, U. A. J. 1990: Geschichte des modernen Lebensstils. Essen - Wohnen - Freizeit - Reisen. Verlag C. H. Beck, München.

BECK, U., A. GIDDENS, S. LASH, 1996: Reflexive Modernisierung. Eine Kontroverse. Suhrkamp Verlag Frankfurt am Main.

BEERLI, Ch. 1999: Interview geführt durch die Programmleitung des SPP Umwelt In: Panorama Nr. 12/1999. Newsletter SPP Umwelt, Bern.

BELZ, F. 1995: Ökologie und Wettbewerbsfähigkeit in der Schweizer Lebensmittelbranche. Dissertation der Hochschule St. Gallen für Wirtschafts-, Rechts- und Sozialwissenschaften zur Erlangung der Würde eines Doktors der Wirtschaftswissenschaften. St. Gallen. Paul Haupt Verlag, Bern.

BELZ, F. 1997: Ökologische Sortimentsanalyse im schweizerischen Lebensmittelhandel – eine explorative Untersuchung. IWÖ-Beitrag Nr. 47. Institut für Wirtschaft und Ökologie der Universität St. Gallen (IWÖ-HSG). Schwerpunktprogramm Umwelt des Schweizerischen Nationalfonds; Integriertes Projekt Gesellschaft I.

BELZ F., VILLIGER A., 1997: Zum Stellenwert der Ökologie im schweizerischen Lebensmittelhandel: eine wettbewerbsstrategische Analyse. IWÖ-Diskussionsbeitrag Nr. 46, Institut für Wirtschaft und Ökologie, Universität St. Gallen.

BELZ, F., U. SCHNEIDEWIND, A. VILLIGER, R. WÜSTENHAGEN, 1997: Von der Öko-Nische zum ökologischen Massenmarkt im Bedürfnisfeld Ernährung - Konzeption eines Forschungsberichtes. IWÖ-Beitrag Nr. 40. Institut für Wirtschaft und Ökologie, Universität St. Gallen.

BERG, K., 1995: Konsumentenverhalten im Umbruch: die Entdeckung des „unvernünftigen Verbrauchers" im modernen Marketing. Erich Schmidt-VERLAG, Berlin.

BERGMANN, K., 1999: Industriell gefertigte Lebensmittel. Hoher Wert und schlechtes Image? Dr. Rainer Wild-Stiftung. Springer-Verlag Berlin, Heidelberg, New York.

BERNER ZEITUNG BZ, 21.04.1999: Migros setzt auf neuen Trend.

BERNER ZEITUNG BZ vom 21. Juni 1999: Migros-Chef fordert Reform.

BERNET, TH., LEHMANN, B., STUCKI, E. 1998: Strategische Erfolgspositionen von Regionen. Die Förderung der wirtschaftlichen Entwicklung ländlicher Regionen durch politische Massnahmen. Studie im Auftrage des Bundesamts für Wirtschaft und Arbeit.

BIENZ, C., 1998: Durch Produktdifferenzierung und Kooperation zu wirtschaftlichem Erfolg im Fleischmarkt. Das Fallbeispiel der Regionalen Produktorganisation Oberaargauer-Metzger-Initiative. Diplomarbeit am Geografischen Institut Universität Bern.

BIESECKER, A., 1996: Neue institutionelle Arrangements für „Vorsorgendes Wirtschaften" -12 Thesen. Reihe: Bremer Diskussionspapiere zur Sozialökonomik. Bremen: Universität Fachbereich Wirtschaftswissenschaft.

BLATTER-CONSTANTIN M., 1997: Regionalmarketing: Chance für Randregionen? Referat am Forum "Regionalmarketing" der SAB vom Okt. 1997 in Visp VS.

BLÖTH A., 1999: Regionale Produktorganisationen in der Schweiz – Probleme der Zusammenarbeit und Beratung als Baustein bei der Überwindung dieser Restriktionen. Diplomarbeit in Geografie an der Universität Bayreuth.

BOLLIGER, U., 1998: Ein Bewertungssystem zur Beurteilung der Wettbewerbsfähigkeit von Produkten und Dienstleistungen mit einer erhöhten Wertschöpfung in der Region. Diplomarbeit am Institut für Agrarwirtschaft der ETH Zürich, Zürich.

BORNSCHIER, V., 1998: Westliche Gesellschaft – Aufbau und Wandel. Seismo-Verlag, Zürich.

BOSSET, J. O. et al. 1998: Hartkäse TypGruyère des Berg- und Talgebietes im Vergleich. Agrarforschung 5(8): 363-366.

BRANDNER, B., HIRSCH, M., MEIER-DALLACH, H.-P., SAUVAIN, P., STALDER U., 1995: Skitourismus – von der Vergangenheit zum Potential der Zukunft. Verlag Rüegger, Chur und Zürich.

BUND/MISEREOR 1996 (Hrsg.): Zukunftsfähiges Deutschland. Ein Beitrag zu einer global nachhaltigen Entwicklung. Birkhäuser, Basel.

BUNDESAMT FÜR STATISTIK, 1967: Eidgenössische Betriebszählung September 1965. Hauptergebnisse nach Kantonen. Bern.

BUNDESAMT FÜR STATISTIK, 1977: Eidgenössische Betriebszählung 1975. Arbeitsstätten, Hauptergebnisse für die Kantone. Band 3. Bern.

BUNDESAMT FÜR STATISTIK, 1986: Erhebung über die Gütertransporte 1984. Bern.

BUNDESAMT FÜR STATISTIK, 1993: Eidgenössische Betriebszählung 1991. Die Kantone im Vergleich 1985/91. Bern.

BUNDESAMT FÜR STATISTIK, 1996: Gütertransporte auf der Strasse - Erhebung 1993. Bern.

BUNDESAMT FÜR STATISTIK, 1998: Entwicklung der Beschäftigten in der Landwirtschaft 1985-1996. (Zusammenstellung vom BfS). Bern.

BUNDESAMT FÜR STATISTIK, 1998: Gesamtzahl der in den Landwirtschaftsbetrieben tätigen Personen nach Kantonen 1929-1980. (Zusammenstellung vom BfS). Bern.

BUNDESAMT FÜR STATISTIK, 1998: Statistik der Schweiz. Betriebszählung 1995. Gesamtdarstellung Schweiz 1991/95. Arbeitsstätten, Unternehmen und Beschäftigte nach Wirtschaftsarten. Bern.

BURGER R., 1997: Nachhaltigkeit – ein Begriff wird zur Floskel. Leitartikel in der Tageszeitung "Der BUND" vom 19. 4. 1997. Bern.

CAMAGNI, R., 1991: Innovation Networks: Spatial Perspectives. GREMI. Belhaven. London. (Gremi II).

CLAEYMANN, N. 1999: Zertifizierungsstelle für Landwirtschaftsprodukte. In: UFA-Revue 7-8/99.

COOP Schweiz 1990: Detailhandel der Schweiz - eine Übersicht. Beilage zur Einladung an das Symposium „Der schweizerische Detailhandel und die europäische Herausforderung". Coop Schweiz, Basel.

DANTZER, U. 1996: Efficient Consumer Response – Von der Teiloptimierung zum echten Erfolg. Zeitschrift Logistik heute Nr. 10. 18. Jg. Okt. 1996. Huss-Verlag. München.

DER BUND vom 24.4. 1998: Coop gewinnt erneut Marktanteile. Der Bund Verlag, Bern.

DER BUND vom 12.12. 1998: Getränkefusion. Coca-Cola schluckt Schweppes. Der Bund Verlag, Bern.

DER BUND vom 20.06.1998: Bern und Aargau/Solothurn fusionieren zur Migros Aare. Der Bund Verlag, Bern.

DER BUND vom 29.12.1998: Nahrung aus dem Labor. "Functional Food" / Nahrungs- und Pharmakonzerne liefern sich einen harten Kampf mit in Labors entwickelten Lebensmitteln. Der Bund Verlag, Bern.

DER BUND vom 10.12.1998: Kuhhandel stösst in der Champagne sauer auf. Der Bund Verlag, Bern.

DER BUND 24. 8. 1999: Die Migros hält an ihren regionalen Genossenschaften fest – vorläufig. Beitrag von Hans Galli.

DER BUND vom 16.9.1999: Mit Käse die Region Verkaufen (Bericht über CasAlp), Der Bund Verlag, Bern.

DER SCHWEIZERISCHE BUNDESRAT, 1998: Verordnung über die Unterstützung der Absatzförderung für Landwirtschaftsprodukte. (Landwirtschaftliche Absatzförderung).

DETAILHANDEL Schweiz 95, 1995: Analysen, Strukturen, Adressen. AGM et. al. Orell Füssli, 1995.

DIE WELTWOCHE Nr. 31 vom 5.8. 1999: Genfood nicht in Kehlen stopfen. Von Martin Kilian.

ENQUETE 1994 (Hrsg.): Die Industriegesellschaft gestalten – Perspektiven für einen nachhaltigen Umgang mit Stoff- und Materialströmen. Bericht der Enquete-Kommission "Schutz des Menschen und der Umwelt" des 12. Deutschen Bundestages, Bonn.

ERNÄHRUNGS-UMSCHAU 1998: Umsätze im Lebensmittelhandel 1997. In: Ernährungs-Umschau 45, 1998, S. 143-144.

EU-KOMMISSION 1998: Newsletter und Fact-sheet der Generaldirektion Landwirtschaft (diverse Exemplare), EU-Kommission, Brüssel (vgl. auch www.europa.eu.int/comm/dg06)

FACTS 1999: Viel Rauch, aber wenig Feuer. Schweizer Projekte zur Vermarktung regionaler Produkte. Artikel von Th. Schenk in FACTS Nr. 27/1997. TA-Media AG, Zürich.

FANKHÄNEL, S. 1997: Welcher Verzehrstyp sind Sie?, in: Ernährungs Umschau 44, 1997, 317.

FELDHEGE M., 1999: Chemischer Pflanzenschutz zu teuer – volkswirtschaftlicher Gewinn durch Ökolandbau. In: ÖKOLOGIE & LANDBAU 1/1999.

FIESSER, G. 1998: Efficient Consumer Response «ECR» – ein fast noch neues Schlagwort im Vertriebs-Controlling. CM Controller Magazin. 23. Jg. Nr. 1/98. Mangament Service Verlag. Gauting und Wörthsee/München.

FREY R., et al. 1993: Mit Ökonomie zur Ökologie. Helbig und Lichterhahn, Basel.

FRICK, R., 1998: Tourismus - Landwirtschaft - Region. Herausforderungen der Zusammenarbeit einer branchenübergreifenden Innovationskooperation. Diplomarbeit am Geografischen Institut der Universität Bern.

GEELHAAR, M., M. MUNTWYLER 1997: Ökologische Innovationen in regionalen Akteurnetzen. Fallbeispiele aus der schweizerischen Güterverkehrs- und Nahrungsmittelbranche. Peter Lang, Bern.

GIDDENS, A., 1988: Die Konstitution der Gesellschaft. Grundzüge einer Theorie der Strukturierung. Campus Verlag Frankfurt, New York.

GIGON, N., 1998: Capacité d'innovation et compétitivité de l'agriculture et de l'industrie agro-alimentaire dans l'Espace Mittelland. Analyse, évaluation, enjeux. Rapport de travail No. 8. Institut de géographie de l'Université de Fribourg.

GRANDJEAN, A., 1999: Une organisation et un logo pour faire avancer les AOC: In Montagna 10/1999.

GRESCH, S., 1997: Gommer Produkte in der Gommer Gastronomie. Diplomarbeit am Geografischen Institut der Universität Bern, Bern.

HÄBERLI, R., 1995: Transdisziplinarität im SPP Umwelt – Grundsätzliches. In: Informationsbulletin Nr. 5 des SPP Umwelt, Bern.

HÄBERLI, R., GROSSENBACHER, W., 1998: Transdisziplinarität zwischen Förderung und Überforderung. Erkenntnisse aus dem SPP Umwelt. In: GAIA Nr. 7 / 1998, NOMOS Verlagsgemeinschaft, Baden-Baden.

HABERMAS, J, 1981: Theorie des kommunikativen Handelns. Bd. 1 und Bd. 2. Suhrkamp. Frankfurt am Main.

HALBEIS, M., 1999: Wahrnehmung von Umfeldveränderungen, Konzeption und Ergebnisse des Handelns in Regionalen Produktorganisationen. Eine empirische Untersuchung über Akteure von vier Fallbeispielen aus dem Milchsektor. Diplomarbeit am Geografischen Institut der Universität Bern.

HAMM, U., 1991: Landwirtschaftliches Marketing. Stuttgart. Verlag Ulmer.

HENSCHE, H.U., HAUSER, A., REININGER, M., WILDRAUT; C. 1993: Verbraucherpräferenzen für nahrungsmittel aus der näheren Umgebung – eine Chance für marktorientierte Landwirte. Empirische Ergebnisse aus Nordrhein-Westfahlen. In: Marketing für Agrar- und Ernährungswirtschaft, Band 7, Wissenschaftsverlag VAUK, Kiel KG.

HIRSCH, G. 1993: Wieso ist ökologisches Handeln mehr als eine Anwendung ökologischen Wissens? Überlegungen zur Umsetzung ökologoschen Wissens in ökologisches Handeln. GAIA 2 (1993), no. 3, S. 141-151.

HOFER, E., 1998: Landwirtschaftspolitik und Bodennutzung. Referat im Rahmen des Institutskolloquiums 1998/99 des Geografischen Institutes der Universität Bern. BLW, Bern.

HOFER, K., 1995: Das Image der Emmentaler Produkte. Seminararbeit im Rahmen des Nachdiplomstudiums in Humanernährung an der ETH Zürich, Zürich.

HOFER, K., 1998: Der Qualitätsdiskurs im Bedürfnisfeld Ernährung. Unveröffentlichtes Dissertationskonzept. Geografisches Institut Universität Bern.

HOFER, K. 1999: Ernährung und Nachhaltigkeit: Entwicklungsprozesse – Probleme – Lösungsansätze. Arbeitsbericht Nr. 135 der Akademie für Technikfolgenabschätzung in Baden – Württemberg, Stuttgart.

HOFER, K., STALDER, U. 1998: Regionale Produktorganisationen in der Schweiz: Situationsanalyse und Typisierung. SPPU-Diskussionspapier Nr. 9/1998, Geografisches Institut Universität Bern.

HOFER, K., MEIER B., STALDER, U., 1997: Leisten "Regionale Produkte" einen Beitrag zu einer nachhaltigen Ökologisierung des Bedürfnisfeldes Ernährung?. SPPU-Diskussionspapier Nr. 8/1997, Geografisches Institut Universität Bern.

HOMANN, K., 1996: Sustainability: Politikvorgabe oder regulative Idee? In: Gerken, L. Ordnungspolitische Grundfragen einer Politik der Nachhaltigkeit. (33-47). Nomos Verlag, Baden Baden.

HOTEL + TOURISMUS REVUE Nr. 2, 14.01.1999: "Fabrikfood" erhitzt wieder die Gemüter.h+t revue, Bern.

HUGENSCHMIDT, H., 1995: Ökologie und Wettbewerbsfähigkeit im Güterverkehr. Bern, Stuttgart, Wien.

IMFELD A., 1998: Brotlos – die schöne neue Nahrung. Unionsverlag, Zürich.

JAEGER, F., 1998: Strukturelle Defizite in der Landwirtschaft. Die schweizerische Agrarreform auf dem ordnungspolitischen Prüfstand. In: Neue Zürcher Zeitung vom 12.9.1998, S. 29. NZZ-Verlag, Zürich.

JAHN R., 1999: Neue Studie: Bio ist kein Kaufargument. In: TAGESANZERGER vom 9. März 1999, Zürich.

JANSEN D., SCHUBERT K. (Hrsg.), 1995: Netzwerke und Politikproduktion: Konzepte, Methoden, Perspektiven. Schüren, Marburg.

JUNGBLUTH N., 1998: Ökologische Beurteilung des Bedürfnisfeldes Ernährung. UNS Working Paper Nr. 18. Umweltnatur- und Umweltsozialwissenschaften der ETH Zürich.

JUNGBLUTH, N., 1999: Umweltfolgen des Nahrungsmittelkonsums: Beurteilung von Produktmerkmalen auf Grundlage einer modularen Ökobilanz (Arbeitstitel). Dissertation in Vorbereitung Umweltnatur- und Umweltsozialwissenschaften, Eidgenössische Technische Hochschule ETH, Zürich.

KASTENHOLZ, H.G., K.H. ERDMANN 1996 (Hrsg.): Nachhaltige Entwicklung. Zukunftschancen für Mensch und Umwelt. Springer-Verlag Berlin, Heidelberg, New York.

KOERBER K., MÄNNLE, T., LEITZMANN C., 1994: Vollwerternährung – Konzeption einer zeitgemässen Ernährungsweise. Verlag F. Haug, Heidelberg.

KÜHL, R., 1996: Ansprüche der Nahrungsmittelverarbeitenden Industrie und der Verbraucher an landwirtschaftliche Erzeugnisse. In: Linckh, G. et al.: Nachhaltige Land- und Forstwirtschaft – Expertisen. Verlag Springer. Berlin et al..

KURTH, Th., 1998: Business Plan für die IG Dinkel. Unveröffentlichtes Papier zur Planung des Übergangs in die neue Getreidemarktordnung. Langnau.

LEDERMANN, J., 1996: Der Schweizer Lebensmitteldetailhandel im Umbruch. Perspektiven im internationalisierten Wettbewerbsumfeld. Wirtschaftswissenschaftliches Zentrum der Universität Basel. WWZ-Beiträge Band 23. Verlag Rüegger AG, Chur/Zürich 1996.

LEHNHERR B., 1999: Bauernmärkte professionell gestalten (Bericht über das Forum Orts- und Regionalmarketing '98 in Visp VS). In: MONTAGNA 1-2/99, SAB/SAV, Brugg.

LEWIN, K., 1982: Psychologische Ökologie. In C.-F. Graumann (Hrsg.): Kurt Lewin-Werkausgabe, Feldtheorie, Band 4, Huber-Verlag, Bern. S 291-310.

LIPIETZ, A., 1985: Akkumulation, Krisen und Auswege aus der Krise. Einige methodische Überlegungen zum Begriff der Regulation. Prokla 58: 109-37.

MAILLAT, D., et al., 1993: Réseaux d'innovation et milieux innovateurs: Un pari pour le développement régional. EDES. Neuchâtel. (GREMI III).

MAJER H., 1997: Umsetzung von regionalem Wirtschaften. Ergebnisbericht über den Expertenworkshop "Regionale Ansätze nachhaltigen Wirtschaftens". Institut für Sozialforschung, Universität Stuttgart.

MEIER, B., K. HOFER, U. STALDER, 1997: Regionale Produkte und nachhaltige Ernährung. In: Montagna. Zeitschrift für das Berggebiet. 5/1997. S. 19-22.

MEIER, R., MESSERLI, P. STEPHAN, G., 1998: Oekologische Steuerreform für die Schweiz. Verlag Rüegger, Zürich.

MEIER-PLOEGER, A., VOGTMANN H. (Hrsg.) 1991: Lebensmittelqualität. Ganzheitliche Methoden und Konzepte. Stiftung Ökologie und Landbau. Verlag C.F. Müller.

MESSERLI, P. 1995: Strategien und Instrumente zur Förderung ökologischer Innovationen auf der regionalen Handlungsebene – entwickelt am Bedürfnisfeld Ernährung. Regionalwissenschaftliches Forschungsgesuch bei der Abt. IV des Schweizerischen Nationalfonds zur Förderung der wissenschaftlichen Forschung (unveröffentlicht).

MAIER, S., SCHULZ, T., STALDER, U., 1999: Regionale Produktorganisationen: Strategie für eine nachhaltige Entwicklung? Das Beispiel Gemeinsames Agrarmarketing "Natürlich Aargau". IP - Diskussionspapier Nr. 4 im Rahmen des IP Ernährung /SPP Umwelt. IWÖ/HSG St. Gallen.

MINSCH, J., et al., 1996: Mut zum ökologischen Umbau. Innovationsstrategien für Unternehmen, Politik und Akteurnetze. Synthesebuch SPPU I. Birkhäuser Verlag, Basel.

MINSCH, J., M. MOGALLE 1998: „Nachhaltige Schweiz im internationalen Kontext. Entwicklung von Visionen, Strategien und Instrumenten am Beispiel des Bedürfnisfeldes Ernährung". Positionierung - Fundierung - Zielsetzung - Organisation. Die ersten zwei Jahre im Forschungsprozess. Institut für Wirtschaft und Ökologie, Universität St. Gallen.

MINSCH, J. et al. 1998: Institutionelle Reformen für eine Politik der Nachhaltigkeit. Bericht im Auftrag der Enquete-Kommission des Deutschen Bundestages. Springer Verlag, Berlin, Heidelberg, New York.

NENTWIG, W., 1995: Humanökologie – Fakten, Argumente, Ausblicke. Springer, Berlin.

NERRAT, S., 1996: Die AOC-Bezeichnungen und die Käse der nördlichen Alpen. Referat an der Tagung "Regionalmarketing" der SAB/LBL vom Nov. 1996 in Zollikofen BE.

NOGER, P., 1999: Einstellung und Verhalten von KonsumentInnen gegenüber regionalen Produkten: Eine Fallstudie aus dem Saanenland. Diplomarbeit am Geografischen Institut der Universität Bern.

NZZ 1999: Offensive Verteidigung der EU-Agrarpolitik vor den Gesprächen im Rahmen der WTO. Neue Zürcher Zeitung NZZ vom 29.9.1999, S. 21. NZZ Verlag, Zürich

PACZENSKY G., A. DÜNNEBIER, 1994: Kulturgeschichte des Essens und Trinkens. Albrecht Knaus Verlag GmbH, München.

PEREZ C., 1983: Structural Change and Assimilation of New Technologies in the economic and social systems. In: FUTURES 15 (5), New York.

PETERS U. SAUERBORN K., SPEHL H., TISCHER M., WITZEL A., 1996: Nachhaltige Regionalentwicklung – ein neues Leitbild für eine veränderte Struktur- und Regionalpolitik. NARET / Universität Trier.

PFISTER, Ch. 1991: Ernährungslandschaften vor dem Zeitalter der Eisenbahn. In: Dritter Schweizerischer Ernährungsbericht 1991. Bundesamt für Gesundheitswesen. EDMZ, Bern.

PFISTER Ch., 1996 (Hrsg.): Das 1950er Syndrom. Paul Haupt, Bern.

PIORE, M.J., C.F., SABEL 1989: Das Ende der Massenproduktion. Fischer. Frankfurt, Main.

PROBST, B., 1999: Ökologische Beurteilung unterschiedlicher Produktionssysteme von Brot unter besonderer Berücksichtigung Regionaler Produktion. Ein Vergleich auf Basis der Ökobilanzierung. Diplomarbeit am Geografischen Institut der Universität Bern.

REICHERT D., ZIERHOFER W., 1993: Umwelt zur Sprache bringen: Über umweltverantwortliches Handeln, die Wahrnehmung der Waldsterbensdiskussion und den Umgang mit Unsicherheit. Westdeutscher Verlag, Opladen.

RIEDER, P., 1998: Die Direktzahlungen werden innerhalb der Landwirtschaft falsch verteilt. In: Bauern Zeitung, 31.12.1998.

RIEDER, P., 1998: Agrarökonomische Herausforderungen der Zukunft. In: Agrarwirtschaft und Agrarsoziologie Nr. 2/98, S. 89ff.

RIEDER, P., S. ANWANDER PHAN-HUY, 1994: Grundlagen der Agrarmarktpolitik. Vdf Hochschulverlag AG, ETH Zürich.

RIGENDINGER, L., 1997: Blick über den Tellerrand - nachhaltige Entwicklung am Beispiel Ernährung. Ein Beitrag zur Strukturierung des Themas in der Bildungspraxis. Dept. Umweltnaturwissenschaften, ETH Zürich.

SAUVAIN P., 1999: AOC: Que pouvons nous apprendre de nos voisins savoyards? In: MONTAGNA 5/99, SAB/SAV, Brugg.

SCHELBERT H., 1996: Schweizerische Wirtschaftsentwicklung seit 1955. In: PFISTER (Hrsg.): Das 1950er Syndrom. Paul Haupt, Bern.

SCHERER, R., 1999: Regionalmarketing: Modeerscheinung mit Zukunft? In: Jahrbuch der Schweizerischen Tourismuswirtschaft 1998/1999 (S. 21-41), St. Gallen.

SCHLEGEL, T., 1999: Regionsverständnisse in Regionalen Produktorganisationen. Erhoben bei der Regionalen Produktorganisation "Fleisch- und Milchprodukte aus dem Obersimmental / Saanenland". Diplomarbeit am Geografischen Institut der Universität Bern.

SCHNEIDER, B. 1996: Wettbewerbsfaktor "Qualität". Eine Herausforderung für die deutsche Landwirtschaft? DLG-Verlag, Frankfurt a. Main.

SCHNEIDEWIND, U., 1998: Die Unternehmung als strukturpolitischer Akteur. Metropolis-Verlag, Marburg.

SCHNEIDEWIND, U., 1997: Wandel und Dynamik in Bedürfnisfeldern - Wesen und Gestaltungsperspektiven. Eine strukturationstheoretische Rekonstruktion am Beispiel der Ökologisierung des Bedürfnisfeldes Ernährung. SPP Umwelt – IP- Gesellschaft 1; Diskussionsbeitrag Nr. 2. Institut für Wirtschaft und Ökologie, Universität St. Gallen (Hrsg.).

SCHÖNBERGER G. U., 1999: Natürlich natürlich? Gesunde Ernährung im Spannungsfeld zwischen konventionellen und ökologischen Lebensmitteln. In: Gesunde Ernährung zwischen Natur- und Kulturwissenschaft. Die Arbeit der Dr. Rainer Wild-Stiftung. Dr. Rainer Wild-Stiftung Heidelberg (Hrsg.).

SCHWEIZERISCHE ARBEITSGEMEINSCHAFT FÜR DIE BERGGEBIETE (SAB), LANDWIRTSCHAFTLICHE BERATUNGSSTELLE LINDAU (LBL), 1996: Regionalmarketing: Neue Produkte entwickeln, traditionelle Erzeugnisse schützen und fördern. Unterlagen einer Tagung vom 26./27. November 1996 in Zollikofen.

SEIFERT, M., 1999: Vermarktung regionaler Produkte. Eine Untersuchung der Marketingstrategien von Regionalen Produktorganisationen in der Schweiz. Diplomarbeit am Geografischen Institut der Universität Bern.

SIEBER, R. 1991: Veränderungen des Lebensmittelverbrauchs im Verlaufe der letzten 40 Jahre. In: Dritter Schweizerischer Ernährungsbericht 1991. Bundesamt für Gesundheit. EDMZ, Bern.

SPIEKERMANN, U., 1999: Esskultur heute – was, wie und wo essen wir? In: Gesunde Ernährung zwischen Natur- und Kulturwissenschaft. Die Arbeit der Dr. Rainer Wild-Stiftung. Dr. Rainer Wild-Stiftung Heidelberg (Hrsg.).

STALDER, U., HOFER, K., MEIER, B., 1997: Regionale Produkte und nachhaltige Ernährung. In: MONTAGNA 5 / 1997, SAB/SAV, Brugg.

STEPHAN G., 1996: Das 1950er Syndrom und Handlungsspielräume: eine wirtschaftswissenschaftliche Betrachtung. In: PFISTER (Hrsg.): Das 1950er Syndrom. Paul Haupt, Bern.

STORPER, M., 1997: The regional world: territorial development in a global economy. The Guilford press, New York 1997.

SYDOW, J., 1992: Strategische Netzwerke: Evolution und Organisation.

TAGES ANZEIGER vom 23. 2. 1999: "England steckt tief in der Gentech Krise". MEULI, K., TA-Media AG. Zürich.

TANNER, C., WOELFING KAST, S., ARNOLD, S. 1999: Typisierung von Konsumenten und Konsumentinnen aufgrund personaler und verhaltensbezogener Unterschiede. Forschungsberichte aus dem Psychologischen Institut der Universität Bern. Nr. 2/1999.

TREIBEL, A. 1997: Einführung in soziologische Theorien der Gegenwart. 4. Auflage1997. Verlag Leske und Budrich,Opladen.

TREINA, M., 1998: Die Innovations- und Wettbewerbsfähigkeit der kommerziellen Dienstleistungen im Espace Mittelland: Analyse, Diagnose, Strategien. Geografisches Institut, Universität Bern.

UMWELTBUNDESAMT 1997: Nachhaltige Nahrungsmittelproduktion. In: Nachhaltiges Deutschland: Wege zu einer dauerhaft umweltgerechten Entwicklung. Berlin: Erich Schmidt.

VILLIGER, A., WÜSTENHAGEN, R., MEYER, A., 1999: Jenseits der Ökonische. Birkhäuser Verlag.

VOLLMER G., JOSST, G., SCHENKER, D., STURM, W., VREDEN, N. 1990: Lebensmittelführer, Bände 1 & 2. Verlag Thieme.

WDEC (World Commission on Environment and Development) 1987: Our common future (The Brundtland – Report). Oxford.

WÄFLER, P., 1999: Casalp Berner Oberland – der Weg zur AOC-Anerkennung. Unterlagen zum Vortrag anlässlich des zweiten Qualitätszirkels für Regionalmarketingprojekte vom Juni 1999 in Hondrich, BE.

WOELFING KAST, S., TANNER, C., ARNOLD, S., SÄTTELI, K. 1998: Die Vermittlung handlungsrelevanter Informationen für den ökologisch nachhaltigen Lebensmitteleinkauf. Forschungsberichte aus dem Psychologischen Institut der Universität Bern. Nr. 3/1998.

WOELFING KAST, S., TANNER, C., ARNOLD, S. 1999: Die Wahrnehmung von handlungsrelevanten Informationen für ökologisch nachhaltiges Einkaufsverhalten durch verschiedene Konsumtypen. Forschungsberichte aus dem Psychologischen Institut der Universität Bern. Nr.3/1999.

WÜSTENHAGEN, R., 1997: Ökologie im Catering-Markt Schweiz: Branchenanalyse und Beurteilung ökologischer Wettbewerbsstrategien in der Gemeinschaftsgastronomie. Institut für Wirtschaft und Ökologie, Universität St. Gallen.

WÜSTENHAGEN, R., 1998: Greening Goliaths versus Multiplying Davids: Pfade einer Coevolution ökologischer Massenmärkte und nachhaltiger Nischen. Institut für Wirtschaft und Ökologie, Universität St. Gallen.

ZBINDEN, E., 1998: Codexalimentarius und Ernährung. In: Vierter Schweizerischer Ernährungsbericht 1998. Bundesamt für Gesundheit. EDMZ, Bern.

ZIMMERMANN, J., 1998: Die regionale Produktorganisation Ämmitaler Ruschtig als Beispiel für eine vorsorgende Wirtschaftsweise. Stärken, Schwächen und Massnahmen. Diplomarbeit am Geografischen Institut der Universität Bern.

Gesetze, Verordnungen, Vernehmlassungsberichte

BWA/BLW 1999: Wegleitung für den Vollzug des Bundesbeschluss vom 21. März 1997 über die Unterstützung desStrukturwandels im ländlichen Raum (Regio Plus) und der Landwirtschaftlichen Absatzverordnung vom 7. März 1998..

EVD (Eidg. Volkswirtschaftsdepartement) 1998: Ausführungsbestimmungen zum neuen Landwirtschaftsgesetz LwG. Verordnungsentwürfe mit erläuternden Kommentaren. EVD, Bern.

BUNDESGESETZ ÜBER DIE LANDWIRTSCHAFT (LwG) vom 29. April 1998. EDMZ, Bern.

EDMZ (Eidg. Drucksachen und Materialzentrale) 1996: Botschaft über die Neuorientierung der Regionalpolitik. Bericht des Bundesrates an die eidgenössischen Räte. EDMZ / Bundesamt für Industrie, Gewerbe und Arbeit, Bern.

EJPD (Eidg. Justiz- und Polizeidepartement) 1996: Grundzüge der Raumordnung Schweiz. Bericht des Bundesrates an die eidgenössischen Räte. EDMZ / Bundesamt für Raumplanung, Bern.

BLW (Bundesamt für Landwirtschaft) 1998: Verordnung vom 7. Dezember 1998 über die Unterstützung der Absatzförderung für Landwirtschaftsprodukte (Landwirtschaftliche Absatzförderungsverordnung). EDMZ, Bern.

Für weiterführende Literaturhinweise vgl. auch Anhang

ANHANG

Inhaltsübersicht:

Anhang 1: Angaben zum integrierten Projekt Gesellschaft I ("IP Ernährung")

a) *Das integrierte Projekt Gesellschaft I als Modul des Schwerpunktprogrammes Umwelt II (SPPU II)*

b) *Liste der beteiligten Teilprojekte*

c) *Übersicht über veröffentlichte Diskussionspapiere (Stand September 1999)*

Anhang 2: Publikationen im Rahmen des Teilprojektes V "Regionale Produktorganisationen und nachhaltige Ernährung"

a) *Diplomarbeiten (Bibliographische Angaben und Zusammenfassung)*

b) *Weitere Publikationen*

c) *Dissertationen*

Anhang 3: Liste der untersuchten RPO

a) *Im Rahmen von Diplomarbeiten und/oder Dissertationen*

b) *In der Querschnittanalyse vom Winter 1996/97*

Anhang 4: Anschrift der Autoren

Anhang 1:

Angaben zum integrierten Projekt Gesellschaft I ("IP Ernährung")

Vorbemerkung:

Die folgenden Ausführungen im Anhang 1 zum integrierten Projekt Gesellschaft I sind auf Grundlage einer Kurzinformation der Projektleitung erstellt worden[1].

a) Das integrierte Projekt Gesellschaft I als Modul des Schwerpunktprogrammes Umwelt II (SPPU II)

Die vorliegende Untersuchung zu regionalen Produkten ist Teil des integrierten Projektes Gesellschaft I im Schwerpunktprogramm Umwelt des Schweizerischen Nationalfonds, in welchem insgesamt 9 Teilprojekte aus unterschiedlichen Fachdisziplinen zusammengeschlossen sind (vgl. Anhang 1b). **Oberziel** dieses integrierten Projektes ist es, einen substantiellen Beitrag zu einer nachhaltigen Entwicklung der Schweiz im internationalen Kontext zu leisten.

Da der Mensch mit seinen Handlungen Umweltprobleme verursacht und jeder Handlung mehr oder weniger explizit eine Motivation bzw. ein Bedürfnis zugrunde liegt, haben es die Verantwortlichen des IP Gesellschaft I für sinnvoll erachtet, die Forschungsarbeit auf ein menschliches Grundbedürfnis auszurichten (**Bedürfnisfeld-Ansatz**). Anhand verschiedener Kriterien hat man sich dabei für Ernährung entschieden.

5 Unterziele standen in der Folge im Zentrum:

1. Es soll geklärt werden, wie Nachhaltigkeit in einem Bedürfnisfeld zu konkretisieren ist. (Erarbeitung von **Nachhaltigkeitskriterien** in Form von operationalisierbaren Zielen).

2. Es soll ein **Analyserahmen** geschaffen werden, der ein Bedürfnisfeld als komplexes gesellschaftliches Subsystem zu analysieren erlaubt und insbesondere Hemmnisse und fördernde Faktoren für eine nachhaltige Entwicklung aufzeigen kann.

3. Es soll untersucht werden, welche **Lernprozesse** unter den Akteuren dieses Bedürfnisfeldes stattfinden und wie diese gefördert werden können.

4. Es sollen konzeptionell-theoretische Grundlagen für die Implementierung wichtiger Handlungsstrategien und Instrumente zur Ökologisierung von

---

[1] Vgl. MOGALLE & MINSCH 1998

Bedürfnisfeldern erarbeitet werden (**"Toolbox des ökologischen Bedürfnisfeldmanagements"**).

5. Es sollen (Kommunikations-) **Strukturen** aufgebaut und gefördert werden, welche die Entwicklung des gewählten Bedürfnisfeldes in Richtung Nachhaltigkeit fördern.

Diese Ziele können und sollen nicht rein wissenschaftsintern abgehandelt werden. Vielmehr geht es um ihre wissenschaftsexterne, d.h. praktische Umsetzung im Sinne **praxisorientierter transdisziplinärer Nachhaltigkeitsforschung**.

Im Verlaufe des Forschungsprozesses stellte sich heraus, dass das Bedürfnisfeld Ernährung zu weit und zu komplex ist, als dass es mit den zur Verfügung stehenden Forschungsressourcen in seiner ganzen Breite untersucht werden könnte. Daher hat man entschieden, sich auf **sechs Schlüsselherausforderungen** zu konzentrieren, also Herausforderungen, die von den Beteiligten für prioritär erachtet wurden, um einen substantiellen Beitrag für eine nachhaltige Entwicklung im Bedürfnisfeld Ernährung zu erzielen.

Diese Schlüsselherausforderungen sind:

1. **Ernährungsstile**

Begründung: Ernährungsstile beeinflussen die Art und Weise von Produktion, Distribution und Zubereitung von Lebensmitteln und somit deren ökologische Auswirkungen. Die Ernährungsstile sind daher auf ihre ökologischen Auswirkungen hin zu untersuchen, um daraus Strategien und Visionen abzuleiten, wie ein ökologischeres Ernährungsverhalten veranlasst werden kann.

2. **Ökologischer Massenmarkt**

Begründung: Damit ein ökologischerer Ernährungsstil möglich wird, muss sich nicht nur die Nachfrage ändern. Es muss auch das entsprechende Angebot vorhanden sein. Daher wird untersucht, wie und inwieweit ökologische Standards im Massenmarkt etabliert und vorangetrieben werden können.

3. **Regionalisierung**

Begründung: Die Region als kleine räumliche Einheit verfügt über ein besonderes Innovationspotential. Es soll deshalb untersucht werden, in wie fern und mit welchen Prozessen auf regionaler Ebene eine nachhaltige Entwicklung angestossen werden kann.

4. **Optionen und Restriktionen**

Begründung: Ökologischeres Handeln wird durch zahlreiche innere und äussere Restriktionen be- oder verhindert. Es gilt deshalb, Strategien und Instrumente zur Überwindung bestehender Restriktionen und zur Generierung von Optionen nachhaltiger Entwicklung zu erarbeiten.

5. Lebensmittelqualität

Begründung: Lebensmittelqualität kann als stellvertretende Aushandlungsgrösse nachhaltiger Entwicklung im Bedürfnisfeld Ernährung verstanden werden. Deshalb soll der laufende Qualitätsdiskurs im Bedürfnisfeld Ernährung nachgezeichnet werden mit dem Ziel, die Reflexivität über die soziale Konstruktion von Qualitätsleitbildern zu erhöhen.

6. Lernen in gesellschaftlichen Herausforderungen

Begründung: Die Realisierung von Visionen, Strategien und Instrumenten nachhaltiger Entwicklung basiert auf individuellen und organisationalen Lernprozessen. Diese sollen genauer untersucht werden mit dem Ziel, Lernkonzepte zu generieren, die einer nachhaltigen Entwicklung dienlich sein können.

7. Vom Was zum Wie - Neue Spielregeln für eine zukunftsfähige Gesellschaft

Begründung: Die funktionelle Ausdifferenzierung der Gesellschaft hat zwar zu einer grossen Leistungssteigerung geführt, gleichzeitig aber auch Gefahren bewirkt, denen die Politik scheinbar nicht mehr gewachsen ist. Daher soll untersucht werden, mit welchen institutionellen Neuerungen diesem Problem in Zukunft besser begegnet werden kann.

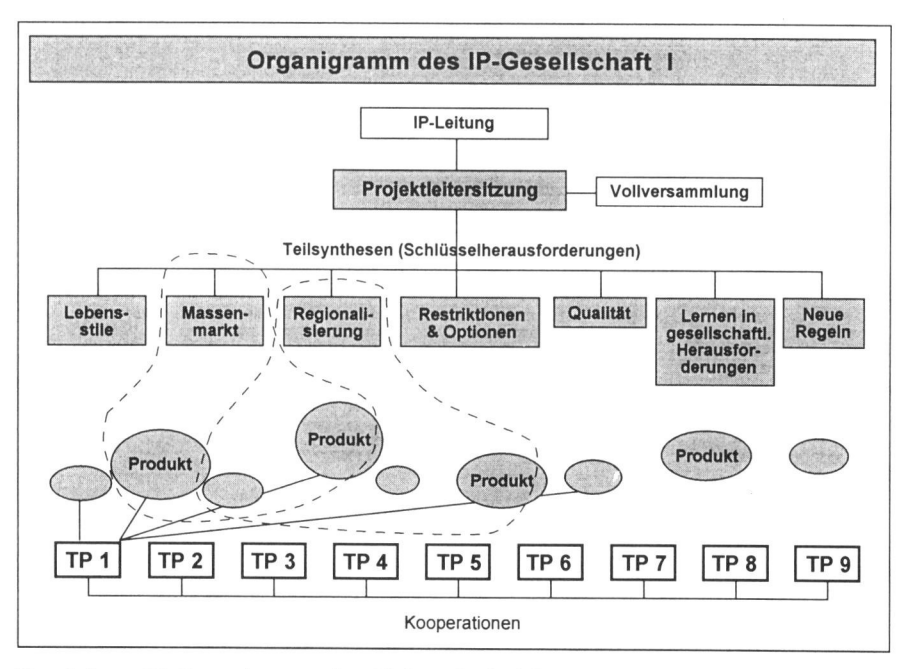

Darstellung 38: Organigramm des IP Gesellschaft I

Diese Schlüsselherausforderungen bearbeiten Teams, die sich in der Regel aus unterschiedlichen Teilprojekten zusammensetzen und die je für eine "Teilsynthese" verantwortlich sind (vgl. untenstehendes Organigramm). Die dabei erarbeiteten Produkte reichen von Workshops über ein Planspiel bis zu klassischen Publikationen in Form von Büchern, Fachartikeln und Diskussionspapieren (vgl. dazu Anhang 1c)

Der Forschungsablauf entwickelte sich damit insgesamt in drei verschiedenen Phasen: In der Eingabephase (1995) wurde ein gemeinsamer begrifflicher Rahmen geschaffen, mit welchem die beteiligten Teilprojekte in der Folge auf das Bedürfnisfeld Ernährung fokussierten (1996/97). In der dritten Phase (1998/99) standen dann die Teilsynthesen im Zentrum. Eine abschliessende integrative Betrachtung, in welcher die erzielten Ergebnisse verglichen werden, steht derzeit (Herbst 1999) noch aus. Untenstehende Darstellung gibt einen Überblick über den Forschungsablauf.

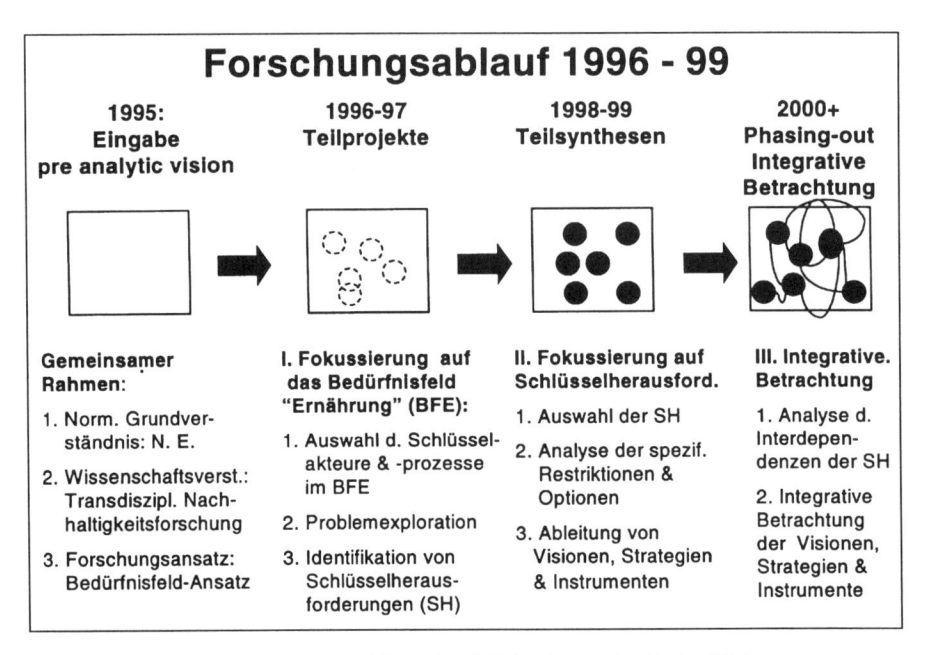

Forschungsablauf 1996 - 99

1995: Eingabe pre analytic vision	1996-97 Teilprojekte	1998-99 Teilsynthesen	2000+ Phasing-out Integrative Betrachtung
Gemeinsamer Rahmen: 1. Norm. Grundverständnis: N. E. 2. Wissenschaftsverst.: Transdiszipl. Nachhaltigkeitsforschung 3. Forschungsansatz: Bedürfnisfeld-Ansatz	**I. Fokussierung auf das Bedürfnisfeld "Ernährung" (BFE):** 1. Auswahl d. Schlüsselakteure & -prozesse im BFE 2. Problemexploration 3. Identifikation von Schlüsselherausforderungen (SH)	**II. Fokussierung auf Schlüsselherausford.** 1. Auswahl der SH 2. Analyse der spezif. Restriktionen & Optionen 3. Ableitung von Visionen, Strategien & Instrumenten	**III. Integrative. Betrachtung** 1. Analyse d. Interdependenzen der SH 2. Integrative Betrachtung der Visionen, Strategien & Instrumente

Darstellung 39: Der Forschungsablauf des IP Ernährung im Ueberblick

b) **Liste der beteiligten Teilprojekte (TP)**

TP I: *Problemzugang Volkswirtschaftslehre*

Ökologische Wirtschaftspolitik zwischen Selbstorganisation und Fremdsteuerung - "Erfindungen" gegen die umweltpolitische Blockade.

Team: Dr. Jürg Minsch / Tobias Schulz / Marc Mogalle
IWÖ-HSG, Tigerbergstr. 2, 9000 St. Gallen, Tel.: ++41-71-224 2720,
Fax: ++41-71-224 27 22, Email: tobias.schulz@unisg.ch

TP II: Problemzugang Politologie / Lernen in Organisationen

Organizational and inter-organizational learning towards sustainability

Team: Prof. Dr. Matthias Finger / Simone Maier
IDHEAP, Route de la maladière 21, 1022 Chavannes-pres-Renens,
Tel: ++41-21-694 06 54, Fax: ++41-21-694 06 09,
Email: simone.maier@idheap.unil.ch

Ueli Haldimann
Haldimann Consulting GmbH, Optingenstr. 54, 3013 Bern,
Tel: ++41-31-335 10 14,

TP III: Problemzugang Bildung / Publizistik

Bildung und Öffentlichkeitsarbeit für eine nachhaltige Schweiz im Bereich Ernährung

Team: Prof. Dr. Regula Kyburz-Graber / PD Dr. Gertrude Hirsch /
Dominique Högger / Susanne Huber / Noldi Wyrsch / bis Sommer 97
Dr. Lisa Rigendinger
Höheres Lehramt Gymnasium, Universität Zürich, Winterthurerstr 30,
Postfach, 8033 Zürich 6, Tel.: ++41-1-634 28 83/81,
Fax.: ++41-1-634 49 54, Email: kyburz@hlm.unizh.ch

Prof. Dr. Heinz Bonfadelli / Edi Kradolfer
Universität Zürich, Seminar für Publizistikwissenschaft,
Postfach 201, 8035 Zürich,
Tel.: ++41-1-257 6661, Fax: ++41-1-361 6103,
Email: kradolf@sfp.unizh.ch

TP IV: Problemzugang Kommunikations- und Beratungslehre

Plattformen für Verhandlungen über nachhaltige Nutzung von Kulturlandschaften

Team: Dr. Michel Roux
Landwirtschafliche Beratungszentrale Lindau (LBL), Eschikon,
8315 Lindau,
Tel: ++41-52-354 97 24, Fax: ++41-52-354 97 97,
Email: rouxmichel@lbl.agri.ch

Dr. Johannes Heeb
Terragon Ecoexperts AG, Bahnhofstr. 2, 6110, Wolhusen,
Tel.: ++41-41-490 4081, Fax: ++41-41-490 4074,
Email: heebjohannes @ ping.ch

TP V: Problemzugang Regionalwissenschaften

Strategien und Instrumente zur Föderung ökologischer Innovationen auf der regionalen Handlungsebene

Team: Prof. Dr. Paul Messerli / Kurt Hofer / Ueli Stalder / bis Sommer 97
Dr. Bernhard Meier
Geographisches Institut der Universität Bern, Hallerstrasse 12, 3012 Bern,
Tel: ++41-31-631 88 65, Fax: ++41-31-631 85 11,
Email: stalder@giub.unibe.ch

TP VI: Problemzugang Betriebswirtschaftslehre

Von der Öko-Nische zum ökologischen Massenmarkt:
Analyse und Gestaltung integrierter Produkt- und Akteursketten

Team: Prof. Dr. Thomas Dyllick / Dr. Frank Belz / Misch Kolibius /
Rolf Wüstenhagen / Alex Villiger /
bis Herbst 97 Prof. Dr. Uwe Schneidewind
IWÖ-HSG, Tigerbergstrasse 2, 9000 St. Gallen,
Tel: ++41-71-224 2739, Fax: ++41-71-224 27 22,
Email: rolf.wuestenhagen@unisg.ch

TP VII: Problemzugang Psychologie

Hemmende und fördernde Bedingungen der Umsetzung sozialer Repräsentationen in alltägliches Verhalten im Ernährungsbereich

Team: Prof. Dr. Mario von Cranach / Dr. Carmen Tanner /
Dr. Sybille Wölfing / Stephan Arnold
Universität Bern, Institut für Psychologie, Muesmattstr. 45,
3000 Bern 9, Tel.: ++41-31-631 47 27, Fax: ++41-31-631 82 12,
E-Mail: woelfing@psy.unibe.ch

TP VIII: Problemzugang Quantifizierung vonUmweltauswirkungen

Energy, greenhouse gases and way of living

Team: Prof. Dr. Roland Scholz / Dr. Olaf Tietje / Patrick Hofstetter /
Niels Jungbluth
ETH-Zentrum HCS, Umweltnatur- und Umweltsozialwissenschaften (UNS), Hochstr. 48, CH-8092 Zuerich, Tel.: ++41-1-632 49 78,
Fax: ++41-1-632 12 83, Email: tietje@uns.umnw.ethz.ch

TP IX: Problemzugang ökologische Bilanzierung

Environmental Prioritizing. From Indicators for environmental impacts towards environmental indices

Team: Prof. Dr. Ruedi Müller-Wenk / Dr. Arthur Braunschweig
IWÖ-HSG, Tigerbergstrasse 2, 9000 St. Gallen,
Tel: ++41-71-224 2595, Fax: ++41-71-224 2722,
Email: ruedi.mueller-wenk@unisg.ch

Dr. Olaf Tietje / Patrick Hofstetter / Thomas Köllner / Thomas Mettier
ETH-Zentrum HCS, Umweltnatur- und Umweltsozialwissenschaften
(UNS), Haldenbachstr 44,CH-8092 Zuerich, Tel.: ++41-1-632 58 94,
Fax: ++41-1-632 10 29,
Email: tietje@uns.umnw.ethz.ch

c) **Übersicht über veröffentlichte Diskussionspapiere (Stand September 1999)**

Diskussionspapiere integriertes Projekt:

Nr. 1a Minsch, Jürg / Mogalle, Marc (1999). *Transdisziplinäre Nachhaltigkeitsforschung - vom Schlagwort zu Forschungskonzeptionen.* IWÖ St. Gallen

Nr. 1b Minsch, Jürg / Mogalle, Marc (1998). Porträt des Integrierten Projekts Gesellschaft I: Nachhaltige Schweiz im internationalen Kontext. Entwicklung von Visionen, Strategien und Instrumenten am Beispiel des Bedürfnisfeldes Ernährung". Positionierung - Fundierung - Zielsetzung - Organisation. Die ersten zwei Jahre im Forschungsprozess. IWÖ St. Gallen.

Nr. 2 Schneidewind, Uwe (1997): Wandel und Dynamik in Bedürfnisfeldern - Wesen und Gestaltungsperspektiven. Eine strukturationstheoretische Rekonstruktion am Beispiel der Ökologisierung des Bedürfnisfeldes Ernährung. Arbeitsgruppe Bedürfnisfeld Ernährung, IWÖ St. Gallen.

Nr. 3 Arbeitsgruppe Restriktionen & Optionen (Hrsg, 1998): Restriktionen und Optionen: eine transdisziplinäre Heuristik zur Untersuchung und Gestaltung von Prozessen nachhaltiger Entwicklung im Bedürfnisfeld Ernährung. IWÖ St. Gallen.

Nr. 4 Maier, Simone, Schulz, Tobias, Stalder, Ueli (1999): Regionale Pro duktorganisationen: Strategie für eine nachhaltige Entwicklung? Das Beispiel Gemeinsames Agrarmarketing "Natürlich Aargau". IP - Dis kussionspapier Nr. 4im Rahmen des IP Ernährung /SPP Umwelt. IWÖ/HSG St. Gallen.

Diskussionspapiere Teilprojekte:

TP I: *Ökologische Wirtschaftspolitik zwischen Selbstorganisation und Fremdsteuerung*

Zu diesem Teilprojekt ist noch kein Diskussionspapier erschienen.

TP II: *Organizational and inter-organizational learning towards sustainability*

Maier, S.; Finger, M.; Haldimann, U. (1998) Organisationale und Interorganisationale Lernprozesse in Richtung Nachhaltigkeit im Bedürfnisfeld Ernährung. Forschungsdesign und erste Ergebnisse. Chavannes. IDHEAP

TP III: Bildung und Öffentlichkeitsarbeit für eine nachhaltige Schweiz im Bereich Ernährung

Rigendinger. Lisa (1997). Blick über den Tellerrand - nachhaltige Entwicklung am Beispiel Ernährung. Ein Vorschlag zur Strukturierung des Themas in der Bildungspraxis. Zürich: ETHZ, Dept. Umweltnaturwissenschaften.

TP IV: Plattformen für Verhandlungen über die nachhaltige Nutzung von Kulturlandschaften

Zu diesem Teilprojekt ist noch kein Diskussionspapier erschienen.

TP V: Strategien und Instrumente zur Förderung ökologischer Innovationen auf der regionalen Handlungsebene - entwickelt am Bedürfnisfeld Ernährung

Hofer, Kurt / Meier, Bernhard / Stalder, Ueli (1997): Leisten "Regionale Produkte" einen Beitrag zu einer nachhaltigen Ökologisierung des Bedürfnisfeldes Ernährung? SPPU Diskussionspapier Nr.8; Geografisches Institut, Bern. Preis: Fr. 15.-. (vergriffen)

Hofer, Kurt / Stalder, Ueli (1998): Regionale Produktorganisationen in der Schweiz: Situationsanalyse und Typisierung, SPPU Diskussionspapier Nr.8; Geografisches Institut, Bern. Preis: Fr. 18.-.

TP VI: Von der Öko-Nische zum ökologischen Massenmarkt: Analyse und Gestaltung integrierter Produkt- und Akteursketten

Belz, Frank / Schneidewind, Uwe / Villiger, Alex, Wüstenhagen, Rolf (1997): Von der Öko-Nische zum ökologischen Massenmarkt im Bedürfnisfeld Ernährung. Konzeption eines Forschungsprojektes. 55 Seiten. IWÖ-Diskussionsbeitrag Nr. 40, IWÖ-HSG, St. Gallen, Preis: Fr 20,-.

Wüstenhagen, Rolf (1997): Ökologie im Catering-Markt Schweiz: Branchenanalyse und Beurteilung Wettbewerbsstrategien in der Gemeinschaftsgastronomie. Diskussionbeitrag Nr. 45 des IWÖ-HSG. St. Gallen, Fr. 20.-.

Belz, Frank / Villiger, Alex (1997): Zum Stellenwert der Ökologie im schweizerischen Lebensmittelhandel: wettbewerbsstrategische Analyse. Diskussionsbeitrag Nr. 46 des IWÖ-HSG, St. Gallen, Fr. 20.-.

Belz, Frank (1997): Ökologische Sortimentsanalyse im schweizerischen Lebensmittelhandel: Eine explorative Untersuchung. Diskussionsbeitrag Nr. 47 des IWÖ-HSG, St. Gallen, 20 Sfr.

Belz, Frank (1998): Von Visionen zu Transformationen: Initiierung ökologischer Wandlungsprozesse in der Lebensmittelbranche durch Cosy-Workshops, Diskussionsbeitrag Nr. 60 des IWÖ-HSG, St. Gallen, 20 Sfr.

Wüstenhagen, Rolf (1998): Greening Goliaths versus Multiplying Davids: Pfade einer Coevolution Massenmärkte und nachhaltiger Nischen. Diskussionsbeitrag Nr. 61 des IWÖ-HSG, St. Gallen, 20 Sfr.

Belz, Frank (1998): Entstehung und Entwicklung des Biomarktes: Eine wirtschaftshistorische Analyse aus institutionstheoretischer und wettbewerbsstrategischer Perspektive, Diskussionsbeitrag Nr. 66 des IWÖ-HSG, St. Gallen, 20 Sfr.

Klement, Eva (1998): Zur Bedeutung der Ökologie im Wettbewerb des schweizerischen Brotmarktes, Diskussionsbeitrag Nr. 67 des IWÖ-HSG, St. Gallen, 20 Sfr.

Villiger, Alex (1998): Vom Subventionsverdruss zum Bio-Boom. Analyse der Diffusion biologischer Lebensmittel anhand des ökologischen Transformationsprozesses, Diskussionsbeitrag Nr. 70 des IWÖ-HSG, St. Gallen, 20 Sfr.

TP VII: Hemmende und fördernde Bedingungen der Umsetzung sozialer Repräsentationen in alltägliches Verhalten im Ernährungsbereich

Tanner, Carmen / Wölfing Kast, Sybille / Arnold, Stefan / Sätteli, Karin (1998). Internale und externale Restriktionen und Ressourcen des ökologisch nachhaltigen Lebensmitteleinkaufs. Forschungsbericht Nr. 1 des Psychologischen Instituts der Universität Bern. Fr. 18,-

Wölfing Kast, Sybille / Tanner, Carmen / Arnold, Stefan / Sätteli, Karin (1998). Die Vermittlung handlungsrelevanter Informationen für den ökologisch nachhaltigen Lebensmitteleinkauf. Forschungsbericht Nr. 2 des Psychologischen Instituts der Universität Bern. Fr. 18,-

Tanner, Carmen / Wölfing Kast, Sybille / Arnold, Stephan (1999): Typisierung von Konsumenten und Konsumentinnen aufgrund personaler und verhaltensbezogener Unterschiede. Ergebnispapier Nr. 3 des Psychologischen Instituts der Universität Bern.

Wölfing Kast, Sybille / Tanner, Carmen / Arnold, Stephan (1999): Die Wahrnehmung von handlungsrelevanten Informationen für ein ökologisch nachhaltiges Einkaufsverhalten durch verschiedene Konsumtypen. Ergebnispapier Nr. 4 des Psychologischen Instituts der Universität Bern.

Arnold, Stephan / Tanner, Carmen / Wölfing Kast, Sybille (1999): Die Wirkung ausgewählter Kontextbedingungen auf das ökologisch nachhaltige Einkaufsverhalten: Resultate einer Tagebuchstudie. Ergebnispapier Nr. 4 des Psychologischen Instituts der Universität Bern.

TP VIII: Energy, greenhouse gases and way of living

Jungbluth, Niels (1997): Ökologische Betrachtungen der Aktivität Ernährung - Zusammenstellung von Forschungsgruppen im Arbeitsfeld Ernährung und Umwelt - Auswertung der wichtigsten Arbeit. 31 Seiten. ESU Arbeitspapier Nr. 1/97, Gruppe ESU, IET, Zürich (vergriffen)

Jungbluth, Niels (1997): Life-Cycle-Assessment for Stoves and Ovens. UNS Working Paper No. 16, Umweltnatur- und Umweltsozialwissenschaften (UNS), Eidgenössische Technische Hochschule, Zürich.

Jungbluth, Niels (1998): Ökologische Beurteilung des Bedürfnisfeldes Ernährung. Arbeitsgruppen - Methoden - Stand der Forschung - Folgerungen.Working Paper Nr. 18, Umweltnatur- und Umweltsozialwissenschaften (UNS), Eidgenössische Technische Hochschule, Zürich. Fr. 20.-

TP IX: Environmental Prioritizing. From Indicators for environmental impacts towards environmental indices

Müller-Wenk, Ruedi (1997): Safeguard Subjects and Damage Functions as Core Elements of Life-Cycle Impact Assessment, Diskussionsbeitrag Nr. 42 des IWÖ-HSG, St. Gallen, 20 Sfr.

Müller-Wenk, Ruedi (1998): Depletion of abiotic resources weighted on base of "viretual" impacts of lower grade deposits used in future, Diskussionsbeitrag Nr. 57 des IWÖ-HSG, St. Gallen, Fr. 20.-.

Brunner, Stephan (1998): Panel Methods and their Application for Weighting. Umweltnatur- und Umweltsozialwissenschaften (UNS), Eidgenössische Technische Hochschule, Zürich

Müller-Wenk, Ruedi (1998): Land Use – The Main Threat to Species. How to Include Land Use in LCA, 45 S, Diskussionsbeitrag Nr. 64 des IWÖ-HSG, St. Gallen, 20 Sfr.

Die einzelne Diskussionspapiere sowie Hinweise auf allfällige weitere Publikationen können direkt bei den Autorinnen oder Autoren bestellt werden (Adressen siehe Anhang 1b).

Anhang 2:

Publikationen im Rahmen des Teilprojektes V "Regionale Produktorganisationen und nachhaltige Ernährung"

a) Diplomarbeiten (Bibliographische Angaben und Zusammenfassungen)

Bibliographische Angaben

BIENZ Christine, 1998: Durch Produktdifferenzierung und Kooperation zu wirtschaftlichem Erfolg im Fleischmarkt. 90 S. Diplomarbeit am Geografischen Institut der Universität Bern.

FRICK Roman, 1997: Herausforderungen der Zusammenarbeit einer branchenübergeifenden Innovationskooperation (Beispiel Seeland). 90 S. Diplomarbeit am Geografischen Institut der Universität Bern.

GRESCH Sabine, 1997: Gommer Produkte in der Gommer Gastronomie. 130 S. Diplomarbeit am Geografischen Institut der Universität Bern.

HALBEIS Matthias, 1999: Wahrnehmung von Umfeldveränderungen, Konzeption und Ergebnisse des Handelns in Regionalen Produkteorganisationen. Eine empirische Untersuchung über Akteure von vier Fallbeispielen aus dem Milchsektor. Ca. 130 S. Diplomarbeit am Geografischen Institut der Universität Bern.

NOGER Petra, 1999: Einstellung und Verhalten von KonsumentInnen gegenüber Lebensmitteln aus regionaler Produktion. 122 S. Diplomarbeit am Geografischen Institut der Universität Bern.

PROBST Bernhard, 1998: Ökologische Beurteilung unterschiedlicher Produktionssysteme von Brot unter besonderer Berücksichtigung regionaler Produktion. 165 S. Diplomarbeit am Geografischen Institut der Universität Bern.

SCHLEGEL Thomas, 1999: Regionsverständnisse in Regionalen Produktorganisationen. 150 S. Diplomarbeit am Geografischen Institut der Universität Bern.

SEIFERT Markus, 1999: Vermarktung regionaler Produkte. Eine Untersuchung der marketingstrategien von Regionalen Produktorganisationen in der Schweiz. 95 S. Diplomarbeit am Geografischen Institut der Universität Bern.

ZIMMERMANN Jennifer, 1998: Die regionale Produktorganisation Ämmitaler Ruschtig als Beispiel für eine vorsorgende Wirtschaftsweise. 110 S. Diplomarbeit am Geografischen Institut der Universität Bern.

Betreffend allfälligen Bestellungen von Diplomarbeiten siehe Hinweis und Adresse in Anhang 4 (letzte Seite).

Zusammenfassungen

BIENZ Christine, 1998:

Durch Produktdifferenzierung und Kooperation zu wirtschaftlichem Erfolg im Fleischmarkt - das Fallbeispiel der Oberaargauer-Metzger-Initiative OMI

Die Diplomarbeit von BIENZ befasst sich anhand des Fallbeispieles "Oberaargauer-Metzger-Initiative OMI" mit der Frage des wirtschaftlichen Erfolgs Regionaler Produktorganisationen.

Dabei werden vor allem zwei Aspekte beleuchtet:

1. wird die Produktdifferenzierung unter die Lupe genommen und beurteilt, durch was sich die OMI-Fleischqualität auszeichnet und ob die Oberaargauer-Metzger-Initiative mit ihrem Fleisch im Markt einen neuen Qualitätsstandard erreicht.
2. wird die durch die Organisation ausgelöste Wertschöpfung quantifiziert.

Im Hinblick auf diese Ziele wurden in einem ersten Teil der (empirischen) Untersuchungen Veränderungen der Wertschöpfung ermittelt. Dies indem die Waren- und Geldflüsse in den Metzgereien nach deren Verteilung auf andere Wirtschaftssubjekte quantifiziert wurden. In einem zweiten Teil wurden Interviews mit den beteiligten Metzgern geführt, um Informationen zur OMI-Fleischqualität zu erhalten und bisherige Erfahrungen der Metzger mit der Initiative zu erfassen.

Der Begriff der Fleischqualität wird je nach Akteur bzw. Interessengruppe anders definiert und verwendet. Fasst man diese Positionen zusammen, zeigt sich, dass Fleischqualität mindestens die drei Werte Genusswert, Gesundheitswert und Gebrauchswert sowie die drei "Ansprüche" Ökologie, Ethik und Transparenz umfasst. Dabei können zwischen verschiedenen Parametern und Teilkriterien Zielkonflikte bestehen. Sowohl Produzenten wie auch Verarbeiter beeinflussen die verschiedenen Parameter durch ihre Handlungsweise entscheidend mit.

Für das Fleisch der Oberaargauer-Metzger-Initiative werden verschiedene Qualitätsvorteile ausgemacht, welche sich vom Angebot der Grossmetzgereien unterscheiden: Positiv auf die Fleischqualität wirken sich besonders folgende zwei Schlüsselfaktoren aus: Der Faktor „regionale Herkunft der Tiere" berücksichtigt die Ansprüche Ökologie, Ethik und Transparenz. Der Faktor „kleinbetriebliche Struktur der Metzgereien" trägt durch spezifische Transport-, Schlachtungs- und Kühlungsmöglichkeiten zu hohem Genuss- und Gebrauchswert des Fleisches bei und kann die Transparenz über den Produktionsprozess gewährleisten.

Die Oberaargauer-Metzger-Initiative besitzt das Potential, einen neuen Standard von Fleischqualität zu realisieren. Die verschiedenen Qualitätsvorteile werden bisher jedoch wenig kommuniziert. Zudem bestehen innerhalb der Initiative differierende Ansichten bezüglich des Qualitätsstandards ihres Fleisches.

Aufgrund der unterschiedlichen Qualitätsstandards in den Metzgereien ist auch die durch die Initiative ausgelöste Wertschöpfung innerhalb der Metzgereien verschieden. Grundsätzlich konnte folgendes festgestellt werden:

In allen OMI-Metzgereien wurde durch den Verkauf von OMI-Fleisch eine Umsatzsteigerung erzielt. Aufgrund der höheren Ankaufskosten für Labeltiere und der zusätzlichen Kosten für das Marketing und die Organisation der Initiative konnte die Wertschöpfung jedoch nur in zwei der elf Metzgereien erhöht werden. In den anderen Metzgereien decken die höheren Preise des regionalen Labelfleisches die höheren Ausgaben (noch) nicht oder nur äusserst knapp. Eine Wertschöpfungssteigerung konnte in jenen Metzgereien verzeichnet werden, wo durch die Kooperation innerhalb der Initiative anderen Metzgereien bei deren Angebotsengpässen deutlich mehr Fleisch geliefert werden konnte, als dies früher der Fall war und welche damit ihre Verkaufsmenge steigern konnten. Finanzielle Vorteile zeigt die Oberaargauer-Metzger-Initiative für die zuliefernden Landwirtschaftsbetriebe und weitere vorgelagerte Betriebe: Dort werden pro Jahr ca. Fr. 173'000.- mehr Wertschöpfung erzielt, was einer Steigerung von 5% entspricht. Insgesamt gelingt es der Oberaargauer-Metzger-Initiative einen positiven regionalwirtschaftlichen Effekt von jährlich ca. 430'000 Fr. auszulösen.

Am Schluss der Arbeit werden für Regionale Produktorganisationen und für die Oberaargauer-Metzger-Initiative folgende Schlüsse gezogen:

- Eine regionale, akteurspezifische Produktdifferenzierung ist im Fleischmarkt Nachhaltigkeitspotenzial und Qualitätsvorteil in einem.

- Regionale Produktorganisationen stützen sich mit Vorteil auf staatlich festgelegte Anforderungen an die Tierhaltung („kontrollierte Freilandhaltung KF" oder „besonders tierfreundliche Stallhaltung BTS"). So werden einerseits zu Gunsten der Metzger höhere Ankaufskosten für Tiere vermieden und andererseits können andere Qualitätsaspekte (als jene der Tierhaltung) besser kommuniziert werden.

- Die OMI sollte ihre Fleischqualität klarer definieren, verbindlich festlegen und anschliessend ihre Vorteile gegenüber der Konkurrenz besser kommunizieren.

- Eine Umsatzsteigerung durch eine Produktdifferenzierung macht noch keinen wirtschaftlichen Erfolg aus, denn mit der Produktdifferenzierung entstehen meistens auch höhere Ankaufskosten. Dazu kommen Kosten für das Marketing der alternativen Vermarktung und für die Organisation der Initiative. Diese müssen auf alle profitierenden Akteure verteilt werden können.

- Eine Kooperation innerhalb der Initiative beinhaltet Kostensenkungspotentiale, welche bisher noch zu wenig ausgeschöpft werden: zum Beispiel die Reduktion von Abschreibungs- und Betriebskosten durch gemeinsame Anlagen, die Reduktion von Marketingkosten durch gemeinsames Marketing oder die Reduktion von Lagerkosten, indem durch gegenseitige Belieferung die Lager klein gehalten werden können oder indem zentrale Lager errichtet werden.

Auf Basis eines hochentwickelten Qualitätsbewusstseins und eines einwandfreien Auftritts setzt die OMI neue Ideen um, und versucht, so den veränderten Bedürfnissen der KundInnen gerecht zu werden. Es ist zu hoffen, dass vom wirtschaftlichen Erfolg der OMI neben der Landwirtschaft und deren vorgelagerten Betrieben in Zukunft vermehrt auch die einzelnen Metzgereien profitieren.

FRICK Roman, 1997:

Tourismus - Landwirtschaft – Region: Herausforderungen der Zusammenarbeit einer branchenübergreifenden Innovationskooperation

Die Arbeit von FRICK untersucht Probleme der Zusammenarbeit innerhalb einer Regionalen Produktorganisation, dabei geht es um die Organisation und Arbeitsteilung, sowie die damit zusammenhängenden Restriktionen.

Als Fallstudie diente das Projekt „TouLaRe" (Tourismus - Landwirtschaft - Region) im Seeland, eine Kooperation von landwirtschaftlichen und touristischen Branchen, in der versucht wird, neue Märkte im In- und Ausland zu erschliessen. Methodisch wurde vorwiegend mit qualitativen Interviews gearbeitet.

Wie die regionalwirtschaftliche Theorie der „innovativen Milieus" geht auch die Arbeit davon aus, dass branchenübergreifende Kooperationen die Innovationsfähigkeit einer Region beträchtlich steigern können. Die Theorie sagt aber wenig darüber, was in einer Innovationskooperation beachtet werden muss, um auch längerfristig bestehen zu können. Auf der Grundlage des Promotoren-Modells einerseits und sozialpsychologischen Ansätzen andererseits wurde deshalb der engere Kooperationsprozess zwischen den aktiv Beteiligten untersucht. Dies mit dem Ziel, Ansätze zu Optimierungsstrategien für solche Formen der Zusammenarbeit erarbeiten zu können.

Im „TouLaRe" lässt sich eine Arbeitsteilung in Macht-, Fach- und Prozessfunktionen, wie es das Promotoren-Modell vorgibt, trotz einigen Überschneidungen gut erkennen und kann als sinnvoll bezeichnet werden. Es zeigt sich aber, dass die verschiedenen Aufgaben unterschiedlich engagiert angegangen werden und insbesondere einzelne VertreterInnen in der Trägerschaft (Macht-Promotor) zu passiv sind. Abhängig von diesem Engagement und der internen Struktur einzelner Träger-Organisationen ist es vor allem den touristischen Branchen noch nicht gelungen, ihre Basis für die Projektideen zu mobilisieren. Das „TouLaRe" verfügt über einen sehr initiativen Projektleiter (Prozess-Promotor). Dieser bestimmt zusammen mit wenigen aktiven Teilprojekt-LeiterInnen (Fach-Promotoren) den Projektverlauf. Oder anders gesagt: Die Abhängigkeit von 2-3 sehr engagierten Persönlichkeiten ist im Moment zu stark.

Die Restriktionen der Zusammenarbeit sind aber nicht nur in der Arbeitsteilung begründet, sondern auch in den unterschiedlichen wirtschaftlichen Interessen dieser sehr heterogen zusammengesetzten Trägerschaft. Am meisten Nutzen sehen nach wie vor die landwirtschaftlichen BranchenvertreterInnen, wogegen die TouristikerInnen sich mit dieser Nutzensicht schwer tun und deshalb bei der konkreten Realisierung von Teilprojektideen ziemlich abseits stehen. Dies wiederum lässt sie gegenüber den aktiveren Leuten als Trittbrettfahrer erscheinen. Die Arbeit zeigt, dass insbesondere nach 1-2 Jahren - also in einer Phase, in der häufig Ermüdungserscheinungen auftreten - solche Motivationsverluste den Kooperationsprozess entscheidend beeinflussen können. Es ist deshalb sehr wichtig, dass aktiv Beteiligte einerseits Anerkennung für ihre geleistete Arbeit erhalten, andererseits längerfristig auch Arbeit an andere abgeben können. Letzteres wird wiederum mit einer verbesserten Organisation im Sinne des Promotoren-Modells erleichtert.

Die Fallstudie und auch der Vergleich mit anderen Schweizer Projekten im Rahmen der Querschnittanalyse zeigen, dass solche Restriktionen des Nicht-Wollens den Innovationsprozess stärker prägen als Hindernisse im Bereiche des Nicht-Könnens oder Nicht-Wissens. Viele Projekte haben zwar nach wie vor Probleme mit der Finanzierung, mit sonstigen Aspekten des Nicht-Könnens – wie z.B. den gesetzlichen Rahmenbedingungen – scheint man sich aber zu arrangieren. Das Nicht-Wissen ist vorwiegend ein Problem der Kommunikation gegen aussen und weniger innerhalb des Projektmanagements.

Die Anwendung des (unternehmensorientierten) Promotoren-Modells auf eine Innovationskooperation hat sich bewährt, auch wenn gewisse Anpassungen unumgänglich sind. Insbesondere kann mit dem Modell die – alleine etwas statisch wirkende – Restriktionsanalyse besser in den Gesamtzusammenhang eines Innovationsprozesses gebracht werden.

GRESCH Sabine, 1997:

**Gommer Produkte in der Gommer Gastronomie.
Beurteilung der Strukturierungsprozesse der GastronomInnen aufgrund eines gegenstandsbegründeten Modells.**

Die Arbeit von GRESCH widmet sich dem Thema „Regionale Produktevermarktung im Goms, aus der Sicht der GastronomInnen". Um diese subjektive Perspektive kennenzulernen, wählt die AutorIn die Strukturationstheorie nach

GIDDENS als theoretischen und die qualitative Sozialforschung als methodischen Ausgangspunkt. Die Auswertung der qualitativen Interviews mit den Gommer GastronomInnen erfolgte auf Grundlage handlungstheoretischen Modells, in Verbindung mit einem eigens konzipierten thematischen Kategoriensystem. Das resultierende "gegenstandbegründete" Modell diente sodann der Herausarbeitung und Beurteilung des Strukturierungsprozesses „Regionale Produktevermarktung" der GastronomInnen im Goms. Dabei wurde zunächst die Strukturierung der einzelnen thematischen Bereiche herausgearbeitet und beurteilt und schliesslich eine Gesamtbeurteilung vorgenommen.

Die *Gesamtbeurteilung der Strukturierungsprozesse* ergab drei verschiedene Typen von GastronomInnen mit je spezifischen Charakteristika:

1. Die *„mutigen"* GastronomInnen weisen hinsichtlich der Analysekategorien „Innovationswillen" und „Berücksichtigung von Umfeldfaktoren und Marktorientierung" hinsichtlich einer regionalen Produktevermarktung stark ausgeprägte Strukturierungsprozesse auf. Regionale Produktevermarktung wird von ihnen als Antwort auf aktuelle Trends betrachtet. In den Bereichen „Kooperation", „Wertschätzung Lebensmittelqualität" und „Technische und finanzielle Machbarkeit" ist das Handlungsinteresse vorhanden, Ideen umzusetzen und Lösungen zu finden. Dass es nicht zu einer konsequenten Umsetzung kommt, hängt mit schlechten Erfahrungen und einer daraus folgenden kritischen Interpretationsleistung im Bereich „Kooperation" zusammen. In einer Vermarktung sehen diese GastronomInnen nur ein beschränktes Potential.

2. Bei den „traditionellen" GastronomInnen bestehen wie bei den „mutigen" GastronomInnen im „Innovationswillen" und der „Berücksichtigung von Umfeldfaktoren" ausgeprägte Strukturierungsropzesse. Ihr Handlungsinteresse ist aber stärker darin begründet, dass sie durch regionale Produktevermarktung die Tradition und die Region unterstützen wollen. Eine inkonsequente Interpretation über die Bedeutung von Kooperation führt zu einer Diskrepanz zwischen diskursiver Bewusstheit und Handlungsinteresse in den Bereichen „Kooperation" und „Wertschätzung der Lebensmittelqualität". Technische und finanzielle Probleme werden zwar als lösbar erachtet, doch besteht kein Handlungsinteresse, selber Lösungen zu suchen. Vermarktung wird nicht in den Vordergrund gestellt.

3. Bei den „konventionellen" GastronomInnen sind mit den kaum ausgebildeten Strukturierungsprozessen in den Bereichen „Innovationswille" und „Berücksichtigung von Umfeldfaktoren und Marktorientierung" hinsichtlich einer regionalen Produktevermarktung grundlegende Voraussetzungen nicht vorhanden. Über die Bedeutung von Kooperation und die gute Qualität regionaler Produkte besteht zwar eine diskursive Bewusstheit, doch besteht grosse Skepsis gegenüber der Realisierbarkeit von Kooperationen. Über die technische Machbarkeit besteht ebenfalls kaum eine Inter-

pretationsleistung. Diese mangelhaften Interpretationsleistungen sind auf geringe Erfahrungen aufgrund mangelhaften Handlungsinteresses zurückzuführen.

Die erarbeiteten Handlungsfelder beruhen auf der Beurteilung der Strukturierungsprozesse regionaler Produktevermarktung und sind entsprechend auf die drei verschiedenen Typen von GastronomInnen abgestimmt.

Die „mutigen" GastronomInnen weisen die am weitesten fortgeschrittenen Strukturierungsprozesse auf und ihre Handlungsfelder stehen einer Realisierung „Regionaler Produktevermarktung" daher am nächsten. Daraus ergeben sich drei Handlungsfelder (Empfehlungen):

1. Dialog über „Regionale Produktevermarktung" stärken. Die erwünschten Kooperationen werden nur auf der Basis einer guten Dialogkultur möglich werden.

2. Zusammenarbeit mit anderen mutigen AkteurInnen. Zusammenarbeit in Form von Absprachen sind sowohl innerhalb wie auch zwischen den Akteurgruppen zu fördern.

3. Gemeinsame Vermarktung. Dieses Handlungsfeld wird erst aktuell, wenn in den Handlungsfeldern 1 und 2 Erfolge erzielt wurden.

Die Handlungsfelder der „traditionellen" GastronomInnen sind stark von Erfolgen in den Handlungsfeldern der „mutigen" GastronomInnen abhängig. Erfolge sind also erst indirekt zu erwarten, weshalb die Handlungsfelder in der Prioritätenliste an zweiter Stelle stehen.

4. Das Interesse an konsequenter regionaler Kooperation stärken. Die Interpretationsleistung über die Bedeutung regionaler Zusammenarbeit und entsprechendes Handlungsinteresse müssen gefördert werden.

5. Erfahrungsaustausch und Lösungsansätze für technische Hindernisse. Die bei den „mutigen" GastronomInnen vorhandenen Lösungsansätze müssen offen diskutiert und ausgetauscht werden.

Die „konventionellen" GastronomInnen charakterisieren diejenige GastronomInnengruppe, die von einer Realisierung einer „regionalen Produktevermarktung" am weitesten entfernt ist. Diese Handlungsfelder setzen bei ganz grundsätzlichen Problemen im Strukturierungsprozess an.

6. Bedeutung von Kooperation bewusst machen. Einzig echte Erfolge kooperativer Projekte könnte diese GastronomInnen vom Nutzen einer Kooperation überzeugen.

7. Bedeutung von regionalen Produkten bewusst machen. Mit einer gestärkten Interpretationsleistung über die Bedeutung regionaler Produkte könnte, wenn auch keine regionale Produktevermarktung realisiert, dann doch ein Handlungsinteresse für die Nachfrage bestimmter regionaler Produkte gesteigert werden.

8. Regionale Produktevermarktung als Innovationsstrategie erkennen. Erst mit Erfolgen in den Handlungsfeldern 6 und 7 kann regionale Produktevermarktung für diese GastronomInnen zu einer potentiellen Innovation werden.

HALBEIS Matthias, 1999:

Wahrnehmung von Umfeldveränderungen, Konzeption und Ergebnisse des Handelns in Regionalen Produktorganisationen. Eine empirische Untersuchung über Akteure von vier Fallbeispielen aus dem Milchsektor

Angesichts eines liberalisierten Welthandels und der auf den Lebensmittelmarkt drängenden billigen Import-Produkte stehen die Akteure der schweizerischen Landwirtschaft im allgemeinen und der Milchwirtschaft im speziellen derzeit vor einer speziellen Herausforderung: Sie kämpfen mit sinkenden Preisen im Milchwirtschaftssektor. Der Staat, also Bund und Kantone trägt insofern zu dieser Herausforderung bei, als er eine neue Agrarpolitik verfolgt, in welcher er Abstand nimmt von den seit den 50er Jahren praktizierten dirigistischen Markteingriffen in Land- und Milchwirtschaft. Als Folge davon steigt zwar die unternehmerische Freiheit der einzelnen Akteure, gleichzeitig aber auch ihr unternehmerisches Risiko. Sie sind dazu gezwungen, unmittelbar auf die sich rasch ändernden Wünsche der Kundschaft bezüglich Produktepalette und Produktionsweise einzugehen und gangbare Lösungen zu finden.

Die vorliegende Arbeit untersucht, welche Relevanz verschiedene Einflussfaktoren des veränderten wirtschaftlichen und politischen Umfeldes auf Handlungskonzeption, Entscheidungen und Strategien von RPO-Akteuren haben. Dabei wird der Agrarsektor als spezifisches Teilsystem der Gesellschaft verstanden und beschrieben.

Dazu werden zunächst die wichtigsten Änderungen in der staatlichen Agrarpolitik dargestellt. Mittels der Strukturationstheorie von GIDDENS (1988) und verhaltenstheoretischen Überlegungen wird anschliessend eine Brücke geschlagen zwischen gesellschaftlichen Veränderungen und der Handlungskonzeption von Akteuren. Das Ergebnis der entsprechenden Überlegungen bildet ein theoriegeleitetes Untersuchungsmodell, welches im Austausch mit Experten zum "Modell der Handlungskonzeption von RPO-Akteuren" weiterentwickelt wird. Dieses bildete die Grundlage für total 12 problemzentrierte Interviews mit Akteuren aus vier RPO, die in der Milchproduktion und -vermarktung tätig sind.

Ergebnisse:

◆ Die RPO-Akteure nehmen die Einkommensverluste (bedingt vor allem durch den sinkenden Milch- und Käsepreis) und die neue Agrarpolitik als eine schwierige Herausforderung wahr. Aber auch die veränderten Wünsche der Konsumentinnen und Konsumenten, sowie die Marktmacht der

Grossverteiler werden von den Befragten als wichtige Umfeldfaktoren genannt. Auf diese Veränderungen versuchen sie mit neuen Strategien auf- betrieblicher wie überbetrieblicher Stufe zu begegnen.

- Aufgrund der theoretischen Überlegungen hängt das Ergebnis der Handlungskonzeption, die Umsetzung einer bestimmten Strategie, in erster Linie von den Faktoren "Finanzen", "Infrastruktur", "Vorschriften", "Gewohnheit", "Grösse", "Bildung", "Beratung", "Förderung" und "Innovation" ab.

- Von den Befragten wird den Faktoren "Finanzen", "Infrastruktur", "Grösse" und "Beratung" eine besondere Relevanz für die eingeschlagene Strategie beigemessen. Aktuelle Vorschriften und Bildungsangebote werden zwar als Einflussfaktoren gesehen, gelten aber nicht als besonders wichtig. "Förderung", "Gewohnheit" und "Innovation" schliesslich werden als nahezu unbedeutend eingeschätzt.

- Für ihr wirtschaftliches Handeln als (positiv zu wertende) Option beurteilt werden "Beratung", "Bildung", "Innovation" und "Förderung" beurteilt. Je nach Betrieb als Option oder als Restriktion gesehen werden die Faktoren "Grösse" sowie "Infrastruktur". Tendenziell als Restriktion gelten "Finanzen", "Vorschriften" sowie "Gewohnheit".

- Als konkrete, von den RPO-Akteuren eingeschlagene Strategien sind vor allem zu nennen: 1. Bessere Vermarktung der bisherigen Produkte und 2. Steigerung der Produktivität der Betriebe. Eine bessere Vermarktung wird vor allem mittels Herkunftsbezeichnungen versucht. Produktivitätssteigerungen sollen durch Investitionen in effizientere Produktionsanlagen erreicht werden. Daneben werden aber auch vermehrte Zusammenarbeit, Weiterverarbeitung im eigenen Betrieb und Konzentration auf Spezialitäten und Nischenprodukte genannt. Ein anderer Produktionsstandard, zum Beispiel die Umstellung auf Bio, wird dagegen von den meisten Befragten nicht als interessante Strategie beurteilt.

NOGER Petra, 1999:

Einstellung und Verhalten von KonsumentInnen gegenüber Lebensmitteln aus regionaler Produktion

Ob sich Regionalmarketing – Initiativen im hart umkämpften Lebensmittelmarkt werden behaupten und eine gewisse Marktposition erreichen können, ist noch ungewiss. Mit Sicherheit hängt jedoch der Erfolg der Regionalen Produktorganisationen stark vom zukünftigen Konsum ihrer Produkte ab. Das Verhalten von KonsumentInnen hat aber nicht nur grossen Einfluss auf den Markterfolg von regionalen Produkten, sondern auch bezüglich ihres Potentials, überhaupt zu einer nachhaltigeren Ernährung beizutragen.

Obschon seitens der Initiativen grosse Hoffnungen in die Regionale Produktevermarktung gesetzt werden, besteht noch weitgehend Unklarheit darüber, wer mit regionalen Produkten angesprochen werden kann und wie diese von den KonsumentInnen beurteilt werden. Die Absicht der Arbeit von NOGER ist es, diese Lücke zumindest teilweise zu schliessen. Dabei geht es in erster Linie darum, herauszufinden

- wer mit regionalen Produkten angesprochen werden kann,
- aus welchen Gründen regionale Produkte gekauft werden,
- und wie regionale Produkte von den KonsumentInnen beurteilt werden.

Da viele Regionale Produktorganisationen auch auf eine grosse touristische Nachfrage zählen und sich insbesondere Tourismusdestinationen Synergieeffekte aus der Übertragung des touristischen Images der Region auf das der regionalen Produkte und umgekehrt erhoffen, wurde die KonsumentInnenbefragung in einer klassischen Tourismusregion durchgeführt. Die Tourismusregion Gstaad – Saanenland erschien dabei als Untersuchungsregion sehr geeignet, weil dort verschiedenste Initiativen zur Vermarktung von regionalen Produkten bestehen, welche sich insbesondere auf die Vermarktung von Milchprodukten sowie Fleisch und Wurstwaren konzentrieren.

Theoretischer Ausgangspunkt für diese Arbeit bildet die sozialpsychologische Einstellungs–Verhaltens–Theorie bzw. das MODE – Modell von Fazio, welches davon ausgeht, dass Einstellungen sowohl in spontanen wie auch in überlegten Entscheidungssituationen Einfluss auf das Verhalten haben können. Zudem wurde durch die Verwendung von Elementen der der Imagery – Forschung berücksichtigt, dass emotionale Faktoren und bildliche Erlebnisse bei Kaufentscheidungen einen immer höheren Stellenwert einnehmen. Das Einstellungs – Verhaltens – Modell, wie es speziell für diese Arbeit entwickelt wurde, basiert also auf der Annahme, dass nicht nur Einstellungen, sondern auch das Image einer Region Einfluss auf die Kaufentscheidung haben.

Im Juli und August 1998 wurden während sechs Wochen in verschiedenen Lebensmittel- und Fachgeschäften, welche alle auch einheimische Produkte im Sortiment führen, Fragebogen aufgelegt. Zudem wurden auch auf Alpen, welche regionale, d.h. einheimische Produkte direkt an Feriengäste verkauften, Fragebogen aufgelegt. Diese Fragebogen sollten vom Verkaufspersonal und von den ProduzentInnen an alle KonsumentInnen verteilt werden, die Käse oder Fleisch kauften. Es wurden insgesamt 148 Fragebogen retourniert, welche ausgewertet werden konnten. Fast sämtliche Fragebogen, die ausgewertet wurden, waren von KäuferInnen von einheimischen Produkten ausgefüllt worden. Daher konnten bezüglich der Einstellungen und des gewohnheitsmässigen, alltäglichen Einkaufsverhaltens keine Vergleiche zwischen KäuferInnen und Nicht – KäuferInnen von einheimischen Produkten angestellt werden. Des Weiteren resultierte leider keine repräsentative Stichprobe, weshalb sich die *folgenden Aussagen* nur auf die antwortenden KonsumentInnen beziehen.

Die Einstellungsvariablen "einheimische Wirtschaft", "artgerechte Tierhaltung", "gesunde Ernährung" und "Vertrauen in Kleinbetriebe" wurden von den

Antwortenden deutlich höher gewichtet als die Variablen "umweltbewusste Ernährung" und "Genusswert". Allerdings besteht zwischen den Einstellungen und dem gewohnheitsmässigen alltäglichen Einkaufsverhalten eine Diskrepanz. Das alltägliche Einkaufsverhalten scheint vor allem viel stärker genussorientiert zu sein als die Antwortenden es selber wahrhaben wollen.

Auch die Hygiene im Verkaufslokal und die freundliche Bedienung sind sehr wichtige Aspekte beim Einkauf. Als wichtige Zusatznutzenvariablen folgen anschliessend die regionale Herkunft und der Offenverkauf. Auf die Label – Kennzeichnung der Produkte und auf den günstigen Preis achten die antwortenden KonsumentInnen nach eigenen Angaben nur wenig.

Einheimische Produkte gelten bei den Befragten als geschmacklich besonders gut und preiswert. Nach ihren Angaben spielen auch die kurzen Transportwege, das Vertrauen in die ProduzentInnen, das Vertrauen in die Qualität der Produkte sowie die Unterstützung der traditionellen Landwirtschaft eine entscheidende Rolle beim Kauf von einheimischen Produkten. Eine gewisse Unsicherheit oder Skepsis seitens der Antwortenden ist gegenüber dem Gesundheitswert und zum Teil auch gegenüber dem ökologischen Wert dieser Produkte zu verspüren. So werden die Aussagen, einheimische Produkte wären "frei von unerwünschten Chemikalien", "umweltfreundlich produziert" und "besonders natürlich" im Vergleich zu den oben erwähnten Variablen nur zögernd bejaht.

Weiter konnte auch bestätigt werden, dass eine Image – Übertragung vom Saanenland auf dasjenige von einheimischen Produkten stattfindet; dass also diese Produkte vom positiven Image des Saanenlandes profitieren.

Soziodemographische Merkmale haben kaum Einfluss auf die Einstellungen, das Alltagsverhalten, das Image und auf die Beurteilung der einheimischen Produkte. Auch unterscheiden sich die Antworten der einheimischen Bevölkerung nur wenig von denjenigen der Feriengäste. Der Genusswert ist den TouristInnen wichtiger als den Einheimischen. Dies drückt sich bezüglich der Einstellungen wie auch der einheimischen Produkte aus. Viele Feriengäste kauften einheimische Produkte, weil sie Lust darauf hatten oder um die Spezialitäten der Region zu probieren. Demgegenüber kaufte die ansässige Bevölkerung eher einheimische Produkte, weil sie grosses Vertrauen in die Produzenten hat und um die traditionelle Landwirtschaft sowie die artgerechte Tierhaltung zu unterstützen. Ein wichtiger Faktor für die einheimische Bevölkerung ist auch die persönliche Bekanntschaft zu den ProduzentInnen. Auffallend viele der antwortenden TouristInnen sind im übrigen treue (wiederkehrende) Feriengäste des Saanenlandes.

Die Resultate lassen darauf schliessen, dass emotionale Bindungen zum Saanenland grossen Einfluss darauf haben, ob einheimische Produkte gekauft werden oder nicht. Auch der Faktor Vertrauen scheint für den Kauf von einheimischen Produkten und deren Bewertung eine zentrale Rolle zu spielen. Somit kann die regionale Herkunft nebst dem Genusswert als wichtigste produktbezogene Zusatznutzenvariable bezeichnet werden.

Nur wenige der antwortenden KonsumentInnen von einheimischen Produkten sind auch (konsequente) KäuferInnen von Bio – Produkten. Demgegenüber kann festgestellt werden, dass die kurzen Transportwege einen wichtigen Beweggrund darstellen, einheimische Produkte zu kaufen. Die umweltbewusste Ernährung spielt also für die antwortenden KonsumentInnen von einheimischen Produkten eine Rolle, wird aber nicht über Bio thematisiert.

PROBST Bernhard, 1998:

Ökologische Beurteilung unterschiedlicher Produktionssysteme von Brot unter besonderer Berücksichtigung Regionaler Produktion - Ein Vergleich auf Basis der Ökobilanzierung

Verschiedene Faktoren tragen dazu bei, dass die Umweltbelastung durch die Herstellung und den Konsum von Lebensmitteln weiter ansteigt: Der Einsatz von Düngern und Pestiziden in der Landwirtschaft, die dank tiefen Energiepreisen ständig wachsenden Transporte sowie die Trends zu Convenience-Food und zur Standardisierung von Lebensmitteln, welche den Grad der Verarbeitung der Produkte erhöhen. Regionale Produkte, die im Rahmen von Regionalen Produktorganisationen hergestellt werden, verfügen nach Ansicht von HOFER, STALDER, 1998 dagegen das Potential zur (Re-) Ökologisierung des Bedürfnisfelds Ernährung. Die zentrale Frage der vorliegenden Arbeit lautet:

Verfügt ein als regionales Produkt hergestelltes Brot – als Beispielprodukt – über Vor- oder Nachteile bezüglich seinen ökologischen Qualitätseigenschaften im Vergleich zu einem "überregionalen" (nationales oder internationales) Produkt?

Die zweite Fragestellung zielt auf die Anwendung der Methodik: Welche Umweltanalyse-Instrumente eignen sich zur ökologischen Beurteilung von Regionalen Produkten?

Aus einer grossen Palette von Umweltanalyse-Instrumenten wurde die Ökobilanzierung ausgewählt, da sie sich für einen Produktevergleich am besten eignet. Der letzte Schritt bei der Ökobilanzierung, die Bewertung der Daten (gegenseitiges Gewichten) wurde mit dem in der Schweiz häufig angewandten "Eco-Indicator 95" vorgenommen.

In der Arbeit werden drei Produkte miteinander verglichen:

1 Das *Regionale Produkt* enthält Getreide der Genossenschaft Gran Alpin und wird innerhalb der Region Surmeir (GR) verarbeitet und konsumiert.

2 Das *nationale Produkt*, enthält ebenfalls Getreide von der Genossenschaft Gran Alpin, wird aber ausserhalb der Region verarbeitet und konsumiert (Verarbeitung: Hausbäckereien der JOWA AG, Verkauf: Migros).

3 Das *internationale Produkt* enthält nebst Schweizer Getreide einen Anteil von 15% Getreide aus Übersee (Kanada oder USA) und wird im Unter-

schied zu den beiden anderen Produkten in der Grossbäckerei (JOWA AG) gebacken.

Ergebnisse

Ein Vergleich von Brot aus einem regionalen Produktlebenszyklus und einem nationalen oder internationalen Produkt zeigt, dass das regionale Produkt nicht per se über vorteilhaftere ökologische Qualitätsmerkmale verfügt. Die hauptsächlichen Emissionsquellen liegen in der Landwirtschaft und der Bäckerei (Energieverbrauch). Entscheidend für das Gesamtresultat ist somit der Standard des Anbaus (Biologisch, Integrierte Produktion, intensiver Anbau) und der Energieverbrauch in der Bäckerei, der allerdings sehr stark variieren kann. Der Transport nimmt nicht die erwartet wichtige Rolle ein.

Regionale Produkte haben, werden Potentiale für eine Optimierung der betrachteten Produktlebenszyklen betrachtet, aber durchaus die Chance, die tiefsten Werte bei der Umweltbelastung zu erreichen, wobei nebst dem Produktionsstandard und der Wahl der Energiequellen die ökologisch sinnvolle Reichweite des Produkts definiert werden muss.

Ein aus ökologischer Sicht ideales Regionales Produkt bezieht die Rohstoffe aus dem biologischen Landbau, verbraucht für die Verarbeitung "sparsam" Energie aus lokalen oder regionalen Energiequellen und verfügt über ein ökoeffizientes Distributionssystem.

Eignung der Methodik für Regionale Produkte

Bei der ökologischen Beurteilung von regionalen Produkten muss besonders auf qualitative Aspekte (Bodenfruchtbarkeit, Landschaftsschutz, Biodiversität) geachtet werden. Diese fliessen nicht in die quantitativ aufgebaute Bilanz ein. Ausserdem ist die Bewertung der Landwirtschaft beim heutigen Stand der Ökobilanzierung noch mit vielen Unsicherheiten verbunden.

Die Nutzung der Ökobilanz für die aussengerichtete Information (z.B. mit einem Label) ist wenig zu empfehlen, da leicht der Vorwurf der Instrumentalisierung der Methodik für das Marketing entsteht. Profitieren von der Ökobilanzierung können Regionale Produktorganisationen bei der Optimierung der Produktionsabläufe (Kostenersparnis, Ressourceneffizienz, transparente Produktionsabläufe sowie die Einhaltung von Rechtsvorschriften).

Schliesslich stärkt ein Engagement für die Ökologisierung der Produktlebenszyklen potentiell das Vertrauen der Kundschaft, die u.a. von regionalen Produkten erwartet, dass diese die Umwelt weniger belasten als nationale oder internationale Produkte.

SCHLEGEL Thomas, 1999:

Regionsverständnisse in Regionalen Produktorganisationen. Fallbeispiel RPO Fleisch- und Milchprodukte aus dem Obersimmental/Saanenland

Die Arbeit von SCHLEGEL befasst sich mit der doppelten Funktion von Region in Regionalen Produktorganisationen. Dabei geht sie von der theoretisch abgestützten Grundthese aus, wonach "Region" in RPO zwei Funktionen erfülle:

1. Wirkung nach aussen: Die "Region" wird als Instrument der Werbung eingesetzt, um KonsumentInnen von der Qualität der angebotenen Produkte zu überzeugen (→Herkunftsbezeichnung für die Produkte).

2. Wirkung nach innen: Die "Region" ist wichtig für die Identität der Organisation und den Zusammenhalt unter den Mitgliedern (→Innovationskatalysator).

Zur Untersuchung, ob und wie Region diese Funktionen erfüllen kann, werden die mit ihr verbundenen Bedeutungen analysiert, und zwar durch eine schriftliche Erhebung der Regionsverständnisse von Mitgliedern einer bestimmten RPO (Fleisch- und Milchprodukte aus dem Obersimmental / Saanenland.

Als Grundlage für die Befragungen werden aufgrund der einschlägigen Literatur und der Analyse von Prospekten und Projektbeschrieben von RPO fünf Elemente von Regionsverständnis definiert: „Name und Abgrenzung", „Vertrauen in die Stärke der RPO", „Einheitliche Wahrnehmung und Symbolik", „Vertrautheit mit dem Sozialsystem der RPO" und „Erlebbar-machen".

Ergebnisse:

Damit die "Region" in RPO ihre Doppelfunktion erfüllen kann, müssen gemäss SCHLEGEL gewisse allgemeine Voraussetzungen erfüllt sein:

- Die Inhalte von Region, die nach aussen verwendet werden, müssen bei den Mitgliedern selber verankert sein.

- Das Regionsverständnis muss positiv sein und die Mitglieder müssen selber an ihre RPO glauben.

- Das Regionsverständnis innerhalb der Organisation muss homogen sein (damit etwas bestimmtes kommuniziert werden kann, muss es von allen getragen sein).

- Damit Region nach aussen wirken kann, muss den KonsumentInnen das regionale Produktionssystem erlebbar gemacht werden. Dies wiederum bedingt, dass die Mitglieder damit vertraut sind.

Spezifisch für das Fallbeispiel „Fleisch- und Milchprodukte aus dem Obersimmental / Saanenland" zieht der Autor folgende Schlüsse:

Die Mitglieder haben im allgemeinen ein positives Regionsverständnis. Insbesondere ist die Region für sie ein vertrautes Referenzsystem, welches sie überschauen und welchem sie sich verbunden fühlen. Nebst dieser Überschaubarkeit verfügen die Regionsverständnisse innerhalb der RPO über weitere Elemente, die sich sowohl für die Werbung eignen (Wirkung nach aussen), als auch einen positiven Einfluss auf den Zusammenhalt der Mitglieder haben (Wirkung nach innen): so z.B. die (schöne) Landschaft, das (intakte) Ortsbild und die Zuverlässigkeit der Einheimischen.

Zwischen Aktiven und Nichtaktiven sowie zwischen den verschiedenen Berufsgattungen bestehen keine Unterschiede bezüglich des Regionsverständnisses. Hingegen werden Obersimmental und Saanenland von den Befragten als verschiedene Regionen angesehen; die Regionsverständnisse der beiden Gebiete fallen unterschiedlich aus.

Die Strategie des „Erlebbar-machens" wird heute schon von einigen Betrieben verfolgt und von der Projektleitung propagiert; sie ist aufgrund der Resultate dieser Arbeit zu empfehlen.

Die RPO muss ihre Gebietsabgrenzung noch einmal überdenken. Insbesondere ist eine Trennung von Obersimmental und Saanenland in der Werbung ins Auge zu fassen.

SEIFERT Markus, 1999:

Vermarktung regionaler Produkte. Eine Untersuchung der Marketingstrategien von Regionalen Produktorganisationen in der Schweiz

Ob sich Regionalmarketing – Initiativen im hart umkämpften Lebensmittelmarkt werden behaupten und eine gewisse Marktposition erreichen können, ist derzeit ungewiss. Der von RPO erzielte Erfolg ist eng mit der gewählten Marketingstrategie verknüpft. Angesichts der zu einem grossen Teil auf Vertrauen beruhenden Qualitäten der regionalen Produkte stellt sich die Frage, wie deren Vermarktung möglichst glaubwürdig gestaltet werden kann und wie RPO diese Herausforderung mit ihren meist geringen finanziellen Mitteln und personellen Ressourcen angehen.

In dieser Arbeit werden die Marketingstrategien von RPO auf der Basis eines theoretischen Modells untersucht. Als Grundlage dazu dienten Elemente aus Marketingtheorie und Informationsökonomie. Das Ziel dabei ist es, (1) die von den ausgewählten Fallbeispielen verfolgten Strategien zu beschreiben und (2) auf Grundlage der beiden Theoriebausteine sowie Einschätzungen von Marketing-Experten hinsichtlich spezifischer Stärken und Schwächen zu beurteilen.

Als Untersuchungsmethoden dienten einerseits die Inhaltsanalyse diverser Werbematerialien und andererseits problemzentrierte Interviews mit Marketingverantwortlichen aus den untersuchten Fallbeispielen und Marketing-Experten unabhängig von RPO.

Ergebnisse:

Die Marketingaktivitäten der untersuchten RPO zeigen eine deutliche Ausrichtung auf eine Strategie der Qualitätsführerschaft, bei der verschiedene Zusatznutzen wie z.B. regionale, biologische Herkunft, sozialverträgliche Produktion etc. eine wichtige Rolle spielen. Da diese versprochenen Zusatznutzen in der Regel für die KonsumentInnen nicht überprüfbar sind, stellt die Glaubwürdigkeit einen entscheidenden Erfolgsfaktor für diese Strategie dar. Die RPO versuchen diesem Umstand mit der Verwendung eigener und/oder externer Labels zu begegnen. Sie sollen für die verschiedenen Zusatznutzen garantieren. Hinsichtlich der – meist zusätzlich eingesetzten – Strategien zur KonsumentInnenansprache zeigt sich eine breite Streuung von überwiegend informativen (kognitiven) zu stark emotional gefärbten Botschaften.

Die Werbematerialien mit zumeist umfangreichen, informativen Textteilen und zurückhaltendem Einsatz von Bildmotiven werden von Expertenseite aber eher skeptisch beurteilt. Aus ihrer Sicht wären stärker emotional ausgerichtete Strategien mit einer erhöhten Gewichtung der Bildwirkung erfolgsversprechender. Zudem wäre eine vermehrte Ausrichtung auf Veranstaltungen und Events mit direktem, persönlichen KundInnenkontakt wünschenswert. In diesem Bereich dürften bislang wenig genutzte Potenziale vorhanden sein. Dies insbesondere, wenn man die spezielle Struktur von RPO (Einbindung verschiedenster regionaler Akteure, Ausrichtung auf ernährungsbewusste, regional orientierte KonsumentInnen) und die mehrheitlich auf Vertrauen beruhenden Produkteigenschaften berücksichtigt.

ZIMMERMANN Jennifer, 1998:

Die regionale Produktorganisation Ämmitaler Ruschtig als Beispiel für eine vorsorgende Wirtschaftsweise

Am Beispiel der Ämmitaler Ruschtig untersucht ZIMMERMANN, ob regionale Produktorganisationen (RPO) Ansatzpunkte einer vorsorgenden Wirtschaftsweise aufweisen. Ausserdem geht es darum, die Einflussmöglichkeiten von internen und externen Institutionen im Aktionskreis von RPO im Hinblick auf eine vorsorgende Wirtschaftsweise aufzuzeigen.

Theoretische Grundlage der Arbeit über die RPO Ämmitaler Ruschtig sind das Konzept des vorsorgenden Wirtschaftens und die integrative Wirtschaftsethik. Die zentralen Inhalte dieser beiden Strömungen der deutschen Sozialökonomik können folgendermassen umschrieben werden:

- Das Rationalitätskonzept einer vorsorgenden Wirtschaftsweise orientiert sich an der kommunikativen Vernunft. Ihr zufolge wird nur jenes Handeln als vernünftig erachtet, das von allen Betroffenen aufgrund des besten Arguments gesellschaftlich ausgehandelt wurde. Die Frage nach dem Sinn der bevorstehenden Handlung und die Fragen nach deren Legitimität sind dabei Schlüsselfragen.

• Der Gegenstandsbereich einer Ökonomik der Vorsorge umfasst neben der ökonomischen Entwicklung die ökologische, die soziale und die persönliche Entwicklung aller von einem Wirtschaftsprozess Betroffenen und integriert damit die soziale Lebenswelt in den Handlungsraum der Ökonomie.

• Von vorsorgenden Unternehmen und Organisationen wird erwartet, dass die zentralen Handlungsprinzipien einer vorsorgenden Wirtschaftsweise sowohl für ihre MitarbeiterInnen, als auch für die organisationseigenen Strukturen und Handlungen gelten. Dies sind:

   - Die Vorsorge und Verantwortung für sich selbst und für andere heutige und zukünftige Generationen und die natürliche Mitwelt

   - Die Kooperation auf der Basis von Verständigung und Solidarität zwischen allen betroffenen Interessengruppen

   - Die Orientierung am guten Leben, d.h. an den eigenen materiellen und immateriellen Bedürfnissen und jener anderer Menschen

• Neben den Unternehmen, resp. den neuen institutionellen Arrangements, können auch der Staat, die kritische Öffentlichkeit, die einzelnen WirtschaftsbürgerInnen und der Markt Ausgangspunkte einer vorsorgenden Wirtschaftsweise sein.

Um herauszufinden, ob und hinsichtlich welcher "Orte" sich die Ämmitaler Ruschtig an den Kriterien einer vorsorgenden Wirtschaftsweise orientiert, wurden in qualitativen Interviews sieben VertreterInnen der verschiedenen, an der Ämmitaler Ruschtig beteiligten Interessengruppen befragt über:

- ihre Motivation, der Ämmitaler Ruschtig beizutreten und die Ziele, die sie mit ihrem Engagement verfolgen

- die bisherigen Wirkungen und Handlungen der Mitglieder in der Ämmitaler Ruschtig

- ihre Einschätzungen der institutionellen Voraussetzungen der Geschäftsstelle

- die im Zusammenhang mit ihrem Engagement in der Ämmitaler Ruschtig wichtigen Umfeldfaktoren

Die Analyse der Interviews brachte bezüglich der "Orte" Umfeldfaktoren, Mitglieder und institutionelle Voraussetzungen verschiedene Ansatzpunkte im Hinblick auf eine vorsorgende Wirtschaftsweise zu Tage. Aufgrund der Stärken wird deutlich, dass die Ämmitaler Ruschtig zum sozialen Zusammenhalt in der Region beiträgt und innovative und engagierte Menschen zusammenbringt. Durch die besser werdende Zusammenarbeit in den Arbeitsgruppen erhalten die Mitglieder und VertragspartnerInnen berufliche und persönliche Anreize und Perspektiven. Die Schwächen hingegen offenbaren Probleme in den Bereichen Solidarität und Produktqualität und lassen Zweifel an der Identifikation einzelner VertragspartnerInnen und an einer gemeinsamen Stossrichtung aufkommen.

Die Analyse und neue Konzepte aus der Organisationsentwicklung machen deutlich, dass sowohl interne als auch externe Institutionen verschiedene Möglichkeiten haben, Einfluss auf eine vorsorgende Entwicklung der Ämmitaler Ruschtig und von (RPO) im Allgemeinen zu nehmen. Die Geschäftsstelle als interne Institution kann über die Förderung von vorsorgenden Strukturen, Strategien und einer entsprechenden Organisationskultur Einfluss nehmen, wenn sie:

- aussenstehende ExpertInnen an die Organisation zu binden und von deren Wissen zu profitieren vermag, indem sie z.B. Patenschaften fördert.
- in der Umsetzung von Projekten bewusst die Zusammenarbeit mit weiteren regionalen Organisationen sucht.
- die Schlüsselpersonen der verschiedenen in ihrer Trägerschaft vertretenen Interessengruppen in einer regelmässig tagenden TeilprojektleiterInnengruppe vereint und so die Verantwortung breiter abstützt.
- vermehrt branchenübergreifende Projekte in Teilregionen unterstützt, um die Mitglieder und VertragspartnerInnen mehr einzubeziehen und ihnen mehr Verantwortung zu übertragen.
- regelmässig Innovationsseminare durchführt.
- sich bewusst durch strenge Regeln über Herkunft und Produktionsweise von herkömmlichen Produkten abhebt.

Aber auch die externen AkteurInnen Staat, Gesellschaft und Wirtschaft können sich für eine vorsorgende Wirtschaftsweise einsetzen:

- Der Staat, indem er vorsorgende Institutionen und Innovationen finanziell, beratend und infrastrukturell unterstützt und in dem er eine vorsorgende Bildungs- und Steuerpolitik betreibt
- Die Wirtschaft durch den Aufbau vorsorgeorientierter Netzwerke und die Kooperation mit RPO und anderen vorsorgenden Institutionen, durch eine klare Deklaration ihrer Produkte und durch erhöhte Nachfrage nach umwelt- und sozialgerechten Produkten
- Die Gesellschaft durch ein bewusstes Verhalten und durch vermehrtes Engagement für ein sozial- und umweltverträgliches Wirtschaften und ein bewussteres Konsumverhalten. Insbesondere die Medien können durch eine regelmässige Berichterstattung über die sozialen, ökologischen und ökonomischen Aspekte von Lebensmittelqualität viel Sensibilisierungsarbeit im Hinblick auf eine vorsorgende Wirtschaftsweise leisten.

ZIMMERMANN zeigt auf, dass die Ämmitaler Ruschtig als Beispiel einer RPO verschiedene Ansatzpunkte im Hinblick auf eine vorsorgende Wirtschaftsweise aufweist. Sie macht aber auch deutlich, dass die Verständigung zwischen den Interessengruppen und die Einigung über eine vorsorgende Ausrichtung und entsprechende Strukturen von allen Seiten in Zukunft noch viel Einsatz erfordert.

b) Weitere Publikationen und graue Literatur des Teilprojektes V (chronologische Auflistung; Stand September 1999)

MINSCH, J., EBERLE, A., MEIER, B., SCHNEIDEWIND, U., 1996: Mut zum ökologischen Umbau. Innovationsstrategien für Unternehmen, Politik und Akteurnetze. Synthesebuch SPPU I. Birkhäuser Verlag, Basel.

HOFER, K., MEIER B., STALDER U., 1997: Leisten "Regionale Produkte" einen Beitrag zur nachhaltigen Ökologisierung des Bedürfnisfeldes Ernährung? SPPU-Diskussionspapier Nr. 8 des Geografischen Institutes der Universität Bern (Forschungskonzeption), Bern.

STALDER, U., HOFER K., MEIER B., 1997: Regionale Produkte und nachhaltige Ernährung. Artikel in: MONTAGNA Nr. 5/1997. SAB/SAV, Bern.

HOFER, K., STALDER U., 1997: Aufkommen und künftige Bedeutung von Regionalmarketingprojekten in der Schweiz. Vortrag und Artikel im Tagungsband der Veranstaltung "Forum Regionalmarketing" vom Oktober 1997. SAB / HWV Visp, Visp.

HOFER, K., STALDER U., 1998: Regionale Produktorganisationen in der Schweiz. Situationsanalyse und Typisierung. SPPU-Diskussionspapier Nr. 9 des Geografischen Institutes der Universität Bern (Ergebnisse einer Querschnittanalyse von 46 RPO in der Schweiz), Bern.

STALDER, U., HOFER K., 1998: Nach der Bio- die Regiowelle? Artikel in: MONTAGNA Nr. 4/1998. SAB/SAV, Bern.

ARBEITSGRUPPE RESTRIKTIONEN & OPTIONEN (Hrsg.) 1998: Restriktionen und Optionen: Eine transdisziplinäre Heuristik zur Untersuchung und Gestaltung von Prozessen nachhaltiger Entwicklung im Bedürfnisfeld Ernährung. IP-Diskussionspapier Nr. 3. IWÖ, St. Gallen.

STALDER, U., HOFER K., 1998: Die Region als Trendsetter. Artikel in: POLITISCHE ÖKOLOGIE Nr. 55/1998. Verlag ökom, München.

HOFER K. 1999: Ernährung und Nachhaltigkeit: Entwicklungsprozesse – Probleme – Lösungsansätze. Arbeitsbericht Nr. 135/Juli 1999 der Akademie für Technikfolgenabschätzung in Baden – Württemberg, Stuttgart. ISBN 3-932013-64-6.

STALDER U., 1999: Regionalisierung der Lebensmittelproduktion – Weg zu einer nachhaltigen Ernährung? Vortrag und Artikel im Tagungsband der Veranstaltung "Regionalisierung – Ausweg aus der Globalisierungsfalle?" vom Mai 1999. Universität Freiburg, Koordinationsstelle Umweltwissenschaften, Freiburg i.U.

SEIFERT M., HOFER K., 1999: Vermarktung regionaler Produkte zwischen Emotion und Information. Artikel in: MONTAGNA Nr. 12/1999. SAB/SAV, Bern.

Daneben wurden Ergebnisse aus dem Teilprojekt V verschiedentlich in Fachzeitschriften und Tageszeitungen besprochen und die Forschenden haben diverse Interviews gegeben. So in: Bauernzeitung, Schweizer Bauer, Konsum & Umwelt (WWF), Facts, Neue Zürcher Zeitung NZZ, Zeitschrift Montagna.

c) Dissertationen

Die beiden Autoren vertiefen in ihren Dissertation spezifische Aspekte der in diesem Buch thematisierten Fragen. Kurt HOFER beschäftigt sich mit dem Qualitätsdiskurs im Bedürfnisfeld Ernährung, Ueli STALDER mit regionalen strategischen Netzwerken und darin ablaufenen organisationalen Lernprozessen. Beide Arbeiten sollen auf Ende des Jahres 2000 abgeschlossen werden.

Abstract Dissertation Kurt HOFER:

Lebensmittelqualität bewegt - Aktuelle Diskussionspunkte aus sozialwissenschaftlicher Perspektive

Kaum ein Begriff taucht in Diskussionen rund um Ernährungsfragen so häufig auf wie jener der Qualität. Gründe dafür sind zum einen seine umgangssprachlich positive Besetzung, zum anderen seine offensichtlich flexible Verwendbarkeit. So ist in den letzten Jahren als Folge umfangreicher wissenschaftlicher, technischer und gesellschaftlicher Entwicklungen eine umfassende inhaltliche Erweiterung der Qualitätsdiskussion mit ökologischen, sozialen und ethischen Aspekten zu beobachten. Nicht zuletzt vor dem Hintergrund der sehr kontrovers geführten Gentechnikdebatte stellt sich für viele heute mehr denn je die Frage: *Was macht denn die Qualität der Ernährung aus?*

Auf der Suche nach einer Antwort auf diese Frage wird deutlich, dass handlungswirksame Qualitätsdefinitionen das Ergebnis eines mehr oder weniger expliziten Aushandlungsprozesses zwischen gesellschaftlichen Akteuren unterschiedlicher Wirkungsfelder bilden, angefangen bei der Wissenschaft über die Politik bis zur Wirtschaft. Die als relevant erachteten Definitionskriterien und deren Bewertung sind abhängig von jeweiligen Zielsetzungen, Werthaltungen und Machtkonstellationen. Oder prägnanter ausgedrückt: *Qualität ist nicht, sie wird ge-Macht.* Obwohl man sich diesem Umstand in der wissenschaftlichen wie öffentlichen Diskussion zunehmend bewusst wird, ist die Zahl an Definitionsversuchen Legion – ebenso wie die Kontroversen, die regelmässig aus ihnen hervorgehen.

Die Arbeit von Kurt Hofer mit dem Populärtitel "Lebensmittelqualität bewegt" will einen Beitrag leisten zur Versachlichung der ebenso bewegten wie bewegenden Qualitätsdiskussion im Ernährungsbereich. Gleichzeitig will sie angesichts der Komplexität der Thematik eine Orien-tierungshilfe bieten. Dies einerseits, indem an aktuellen Beispielen dargestellt wird, dass das Schlagwort der Lebensmittelqualität untrennbar mit - potentiell widerstreitenden - Idealen, Regeln/Normen und Machtansprüchen verbunden ist; andererseits, indem gezeigt wird, wie diese drei Teilaspekte in unmittelbarer Wechselwirkung stehen bei der sozialen Konstruktion von Lebensmittelqualität. Hintergrund für den gewählten Zugang bilden moderne Handlungs- und Machttheorien.

Die Analyse und Beschreibung der Qualitätsfrage aus einer sozialwissenschaftlichen Perspektive ist neu. Sie erweist sich nicht zuletzt vor der Frage einer nachhaltigen Entwicklung im Bedürfnisfeld Ernährung als wertvoll. Entsprechend werden Parallelen und Unterschiede zum Nachhaltigkeitsleitbild diskutiert und der Frage nachgegangen, welchen Beitrag der Qualitätsdiskurs im Hinblick auf eine nachhaltige Entwicklung leisten könnte.

Das Ziel der Arbeit besteht in erster Linie darin, Ernährungsfachleuten unterschiedlicher Tätigkeitsbereiche und interessierten Konsumentinnen und Konsumenten einen komplementären Blickwinkel zu eröffnen – einen Blickwinkel, den ein ernährungswissenschaftlicher Hintergrund allein nicht zu bieten vermag. Es kann und soll aber nicht die Absicht sein, die laufende kontroverse naturwissenschaftliche Auseinandersetzung über Lebensmittelqualität zu kritisieren oder gar zu ersetzen, sondern sie in ungewohnter Weise zu ergänzen.

Abstract Dissertation Ueli STALDER:

Regionale strategische Netzwerke als lebensfähige Organisationen: Konzeption - Analyse - Empfehlungen

In den letzten Jahren wurden in der Schweiz nicht nur in der Lebensmittelbranche regionale strategische Netzwerke (RSN) aufgebaut. Als Gegenbewegung zur allgemeinen räumlichen und zeitlichen Entkopplung von Produktionsketten entstanden ähnliche Organisationen auch in anderen Branchen und oft beteiligen sich nebst Akteuren aus der Wirtschaft auch solche aus halböffentlichen und öffentlichen (politischen) Institutionen.

Diese Organisationen haben folgende Gemeinsamkeiten: (1) bestehen sie überwiegend aus Akteuren einer bestimmten Region, (2) versuchen sie, durch eine vermehrte vertikale, horizontale und laterale Kooperation in ihrer Region dem raschen wirtschaftlichen und allgemein gesellschaftlichen Strukturwandel entgegen zu treten und (3) werden sie durch teilweise neue politische Instrumente wie z.B. den Bundesbeschluss Regio plus massgeblich unterstützt.

Es zeigt sich jedoch zunehmend, dass regionale strategische Netzwerke die Hoffnungen, die die Beteiligten, aber auch die Politik in sie stecken, oft nicht erfüllen: Ihre Leistungen bleiben bislang gering. Dies führt wiederum dazu, dass erstens interne Motivationsverluste und Managementprobleme auftreten und zweitens die Abhängigkeit von externen Finanzquellen wie z.B. dem Staat nach wie vor hoch ist. Viele RSN haben sich nicht konsolidieren können und sind noch keine eigenständigen, sich selber finanzierenden Organisationen.

In dieser Situation stellen sich folgende zwei Fragen:

(a) Weshalb haben viele RSN bislang eine geringe Performance?
(b) Wie könnte die Performance verbessert werden und welche Akteure sind hier - nebst den RSN selber - gefordert?

Die Ausgangsthese der Dissertation von U. Stalder lautet, dass viele RSN vor allem auch deshalb nicht befriedigend funktionieren, weil ihr territorialer Ansatz sich nur begrenzt eignet, den Herausforderungen der heutigen Zeit entgegen zu treten. Zur Erreichung ihrer Ziele ist die Fixierung vieler RSN auf die eigene Region, deren Problemee, Ressourcen und Märkte, eher ein Hemmnis. Die regionalen Grenzen bilden gewissermassen einen „goldenen Käfig", in welchem notwendige Lern- und Innovationsprozesse zum Vornherein behindert sind.

Ausgehend von Konzepten der sozialwissenschaftlichen Systemtheorie (u.a. LUHMANN div., WILLKE 1996) gilt es für RSN, sich aus ihrer territorialen, an der Logik des politischen Systems orientierten Fixierung zu lösen und sich vermehrt funktional auszurichten: Ein Wechsel des Fokus weg von der Region hin zu systemischen Zusammenhängen ist nötig. Systemische Zusammenhänge sind nicht in erster Linie räumlich begrenzt, sondern durch den Zweck (die spezifische Funktion) eines bestimmten RSN. Bei diesem Zweck kann es sich um die Befriedigung einer latenten Nachfrage (etwa nach gesunden, vertrauenswürdigen und ökologisch produzierten Lebensmitteln) handeln, oder auch um die Lösung bestimmter Probleme (z.B. die Erhaltung ökologisch und historisch bedeutender Kulturlandschaften).

Die Dissertation von U. Stalder zu RSN hat vier Ziele. Es gilt:

(1) die Unterschiede zwischen territorialer und funktionaler Logik von RSN theoretisch zu begründen und klarer heraus zu arbeiten,
(2) die neuen Lernfelder (d.h. Handlungsmögglichkeiten und Herausforderungen), die sich aus einer funktionalen Sichtweise für RSN ergeben, zu benennen;
(3) diese anhand von ausgewählten Fallbeispielen empirisch zu überprüfen
(4) und daraus Empfehlungen einerseits an die RSN selber, dann aber auch an wichtige Akteure in deren Umfeld (insbesondere die Regionalpolitik) abzuleiten.

Die Dissertation bildet eine Fortsetzung des dreijährigen Forschungsprojektes „Regionale Produktorganisationen und nachhaltige Ernährung" im Rahmen des SPP Umwelt des Schweizerischen Nationalfonds. Sie beruht zudem auf Erfahrungen, die der Autor in seiner mehrjährigen Tätigkeit im Bereich der Regionalförderung sammeln konnte.

Anhang 3:

Liste der untersuchten RPO

a)   Im Rahmen von Diplomarbeiten und/oder Dissertationen als Fallbeispiel untersuchte RPO

Name der RPO	Region / Kanton	Bearbeiterin	Kontaktadresse	Bemerkungen
Ämmitaler Ruschtig ÄR	Emmental / Bern	J. Zimmermann	Katrin Schmid Inforama Emmental 3552 Bärau	Vgl. www.sab.ch
Appenzellerland - rundum gesund (RAR)	Appenzell / AR (AI)	U. Stalder / K. Hofer	Max Nadig (Geschäftsführer) Postfach 16 9063 Stein	Vgl. www.sab.ch
Gemeinsames Agrarmarketing Aargau GMA	Kanton Aarau	U. Stalder / K. Hofer	Samuel Sägesser (Geschäftsführer) Raub 28 / Postfach 5001 Aarau	Vgl. www.sab.ch
Gran Alpin	Mittelbünden/ Graubünden	B. Probst / K. Hofer	Dr. H. C. Trepp Präsident Haus Aurora 7450 Tiefencastel	
IG Bio-Emmentaler aus dem Emmental	Emmental / Bern	M. Halbeis / U. Stalder	HU. Marthaler IG Bio-Emmentaler Inforama Emmental 3552 Bärau	
IG Dinkel	Div. im höheren Mittelland, insbes. Luzern, Bern, Aargau	U. Stalder / K. Hofer	Thomas Kurth IG Dinkel Inforama Emmental 3552 Bärau	Vgl. www.sab.ch
Klettgauer Emmer-Projekt	Klettgau / Schaffhausen	M. Seifert	Fredi Bänninger LBL Lindau 8315 Lindau	Vgl. www.sab.ch
Landwirtschaft - Natur -Tourismus LaNaTour	Oberwallis / Wallis	S. Gresch	LaNaTour Talstr. 3 3930 Visp	Vgl. www.sab.ch
Milch und Fleischprodukte aus dem Obersimmental-Saanenland	Obersimmental-Saanenland / Bern	Th. Schlegel	Erich Kohli, Bergregionen OS/S Mühleweg 8 3612 Steffisburg	Vgl. www. zweisimmen.ch
Molkerei Gstaad	Saanenland / Bern	M. Halbeis	HP. Reust, Molkerei Gstaad, Gsteigstr. 3780 Gstaad	

Name der RPO	Region / Kanton	Bearbeiterin	Kontaktadresse	Bemerkungen
Oberaargauer Metzger Initiative OMI	Oberaargau / Bern	Ch. Bienz	Rudolf Flückiger Metzgermeister Bahnhofstr. 5 4950 Huttwil	
Ökomarkt Graubünden (Ökogrischun)	Mittel- und Nordbünden / Graubünden	M. Seifert / K. Hofer	Christoph Jaag Hof de Planis 7226 Stels	Vgl. www. Regioplus.ch
Pro Pane Natura (Feines aus Weizen der Region)	Ostschweiz / Diverse	K. Hofer	Hans Kunz (Präsident) Eberle Nafag AG 9532 Rickenbach	
Regio pur	Luzerner Berggebiet / Luzern	M. Seifert	Hans Sägesser (Präsident) LBBZ Wilisau 6130 Wilisau	
Regionalvermarktung Thal (Thaler Choscht)	Thal / Solothurn	M. Halbeis	Martin Stockar Verein Region Thal Mühlegasse 1 4710 Balsthal	Vgl. www.sab.ch
Tourismus - Landwirtschaft - Region (TouLaRe Seeland)	Seeland / Bern	R. Frick	Fritz Burkhalter Projektkoordinator Wässermatte 5 3324 Hindelbank	Vgl. www.sab.ch

b) In der Querschnittanalyse vom Winter 1996/97 untersuchte RPO sowie RPO, die speziell für das Buch analysiert wurden (in Ergänzung zu a)

Name der RPO	Region / Kanton	Kontaktadresse*	Bemerkungen
Agromarketing Thurgau	Thurgau	Henri Waldvogel Industriestrasse 9 8570 Weinfelden	
Appenzeller Naturperle (Brauerei Locher)	Appenzell / AI, AR	Brauerei Locher 9500 Appenzell	
Bärgprodukt us der Region Brienz - Haslital	Haslital / Bern	Silvia Huggler 3857 Unterbach	
Beerenweine aus dem Emmental	Emmetal / Bern	Fam. W. Bracher Brunnen 3465 Dürrenroth	Vgl. www.sab.ch
Bio-Appenzeller	Appenzell / AR, AI	Geschäftstelle Haus Salesis Poststrasse 12 9050 Appenzell	

Name der RPO	Region / Kanton	Kontaktadresse*	Bemerkungen
Bio-Käserei San Carlo (Produktelinie)	San Carlo im Puschlav / Graubünden	Claudio Beti Sennerei- genossenschaft 7741 San Carlo	
Biomitenand Freiamt	Freiamt / Aargau	Karl Gmür (Präsident) Sonnenhof 5632 Buttwil	
Bio-Sevice	Berner Oberland / Bern	Katharina Brunner (Geschäftsführerin) Bahnhofstrasse 22 3800 Interlaken	
Casalp	Berner Oberland / Bern	Sekretariat Casalp Inforama Berner Oberland 3702 Hondrich	Vgl. www.sab.ch
Eiger, Mönch & Jungfrau-Zmorge	Lauterbrunnental / Bern	Verkehrsbüro Lauterbrunnen 3822 Lauterbrunnen	
Fleischvermarktung Jungfrauregion (Bio-Produkte vom Lauberli)	Jungfrauregion / Bern	C. und P. Kaufmann Lauberli 3807 Iseltwald	
Fleischvermarktung Prättigau	Prättigau / Graubünden	KAG ProduzentInnen- genossenschaft Hochwangstrasse 7304 Maienfeld	
Frioba	Freiburg	Frioba Ruth Kohli Schmid Landwirtschaftl. Institut Grangeneuve 1725 Posieux	Vgl. www.sab.ch
Guets us Obwaldä	Obwalden	Frau Küng Bio-Familia AG Brünigstrasse 141 6072 Sachseln	
Impulsprogramm Plessura	Schanfigg / Graubünden	Regionalverein Pro Schanfigg 7027 Calfreisen	Vgl. www.sab.ch
IP-Produkte Schaffhausen	Schaffhausen	Jakob Brütsch (Präsident) I de Lache 8241 Barzheim	
Käse aus Seelisberg	Gemeinde Seelisberg, Uri	H. Aschwanden Kirchendorf 6377 Seelisberg	Vgl. www.sab.ch

Name der RPO	Region / Kanton	Kontaktadresse*	Bemerkungen
Marketing für Landwirtschaftsprodukte aus Einsiedeln (heibsch guet!)	Region Einsiedeln / Schwyz	Klaus Korner (Koordinator) REV Einsiedeln Birkenweg 7 8840 Einsiedeln	
Natürli us em Zürcher Berggebiet	Zürcher Oberland / Zürich	Alfred Gerber (Geschäftslführer) Hofwiesenstrasse 14 8330 Pfäffikon	Vgl. www.sab.ch
Natürlich aus Graubünden	Graubünden	Thomas Schmid (Geschäftsführer) Sägenstrasse 97 7007 Chur	Vgl. www.sab.ch
Novena Frischprodukte	Goms / Wallis	Roman Bernegger Novena 3988 Ulrichen	Vgl. www.sab.ch
Nufener Biokäse (Rheinwaldner Biobergkäse)	Nufenen / Graubünden	Paul Urech Landw. Berater Beratungsstützpunkt Thusis 7430 Thusis	
Pro Varen (Pfyfoltru)	Gemeinde Varen, Wallis	Gemeindekanzlei 3969 Varen	Vgl. www.varen.ch
Regionale Vermarktung im Berner Oberland	Berner Oberland / Bern	Volkswirtschaftskammer Berner Oberland, Junfraustrasse 38 3800 Interlaken	
Regionalvermarktung Toggenburg	Toggenburg / St. Gallen	Hobi Markus Landwirt. Beratung Osterlistr. 16 9652 Neu-St.Johann	Vgl. www.sab.ch
SAH Alpenkräuter	Simmental / Bern	Fritz Stettler SAH Alpenkräuter AG 3763 Därstetten	
Scarnuz Grischun	Nord- und Mittelbünden / Graubünden	Elisabeth Moser Hauswirtschaftliche Beraterin Grabenstrasse 1 7000 Chur	
Urner Alpkäseproduzenten	Uri	Franz Furrer Kornmattstrasse 16 6460 Altdorf	Vgl. www. urionline.ch
Vision Vechigen	Gemeinde Vechigen / Bern	Hansruedi Schweizer Dorf 3068 Utzigen	

Name der RPO	Region / Kanton	Kontaktadresse*	Bemerkungen
Vitellone - Fleisch aus Graubünden	Graubünden	Peter Bosshard (Geschäftsleiter) Sägestrasse 97 7007 Chur	
Weisstannental – Projekt (Wiisstanner Fazenettli)	Weisstannental / St. Gallen	Agnes Schneider Hofstatt 7325 Schwendi i.W.	Vgl. www.sab.ch.

*Adressen ohne Gewähr auf Aktualität. Für den aktuellen Stand bezüglich der in der Schweiz existierenden RPO und Adressen vgl. auch Homepages <www.sab.ch> oder <www.regioplus.ch>.

Anhang 4:

Anschrift der Autoren:

Geografisches Institut Uni Bern, Abteilung Kulturgeografie
Hallerstrasse 12
CH – 3012 Bern
oder 031 / 631 88 38 (K. Hofer)   Mail: khofer@giub.unibe.ch oder kuho.hofer@bluewin.ch
Tel. 031 / 631 88 65 (U. Stalder)   Mail: stalder@giub.unibe.ch
Fax. Geografisches Institut:
031 631 85 11
Homepage: http://www.giub.unibe.ch/wg/